MENOMIENAI NYUYOUJINO HATTATSU TO IKUJI:KAZOKUTO SASAERUHITONO TAMENI
by Sumiko Kagawa, Setsuko Okada,Yuji Kamio, Satoko Mishina, Keiko Yamamoto
Copyright © Sumiko Kagawa, Setsuko Okada,Yuji Kamio, Satoko Mishina, Keiko Yamamoto,
2023. All rights reserved.
Original Japanese edition published by Eichisha.Co., Ltd.
Korean translation copyright © 2025 by Beanshelf
This Korean edition published by arrangement with Eichisha Co., Ltd., Tokyo

시각장애 영유아의 발달과 육아

1판 1쇄 발행 2025년 9월 1일
가가와 스미코·오카다 세쓰코·가미오 유지·미시나 사토코 지음
야마모토 게이코 일러스트 김형진 번역
표지 디자인 yamyam 디자인 출판사 빈서재
이메일 pinkcrimson@gmail.com
ISBN 979-11-991334-4-0 (94910)

빈서재는 근현대사 고전 전문 출판사를 지향합니다. 번역하고 싶은 고전이 있다면 연락주세요.
제타위키에서 '빈서재 출판사'를 검색하시면 다양한 정보를 더 얻을 수 있습니다.
https://zetawiki.com/wiki/beanshelf
이 책의 본문 편집은 LaTeX로 작업되었습니다. 많은 도움을 주신 KTUG 회원 여러분께
감사드립니다. http://ktug.org

시각장애 영유아의 발달과 육아
안보이는 아이의 가족이나 돌보는 이를 위하여

目の見えない乳幼児の発達と育児
家族と支える人のために

가가와 스미코·오카다 세쓰코·가미오 유지·미시나 사토코 지음, 2023년
김형진 옮김, 2025년

빈서재

지은이 가가와 스미코. 1970년부터 도쿄도 심신장애인복지센터 시각장애과를 시작으로 30여년 근무해왔다. 성카타리나 여자대학교 사회복지학부와 우라와 대학교 사회복지학부 교수를 역임 후 퇴직했다. 시각장애영유아발달연구회를 이끌고 있다.

오카다 세쓰코. 1973년부터 도쿄도 심신장애인복지센터에서 시각장애 영유아 상담을 수행했다. 시즈오카현립대학 단기대학부 사회복지학과 교수를 거쳐 한국 우송대학교 의료복지학과 초빙교수를 역임했다.

가미오 유지. 1970년 도쿄도립 가쓰시카 맹학교 교사로 시작해 도쿄도립 구가야마 맹학교장을 역임하고, 나가노대학교 사회복지학부 교수로 재직하다 정년 퇴직했다.

미시나 사토코. 1993년부터 학교법인 요코하마훈맹학원에서 시작장애아동 교육에 종사했고, 미야기교육대학교 교육학부 특수교육 전공 부교수를 역임했다.

옮긴이 김형진. 대구대학교 장애인위원회 행정실장. 일본 대학관계자들과 오래 교류해왔으며 서브컬처에도 지속적으로 관심을 가져왔다. 역서로 『일본 프로그레시브 록 가이드북』, 『똥과 함께 산다』 등이 있다.

추천사 · 머리말

추천사

한국유아특수교육학회 회장·전 대구대학교 사범대학장 백상수

『시각장애 영유아의 발달과 육아』는 유아특수교육을 전공한 저에게 깊은 울림과 실천적 감동을 안겨준 책입니다. 일본의 가가와 스미코, 오카다 세쓰코, 가미오 유지, 미시나 사토코 등의 저자들이 집필한 이 책은 시각장애를 지닌 영유아의 발달 과정을 30년 전 기록된 보육일지를 활용한 실제 사례 중심으로 세심하게 다루고 있습니다. 한국에서도 양육자와 교육자 모두에게 실질적이고 유용한 지침이 되어 줄 것입니다. 출생 직후부터 유치원 시기까지를 영아 편, 유아 전기·후기 편, 유치원 편으로 나누어, 각 발달 단계에서 아이들이 보여주는 신체 움직임, 손을 이용한 놀이, 식사와 운동, 사회적 상호작용 등 생활 전반을 구체적 사례로 자세히 설명합니다.

특히 '사람은 태어나서 손을 뻗어 몸을 일으킨다. 눈이 보이지 않아도 마찬가지다.'라는 문장은, 모든 아이가 스스로의 방식으로 발달해 나간다는 책의 중심 철학을 단적으로 보여줍니다. 저자들은 오랜 시간 실제 아이들을 지켜보고 관찰한 기록들을 충실히 정리해 독자에게 시대를 초월하는 통찰을 전하고 있습니다. 당시 어린이집이나 유치원에서의 보육일지와 견학 기록, 사례 분석을 바탕으로 한 이 자료는 오늘날에도 여전히 소중한 지침이 될 것입니다. 한 줄 한 줄이 아깝고, 또 아껴 읽어야 할 만큼 진정성 있는 자료입니다.

이 소중한 책을 한국의 독자에게 소개하고자 번역을 맡은 대구대학교 장애인위원회 김형진 실장의 열정과 노고에도 깊은 감사의 마음을 전합니다. 저는 한국유아특수교육학회 회장이자 대구대학교 사범대학 학장으로서, 지난 2년간

다양한 교육지원 활동을 함께하며 번역자가 보여준 실천력과 학생에 대한 애정을 가까이에서 느낄 수 있었습니다. 이번 번역 역시 그런 일상의 실천이 자연스럽게 확장된 결과이며, 책 곳곳에 그러한 진심이 배어 있습니다.

　유아특수교육을 전공한 학자로서 이 책을 단숨에 읽었습니다. 생생하고 실질적인 내용, 그리고 영아기부터 유치원 시기까지 각 단계별로 구성된 정보는 매우 유용하며, 교육 현장에서 큰 도움이 될 수 있으리라 확신합니다. 특히 이러한 자료를 발굴하고 직접 옮긴 분의 사명감과 열정은 쉽게 지나칠 수 없는 부분입니다. 무엇이 현장에서 필요한지 잘 알고 있다는 점에서, 전문성과 통찰이 자연스럽게 드러납니다.

　원서의 의미를 해치지 않으면서도 자연스럽게 풀어낸 번역 덕분에, 일본어를 모르는 독자도 책의 내용을 어렵지 않게 이해하고 몰입할 수 있습니다. 문장 하나하나에 담긴 깊은 이해와 세심한 배려를 통해, 저자들이 담아낸 철학과 정신까지도 독자에게 잘 전달되기를 기대합니다.

　『시각장애 영유아의 발달과 육아』는 유아특수교육에 뜻을 둔 이들은 물론, 시각장애 아동을 양육하거나 교육하는 모든 분께 널리 권하고 싶은 책입니다. 우리가 할 수 있는 일은 볼 수 없는 아이들이 가정과 지역사회 안에서 마음껏 발달할 수 있도록 '합리적 배려'가 실현되는 환경을 함께 만들어 가는 일일 것입니다. 이 책은 그 길을 안내해 주는 등불이 되어 줄 것입니다. 이 뜻깊은 작업에 감사의 마음을 담아 이 글을 드립니다.

2025년 5월

일본어판 머리말

군마대학 명예교수 나카노 나오히코

안보이는 아기들의 육아서를 쓰는 것, 그것이 내가 첫 직장이었던 '도쿄도 심신장애인복지센터'에 두고 온 꿈입니다. 40여 년이 지난 지금, 동료였던 가가와 스미코 씨가 그것을 기획중이라고 합니다. 초안 검토가 온라인 연구회 모임에서 이루어졌고, 나도 가끔씩 연구회를 들여다보며 때로 참여하기도 했습니다. 생각해보면 당연한 일이지만, 책은 내가 상상했던 것보다 훨씬 더 큰 규모의 것이었습니다.

내가 안보이는 아기들과 인연을 맺은 것은 통학지도가 본격적으로 시작된 이듬해(1971년)부터 불과 3년 남짓한 기간입니다. 그러나 그 짧은 기간 동안 내가 본 것은 내 힘으로 다 담을 수 없을 만큼 많았다고 생각합니다.

사람은 태어나서 손을 뻗어 몸을 일으킵니다. 눈이 보이지 않아도 마찬가지입니다. 우선 그것을 알아야 했지만, 당시에는 관련 자료가 거의 없었습니다. 그래서 아기들에게 직접 물어볼 수밖에 없었죠. "선도적으로 시도하세요" 다행히 현장은 하라다 마사미 소장의 정책적 보호 아래 있었습니다.

아기는 아무 생각 없이 손을 뻗어 몸을 일으켜 세우는 것이 아닙니다. 태어난 직후부터 자신이 속한 세상의 상황에 맞춰 그 세상을 이해하고 손에 넣기 위해 지혜를 짜내고 힘을 다합니다. 보이든 보이지 않든 마찬가지입니다. 귀를 기울이고, 눈을 크게 뜨면 아기들은 그렇게 말해줍니다.

그렇다면, 지금 이 아기가 손을 뻗어 몸을 일으킬 수 있는 상황인지 생각해봅시다. 아기체육관에 장난감을 걸고, 조그만 앉아서 쓰는 책상을 준비합니다. 손을 뻗어 몸을 일으켜 세상을 손에 넣으면, 사람은 그것을 살피고 조작합니다. 구슬 굴리기, 모양·위치·크기 등 속성 구분을 위한 교재나 교구 같은 소품이 상황에 맞춰 준비됩니다. 이것들은 아이가 밟고 나아가는 디딤돌이며, 그대로 발달 단계의 지표(제2편 유아 전기)가 됩니다.

사람의 행동은 수많은 디딤돌을 쌓아 올린 것입니다. 그래서 쉬운 행동이란 없습니다. 간단한 디딤돌이 없으면 진행하지 못할 때도 있습니다. 아기가 차임벨을 울리도록 하기 위해 아주 소박한 스위치 박스를 만든 적이 있습니다. 아기에게는 시중의 푸시버튼 스위치가 너무 복잡했기 때문입니다. 센터를 떠난 지 40여 년, 나는 여러 곳에서 여러 아이들에게 다양한 교재·교구를 만들어 주었습니다.

손을 쓰는 것, 글자를 아는 것, 수학을 배우는 것 등 그 용도는 다양했지만, 왜 그렇게 만들었는지는 모두 그 스위치 박스로 거슬러 올라갑니다.

아기가 자기만의 생명력으로 이 길을 가는 것, 그것이 양육입니다. 이 아기의 길을 닦아주고 성장을 함께 나누는 것, 그것이 육아입니다. 길을 닦는 방법은 다양합니다. 아기에게 물어보고 알게 된 것을 부모에게 전달해야 합니다. 그것이 이 책의 전반부이고, 내가 센터에 두고 온 꿈입니다.

안보이는 3세 아기를 일반 유치원에 입학시킨다, 가가와 씨가 그 사례 연구에 착수한 것은 1972년입니다. 미숙아 망막증이 넘쳐나던 그때, 일본 수도권의 안보이는 아기들은 거의 다 센터로 왔습니다. 이곳의 직원은 나와 전임자인 가가와 씨와 니시카와 씨, 이렇게 세 사람뿐이었습니다. 시간을 어떻게 쓸지 걱정도 했지만, 시간을 걱정하는 사람에게는 시간이 없는 법이죠. 가가와 씨는 아무것도 걱정하지 않는 사람입니다.

건강한 세 살배기 아이들이라면 동네 유치원에 갈 수 있다, 나는 순진하게도 그렇게 생각했고 실제로 입 밖으로 내뱉은 적도 있습니다. 그것이 가가와 씨가 일을 시작하게 된 계기와 관련이 있는지는 모르겠지만, 이 책의 후반부는 그 사례 연구에서 시작되고 있었습니다. 지금 다시 한번 그렇게 생각됩니다.

통합에서 포용까지, 다양한 사회 상황 속에서 가가와 씨가 무엇을 보고, 무엇을 생각하고, 무엇을 쌓아 올렸는지 나는 '후기'의 교정 원고를 통해 알게 되었습니다. 부모님께 드리는 책이라고 가가와 씨의 사적인 편지에 적혀 있지만, 이 책은 부모님께는 조금 어려운 책일지도 모르겠습니다. 그러나 시대를 초월해 변하지 않는 육아에 대한 배려와, 시대를 선도해야 하는 포용적 교육의 지원. 이 양쪽에 대해 저자들은 오랜 세월 동안 아이들을 지켜보아 왔습니다. 보고 알게 된 것은 기록으로 남겨야 합니다. 이것은 아무리 퍼내도 계속 새로운 지혜를 일깨워줄 자료라고 생각합니다.

부모는 이 책을 읽고 아이를 키우지 않습니다. 책이 없어도 아이를 키웁니다. 하지만 이 책은 때로 그 육아의 조력자가 될 수 있는, 그런 책이라고 생각합니다. 조력자는 책만이 아닙니다. 조언하고 도와주는 전문가나 선생님들도 있을 것입니다. 그 사람들은 이 책에 쓰인 내용을 알고 있을까요? 이론과 주장은 다양해도 사실은 사실입니다. 무엇을 어떻게 논하든, 사실은 공유되어야 합니다.

이 책은 안보이는 아동에 관심을 가지고, 부모들에게 조언하고 도움을 주는 사람들이 꼭 읽어야 할 책이라고 생각합니다.

서문

이 책은 오랫동안 안보이는 아기와 유아를 접하며, 그 발달에 대해 연구하고 실천해 온 저자들이 안보이는 아동을 양육하는 분들께 도움이 되기를 바라며 만들었습니다. 특히, 아기가 퇴원한 후 바로 시작해야 하는 구체적인 육아를 상상해보고, 가능한 한 순조롭게 육아를 시작할 수 있기를 바라는 마음에서 썼습니다. 매일매일 아기를 돌보면서 점차 아기에 대해 알게 되고, 당황스러운 순간들도 점차 줄어들 것입니다.

이 책의 가장 큰 특징은 안보이는 영유아를 키울 때 '지금 당장 무엇을 해야 하는지' 구체적으로 알 수 있는 힌트를 제공한다는 점입니다. 그래서 발달 단계에 맞춰 안보이는 아동의 다양한 사례를 소개했습니다.

이 책을 잘 활용하기 위해서는 먼저 내가 키우는 아이의 모습을 잘 살펴보는 것이 중요합니다. '지금 내 아이가 어떤 것을 할 수 있고 어떤 것을 좋아하는지' 등을 아는 것이 중요합니다. 그리고 아이의 상태에 맞는 발달 단계를 파악하고 그에 맞춰 양육하는 것이 아이에게 무리가 가지 않으며 즐거운 육아를 만들어 줄 것입니다.

하지만 이 책에 적힌 내용을 그대로 실행해야 한다는 의미는 결코 아닙니다. 아이를 자연스럽게 돌보는 것이 훨씬 더 중요합니다. 처음 육아를 시작하는 분들뿐만 아니라 이미 육아 경험이 있는 분들도 안보이는 아이에 대해서는 처음부터 다시 배워야 한다고 생각할 수 있습니다. 하지만 이 책은 육아에 대한 힌트를 얻는 정도로만 생각하셨으면 좋겠습니다.

많은 책을 읽거나 인터넷에서 정보를 얻다 보면 혼란스러울 수 있습니다. 그럴 때는 차라리 자신의 상식을 믿고 육아에 전념하는 것이 좋습니다. 아이는 양육자에게 사랑받고 있다고 느끼는 한, 육아에서 발생하는 사소한 실수는 참아낼 수 있으며, 되돌릴 수 있습니다. 진정한 사랑은 실수를 충분히 보완할 수 있기 때문입니다.

이 책은 크게 '제1편 영아', '제2편 유아 전기', '제3편 유아 후기', '제4편 유치원'으로 구성되어 있습니다. 영아 편은 출생 후부터 만 1세 반 경까지, 유아 전기 편은 만 1세 반부터 만 3세 경까지, 유아 후기 편은 만 3세부터 취학 전까지의 나이를 기준으로 합니다.

유아 전기 편까지는 주로 도쿄도 심신장애인복지센터(이하 센터)에서 실시한 발달 연구 성과를 바탕으로, 나이가 아닌, 안보이는 아기나 유아의 신체 움직임과 손놀이를 중심으로 발달 단계를 설정했습니다. 그 단계별 생활 전반(놀이, 운동, 식사 등)에 대한 설명을 제공합니다. 내 아이가 지금 어떤 상태인지 알면, 같은 발달 단계의 안보이는 아이들의 사례를 참고할 수 있습니다. 또한, 다음 단계에서 아이가 할 수 있는 것들에 대한 전망도 가능해져, 육아에 자신감을 가질 수 있게 됩니다.

유아 전기 편에서는 실제 어린이집에 다녔던 한 아이의 발달 과정을 사례로 소개했습니다. 이 사례는 주로 엄마와 교사가 거의 매일 기록한 보육일지를 중심으로 정리되었습니다. 이 귀중한 보육일지는 약 30년 전 기록된 것이며, 양해를 얻어 당시 입수한 연구 자료를 활용했습니다.

유아 후기 편은 만 3세 이후부터 취학 전까지의 육아에 대해 설명합니다. 이 시기는 맹학교(지역에 따라 시각특수학교 등의 명칭을 사용하기도 합니다) 유치부나 어린이집, 유치원에 다니는 기간과 겹칩니다. 실제 어린이집이나 유치원에서 생활했던 아이들의 사례를 항목별로 정리했습니다. 이 사례들도 유아 전기와 마찬가지로 보육일지와 견학 기록을 중심으로 정리한 것입니다.

이러한 구체적인 사례들은 그동안 쉽게 접할 수 없었던 귀중한 자료입니다. 필자들도 이 책을 정리하면서 아이들의 삶을 새롭게 발견한 부분이 많았습니다. 참고하시기 바랍니다.

유치원 편에서는 안보이는 아이가 유치원에 적응하는 데 필요한 가정에서의 지원에 대해 다루었습니다. 특히 어떤 유치원을 선택해야 할지, 그리고 아이가 유치원 생활에 잘 적응할 수 있도록 교사와 어떻게 협력해야 하는지 등을 설명했습니다. 참고하시기 바랍니다.

'부록'으로는 실제 보육했던 어린이집과 유치원 교사들의 체험 보고를 실었습니다. 이는 약 40년 전에 보고된 내용입니다. 안보이는 아이들에 대한 당시의 인식과 환경을 그대로 반영한 자료로, 수정하지 않고 게재했습니다.

유아기를 안보이는 아이들과 같은 공간에서 보내는 것은 공생의 가치를 일깨워줍니다. 아이들의 모습은 과거와 현재가 변함이 없으며, 교사의 지도 방식이나 부모의 대응 방식도 공통점이 많습니다.

참고로 이 책에서는 안보이는 영유아의 양육에 필요한 복지 및 교육 기관의 명칭과 위치, 의료 정보, 그리고 부모의 마음 관리 등에 대해서는 다루지 않았습니다. 다양한 방법으로 정보를 얻을 수 있다고 생각했기 때문입니다.

또한, '엄마'라는 표현은 '육아를 주체적으로 하는 사람'을 의미하며, 육아의 주체를 엄마로 단정 짓는 것은 아닙니다. '아빠'라는 표현 역시 친척이나 이웃을 포함한 성인 남성을 의미하는 것으로 사용했습니다. 아이의 시력 상태에 대해서는 '보인다'와 '안보인다'라는 표현을 사용했습니다.

이 책에서 주로 다루는 아동은 수동변[1](눈앞에 내민 손의 움직임이나 물체를 어렴풋이 인식할 수 있는 정도) 이상 시력의 안보이는 아동을 대상으로 했습니다. 광각변[2](명암을 구분할 수 있는 정도), 전맹, 지수변[3](눈앞에 내놓은 손가락의 개수를 어렴풋이 알 수 있는 정도) 이상의 시력을 가진 약시 아동의 사례는 싣지 않았습니다. 하지만 약시 영유아의 경우도 이 책에서 다루는 발달 단계와 성장 과정을 참고할 수 있습니다. 다만, 중증 지적장애나 지체장애를 가진 아이들에게는 해당되지 않는 내용이 있을 수 있습니다.

2023년 2월

---

1) '수동변(手動弁)'이란 검사자의 손바닥을 피검사자의 눈앞에서 상하좌우로 움직여 움직임의 방향을 판별할 수 있는 능력을 말한다.
2) '광각변(光覚弁)'이란 어두운 방에서 피검자의 눈앞에서 조명을 점멸시켜 명암을 변별할 수 있는 시력을 말한다.
3) '지수변(指数弁)'은 검사자의 손가락 수를 답하게 한 후, 정답을 맞출 수 있는 최장 거리로 시력을 나타내는 것으로 '1m/지수변', '50cm/지수변', '30cm/지수변' 등으로 표기한다.

차 례

추천사 · 머리말 ... 5
    추천사 ... 5
    일본어판 머리말 ... 7

서문 ... 9

아기 키울 때 중요하게 생각해야 할 것들 ... 17
    주로 손을 사용하여 무언가가 있다는 것을 알기 ... 18
    듣는다는 것의 의미를 알게 하기 ... 20
    엄마와 가족과의 만남을 소중히 하기 ... 21
    발달에는 개인차가 있다는 것을 알기 ... 21
    사회 속에서 키우기 ... 21

I. 영아 편 ... 22

제 1 장 '목을 가누기 전' 까지의 생활 ... 23
    1.1 엄마와의 관계 ... 23
    1.2 몸의 움직임 ... 24
    1.3 손을 사용한 놀이 ... 25
    1.4 듣기, 소리내기 ... 26

제 2 장 '목 가누기', '뒤집기'가 가능한 시기의 생활 ... 28
    2.1 몸의 움직임 ... 28
    2.2 손을 사용한 놀이 ... 29

2.3	소리내기	32
2.4	젖을 떼기 전에	32
2.5	이유식의 시작	33
2.6	산책	34

제 3 장 '장난감을 잡으려고 손을 뻗기', '떨어뜨린 것을 찾기'가 가능한 무렵의 생활   35

3.1	몸의 움직임	36
3.2	손을 이용한 놀이	39
3.3	사람과 함께 하는 놀이	41
3.4	말의 이해와 발성	43
3.5	이유식	45
3.6	산책·외출	47

제 4 장 '소리 나는 쪽에 손을 뻗어 잡기'를 할 때의 생활   48

4.1	신체 움직임	49
4.2	손을 이용한 놀이	54
4.3	사람과 함께 하는 놀이	55
4.4	손가락으로 쥐고 먹기	57
4.5	옷 입고 벗기	58

제 5 장 '집 안의 원하는 장소로 이동해 원하는 놀이를 하는' 시기의 생활   59

5.1	신체 움직임	60
5.2	놀이	70
5.3	이해와 언어	73
5.4	식사, 수면, 배설	74

제 6 장 '용기에 물건을 꺼냈다 넣었다'하는 시기의 생활   78

6.1	신체 움직임	79
6.2	놀이	80
6.3	식사, 배설	82

 6.4 말하기 85

II. 유아 전기 편 87

제7장 '구슬 굴리기가 가능한' 시기의 생활 89
 7.1 놀이 90
 7.2 말하기 98
 7.3 기본 생활습관 103

제8장 '○ 틀에 맞추기가 가능한' 시기의 생활 110
 8.1 놀이 111
 8.2 말하기 119
 8.3 기본적 생활습관 123

제9장 '좌우 구멍을 구분하여 구슬을 넣을 수 있는' 시기의 생활 130
 9.1 놀이 131
 9.2 말하기 136
 9.3 기본적 생활습관 139

제10장 '크고작은 ○ 모양을 틀에 맞출 수 있는' 시기의 생활 145
 10.1 놀이 146
 10.2 언어 149
 10.3 기본 생활습관 151

III. 유아 후기 편 157

제11장 놀이 159
 11.1 실내 놀이 159
 11.2 야외 놀이 203

제12장 언어 224
 12.1 점자 224
 12.2 체험한 것을 전달하기 225

12.3 느낀 것, 생각한 것을 말로 표현하기 226
12.4 모르는 것을 질문하기 227
12.5 요일을 알 수 있고, '다'와 '까'가 붙는 단어를 말할 수 있다 229
12.6 대화하기 230

제13장 기본적인 생활습관 233
13.1 식사 233
13.2 배설 237
13.3 옷을 입고 벗기 237
13.4 기타 기본 생활습관 244

제14장 안보이는 아이와 가족의 삶 252
14.1 외출 252
14.2 사람과의 관계 263

제15장 배우기 269

제16장 '안보이는 것'에 대한 이해 271

IV. 유치원 편 279

제17장 입학 준비 281
17.1 유치원, 어린이집 생활을 경험하는 것의 의미 281
17.2 안보이는 자녀의 유치원 등 취학 시 발생이 예상되는 문제 284
17.3 유치원 등의 선택과 개척 285
17.4 유치원 입학에 대한 논의 288
17.5 유치원 전의 생활 289

제18장 유치원 입학 후의 여러 가지 문제와 대응 298
18.1 담임선생님이나 다른 학부모와의 관계를 원활하게 하기 위해 298
18.2 어린이들의 친구 관계 299
18.3 자녀의 발달을 돕기 위한 가정에서의 배려 304
18.4 일상적으로 반복되는 활동을 달성하는 데 도움이 되는 지원 327

18.5 행사 등의 활동을 달성하기 위한 지원　　　　　　　　328

제 19 장 전문적인 교육 내용　　　　　　　　　　　　　　　332
　　19.1 보행학습　　　　　　　　　　　　　　　　　　　　335
　　19.2 ICT 학습　　　　　　　　　　　　　　　　　　　　336
　　19.3 점자 학습　　　　　　　　　　　　　　　　　　　　338

부록 편 : 시각장애 유아를 받아들인 어린이집, 유치원의 체험수기　349

미나미코이와 보육원의 경우　　　　　　　　　　　　　　　353

아유미 유치원의 경우　　　　　　　　　　　　　　　　　　362

사프란 유치원의 경우　　　　　　　　　　　　　　　　　　371

도키와 유치원의 경우　　　　　　　　　　　　　　　　　　381

와코유치원의 경우　　　　　　　　　　　　　　　　　　　390

후기와 참고문헌　　　　　　　　　　　　　　　　　　　　396
　　저자 후기　　　　　　　　　　　　　　　　　　　　　　396
　　한국어판 후기　　　　　　　　　　　　　　　　　　　　402
　　인용 및 참고 문헌　　　　　　　　　　　　　　　　　　407
　　저자 약력　　　　　　　　　　　　　　　　　　　　　　408
　　역자 후기　　　　　　　　　　　　　　　　　　　　　　412

아기 키울 때 중요하게 생각해야 할 것들

심신 발달이 가장 활발한 시기는 영유아기입니다. 이 시기의 아이들은 신체의 성숙과 이를 바탕으로 한 자연 및 사회적 환경과의 상호작용을 통해 날마다 성장합니다. 아이는 태어나자마자 이 세상을 살아갈 힘을 가지고 있습니다. 타고난 능력을 의식적으로 사용하면서 자신을 인식하고, 주변을 자신과 연관 지어 이해하게 됩니다.

이는 안보이는 아이들도 마찬가지입니다. 이들은 주로 촉각과 청각 같은 시각 외의 감각을 사용해 주변 사물에 대한 관심과 흥미를 넓히고, 경험을 풍부하게 하며 지식을 습득해 나갑니다. 따라서 앞을 볼 수 없다는 사실이 발달을 저해하는 주요 요인이 되지 않습니다. 안보이는 아이들의 발달에서 중요한 포인트는 '아이 스스로가 주변 사람이나 사물에 대해 자발적으로 노력하는 것'입니다. 아기가 이러한 힘을 갖추기 위해서는 처음에는 어른의 도움이 필요합니다.

그렇다면 어른들은 무엇을, 어떻게 도와야 할까요? 한 번 눈을 감고 아기의 입장이 되어봅시다.

무슨 소리가 들리나요?
바람은 어떤가요?
냄새는 어떤가요?
따뜻함은 느껴지나요?
손이나 발을 움직였을 때 무언가를 만졌나요?
배고픈가요?
기저귀가 젖지 않았나요?

안아주기를 원하시나요?

아기가 무엇을 기뻐하고 무엇을 원하는지 상상해보며, 아기와 함께 자신도 성장하겠다는 마음을 가지는 것이 육아의 중요한 출발점이 됩니다. 우리는 안보이는 아기들과 많은 관계를 맺어왔기 때문에, 아기와의 상호작용을 통해 알게 된 '아기 때 필요한 고려사항'을 이야기해 보려고 합니다. 여기서는 항목별로 나누어 설명하겠지만, 각 항목은 서로 밀접한 연관이 있습니다. 실제로는 매일 아기를 충분히 관찰하며, 아기가 좋아할 수 있는 방법을 고민해 나가면 좋을 것입니다.

주로 손을 사용하여 무언가가 있다는 것을 알기

안보이는 아기는 가만히 움직이지 않고 아무것도 하지 않으면 주변의 사물을 알 수 없습니다. 아기는 처음에 자신의 몸을 통해 주변에 있는 것들을 인식하게 됩니다. 몸에 닿는 것들, 이불이나 담요, 그리고 자유롭게 움직이는 손과 발을 통해 느껴지는 촉감 등이 이에 해당합니다.

우선, 아기의 손은 만질 수 있는 것을 탐색하고 있습니다. 아기의 손이 닿을 수 있는 곳에 수건이나 헝겊 인형 등을 놓아주거나, 잡기 쉬운 작은 딸랑이를 손바닥에 닿게 해 쥐여보세요. 아기는 자연스럽게 손을 움직이면서 우연히 만진 물건을 잡고, 이를 흔들어 소리를 내기도 합니다. 곧 스스로 주변에 있는 장난감에 손을 뻗어 잡고 흔들거나 두드리는 등의 행동을 하게 됩니다.

이것은 아기가 스스로 움직여서 알게 된 것이고, 재미있다고 느껴 반복하게 되는 것입니다. 즉, 아기의 놀이가 되는 것이죠. 물론, 손뿐만 아니라 발 등의 신체 움직임을 통해서도 놀이가 만들어집니다.

여기서는 주로 활발한 손의 움직임을 유도하는 효과적인 방법을 순서대로 설명하겠습니다. 아기가 성장하는 과정에서 다양한 것을 접하는 것이 중요합니다. 이를 도와줄 때는 아기의 손이 거부감 없이 반응할 수 있도록 배려하는 것이 중요합니다. 어른이 아기의 손을 잡고 함께 하는 것은 매우 중요한 일입니다. 그러나 그것만으로는 충분하지 않습니다. 부드럽게 아기의 손을 감싸 물건을 만지도록 유도하거나, 때로는 그 물건을 아기의 손에 부드럽게 닿게 해주면서 아기가 스스로 손을 움직일 때까지 기다리는 것이 필요합니다.

작은 방울이 달린 리본을 아기의 손목에 달아주면 손을 움직일 때마다 방울 소리가 나며, 아기는 소리와 자신의 손 움직임을 쉽게 연결할 수 있습니다. 또한 손가락을 빠는 행위는 손가락을 입으로 가져가는 동작과 혀, 입술의 감각을 연결시킬 수 있습니다.

손바닥에 잡기 쉬운 딸랑이를 만지게 하면 아기는 생리적 반사작용으로 딸랑이를 잡을 수 있습니다. 쥔 상태에서 함께 손을 움직여 주면 아기는 곧 딸랑이를 흔들어 소리를 내거나 입에 넣을 수 있게 됩니다.

아기가 주로 누워있는 자세를 취할 동안, 아기가 손을 활발히 움직일 수 있도록 '아기체육관'(베이비 짐)이라는 이름으로 시중에 판매되는 장난감을 활용할 수 있습니다. 손을 움직이면 소리가 나거나 두드리거나 잡아당길 수 있는 장난감을 설치해주는 것이 좋습니다. [그림 서-1]

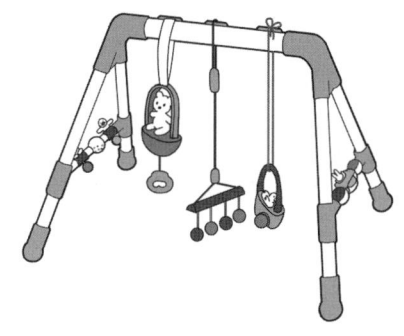

그림 서-1 아기가 만질 수 있도록 낮은 위치에 장난감을 달아 둔 아기체육관

이 기구를 사용할 때는 아기가 손을 움직일 때 특정 장난감에 닿을 수 있도록 끈 등을 사용해 그 위치를 고정하는 것이 중요합니다. 아기가 손을 같은 방식으로 움직일 때마다 같은 장난감에 닿게 하려는 목적입니다. 이렇게 하면 아기가 스스로 손을 뻗어 장난감과 상호작용할 수 있게 유도할 수 있습니다. [그림 서-2]

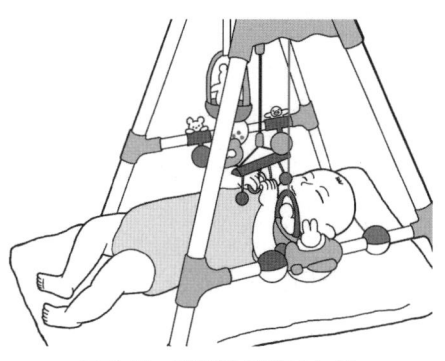

그림 서-2 베이비 짐에서 놀기

이 과정을 반복할수록 아기는 어느새 소리가 나면 손을 뻗어 잡으려는 행동을 하게 됩니다. 손뿐만 아니라 활발하게 움직이는 발에도 기분 좋은 소리가 나는 물건을 놓아주면, 아기는 더욱 활발하게 발을 움직이며 반복해서 놀이를 즐길 수 있습니다.

아기가 깨어있을 때나 엄마가 집안일로 아기 곁을 떠나야 할 때, 아기 침대를 사용할 경우가 종종 있습니다. 이럴 때, 아기 침대의 손을 뻗으면 닿을 수 있는 위치에 아기체육관에서 사용하는 것과 같은 장난감을 매달아 두면, 아기는 그것으로 즐겁게 놀 수 있습니다.

또한 발밑에는 발로 차면 소리가 나는 장난감을 놓아주고, 머리 주변에는 봉제인형 등을 배치해주면 좋을 것입니다. 엄마는 가끔 아기의 모습을 살펴보고 말을 걸어주는 것만으로도 아기를 안심시킬 수 있습니다. [그림 서-3]

그림 서-3 아기 침대에도 장난감을 달아둔다.

듣는다는 것의 의미를 알게 하기

안보이는 아기는 일상생활 속에서 다양한 소리를 들으면서 그 소리가 자신에게 어떤 의미를 지니는지 점차 이해하게 됩니다. 따라서 아기를 안고 젖이나 우유를 먹이거나, 기저귀를 갈아주거나, 옷을 갈아입힐 때 아기를 만지면서 부드럽게 말을 건네는 것이 중요합니다. 아기는 점차 가족들의 목소리를 구분하게 되고, 일상에서 들리는 소리에도 반응하게 됩니다.

어른들은 아기가 알아듣지 못하더라도, 일상에서 일어나는 상황을 설명해주는 습관을 가지는 것이 좋습니다. 또한, 아기와 함께 귀를 기울여 지금 들리는 소리가 무엇인지 확인하는 습관을 들이면, 아기가 세상을 소리로 경험하는 데 도움이 됩니다.

예를 들어, 누군가 걷는 소리, 형제자매가 울거나 웃는 소리, 텔레비전 소리, 문이 닫히는 소리, 부엌에서 물이 흐르는 소리, 식기 소리 등 다양한 생활 속 소리가 아기에게 충분히 전달되는 것이 중요합니다.

음악 듣기도 안보이는 아기들에게는 큰 즐거움이 될 수 있습니다. 하지만 클래식이나 동요 등 아기들에 있어서는 자극적일 수 있는 음악을 오랫동안 들려주는 것은 좋지 않습니다. 아이의 울음을 멈추게 하거나 진정시키는 데 도움이 될 수 있지만, 지나치게 장시간 음악을 들려주기보다는 일상 속의 자연스러운 소리와 함께 적절히 음악을 들려주는 것이 좋습니다.

엄마와 가족과의 만남을 소중히 하기

아기는 가족 속에서 성장합니다. 엄마뿐만 아니라 아빠, 형제자매, 조부모 등 다양한 가족 구성원과의 관계가 중요합니다. 특히, 가족 모두가 처음으로 안 보이는 아기를 접하게 되기 때문에, 신체 접촉과 말로 아기와 유대감을 쌓는 것이 중요합니다.

　아기는 엄마나 가족이 안아주고, 부드럽게 흔들어 주거나 손과 발, 몸을 만져주는 것을 좋아합니다. 또한, 말을 걸거나 안아주는 소리를 듣고 웃거나 소리를 내며 기쁨을 표현하기도 합니다. 아기가 웃거나 기분이 좋아질 때 함께 기뻐해 주고, 아기가 배고프거나 기저귀가 젖었을 때 울면 빠르게 대응해 주세요. 특히, 잘 울지 않고 조용한 아기일수록 적극적으로 안아주고 말을 걸어주며 스킨십의 즐거움을 알려주는 것이 중요합니다.

발달에는 개인차가 있다는 것을 알기

아이의 발달은 각자의 성격과 개인차에 따라 다르게 나타납니다. 특히, 복잡하고 까다로운 육아 과정에서는 세세한 것에 너무 신경을 쓰거나 걱정하지 않도록 주의해야 합니다. 아이의 발달을 평균치나 다른 아이들과 비교하는 것은 큰 의미가 없습니다. 안보이는 아이의 발달은 개성이 크기 때문에, 어떤 움직임이 한동안 지속되거나 빠르게 성장하는 등 다양한 방식으로 나타날 수 있습니다. 중요한 것은 아기가 활기차고 건강하게 하루하루를 보내는 것입니다. 아기가 새로운 능력을 익히면 함께 기뻐해 주세요.

사회 속에서 키우기

육아는 엄마와 아이가 집 안에서 24시간 내내 마주보며 하는 것만이 아닙니다. 안보이는 아이에게도 신선한 공기, 부드러운 햇살, 다양한 소리, 변화하는 외부 환경 등은 실내와는 비교할 수 없을 정도로 중요한 자극이 됩니다. 동시에 엄마는 바깥에서 다양한 사람들을 만나며 육아에 대한 정보를 교환함으로써 자신감을 높일 수 있습니다.

I. 영아 편

안보이는 아기의 육아에서 구체적인 고려사항을 설명할 때, 여기서는 발달 단계를 설정하여 설명합니다. 발달 과정에서 특정 발달 영역의 기능적 특징이 이전이나 이후 시기의 특징과 다를 때, 이를 하나의 구분으로 삼아 발달 단계라고 합니다. 일반적으로 발달 단계는 '나이'를 기준으로 구분하지만, 앞서 언급한 것처럼 안보이는 아동의 발달에는 개인차가 크므로 나이를 기준으로 삼는 것은 적절하지 않을 수 있습니다.

따라서 이 책에서는 목을 가누는 시기까지의 초기 발달 단계에선, 앞을 볼 수 없다는 사실이 발달에 큰 영향을 미치지 않는 것으로 간주하고, '몸의 움직임'을 기준으로 삼았습니다. 그 이후 단계에서는 우리의 연구 결과 등을 바탕으로 안보이는 아동의 발달을 평가하는 데 효과적이었던 '손으로 하는 놀이'를 기준으로 발달 단계를 설정했습니다.

참고로, 각 발달 단계와 영역별로 기술된 내용은 해당 단계에서 일반적으로 할 수 있게 되는 대표적인 활동들을 중심으로 설명하고 있습니다. 그러나 실제 육아에서는 이전 단계에서 할 수 있는 것들 중 아직 익히지 못한 활동이 있을 수 있으며, 이를 함께 손을 잡고 놀아주고 도와주는 것이 중요합니다. 이러한 과정은 아이에게도 즐거운 경험이 될 것이며, 엄마에게도 육아의 기쁨을 더할 것입니다.

다음 단계로 넘어가기 전에, 현재 단계에서 할 수 있는 활동들을 참고하며 천천히 육아를 진행하는 것이 좋습니다. 또한, 아이들마다 발달 특성이 다를 수 있으므로 유연한 사고가 필요합니다. 발달이 앞뒤로 다를 수 있음을 염두에 두고, 아이의 발달 속도에 맞추어 유연하게 대응하는 것이 바람직합니다.

제 *1* 장

'목을 가누기 전' 까지의 생활

> '목을 가누기 전'까지의 아기는, 몸을 세워 안아줄 때 목을 받쳐주지 않으면 머리가 불안정하게 흔들립니다. 또한, 엎드린 자세에서는 스스로 고개를 들지 못합니다. 그러나 누워있을 때는 머리를 좌우로 움직이거나, 팔과 다리를 움직일 수 있습니다. 여기서는 이 시기 아기의 생활에 대해 알아보겠습니다.

1.1 엄마와의 관계

갓 태어난 아기는 덥다, 춥다, 배고프다 등의 욕구를 울음으로 호소하거나 표정으로 표현합니다. 엄마는 이러한 아기의 요구를 보고 수유, 청결, 수면, 배설 등의 욕구를 충족시켜 줍니다. 이 시기의 아기는 전적으로 엄마의 도움이 필요합니다. 아기에게 필요한 욕구를 충족시키고, 자주 안아주며 자세를 바꿔주면 아기는 점차 주변 세상을 알아갑니다.

 부모의 애정과 적절한 대응은 아기의 성장을 돕습니다. 안보이는 아기는 엄마가 조용히 다가와 얼굴을 보여줘도 소리 내거나 웃지 않을 수 있습니다. 그러나 말을 걸거나 뺨을 쓰다듬거나 안아주고 흔들어주면, 자신과 친근한 사람이라는 것을 인식하고 웃거나 소리를 낼 수 있습니다. 엄마의 더 많은 말과 신체적 접촉이 중요합니다. 아기와의 친밀감을 형성하고 즐거운 관계를 유지하는 것이 무엇보다 중요합니다. 아기가 울거나 힘들어하는 것은 도움을 요청하는 신호이므로 자주 안아주고 말을 걸어주세요.

첫 수유는 긴장될 수 있지만, 서두르지 말고 느긋하게 수유하면 아기는 자기만의 방법을 터득하게 됩니다. 수유 시에는 갑작스러운 동작으로 아기를 놀라게 하지 않도록 미리 말을 걸고 부드럽게 만져주며 아기를 안아줍니다. 모유 수유는 신체 접촉을 통해 따뜻함과 안정감을 줄 수 있으며, 젖병으로 우유를 먹일 때에도 아기를 안아서 부드럽게 말을 걸거나, 아기 손을 젖병에 가볍게 대어주는 것이 중요합니다. 기저귀를 갈 때도 먼저 몸을 만져주고 '깨끗하게 해 줄게요' 등의 말을 건네며 기저귀를 갈아줍니다. 이때 손과 발, 배를 가볍게 마사지해 주세요.

아기는 일반적으로 수유, 목욕, 야외 목욕, 기저귀 교환 후 기분이 좋을 때 발성을 많이 하므로, 이때 아기의 음성을 흉내 내거나 말을 걸어 부드럽게 반응해 주세요. 아기의 목소리는 처음에는 '아아', '우우' 등의 모음 소리가 주를 이루지만, 머잖아 아기를 달래면 미소를 짓거나, 말을 걸면 소리를 내는 등의 반응을 보이게 됩니다.

1.2 몸의 움직임

아기는 기저귀를 벗으면 몸을 자유롭게 움직일 수 있어 매우 기뻐합니다. 침대 안에서 긴 가운이나 포대기에 싸여 있으면 움직임의 자유가 제한되므로, 아이의 보온은 성인보다 가볍게 하고 팔다리를 자유롭게 움직일 수 있도록 해줘야 합니다. 외기욕을 시작으로 신생아기(생후 1개월, 미숙아의 경우 수정월령1) 1개월)가 지나면 자외선이 적은 오전에 몇 분씩 햇볕을 쬐게 해 주세요.

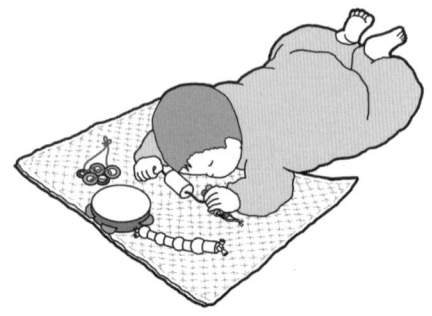

그림 1-1 장난감을 꿰매붙인 매트 위에서 엎드려 논다

기저귀를 벗기고 속옷 한 장만 입힌 상태에서 몸을 자유롭게 움직일 수 있도록 하면, 아기는 다리를 번갈아 가며 들어 올리거나 움직일 수 있습니다. 엎드린

---

1) '수정월령'의 계산 방법은 일반적으로는 대략적인 출산 예정일을 기준으로 먼저 태어난 월령을 빼는 방식입니다(예를 들어, 출산 예정일이 4월인데 1월에 태어났다면 3개월을 뺍니다).

자세에서 스스로 고개를 들 기회를 늘려주세요. 이때 아기가 싫어하는 경우가 많으므로, 아기가 엎드린 자세에서 손으로 만질 수 있는 소리 나는 장난감이나 잡아당길 수 있는 물건을 제공하고 무리하지 않게 도와줍니다. [그림 1-1] 또한 아기 의자(바운서) 등에 태워 흔들어 주거나, 안아서 머리를 받쳐주며 마주 보고 말을 걸거나 노래를 불러주는 등 다양한 방법으로 아기를 돌봐줍니다.

1.3 손을 사용한 놀이

이 단계에서는 우연히 만진 것에서 시작해, 점차 그것을 쥐게 되고 흔들거나 한 손으로 두드리는 등 시간이 지나면서 놀이가 변해갑니다.

이 시기에 아기들은 다양한 물건을 가지고 놉니다. 안겨 있을 때 엄마의 얼굴을 만지기도 하고, 배를 대고 엎드려 있을 때는 바닥이나 이불을 만지거나, 흔들면 소리가 나는 딸랑이를 가지고 놉니다. 종이, 비닐봉지 등도 아기들이 좋아하는 것 중 하나입니다. 위험해지지 않도록 지켜보면서 쥐어주세요.

우선, 딸랑이나 공갈젖꼭지 등을 아기의 손바닥에 닿게 하면, 잠시 동안 그것을 쥐고 있게 됩니다. 또한 아기는 자유롭게 몸을 움직일 때, 쥔 손을 입에 가져가서 빨게 됩니다.

자기 손가락을 움직여 물건을 만지는 것은, 안보이는 아기에게 특히 중요한 일입니다. 아기의 손가락을 사용한 놀이는, 우선 가장 가까운 자기 자신의 몸을 가지고 노는 것에서 시작됩니다. 그래서 아기가 자기 손을 입에 넣어 빨고 있는 것은 매우 중요한 일입니다. [사진 1-1]

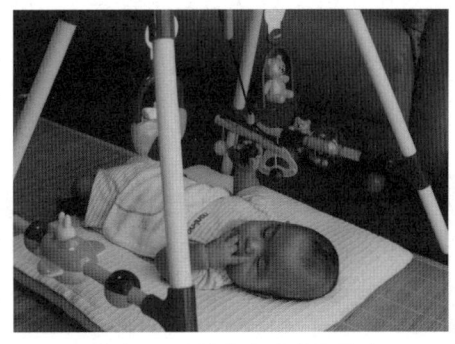

사진 1-1 자신의 손가락을 빤다

그 후에는 딸랑이를 잡은 손이나 팔을 움직여 흔들거나, 입에 넣어 핥기도 하게 됩니다.

아기가 엎드려 자고 있는 바로 위에 설치한 아기체육관에 장난감을 낮게 매달아 아기가 무심코 움직인 손이 닿았을 때 소리가 나도록 합니다. 엄마는 아기 손을 장난감에 닿게 하거나, 함께 잡고 잡아당기거나 두드리는 등 손을 이용한 놀이를 하도록 합니다. 또한, 아기의 어깨 부근에 편안한 봉제 인형 등을 놓아두면 좋습니다.

아기가 작은 딸랑이를 잡을 수 있게 되면, 함께 부드럽게 흔들어 주는 등의 놀이를 합니다. 이를 반복하다 보면 아기 스스로 만진 물건을 잡고 흔들거나 양손으로 잡은 물건을 만지작거리거나, 한 손으로 잡은 물건을 두드리는 등 활발한 손의 움직임을 관찰할 수 있게 됩니다.

또한, 수유할 때 젖가슴이나 젖병에 손을 갖다 대도록 하고, 안은 사람의 손, 손가락, 얼굴, 옷 등을 만져보게 하여 그 감촉을 알게 하는 것도 중요합니다.

1.4 듣기, 소리내기

아기는 장난감 소리나 엄마의 부름에 반응하며, 손과 발을 툭툭 치거나 큰 소리로 웃는 등의 모습을 보이기도 합니다. 스스로 손과 발을 움직여 소리를 내거나 음악을 듣는 것을 즐기기도 합니다.

아래 사례는 생후 6개월(수정월령 3개월)에 가정방문에서 만난 아기 A의 모습입니다. 아기가 손과 발, 몸을 이용해 다양한 활동을 하는 모습과 듣는 것에 관심을 갖고 발성하는 모습을 관찰할 수 있었습니다. 이 모습에서 아기가 스스로 즐겁게 놀이를 하고 있음을 알 수 있었으며, 보이지 않더라도 자신의 몸을 이용해 주변 사물을 알아차리고 가족의 노력에 따라 놀이를 만들어 나갈 수 있음을 보여줍니다.

> 아기 A(남아, 미숙아망막증, 광각)는 출산 3개월 후 퇴원해 집에서 육아를 시작했습니다. 입원 중 받은 조언에 따라 퇴원 후 바로 아기체육관을 설치했습니다.
>
> 아기는 왼손부터 양손, 주먹, 엄지, 검지까지 빨았습니다. 왼손으로 손가락을 빨면서 오른손으로 아기체육관에 매달린 장난감을 두드리거나, 흔들거나, 만지작거리거나, 입에 넣으려고 하거나, 우연히 손에 닿은 오르골을 잡아당겨서 소리를 내기도 합니다.
>
> 또한, 딸랑이(나무로 만든, 손잡이 위에 작은 구슬이 달린)를 쥐고 구슬

을 입에 넣습니다. 엄마가 딸랑이를 들어 올리면 조금 손으로 따라오려는 모습도 보입니다. 뺨이나 가슴, 손등에 닿게 하면 잡지 않지만, 손바닥에 닿게 하면 잡습니다. 딸랑이를 들고 만져보게 하면서 몸 앞까지 움직여 주면 손으로 쫓아다니지만 잡지는 않습니다. 한 손으로 딸랑이를 들고 다른 손으로 딸랑이를 치고 있습니다. 타월을 만지작거리며 때로는 발로 조금씩 걷어차기도 합니다.

이름을 부르면 반가워하는 목소리를 냅니다. 말을 걸면 그때마다 '아~' 하고 소리를 내기도 합니다. 긴 발성도 할 수 있게 되었습니다. 아기체육관에 매달린 장난감을 만지작거리다가 멀리서 동요가 들려오면 움직임을 멈춘 뒤 듣고, 손에 들고 있는 물건을 흔들면서도 집중해서 듣는 모습이 관찰되었습니다. 또한, 스스로 우연히 오르골을 울린 후 소리를 듣거나 형(4세)의 목소리와 말소리에도 귀를 기울이는 등의 움직임이 보였습니다.

제 2 장

'목 가누기', '뒤집기'가 가능한 시기의 생활

> '목을 가누는 상태'는 앉은 자세에서도 머리가 많이 흔들리지 않는 상태, 아기의 옆구리를 잡고 몸통을 공중에서 옆으로 기울여도 머리를 똑바로 세우려고 하는 상태, 또는 엎드린 상태에서 팔뚝을 잡고 천천히 일으켜 세웠을 때 머리가 몸의 움직임에 따라 지체 없이 따라오는 상태 등을 말합니다.

2.1 몸의 움직임

이 시기에는 안은 채로 서 있는 자세를 취하게 하는 시간을 조금씩 늘려주세요. 엄마 무릎 위에 발을 올려놓고 몸을 흔들거나, 겨드랑이를 받쳐들고 '통통통' 하고 소리를 내며 몸을 위아래로 움직일 때 발바닥이 엄마 무릎에 닿게 하는 놀이도 해봅시다.

뒤집기(누웠다가 엎드린 자세로 바꾸기)는 팔다리의 근력을 강화하는 데 중요한 의미를 지니며, 다음 단계인 엎드리기의 전 단계 행동으로서 중요한 의미를 갖습니다. 목에 힘이 들어가면 아기는 팔다리를 다양하게 움직여서 위를 보다가 옆으로, 위를 보다가 엎드린 자세로, 엎드렸다가 위로 젖히는 등의 동작을 스스로 할 수 있게 되면서 서서히 돌아눕기가 가능해집니다.

바닥에 깔아둔 얇은 매트 위에 눕히고, 가볍고 헐렁한 옷차림으로 팔다리를 자유롭게 움직일 수 있도록 합니다. 누운 자세에서 옆으로 눕는 등의 움직임이 보이면 엎드린 자세를 취하게 하여 아래쪽 팔을 쉽게 빼낼 수 있도록 해 줍니다. 안보이는 아기에게 엎드린 자세는 결코 즐거운 자세가 아니어서 싫어하는 경우도 많습니다.

때로는 아기의 배를 아래로 향하게 한 후 '붕붕~'하며 흔들어 주거나, 아기의 다리나 허리 부분을 잡고 돌리면서 엎드린 자세를 취하게 하는 것도 좋습니다. 누운 자세에서 옆으로 눕힐 때는, 한 방향으로만 돌리지 말고 변화를 주어가며 돌리도록 합니다.

2.2 손을 사용한 놀이

이 단계에서는 이전 단계에서도 했던 것처럼 손이 닿는 곳에 손을 뻗어, 예를 들어 아기체육관에 매달려 있는 장난감을 만지작거리거나 흔드는 놀이를 스스로 여러 번 반복하는 것이 특징입니다. 또한 바운서의 건반이나 키보드, 테이블을 손으로 두드리는 것 등을 스스로 반복합니다.

이러한 놀이는 안보이는 아기가 '손이나 팔을 뻗으면 무언가가 있다는 것'을 이해할 수 있게 되었음을 보여주는 것으로 생각할 수 있습니다. 또한, 어떤 장소에서 물건을 집어 들었다가 놓았다가 다시 집어 들거나, 손으로 두드리는 놀이를 하기 시작합니다. 이는 새로운 소리를 계속 찾아내거나 손으로 전달되는 촉감을 계속 즐기려는 새로운 놀이로 볼 수 있습니다.

이 시기의 아기에게 딸랑이 등을 손등에 가볍게 대어주면, 그것이 무엇인지 확인하기 위해 스스로 손목을 돌려 잡으려고 합니다. 또한 손끝으로 만져보게 하면 장난감을 잡을 수 있게 됩니다.

손이 움직이는 모습

양손을 자신의 몸 앞에서 맞잡거나 한 손으로 잡은 물건을 두드리는 행동을 자주 보이게 되면, 한 손에서 다른 손으로 장난감을 옮기거나 양손으로 잡은 물건을 서로 맞잡는 행동을 할 수 있게 됩니다.

또한 젖병이나 젖꼭지에 자발적으로 손을 대는 등, 자신의 입에 닿는 물건에 손을 뻗어 만지는 행동이 나타납니다.

장난감을 단순히 건네주는 것뿐만 아니라, 배나 가슴 등에 올려놓고 소리를 내는 등 자극을 주어 그곳에 손을 뻗어 가져가게 하는 것도 하나의 방법입니다. 장난감을 스스로 잡을 수 있게 되면, 리듬에 맞춰서 놀아주는 등의 놀이도 해보세요.

그런 식으로 장난감을 손에 닿게 하면서 움직이면 잡으려고 따라다니게 됩니다. 손에 쥐고 있는 장난감을 떼어내려고 하면 놓지 않으려고 꽉 쥐고 있거나, 떼어냈을 때 울음을 터뜨리기도 합니다. 이런 행동은 다음 단계에서는 장난감의 소리를 듣고 손을 뻗는 행동으로 발전합니다.

앉아서 놀기

목을 가눌 수 있게 되면 앉을 수 있는 힘이 생깁니다. 안보이는 아기들도 자연스러운 발달을 통해 안정적으로 앉을 수 있게 됩니다. '앉는' 것이 가능해지면 앞이 보이는 아기에게는, 눕거나 엎드린 자세에서는 알 수 없었던 새로운 세계가 펼쳐집니다.

하지만 안보이는 아기의 경우 앉은 자세로 할 일이 없으면 앉아있는 것보다 누워 있는 것이 더 안정적이어서 앉기를 꺼리는 경우가 있습니다. 누워 있는 자세를 취하면 발, 머리, 손 등이 바닥에 닿아 있습니다. 그것은 아기가 지금까지의 경험으로 다 알고 있는 것입니다. 아기가 자신이 아는 곳, 편안한 곳에 머무르려고 하는 것은 당연하다고 할 수 있습니다.

그림 1-2 매트를 올려 둔 아기 의자

하지만 보이지 않더라도 머리, 상체, 엉덩이를 똑바로 세우고 앉을 수 있다면, 양손을 자유롭게 움직일 수 있어 아기가 놀 수 있는 공간이 훨씬 넓어집니다. 엎드려 자는 것보다 앉은 자세가 손가락으로 만지면서 얻을 수 있는 놀이가 다양해져 발달에 매우 중요합니다. 앉는 것이 즐거운 시간이 될 수 있도록 도와주세요.

장시간 앉은 자세를 유지하지 못하는 아기는 유아용 의자나 바운서 등에

2.2 손을 사용한 놀이   31

앉혀서 테이블 위의 장난감을 만지도록 합니다. 건반, 탬버린 등을 놓고 함께 두드리게 합니다. 손을 앞으로 내밀어 자유롭게 두드리고, 만지작거리고, 잡아당겼다 놓는 등의 손의 움직임은, 이전까지 누운 자세나 엎드린 자세에서는 할 수 없었던 새로운 손의 사용을 유도합니다. 엎드린 자세에서 사용했던 매트를 테이블 위에 올려놓고 양손으로 만지작거리거나 잡아당기게 하는 것도 좋습니다. [그림 1-2]

또한 아기가 소파에 기대어 앉을 수 있도록 수제 개량형 책상을 사용하는 것도 효과적입니다. 이 책상은 V자형 계곡 모양으로 되어 있고, 장난감이 떨어지지 않도록 고안되어 있어 혼자서도 계속 놀 수 있습니다. 앉은 자세가 흐트러져도 책상 모서리에 받쳐줄 수 있어 앉는 자세가 안정화되기 전 단계의 아기 보조기구로도 사용할 수 있습니다. [사진 1-2]

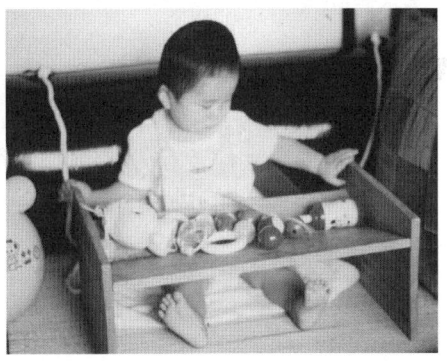

사진 1-2 수제 개량 책상(V자 계곡 모양)

장난감이 떨어지지 않도록 삼면이 낮은 테두리로 둘러싸인 놀이 테이블 [그림 1-3]은 아기에게 '재미있는 장소'를 만들어 주고, 테이블 표면은 물건을 찾을 수 있는 '장소'가 됩니다. 또한, 저희의 경험에 따르면, 아기는 책상 하나만 가지고도 아주 잘 놀 수 있습니다. 책상만 가지고도 탁자를 두드리며 놀 수 있지만, 장난감을 놓아두면 손을 뻗었을 때 항상 장난감이 있는 장소를 제공할 수 있습니다.

그림 1-3 3면이 낮은 테두리로 둘러싸인 놀이 테이블

또한, 엄마 무릎에 앉히거나 허리를 받치고 앉혀서 적극적으로 앉는 자세를 취할 수 있도록 해 주세요. 이 기회에 엄마와의 리듬 놀이나 아기 재롱(도리도리 잼잼 등)의 즐거움을 느끼게 합니다. 아기는 장난감을 양손에 들었다 바꾸어

제 2 장 '목 가누기', '뒤집기'가 가능한 시기의 생활

들었다가, 자기 손가락을 다른 손으로 잡거나, 안고 있는 엄마의 얼굴을 만지작거립니다. 그리고 엄마는 간지럼을 태우거나 흔들어 주는 등 아기에게 앉는다는 것의 즐거움에 대해 알게합니다. [사진 1-3, 1-4]

 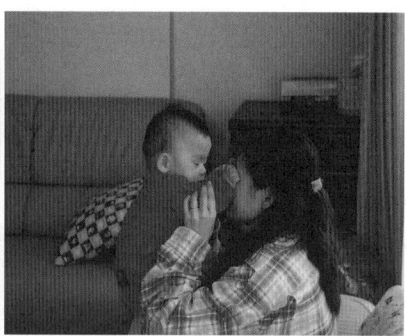

사진 1-3 엄마 무릎 위에서 아기의 손을 쥐고 노래하기 / 사진 1-4 아기의 손을 쥐고 엄마의 얼굴을 만지게 하기

2.3 소리내기

아기의 발성은 더욱 활발해지며, 운동이나 수유 중, 목욕 후 또는 잠들기 전 등 편안한 분위기에서 엄마가 말을 걸면, 아기는 이에 반응하여 목소리를 확실히 낼 수 있게 되면서 소리 내어 웃기도 합니다. 가능한 한 자주, 그리고 감정을 많이 담아 말을 걸어야 합니다.

예컨대, 뽀뽀를 하거나 이마나 뺨을 가볍게 찌르거나 간지럽히거나 어른의 얼굴이나 몸을 만지작거리며 말을 걸면 보다 풍부한 감정표현을 할 수 있어 언어발달에 도움이 됩니다. 아기가 발성하는 목소리를 흉내 내면 아기도 점점 더 활발하게 목소리를 내기 시작합니다. 점차 교대로 말을 주고받으며 큰 소리, 높은 소리, 낮은 소리, 입술 떨림 등 다양한 목소리를 낼 수 있게 됩니다.

2.4 젖을 떼기 전에

이 시기부터 아기가 모유와 젖병 우유 등으로 섭취하던 영양을 조금씩 다른 음료나 음식으로 섭취할 수 있도록 합니다. 또한 아기가 젖병이나 엄마의 젖꼭지가 아닌 다른 것이 입에 들어가는 것에 익숙해지도록 합니다. 그런 경험이 먹는 것으로 이어지게 됩니다.

모유만으로 필요한 영양을 충분히 섭취하는 경우, 아기는 엄마의 젖꼭지가 아닌 다른 촉감에 익숙하지 않을 수 있습니다. 젖병을 사용하는 경우, 그 전에 따뜻한 음료가 담긴 젖병을 접할 기회를 늘리거나 엄마의 젖꼭지와 비슷한 물건(공갈젖꼭지 등)을 사용해 보는 것도 좋은 방법입니다.

손가락 빨기뿐만 아니라 손에 쥐고 있는 딸랑이 등을, 입에 넣고 핥는 것을 위생상 좋지 않다고 생각해 고민하는 엄마들이 있습니다. 하지만 손에 든 물건 등을 입에 넣고 핥는 것은 오히려 면역력을 높이는 의미가 있다고 하니 걱정할 필요가 없습니다.

또한, 아기는 태어나자마자 젖이나 우유를 먹기 시작하면서 입 주위의 감각과 근육이 발달합니다. 일찍부터 입에 물건을 넣어 촉감을 확인하고, 딱딱한 것과 부드러운 것, 큰 것과 작은 것, 따뜻한 것과 차가운 것 등을 알아가는 것은 두뇌 발달에도 중요합니다. 또한 앞으로 무언가 입에 넣는 것을 싫어하지 않는다는 점에서도 중요합니다.

이 시기에는 몸을 움직이거나 손을 이용한 놀이 등으로 에너지를 소비하고 식욕이 증가합니다. 목욕 후 등 목이 마를 때 과일 주스나 미지근한 물을 숟가락으로 떠 마시는(빨아먹는) 행동도 가능해집니다. 하지만 꼭 숟가락을 고집하지 말고 작은 컵에 담긴 수분을 마시게 하는 것도 좋습니다. 처음에는 반 이상 흘리는 식으로 마시지만, 점차 '쪽쪽' 소리를 내면서 잘 마실 수 있게 됩니다.

2.5 이유식의 시작

목을 가누어 앉는 자세가 안정되면 죽과 같은 페이스트 형태의 음식을 먹을 수 있게 됩니다. 우유를 잘 먹지 않는 아이 등은 일찍부터 이유식에 익숙해지도록 하는 것이 좋습니다. 설사나 구토가 없다면 충분히 적응하고 있는 것이니 걱정하지 말고 이유식을 진행하도록 합시다.

처음에는 숟가락에 익숙해지도록 하고, 조금씩 양을 늘리는 데 신경을 써야 합니다. 안보이는 아기는 시각적으로 상황을 파악할 수 없기 때문에 숟가락으로 먹일 때는 예고 없이 입에 넣지 말고 한 숟가락씩 말을 걸거나 입술을 가볍게 터치해 신호를 보내 자발적으로 입을 열게 합니다.

실리콘 숟가락은 입에 넣어도 딱딱하지 않아서 아기의 잇몸 등을 다칠 염려가 없습니다. 먼저 하루 1회 가량, 티스푼으로 약 1, 2 티스푼 정도 먹여주세요. 숟가락의 크기는 아기 입 가로 폭의 절반 정도가 적당합니다.

잘 삼키지 못할 때는 숟가락으로 혀를 살짝 눌러주면 삼키기 쉬워집니다. 익숙해질 때까지 충분한 시간을 두고 안정적으로 삼킬 수 있게 되면, 하루에 한 스푼에서 세 스푼 정도의 양을 먹을 수 있게 됩니다. 아기의 식욕은 변하기 때문에 관찰하면서 천천히 진행하는 것이 중요합니다.

딱딱한 음식물(고형물)은 아기 과자 등을 손에 쥐게 하고 입에 넣는 것을 도와주면서 시작하는 것이 좋습니다. 차츰 엄마의 손바닥에 올려놓은 과자 등을 아기가 가져갈 수 있도록 아기 손에 과자를 만져보게 합니다. 점차 엄마의 손이 조금만 아래쪽으로 움직여도 과자를 찾을 수 있게 됩니다.

그렇게 할 수 있게 되면 테이블이나 쟁반 위에 놓여 있는 과자를 아기의 손으로 만져보게 하고, 거기서 과자를 집어먹고, 다 먹으면 다시 테이블 등을 탐색하도록 도와주세요. 또한, 목욕 후에 물이나 과일 주스 등을 작은 젖병에 담아 주면 스스로 들고 마실 수 있습니다.

아기가 우유 등을 마실 때 자주 트림을 하는 경우, 여러 원인을 생각해 볼 수 있습니다. 하지만 안보이는 데 원인이 있는 것은 아닙니다. 육아 서적이나 인터넷 등에서 검색을 통해 아기에게 해당되는 원인과 대처 방법을 알아보세요.

페이스트 같은 것은 잘 삼키지만, 고형물은 잘 먹지 않는 경우가 있습니다. 이는 보이는 아기들에게도 나타나는 현상입니다. 아기마다 그 이유와 원인을 알기 어렵기 때문에 한동안은 고형물에 집착하지 말고 아기가 먹을 수 있는 형태를 위주로 하면서 서두르지 말고, 시간을 두어 조금씩 고형물을 먹이는 것이 좋습니다.

2.6 산책

아기와 함께 적극적으로 외출합시다. 이는 단순히 건강을 위하여 바깥 공기를 쐬는 '외기욕'을 위한 것뿐만이 아니라, 바깥 공기와 바람을 느끼고 사람이나 동물의 소리, 다양한 자연의 소리를 듣는 등 새로운 경험을 할 수 있는 기회이기도 합니다. 맑은 날, 자외선이 강하지 않은 오전에 1시간 이내로 천천히 바깥 공기를 마시며 산책을 하는 것이 좋습니다.

이때는 아기가 알아듣지 못하더라도 말을 걸거나 말로 주변 상황을 설명해 주는 것도 중요합니다. 아기를 안아주거나 유모차에 태우고 엄마와 함께 외출하는 습관을 들이는 것이 좋습니다.

제 3 장

'장난감을 잡으려고 손을 뻗기', '떨어뜨린 것을 찾기'가 가능한 무렵의 생활

지금까지 아기는 손목에 찬 방울 소리를 통해 손의 움직임과 방울 소리의 관계를 알게 되거나, 아기체육관·책상 등을 이용해 물건에 손을 뻗어 잡는 경험을 해왔습니다. 이 단계에서는 '손이 닿는 곳에 있는, 좋아하는 장난감의 소리가 나면 잡으려고 손을 뻗기', '물건을 떨어뜨리면 주변에서 찾기'로 발전합니다. 잡은 물건을 놓지 않고, 빼앗길 것 같으면 손으로 쫓아가고, 떨어뜨리면 떨어뜨린 방향으로 손을 뻗고, 떨어뜨린 물건이 조금이라도 몸에 닿으면 반드시 줍는 등 아기의 손이 물건을 찾기 시작합니다.

 이러한 손의 움직임은 장난감이 자신의 손에서 떨어져도 '여기 있을 거야'라고 예측할 수 있다는 것을 의미하며, 그동안 쌓은 성공 체험의 성과라고 할 수 있습니다. 손에서 떨어진 물건이 없어지지 않고 거기에 있다는 것을 알 수 있다는 것은, 안보이는 아기가 획기적으로 성장했음을 보여줍니다.

제 3 장 '장난감을 잡으려고 손을 뻗기', '떨어뜨린 것을 찾기'가 가능한 무렵의 생활

3.1 몸의 움직임

아기는 누웠다가 엎드리고, 엎드렸다 다시 눕기의 연속 동작인 뒤집기를 점차 잘할 수 있게 됩니다. 뒤집기는 꽤 오랜 시간이 걸려서야 할 수 있게 되는 동작으로 개인차가 큰 편입니다.

이 시기에는 배밀이를 시작하는 아기들도 있습니다. 또 앉게 하면 바닥에서 손을 떼고 앉을 수 있게 되는 아기들도 있습니다.

그림 1-4 전방 낙하산 반응

이 두 동작을 습득하기 위해서는 아기 자신의 운동생리학적 성숙도를 나타내는 지표인 '자세반사' 중 전방 낙하산 반응[1]이 먼저 있어야 합니다. [그림 1-4]

> 아기 B (남아, 시신경유두형성부전, 전맹)는 누웠다가 옆으로 향하는 것이 가능해지고 나서 한 달 반쯤 지나자, 누웠다가 엎드리고 다시 돌아 눕는 동작을 몇십 회나 반복하며 한 평 남짓 크기의 방의 한쪽 끝에서 다른 쪽으로 이동하여 거기에 있는 옷장의 '손잡이'를 올렸다 내리는 놀이에 열중하게 되었습니다.
>
> 뒤집기는 주로 오른쪽 방향으로 돌고, 왼쪽으로 도는 것은 잘 못하는 것 같습니다. 누웠다가 옆으로 향하는 것은 가능하지만, 허리 부위를 살짝 밀어주는 등의 도움이 필요합니다.
>
> 앉은 자세를 몇 분간 유지할 수 있지만, 균형이 무너져도 양팔로 지탱하지 못합니다. 하지만 앉은 자세를 유지하면서 장난감을 바꾸거나 양손에 지속적으로 쥐고 있는 것은 가능하며, 자주 입으로 빱니다. 또한 비닐봉지를 좋아해서 어른이 한쪽 끝을 잡아당기며 '앗차차차'라고 하면 '꺄아~'하고

---

[1] Parachute reflex, 이 반응은 아기의 겨드랑이를 잡고 서 있는 자세를 취했다가 몸을 비스듬히 앞이나 아래로 기울이면, 아기가 얼굴을 보호하기 위해 자연적으로 팔이나 손가락을 뻗어 바닥에 손을 대려고 하는 원시반사를 의미합니다.

웃으며 다른 쪽 끝을 잡아당겨서 놀기도 합니다.

　아기 B처럼 뒤집기 등으로 이동이 가능해졌을 때, 아기가 방 안의 상황을 이해하고 움직일 수 있게 하려면 아기가 낮에 오래 머무는 장소를 일정하게 정해 주는 것이 효과적입니다. 조금만 움직이면 이불에 발이 닿는다든지, 유리문 등에 손이 닿는다든지, 좋아하는 장난감 등이 있다든지, 발로 차고, 두드리고, 문지르고, 장난감을 가지고 놀기 쉬운 장소를 설정해 주면 좋습니다. [그림 1-5, 사진 1-5]

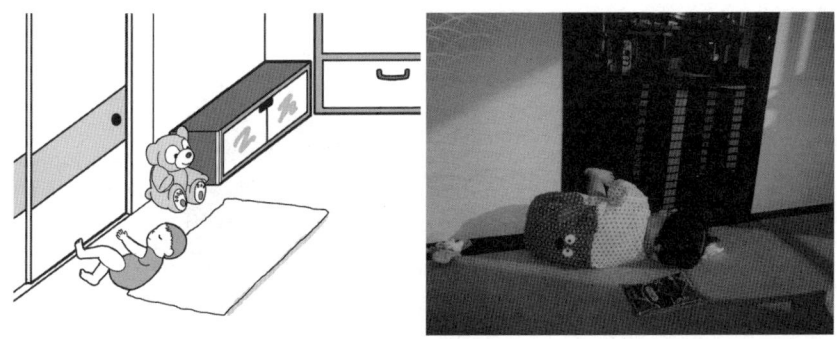

그림 1-5 아기가 일정한 장소에서 하루 중 많은 시간을 보내게 한다. / 사진 1-5 엎드려서 뒤집고 뒹굴뒹굴, 난간을 발로 차는 등의 행동을 한다.

　아기 C(여아, 일차유리체 증식증, 광각)는 엄마가 말을 걸면 두 발을 바닥에 콩콩 치며 기뻐하고, 안아 올리면 무릎 위에서 발을 퐁~퐁~ 뛰듯 노는 걸 좋아합니다. 천장을 보고 누운 C의 두 다리 아래쪽을 엄마가 왼손으로 잡고, C의 오른손으로 엄마의 오른손 검지를 쥐게 한 뒤, 엄마 쪽으로 살짝 끌어당겨 주면 쉽게 엎드린 자세를 취할 수 있습니다.

　한 달 정도 지나자, 아기는 스스로 왼쪽으로 회전하여 엎드린 자세를 취하고, 엎드린 상태에서 상체를 세우는 운동을 즐겁게 하고 있지만, 아직 좌우로는 자유롭게 완전히 뒤집지 못합니다. 하지만 앉는 자세는 완전히 안정되었고, 양손에 장난감을 들고 흔들거나 빨거나 하는 행동을 하고 있습니다.

제3장 '장난감을 잡으려고 손을 뻗기', '떨어뜨린 것을 찾기'가 가능한 무렵의 생활

앞서 소개한 아기 B, 아기 C의 사례에서도 알 수 있듯이, 이 시기의 운동 상태는 아기 개개인에 따라 다릅니다.

엎드려서 팔을 세우고 머리와 몸을 충분히 지탱할 수 있게 되면 무릎을 구부려 기어가는 자세를 취하게 합니다. [그림 1-6]

또한 서 있는 자세에서 무릎을 구부리기를 할 수 있게 되면 겨드랑이를 받쳐서 발바닥 전체가 바닥에 닿도록 서게 해봅시다. 예를 들어 양손을 가볍게 잡고 아기가 다리에 힘을 줘서 일어서게 하는 놀이나 '위로 쭉쭉'하며 들어올렸다 다시 바닥에 발을 '통'하고 닿게 하는 동작을 반복하면 아기는 매우 즐거워합니다. [사진 1-6]

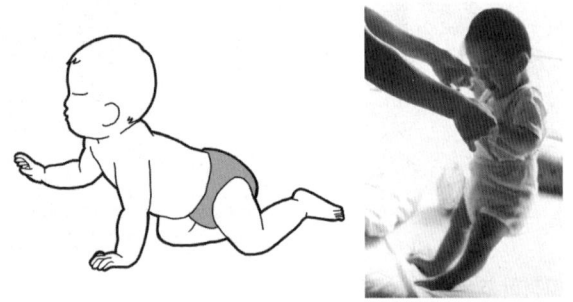

그림 1-6 기어가는 자세 / 사진 1-6 아기가 다리에 힘을 줘서 일어서게 한다.

아기 C는 뒤집기가 자유로워지자, 앉은 상태에서 장난감을 떨어뜨리면 상체를 비틀어 찾는 듯한 동작을 취하기 시작했습니다. 그 무렵 엄마가 양손을 만지면 검지손가락을 꽉 쥐고 일어서려는 모습을 보이며, 힘을 주어 양발을 쭉 뻗은 후 발바닥 전체를 바닥에 붙이고 설 수 있게 되었습니다. 여기에 '하나 둘, 하나 둘'하고 구령을 붙이자 생글거리며 양 무릎을 곧게 펴기 시작했습니다.

이러한 신체 움직임의 놀이는 이후 걸음마를 위한 운동 발달에 필수적인 요소입니다. 또한, 아기가 기분 좋게 몸을 움직일 때 즐거운 분위기와 부드러운 말투로 아기의 움직임을 도와주는 것이 좋습니다.

3.2 손을 이용한 놀이

보이는 아기는 딸랑이를 흔들거나 젖 빠는 동작을 할 수 있게 되고 한두 달 지나면, 가까운 곳에 있는 물건에 손을 뻗어 잡을 수 있게 됩니다. 보통 생후 4~5개월 사이에 보이는 것에 손을 뻗어 잡을 수 있다고 합니다. 이렇게 다양한 사물을 만지작거리며 보고, 자신의 시각과 촉각, 청각 등의 감각을 통합하여 주변 사물에 대한 이해가 진행된다고 볼 수 있습니다.

안보이는 아기에게 시각을 대신해 소리를 들려주면 비슷한 시기에 손을 뻗어 잡을 수 있을까요? 과거의 연구에 따르면 그 시기는 생후 8개월로, 보이는 아기가 보이는 물건에 손을 뻗는 것보다 4개월 정도 늦어진다고 합니다.

따라서 안보이는 아기가 장난감을 잡는 데 시간이 걸리더라도 걱정할 필요가 없습니다. 오히려 그 시간은 안보이는 아기에게 소리와 사물, 그리고 자신과의 관계를 알아가며 소중한 경험을 쌓는 시간이라고 할 수 있습니다.

그림 1-7 앉을 수 있는 책상과 작은 빨판이 달린 흡착식 장난감

앉는 자세가 안정되면 장난감을 이용한 다양한 놀이를 할 수 있게 됩니다. 예를 들어, 앉을 수 있는 책상을 마련하고,[그림 1-7] 책상 위에 플라스틱판 등을 붙여 빨판이 달린 흡착식 장난감 등을 고정시키거나, 책상 위에 고무줄을 붙여 여러 개의 장난감을 묶어 놓는 것도 한 방법입니다. [사진 1-7, 1-8]

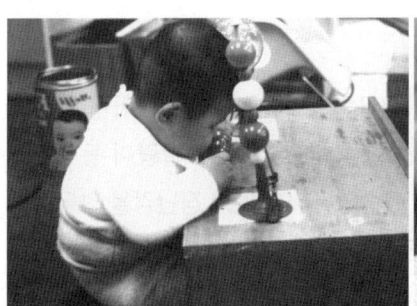 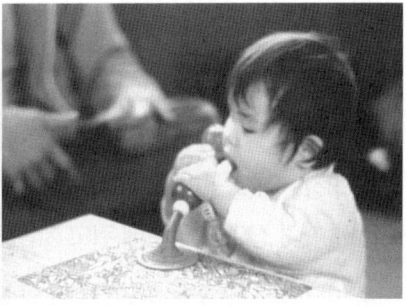

사진 1-7 앉아서 테이블에 붙은 흡착식 장난감을 만지는 모습 / 사진 1-8 앉아서 테이블에 붙은 흡착식 장난감을 핥는 모습

제 3 장 '장난감을 잡으려고 손을 뻗기', '떨어뜨린 것을 찾기'가 가능한 무렵의 생활

또한 두드리면 소리가 나는 장난감을 준비해 두드리도록 유도하는 것도 좋은 방법입니다. 장난감은 항상 책상 정면에 두지 말고 좌우, 앞뒤로 움직여 두도록 합니다. 처음에는 두드리는 위치가 정확하지 않더라도 경험이 쌓이면서 점차 정확해집니다.

이러한 동작을 유도하는 시판 장난감으로는 북, 탬버린, 탁상용 피아노 등이 있습니다. 맨손으로 충분히 두드릴 수 있게 되면, 실로폰이나 북 등을 노래의 리듬에 맞춰 두드리는 등 장난감을 이용해 다양한 놀이를 할 수 있습니다. [사진 1-9]

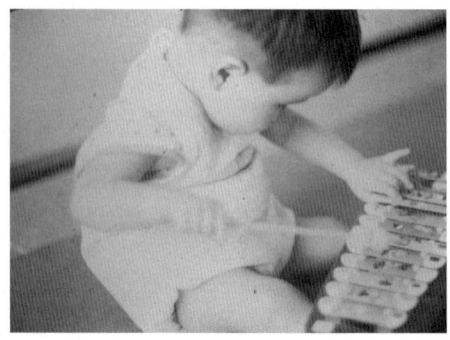

사진 1-9 채를 들고 실로폰을 두드리는 모습

기어다니거나 붙잡고 걷기 전, 안 보이는 아이에게 적합한 장난감이 무엇이냐가 문제인데, 낮은 책상 등을 활용하는 등의 배려를 하면 일반적인 유아용 장난감을 얼마든지 활용할 수 있습니다. 재질은 플라스틱, 고무, 비닐, 나무 등 다양한 소재가 있는데, 조작하면 소리가 나는 것이 좋습니다.

천으로 만든 그림책도 다양한 종류가 시판되고 있습니다. 만지면 바스락거리는 소리가 나거나 잡아당기거나 입에 넣을 수 있는 것이 붙어 있거나, 찍찍이(벨크로)나 방울이 달린 것도 있습니다. 세탁할 수 있는 것이 좋겠죠. 시판용 그림책이 구하기 힘들다면 직접 만드는 것도 좋습니다.

아기가 앉아서 손으로 즐겁게 놀 수 있도록 엄마가 도와주면서 함께 놀아주는 것이 좋습니다.

아기 D(여아, 망막증, 전맹)는 센터에 온 지 얼마 지나지 않아 앉아서 안정적으로 잡고 일어설 수 있게 되었을 때, 방울, 캐스터네츠, 딸랑이 등 5~6종류의 장난감을 골라서 잡았다 놓았다 했습니다. 또한, 그 장난감을 좌우로 번갈아 가며 잡거나 양손에 쥐고 치는 것도 가능했습니다.

엄마가 가지고 있는 장난감과 D의 장난감을 맞대고 놀다가 D의 장난감을 뺏으면 화를 내며 울기 시작합니다. 그래서 두 장난감을 맞대고 소리를 들려주니 울음을 그치고 듣기는 하지만, 소리 나는 쪽으로 손을 뻗어 가져가려고 하지는 않았습니다.

아기 E(남아, 미숙아 망막증, 광각)는 목을 가누기 시작할 무렵부터 센터에 양육상담을 받으러 왔습니다. 엄마는 장난감을 아기 침대에 걸어두거나, 개량형 책상에 앉는 것을 장려하고, 앉은 자리에서 손을 내밀어 만지면 소리가 나는 빨판 장난감을 가지고 놀 수 있는 환경을 만들어 주었습니다.

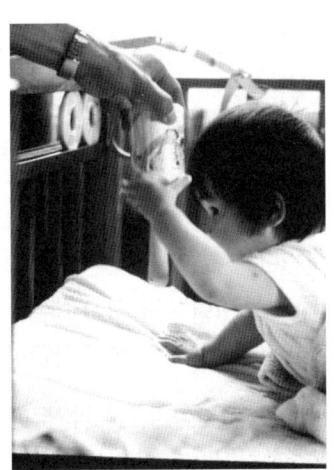

장난감 소리를 들려준 후 그 위치로 손을 유도하면, 아이가 엄마의 팔을 따라 장난감에 손을 뻗어 장난감의 방향을 정하고 손을 내미는 등의 변화가 최근 한 달 정도 사이에 있었다고 엄마는 보고했습니다. 뒤집기도 불완전하나마 자리를 잡아가고 있습니다.

사진 1-10 소리 나는 쪽으로 손을 뻗는다.

또한 주변 바닥에 놓인 장난감을 연달아 집어 들고 빨다가 놓기도 하고, 탬버린 연속 두드리기를 매우 좋아합니다. 또한 비스킷을 지속적으로 들고 먹거나 앉아서 생활하는 시간이 늘어났습니다.

이 시기에는 좋아하는 장난감을 옆이나 앞 등에서 흔들어 소리를 들려주면 잠시 가만히 귀를 기울이는 듯한 표정을 짓다가 그 방향으로 확실하게 손을 뻗어 장난감을 가져가는 모습을 볼 수 있었습니다. [사진 1-10]

3.3 사람과 함께 하는 놀이

장난감을 이용해 아기와 함께 하는 놀이, 사람과 함께 하는 놀이에는 어떤 것들이 있을까요?

제3장 '장난감을 잡으려고 손을 뻗기', '떨어뜨린 것을 찾기'가 가능한 무렵의 생활

아기 F(남아, 수정체 후부 섬유증식증, 전맹)는 앉은 자세가 안정되면 탁상 피아노를 손바닥으로 두드리기, 양손에 딸랑이를 들고 흔들기, 책상에 부딪히기, 한쪽을 버리고 다른 쪽을 씹기(젖니, 아래쪽 2개), 빨기, 옮기기 등 놀이에 열중합니다.

자유롭게 뒤집기가 가능하고, 때로 네발기기 자세로 몸을 앞뒤로 흔들기도 합니다.

가슴 높이의 침대 옆 막대를 붙잡아 주면, 1~2분 동안은 단단히 붙잡고 서 있습니다.

엄마 무릎에 앉히고 손바닥을 아기 입에 가볍게 대면 '아바바바바'라고 소리를 냅니다. '나 처럼 해봐요 요롷게~'라고 노래하며 동작을 따라하게 하면 그에 맞는 동작을 따라합니다.

또한, 장난삼아 만지작거리던 딸랑이를 아기가 손이 닿는 위치에서 흔들어 소리를 내면, 엄마의 어깨 부근에서 팔을 따라 손을 뻗어 딸랑이를 가져가는 데 성공합니다.

이 시기에는 아기 F와 같이 이른바 '코코코 놀이'나 '손놀이 노래', '다리를 쭈욱 쭈욱' 등의 놀이를 해 주도록 합시다. 노래와 함께 아기 머리에 손을 댄다거나 하는 접촉도 유지합니다.

아기가 자발적으로 하는 행동에 말을 걸어주거나(예를 들어, 바닥에 발을 딛고 있으면 '이쪽이쪽, 옳지옳지'과 같이 행동할 때마다 같은 말을 걸어준다) 손을 함께 맞대거나 엄마의 입에 손을 대고 '아바바바' 소리를 내게 하고 또는 반대로 자기 손으로 입에 대며 '아바바바'하고 소리내게 하기, 안았다가 내려놓는 시늉을 반복하는 등의 방법으로 아기와 소통을 즐기면서 활발하게 놀아줍니다.

시판되는 '손놀이 노래' 등의 그림책이나 유튜브의 손놀이 콘텐츠[2] 등을 활용하는 것도 좋습니다.

---

[2] 예 : 드림아이 유튜브 채널 https://www.youtube.com/@드림아이-o2t

3.4 말의 이해와 발성

말의 이해와 발성은 아기의 다양한 움직임 속에서 관찰할 수 있습니다. 지금까지의 모든 생활 속에서 말을 걸어온 것이 말의 이해와 발성을 촉진하는 밑거름이 됩니다. 말 걸기는 놀이, 운동, 식사, 배설 등을 격려하며 이후로도 더욱 중요한 역할을 하게 됩니다.

이 시기의 아기들은 '부우부우', '맘맘마', '차차', '파파' 등 자음과 모음을 조합한 발성이 많이 나타납니다. 울음소리는 불쾌함, 분노, 어리광 등을 나타내는 '신호'로서 엄마가 이를 구분할 수 있게 하며, 요구사항이 있을 때 이 같은 소리를 내고 이에 응답해 주면 더욱 활발히 소리를 내게 됩니다.

또한, 이름을 부르면 반응하거나 '안돼요!'라는 강한 금지에는 행동을 잠시 멈추기도 합니다. 특히 '바이바이', '차차', '파카파카'와 같은 리드미컬한 반복 음성을 좋아하며, 엄마와의 상호 관계 속에서 즐거운 놀이를 여러 차례 반복합니다.

함께 좋아하는 놀이를 계속하고 있을 때 '이제 그만'이라고 말하면 불만스러운 목소리를 내고, '더 할래?'라고 하면 기쁜 듯 웃는 모습도 자주 볼 수 있습니다.

그 외에도 실내외에서 다양한 생활소음을 자주 들려주고, 만질 수 있는 것은 만져보게 하고 말로 설명해 주면서 간단한 말('멍멍', '야옹', '맨들맨들', '거칠거칠', '딱딱해' 등)을 따라하게 하는 것 역시 중요합니다.

> 아기 E는 앉기 자세가 안정되었을 쯤 엄마가 손가락을 잡아주고 '코코코 눈, 또는 코코코 입', '없네없네, 여깄네~(아기 얼굴에 손수건 같은 것을 가볍게 덮었다 떼어내기)', '아바바바' 등을 시키면 소리 내어 웃습니다.
>
> 또한 '쎄쎄쎄~(손뼉치기)' 노래를 부르며 엄마가 한쪽 손으로 자신의 손바닥과 아기 손바닥을 번갈아 치는 동작을 따라하게 하면, 노래를 듣는 모습을 보이다 노래가 끝나자 방긋 웃습니다. 몇 가지 리드미컬한 단어를 들려주자 그 소리에 맞춰서 목소리를 내려는 모습을 볼 수 있었습니다.

제 3 장 '장난감을 잡으려고 손을 뻗기', '떨어뜨린 것을 찾기'가 가능한 무렵의 생활

> 쌍둥이인 아기 G(여아, 안질환 없음)와 아기 H(남아, 미숙아망막증, 광각)의 언어발달을 비교해보면, 엄마 등의 말을 흉내내는 모방어, 의미 있는 말(의미어)은 H가 빨랐고, G는 동작으로 무언가를 나타내거나 모방하는 동작을 더 잘했습니다.

아기 E는 엄마의 말과 노래를 듣고 움직여보는 것을 좋아하고, 앞으로도 새로운 말과 노래에 맞춰 스스로 동작을 늘려갈 것 같습니다.

안보이는 H는 엄마의 말을 흉내 내기도 하고, 엄마에게 말로 의사를 전달할 수 있습니다. 눈이 보이는 G는 말보다 동작으로 호소하는 경우가 더 많았다고 합니다. 앞을 볼 수 없다는 사실이 말의 이해나 발성 발달에 영향을 미치지 않는다는 것은 지금까지의 연구에서도 밝혀진 바 있지만, 쌍둥이인 G와 H의 사례에서도 그 점을 확인할 수 있습니다.

앞으로도 G와 H의 사례는 계속해서 소개할 예정입니다. 남자아이와 여자아이의 차이, 성격 등의 차이도 있지만, '볼 수 없다'는 것이 발달에 어떤 차이를 보이는지 알 수 있는 하나의 사례로 볼 수 있습니다.

3.5　이유식

'목을 가누는 단계'에서는 손에 쥐어 준 '아기용 과자' 등을 입에 넣도록 엄마가 도와주었습니다.

　이 단계에 이르면 간식 시간에는 테이블 위에 '아기용 과자' 등을 올려놓고 아이가 직접 집어 입에 가져가게 합니다. 손에 든 것을 다 먹고나면 손을 잡고 테이블 위에 있는 '아기 과자'를 만져보게 합니다. 점차 스스로 손을 뻗어 찾아 먹게 됩니다.

　이 시기에는 테이블 위에 놓인 컵을 들고 흘리지 않도록 손을 잡아줍니다. 아직은 스스로 흘리지 않고 마시거나 컵을 다시 가져다 놓을 수 없지만, 스스로 컵을 입에 가져가는 것이 중요하므로 함께 해 주세요.

　이유식 시작 시기는 아기의 상태와 생활환경에 따라 다르지만, 목을 가누기 시작할 무렵에는 과일즙이나 중탕을 숟가락이나 작은 컵으로 섭취할 수 있고, 앉기 시작할 무렵에는 죽, 달걀노른자, 두부, 닭고기(기름부분 제거), 말린 시래기(소금성분 제거) 등을 가열후 갈아서 먹을 수 있습니다.

　이 시기에는 이유식에도 많이 익숙해져 양이 많아지지만, 그에 따라 우유를 조금씩 줄여나가야 합니다. 스스로 젖병을 들고 앉은 자세로도 마실 수 있도록 합니다. 젖병에서 컵이나 '찻잔'과 같은 작은 컵으로 전환하는 것도 의도적으로 진행하도록 합니다.

　이유식 식단은 아기의 기호도 중요하지만, 설사나 구토가 없다면 너무 긴장하지 말고 유동식에서 반유동식으로, 그리고 고형식으로 바꿔가면서 아기가 걷기 시작할 때쯤에 이유식을 완성하는 것이 좋습니다.

　또한, 이유식은 특별한 식단이 필요한 것이 아니라 어른이 먹는 음식을 먹기 좋게 변형해서 주면 되는 것입니다. '이유식'을 활용하되, 그 집의 맛에 익숙해지게 하는 것이 좋습니다. 재료를 갈아 만든 이유식에 맛을 내도 괜찮다고 생각합니다. 거부반응이 심하다면 2~3일 간격으로 기분을 새롭게 하거나, 혀의 감촉이나 온도 등을 변화시키면 좋습니다. 우선 식사가 즐거운 시간이 될 수 있도록 하는 것이 중요합니다. 다음 사례에서 알 수 있듯이 '볼 수 없다'는 것이 이유식을 어렵게 만드는 것은 아닙니다.

제 3 장 '장난감을 잡으려고 손을 뻗기', '떨어뜨린 것을 찾기'가 가능한 무렵의 생활

> 쌍둥이인 아기 H(광각)와 G(안질환 없음)는 앉기 전부터 이유식을 먹여 이유식이 순조롭게 진행되었고, 한 달 정도 지나면서 양손 또는 한 손으로 고형물을 들고 먹을 수 있게 되었으며, 건네받은 젖병을 혼자서 들고 계속 마실 수 있게 되었습니다.
>
> 그 후로 잘게 자른 토스트나 조림 우동을 손으로 집어 먹게 되었고, 배밀이를 시작할 무렵에는 그릇에 담긴 조그마한 김밥도 혼자서 먹습니다.

젖니가 나기 시작할 무렵에는 혀가 입안에서 잘 움직이게 되고, 위아래 앞니가 나기 시작하면 혀로 음식을 으깨어 먹을 수 있게 됩니다. 또한 점차 잇몸이 자라면서 잇몸으로도 으깰 수 있게 되고, 혀와 턱의 움직임이 연동되어 조금 딱딱한 음식도 먹을 수 있게 됩니다.

손으로 집어서 먹는 간식 등은 점차 스틱형, 정제형 등 다양한 모양·크기·느낌의 음식으로 변화합니다. 이는 곧 음식을 직접 만지고, 느끼고, 손끝으로 용기에서 입으로 잘 옮기는 등의 중요한 경험으로 이어집니다.

가급적이면 식사는 가족과 함께 식탁에 둘러앉아 먹는 것이 좋습니다. 아기의 수면 시간, 기상 시간, 수유 시간 등의 리듬이 있으므로, 지금까지는 가족과 같은 시간에 식탁에 둘러앉아 식사를 하는 것이 어려웠을 것입니다. 그래도 아빠나 엄마가 아기를 안고 식탁에 둘러앉는 경우가 있었을 것입니다.

가급적이면 아기와 함께 식사를 하면서 아기의 취향을 존중하여 이유식을 진행하고, 그 종류를 조금씩 넓혀가는 것이 중요합니다.

편식이나 적게 먹는 것을 걱정하는 경우가 있습니다. 하지만 이는 보이는 아기들에게도 흔히 있는 일입니다. 식사량은 식사시키는 방법, 하루의 생활 내용, 소비한 에너지 등에 의해 영향을 많이 받는다고 할 수 있습니다. 극단적인 편식을 제외하고는 너무 신경 쓰지 않는 것이 좋습니다. 어느 정도의 편식은 모든 아이에게 있는 것입니다.

3.6 산책·외출

이 시기에는 외출을 매우 좋아하는데, 이는 아이가 활기차게 성장하고 있다는 증거이기도 합니다. '안아주기'를 하면 외출한다는 것을 알고 기뻐하고, 공원 등에서 아이의 목소리를 들으면 몸을 움직여 쾌감을 표현하기도 합니다. 컨디션이 나쁘지 않다면 맑은 날 오전 등에는 한 시간 이내로 쇼핑이나 산책, 공원 등 야외에서 마음껏 뛰어놀게 하는 것을 잊지 말아야 합니다. 또한, 계절에 맞는 양말이나 신발을 착용하는 것은, 이후 외출할 때 신발 신기에 대한 거부감을 없애는 데 도움이 됩니다.

사진 1-11 근처 공원에서 물놀이를 시키면서 엄마는 친구와 잡담을 나눈다.

또한 산책이나 외출을 통해 아기는 다양한 사람과 사물을 만나고, 가정 내 제한된 인간관계와는 다른 자극을 받을 수 있습니다. [사진 1-11]

제 *4* 장

'소리 나는 쪽에 손을 뻗어 잡기'를 할 때의 생활

이전 단계의 '좋아하는 장난감의 소리에 손을 뻗는다', '가지고 있던 물건을 떨어뜨리면 주변을 찾는다'는 손의 움직임은 '소리가 나는 위치를 알고 잡을 수 있는 단계'에 이르렀습니다. [사진 1-12, 1-13]

이 시기는 손을 뻗으면 닿을 수 있는 범위 내에서 아기의 몸 앞, 옆, 위에 있는 소리 나는 장난감을 잡을 수 있는 단계입니다. 동시에 앉아 있다가 물건을 떨어뜨렸을 때, 손이 닿는 범위라면 찾아서 확실히 집어들 수 있게 됩니다.

 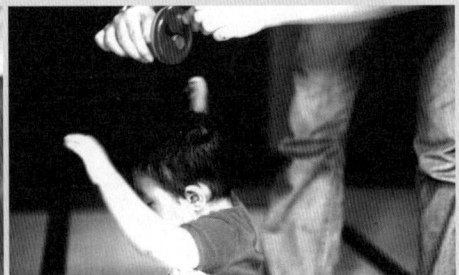

사진 1-12 앞쪽의 소리나는 장난감을 향해 손을 뻗는다. / 사진 1-13 위쪽의 소리나는 장난감을 향해 손을 들어 올린다.

4.1 신체 움직임

소리의 방향을 정할 수 있게 되면, 자신의 몸을 이용해 그 방향으로 움직이려고 하는 동기가 부여됩니다.

또한, 이동 수단으로서의 배밀이, 네발기기, 붙잡고 걷기의 습득에는 개별 아동의 자세 반사가 깊이 관여하는 것으로 알려져 있습니다. 배밀이나 네발기기에는 앞서 언급한 전방 낙하산 반응이, 붙잡고 걷기에는 측면의 기립 평형반응[1]이 필수적입니다. [그림 1-8] 보이는 아이든 안보이는 아이든 이 조건이 충족되지 않으면 붙잡고 걷기를 습득할 수 없습니다. 따라서 이 발달단계에서는 이동에 대한 동기를 어떻게 부여하느냐가 관건입니다.

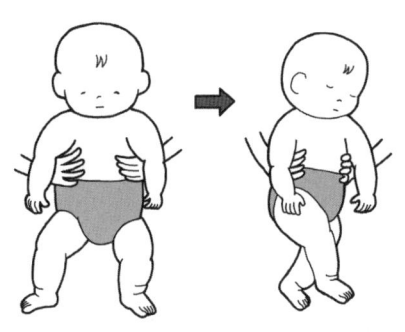

그림 1-8 측면 기립평형반응

아기가 배밀이로 기어갈 때 뒤로 이동하는 경우가 있습니다. 이는 아이 스스로 양손을 내밀어 몸이 자연스럽게 움직인 것입니다. 중요한 것은 아이가 앞에 있는 물건을 잡으려고 앞으로 나아가기를 배우는 것입니다. 엎드린 아이의 앞쪽, 만질 수는 있지만 잡을 수 없는 곳에 아이가 좋아하는 장난감을 놓고, 어른이 아이의 한쪽 다리 뒤쪽을

그림 1-9 좋아하는 장난감 등을 매트의 두 방향이나 세 방향의 항상 같은 장소에 놓아 둔 아기 코너

눌러주면서 아이가 장난감을 잘 잡을 수 있도록 도와주세요.

자발적인 이동 동기를 강화하기 위해 1.5미터 네모 정도의 매트를 깔고 그 두 방향이나 세 방향으로 아기가 좋아하는 장난감 등을 항상 같은 위치에 놓아둔 코너를 만드는 것이 좋습니다. [그림 1-9]

---

[1] 이 반응은 아기의 양발에 체중을 싣고 서서 좌우로 기울였을 때, 기울인 방향과 반대쪽 다리가 교차하여 균형을 잡거나 기울인 쪽의 다리가 더 옆으로 나와 균형을 유지하려고 하는 것입니다.

제 4 장 '소리 나는 쪽에 손을 뻗어 잡기'를 할 때의 생활

아기는 앉는 자세가 충분히 안정되면 배밀이나 네발기기 자세에서 앉거나, 가구 등을 잡고 일어서기도 합니다. 스스로의 힘으로 움직이고 자세를 바꿀 수 있다는 것은 아기에게 큰 기쁨이며, 기분이 좋을 때는 하루에도 몇 번씩 반복하여 결국에는 붙잡고 서기를 했다가 다시 엉덩이를 바닥에 대고 앉는 자세를 익히게 됩니다.

안아주길 원할 때나 응석부리고 싶을 때, 가까운 엄마의 몸이나 옷 등을 잡고 일어서는 행동을 자연스럽게 시작합니다. 따라서 이런 동작을 시작하면 침대나 테이블 다리 등을 잡고 서거나 앉는 경험을 하게 해주세요. 충분히 일어서지 못하거나 허리를 숙이지 못할 때는 허리를 살짝 받쳐주어 돕습니다.

붙잡고 서기가 안정되면 한 손으로 붙잡고 서기를 한 상태에서 다른 한 손으로 장난감을 가지고 놀 수 있는 위치에 장난감을 놓아주세요. 이를 통해 아기는 서있는 것의 즐거움을 느낄 수 있을 것입니다.

또한, 아기가 잡고 서있을 때, 예를 들어 오른쪽의 약간 손이 닿지 않는 곳에 장난감을 놓고 소리를 내어 아기의 관심을 끌 수 있도록 합니다. 아기는 장난감을 잡으려고 몸을 비틀거나 움직이려고 하는데, 잘 안 될 때는 어른이 조금 도와주어야 합니다. 아기의 엉덩이를 받쳐주면서 오른쪽 발에 체중을 한 번 실어줍니다. 그러면 오른쪽에 체중이 실리면 왼발이 올라가고, 왼발이 오른발에 가까워지면서 오른쪽 방향으로 편하게 한 발짝씩 내딛을 수 있게 됩니다. 이렇게 발을 움직이면 손이 닿지 않는 장난감을 쉽게 잡을 수 있다는 것을 아기에게 알려줍니다.

아기가 이 동작을 연습하면 장난감을 한 단계 더 높은 위치로 옮기도록 합니다. 이러한 동작은 걸음마를 촉진하는 중요한 경험이 될 수 있습니다.

신발 끈에 방울을 묶거나 소리가 나는 아기용 샌들을 구입해 발걸음을 재촉하는 것도 좋습니다.

> 아기 I(여아, 시신경 위축, 전맹)는 매우 활동적이고 건강한 아기였습니다. 서 있는 자세가 안정되자 서랍을 열고 안에 손을 집어넣어 만지작거리며 놀았고, 얼마 지나지 않아 붙잡고 걷기로 엄마가 있는 부엌까지 움직여서 옹알이로 밥달라고 재촉했습니다.

4.1 신체 움직임

> 네발 걷기와 붙잡고 걷기를 시작한 지 한 달 정도 지나자 가능해졌고, 이 무렵에는 서서 놀다가 장난감을 바닥에 떨어뜨리면 허리를 굽혀 주우려는 동작을 보이기도 했습니다.

> H는 오뚝이를 잡으려고 엎드려 기기를 시작했는데, 이미 익숙해진 장소에서는 붙잡고 걷기를 자유롭게 하고 있었습니다.

I와 H가 기어 다니기 시작한 것은 붙잡고 걷기를 할 수 있게 된 후부터입니다.

기어 다니다가 붙잡고 걷기를 하는 것이 보통의 운동 발달 순서이지만, 아이에 따라서는 기어 다니기와 붙잡고 걷기가 반대로 이루어지는 경우가 종종 있습니다. 기어다니는 것이 어느 정도 익숙해지면 한 손으로 난간, 벽, 가구 등을 잡고 다른 한 손은 엄마가 잡아주면서 앞으로 걷는 경험도 시켜 주세요.

안보이는 아이는 기어 다니지 않는 경우가 많다는 지적이 있습니다. 하지만 센터의 연구 결과에 따르면 뇌성마비 등의 운동장애가 없는 아이는 기어 다니고 있습니다. 앞서 언급했듯이, 기어다니는 시기가 걸음마와 동시에 혹은 그 이후에 나타나거나 기어다니는 기간이 극히 짧은 경향은 있습니다. 그러나 이것이 앞으로의 보행 안정성과 운동 발달에 큰 영향을 미치지 않습니다.

엄마가 아기의 이름을 부르거나 말을 걸면 아기는 엄마를 향해 몸을 돌리거나 기어 다니기 시작합니다. 점차 주변 사물을 만지고 만지려는 탐색 욕구가 높아지면서, 네발서기 자세에서 네발기기로, 붙잡고 서기에서 붙잡고 걷기로, 이동하는 방법을 스스로 터득하게 됩니다.

> 아기 G가 붙잡고 걷기나 네발기기로 활발하게 움직이고, 좋아하는 장난감을 발견하면 달려드는 듯한 동작을 할 때, H는 소리가 나는 쪽으로 몸을 뒤척여 굴러가고, 배밀이로 있다가 앉기 동작을 하게 되었습니다. 또한, 좋아하는 오뚝이의 소리를 따라 배밀이로 움직여보지만, 1미터도 채 못가서 앞쪽으로 쓰러지는 상태였습니다.

제4장 '소리 나는 쪽에 손을 뻗어 잡기'를 할 때의 생활

아기 G가 엄마의 손뼉치는 방향을 따라 아장아장 걸을 수 있게 되었을 때, 아기 H는 네발기기로 아기 G의 뒤를 따라 어디든 따라다니기 시작했습니다.

아기 F는 앉거나 네발기기 자세로 활발하게 놀면서 약 2개월이 지나자 붙잡고 서기가 완전히 안정되었고, 한 손으로 테이블을 붙잡고, 다른 한 손으로는 탁상 피아노를 치게 되었습니다. 그리고 네발서기 자세에서 앉았다가, 다시 네발서기 자세로 바꾸는 것을 일과중 여러 차례 반복하였습니다.

젖병은 스스로 들고 마시고, 컵에 든 우유를 마실 때도 자기 손으로 마시는 등 식사에 있어 자발성이 나타나기 시작했습니다.

낯가림이 뚜렷해져서 부모 이외의 어른의 말에 불쾌한 반응을 보이고, 엄마가 말을 걸면 그 방향으로 몸을 돌려 손을 내밉니다. '바이바이'와 '잘한다, 잘한다(박수)'를 잘하고, 리듬놀이로는 '거미가 줄을타고 올라갑니다~♪', '쎄쎄쎄(손뼉치기 놀이)', '주먹쥐고 손을펴서~♫'를 매우 좋아하여, 놀이를 하자고 하면 손을 내밀며 기다리는 등 말과 동작의 관계가 명확하게 나타나고 있습니다.

그리고 또 한 달이 지나자, 혼자서 붙잡고 일어설 수 있게 되고, 앉은 자세에서 벽에 손을 대고 서는 것을 하루에 여러 번 하게 되었습니다. 또 한 달이 더 지나자, 네발기기로 엄마의 목소리에 맞춰 약 1미터 정도를 기어서 이동하게 되었습니다.

아기 G와 H, F의 네발기기는 형이나 누나를 따라다니거나 관심 있는 사람이나 물건으로 이동하려는 것이 계기가 되었습니다.

아기 C가 20분 정도의 붙잡고 서기와 앉기, 그리고 네발기기 자세로 한쪽 발을 올리는 등의 동작이 가능해졌을 때, 개량 책상에 여러 가지 장난감을 넣어두면 좋아하는 장난감을 선택해 잡고, 흔들고, 물고, 던지는 등의 행동을 하였습니다. 이때 엄마가 그 장난감을 가져다가 아기 C의 앞과 오른쪽, 왼쪽 방향에서 소리를 내어 보았지만, 아기 C는 가만히 듣기만 하고 손을 내밀지 않았습니다.

> 얼마 지나지 않아 네발서기 자세로 시소의 '오르락 내리락' 소리에 맞춰 몸을 앞뒤로 흔드는 반복 동작을 하다가 우연히 약 1미터 정도 기어 갈 수 있게 되었고, 이후 몇 번에 걸쳐 반복하면서 그 거리를 늘려갔습니다. 그래서 엄마가 탁상 피아노를 치며 이동을 유도하거나, 'C야 엄마랑 이마로 쿵쿵 해보자'고 말을 걸면, 이에 대한 기대감이 생겨 네발기기로 움직일 수 있게 되었습니다.
>
> 이 무렵에는 앉은 자세에서 네발서기 자세로 바꿀 때 '하나, 둘, 셋' 구호에 맞춰 일어설 수 있게 되었고, 엄마가 1부터 10까지 세는 동안 균형을 유지하며 서 있는 것도 좋아하게 되었습니다.

아기 C의 경우 네발기기를 시작한 뒤, 엄마가 말을 거는 것에 따라 네발기기가 능숙해졌습니다.

아이들은 각자 선천적으로 지니고 있는 신체적 특징이 있어, 몸을 움직이는 과정이 평균적인 발달 순서와 완전히 같지는 않습니다. 예를 들어, 앉는 자세가 안정적임에도 불구하고, 두 발바닥을 제대로 바닥에 붙이고 자신의 체중을 지탱하지 못하는 특징을 보이는 아기들도 있습니다. 배밀이나 네발기기, 붙잡고 걷기 등으로 움직이기 전에, 엉덩이를 움직여 이동하거나, 누운 자세 그대로 손이나 발로 바닥을 밀어 자신의 머리쪽 혹은 발쪽으로 이동하는 경우도 있습니다.

이러한 움직임은 안보이는 아이에게서만 나타나는 모습이 아닙니다. 자신의 발로 체중을 지탱하거나 전방 낙하산 반응 등을 보일 수 있게 되고, 배밀이 등의 이동을 할 수 있게 되므로 오래 지속되더라도 걱정할 필요는 없습니다. 어떤 방법으로든 스스로 이동하거나, 이동한 곳에서 활발한 놀이를 할 수 있도록 지켜봐 주세요.

제4장 '소리 나는 쪽에 손을 뻗어 잡기'를 할 때의 생활

4.2 손을 이용한 놀이

네발기기나 붙잡고 걷기 등의 이동 능력을 얻게 되면, 이동하다가 부딪친 곳에서 손을 사용한 다양한 것들을 시도하며 놀이가 활발해집니다. 예를 들어 책장에서 책을 떨어뜨리기, 선반 위에 있는 것들을 떨어뜨리기, 서랍이나 찬장을 열어 안의 물건을 끄집어내기, 문을 열었다 닫기, TV장 선반의 문을 열었다 닫기 등 사물을 이용해 다양한 놀이를 합니다. [사진 1-14]

또한 소리가 나면 가까이 다가가서 듣는 등의 움직임도 나타납니다. 예를 들어 TV에 가까이 다가가서 듣기, 진공청소기를 쫓아가기, 세탁기 돌아가는 소리를 듣기 등입니다.

또 일정한 곳을 두드리면 음악이나 말소리 등의 소리가 나는 장난감을 손으로 두드려서 듣고, 다 듣고 나면 다시 두드려서 듣는 등의 놀이를 합니다. 또한 장난감 자동차의 타이어를 돌려서 돌아가는 소리를 듣기도 합니다. 장난감보다 주방용품인 스테인리스 그릇이나 소쿠리 등을 선호하게 되는 등 다양한 놀이를 시작하게 됩니다.

사진 1-14 서랍을 열고 그 안의 물건을 만지는 모습

스스로 활발하게 움직이고 집 안의 물건을 찾아다니기 시작하면, 아기가 만졌을 때 위험한 물건은 치우는 등의 조치를 취해야 합니다. 위험한 물건은 아이의 손이 닿지 않는 곳에 두어야 합니다. 하지만 스토브나 콘센트, 가스렌지 등 일상 생활공간에 설치되어 있는 것들에 대해서는 그곳이 위험하다는 것을 말로 알려주고, 더 나아가 아기가 만지려고 하면 '안돼요!' 등의 강한 어조로 제지해야 합니다.

반대로 기둥이나 가구, 출입구, 계단 등은 그 위치 관계를 단서로 삼아 움직이기 때문에 날카로운 모서리에는 보호대를 붙이는 조치를 취한 뒤, 적극적으로

만져보게 하고 이해시킵시다.

4.3 사람과 함께 하는 놀이

이 시기는 아기의 모든 움직임이 엄마 등의 관여로 이루어진다고 해도 과언이 아닙니다. 하지만 지금까지 엄마에게 집중되어 있던 관심이 형이나 누나에게까지 확대되어, 그들에게도 관심을 받고 싶어하고 함께 놀아주는 것을 좋아하게 됩니다.

또한, 자신이 한 일에 대해 다른 사람이 반응하고 칭찬하는 것을 좋아하고, '대단해요', '잘했어요' 등의 말에 스스로 박수를 치기도 합니다. 누군가 외출할 때 '안녕히 가세요'라는 말에 스스로 손을 흔들어 답하기도 합니다.

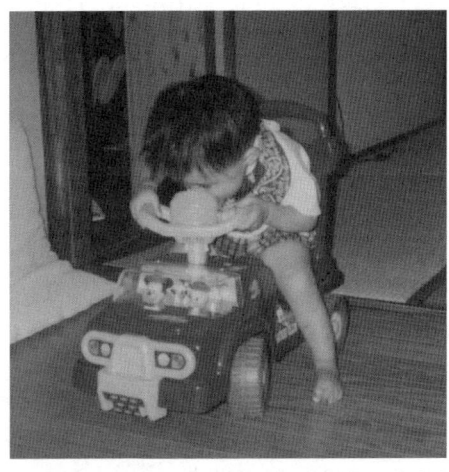

사진 1-15 발로 차서 앞으로 갈 수 있는 장난감 차에 타고 있다.

운동 놀이로는 발로 차는 장난감 자동차에 태워주기, 양손을 잡고 걷기 등이 좋습니다. [사진 1-15] 그리고 소파 등 높은 곳에 기어오르거나, 좋아하는 음악을 틀어주면 몸으로 리듬을 타거나, 누군가의 몸을 붙잡고 몸을 위아래로 움직이는 등의 행동을 보입니다.

집에 계단이 있는 경우, 계단을 기어 올라가는 것도 재미있는 놀이가 될 수 있습니다. 손을 뻗으면 계단이 있고, 올라가면 또 다음 계단에 손이 닿아 계속 올라갈 수 있습니다.

하지만 자발적으로 내려가기는 어려우므로, 다리를 잡아주며 아래 계단으로 내려가는 것을 가르쳐야 합니다. 곁에 사람이 있다고 생각하면 계단 중간에 자세를 바꾸어 안아달라고 할 수도 있는데, 위험하지 않도록 지켜보며 강요하지 말고 다음 기회를 기다리는 것도 중요합니다.

그 외에도 목소리를 내어 상대방의 목소리를 흉내 내거나, 노래를 불러달라고 해서 부분적으로 따라 부르거나, 상대방을 두드려서 상대가 '아야야~(아프다는 시늉)'라고 하면 즐거워하며 몇 번이고 반복하는 등 사람과의 상호작용을 즐기는 즐거운 놀이가 될 수 있습니다.

제4장 '소리 나는 쪽에 손을 뻗어 잡기'를 할 때의 생활

이 시기의 아기는 노래나 리듬을 따라 목소리를 내거나 몸으로 리듬감 있는 움직임을 만들며 노는 것을 매우 좋아합니다. 이전 단계에서도 볼 수 있었던 아기 놀이 등은, 더 움직임이 어려운 것이라도 말을 걸면서 손을 잡고 가르쳐주면 확실하게 동작과 말의 관계가 이해되어 갑니다. 그래서 음악에 맞춰 팔이나 다리를 리듬감 있게 움직여주면서 자발적인 신체 움직임을 유도하고, 리듬에 맞춰 북이나 실로폰을 두드리거나 방울이나 마라카스를 흔드는 것도 경험하게 해 주세요.

또한, 촉각그림책을 읽어주면서 함께 만져보거나, 만 0세부터 만 1세 반 정도를 대상으로 한 그림책을 읽어주는 것도 중요합니다. 이 시기에 맞는 촉각그림책은 시중에 나와 있지 않기 때문에 여러 가지 그림책을 읽어주다 보면 좋아하는 그림책이 생기게 될 거예요. 잠자리에 들 때 읽어주기를 원하는 책도 생길 것입니다.

촉각그림책은 예스24, 알라딘, 교보문고, 영풍문고 등의 온라인 서점에서 '헝겊책' '촉감 그림책' '촉각그림책' '촉각 놀이책' 등으로 쉽게 검색할 수 있는데 최근 다양한 도서들이 출판되고 있으니 아이에게 맞는 책을 찾아보는 것도 좋겠네요. 다만 아직 이 시기에는 스토리가 있는 그림책보다는 말의 재미나 소리의 반복이 담긴 그림책이 더 선호됩니다.

> 아기 F가 붙잡고 걷기나 네발기기로 활발하게 움직일 때의 놀이를 소개하면 대략 다음과 같은 상황입니다.
>
> 엄마가 "F야, 이리 와"라고 부르면 기쁜 표정을 지으며 기어서 직진합니다. "엄마잡고 일어서보자, 하나 둘 셋!"이라고 유도하면 일어나서 약 10초간 균형을 유지할 수 있습니다. 자세가 무너지기 직전에 엄마가 F의 양손을 가볍게 잡아주면 몸을 앞뒤로 흔들고, "영차, 영차, 으랏차…"라고 말을 걸면 왼쪽과 오른쪽 다리를 번갈아 들며 몸을 좌우로 흔듭니다. 아기를 잡고 다리를 쭉 펴게 하며 "위로 쭉쭉 쭉쭉"이라고 하면 큰 소리로 웃으며 기뻐합니다.
>
> 이런 놀이를 한 후 앉아 있는 F양에게 "좋은 소리는?"이라고 말을 걸면 손뼉을 치고, "통통 할까?"라고 하면 발꿈치로 바닥을 통통치며, "주세요는?"이라고 하면 손바닥을 위로 하여 겹쳐 내미는 등 말과 관련된 동작이 활발해지고 있습니다.

아직 의미 있는 단어는 없지만, "파카파카", "마~마~", "통통", "아~아~", "아니아니" 같은 리듬이 있는 말을 흉내냅니다. 이동하며 장난도 활발히 하고, 식기장 문이 조금 열려 있으면 거기 손을 넣어 열거나, 안에 있는 물건을 하나씩 끄집어내며 던지고, 부엌 조리대 위로 손을 뻗어 엄마가 요리한 음식을 만지려고 합니다.

비닐로 된 공을 "던져요"라고 지시하면 던지고, 누르면 소리가 나는 장난감을 당기거나 돌리거나 비틀거나 만지며 놉니다.

4.4 손가락으로 쥐고 먹기

손으로 먹는 것은 식사 자립을 위한 중요한 단계이며, 숟가락과 포크를 사용하기 위한 전 단계의 의미를 가지고 있습니다. 음식을 직접 만져봄으로써 음식에 친숙해지고 음식의 종류, 촉감, 크기 등을 이해할 수 있습니다.

또한, 그릇에 담긴 음식을 잘 찾으려면 손가락 끝을 충분히 사용해 그릇의 안과 밖을 파악하고, 그릇의 크기와 모양에 맞게 손가락을 움직여야 합니다. "어디 있을까?" 등의 말을 건네면서 손을 잡고 탐색하는 방법도 가르쳐 주세요.

또한, 다양한 음식을 손끝으로 충분히 만져보고 먹어보는 것은 만져본 음식이 어떤 것인지, 어떤 맛인지 이해할 수 있는 기회가 될 것입니다. 음식을 스스로 먹을 수 있게 되는 것은 아이에게 큰 기쁨이며, 처음에는 서툴더라도 매일의 경험을 통해 점차 잘 먹는 방법을 배우게 될 것입니다.

따라서 '지저분하다', '더럽다'고 말하면서 자립의 싹을 잘라내지 말고 자유롭게 먹이도록 합시다. 만약 양 부족이 염려된다면, 혼자서 충분히 손으로 먹은 후 숟가락에 음식을 얹어 먹게 하는 등의 방법으로 보충해 주도록 합니다. 손으로 먹는 음식은 처음에는 끈적거리지 않고 쥐기 쉬운 것부터 시작해 점차 과일, 빵, 반찬 등 단계적으로 늘려갑니다. 보통 정도의 밥을 먹을 수 있게 되면 작은 주먹밥이나 김밥 등을 만들어 먹으면 좋습니다. 엄지손가락과 다른 손가락으로 접시에서 작은 과자를 집어먹을 수 있게 되므로 간식 시간에 시도해 보는 것도 좋습니다.

이 시기가 되면 아이는 양손을 컵에 대고 스스로 컵을 입에 가져가서 마실 수 있게 됩니다. 다 마신 컵을 테이블에 다시 놓는 것은 초기에는 어렵지만 입에 가져가는 것은 금방 익힐 수 있습니다. 컵에 담는 양은 너무 많으면 얼굴에 뒤집어쓰는 등 공포감을 줄 수 있고, 반대로 너무 적으면 마시기 힘들어 중간에 포기하게 되므로 용기의 절반 이하가 적당할 것 같습니다.

아기용 빨대컵을 사용하는 것도 좋습니다. 빨대는 굵고 짧은 것을 사용하고, 플라스틱 컵을 살짝 눌러주면 스스로 빨아먹는 방법을 쉽게 익힐 수 있습니다. 이 방법은 외출할 때 휴대하기에도 편리하니 컵으로 마실 수 있게 되면 꼭 시도해 보세요.

빨대를 입에 너무 깊이 넣으면 입안을 다치거나 아이가 이빨로 씹을 수 있으므로, 입술로 빨대를 받쳐서 '빨아먹는' 동작을 할 수 있도록 도와주세요.

> F는 걸음마를 시작할 즈음, 이유식이 상당히 진전되어 '낫또밥'이나 '계란스크램블 밥'을 즐겨 먹습니다. 엄마가 숟가락으로 입에 가져다 주면, 숟가락을 손으로 잡으려고 합니다. 작은 주먹밥이나 잘게 자른 빵은 그릇에 담아 '여기 있어요'라고 소리를 내면 차례로 집어먹는 등 혼자서 먹으려 합니다.
>
> 스스로 컵에 양손을 올려놓기 때문에, 엄마가 F의 손을 감싸고 우유나 과즙을 마시게 해줍니다. 또 간식인 '계란과자'를 엄지와 집게손가락으로 집어서 먹거나, 된장국 재료인 두부를 손끝으로 부서지지 않게 집어 먹는 등 손끝을 이용한 식사도 능숙하게 해냅니다.

4.5 옷 입고 벗기

아기 때부터 엄마가 아침저녁으로 옷을 갈아입힐 때 '멍멍이 셔츠 입자', '자, 없네 없네, 있네!'라고 말하면서 상의에 머리를 끼우거나, '꽃무늬 옷 벗자, 만세할까?' 하며 두손을 위로 들게 한다든지, '자, 바지 벗고 목욕하자, 자 다리 들고, 자 또 다리 들자' 등 일상적인 행동에서 말을 거는 것이 아기에게 알게 모르게 지식으로 쌓여갑니다.

그러면 점차 엄마의 도움에 맞춰 조금씩 옷을 입을 때 팔을 뻗어 소매를 통과시키려고 하거나 다리를 앞으로 내미는 등 협조적인 동작을 보이게 됩니다. 이 동작은 탈의 학습의 시작이며, 크게 기뻐해야 할 일입니다.

그 이후에도 아이의 상태에 맞춰 계속 노력하면 점점 복잡해지는 옷 입기와 벗기에도 관심을 가지게 됩니다.

제 5 장

'집 안의 원하는 장소로 이동해 원하는 놀이를 하는' 시기의 생활

이 발달단계는 거실, 부엌 등 생활공간에 대한 이해가 높아져 스스로 그 장소로 이동해 놀 수 있는 상태입니다.

또 테이블 위에 있던 접시를 놓으면 우연히 돌기 시작하고, 접시 소리가 조금씩 변하면서 천천히 멈추는 것을 발견하게 됩니다. 그리고 스스로 반복해서 해보는 등 자신이 낸 소리가 변화하는 과정을 듣는 것에 흥미를 갖고 여러 가지 시도를 하게 됩니다.

또한, 엄마의 목걸이, 공룡 장난감(PVC제) 등과 같이 소리가 나지 않더라도 촉각 등에 대한 관심에 따라 좋아하는 물건이 나오기도 합니다. 자세한 내용은 '소리와 함께 놀기'[p.70] 항목을 참고하세요.

제 5 장 '집 안의 원하는 장소로 이동해 원하는 놀이를 하는' 시기의 생활

5.1 신체 움직임

혼자 걷기에 앞서

아이가 스스로 걸을 수 있는 '혼자 걷기'는 부모에게 큰 기쁨입니다. '혼자 걷기'는 자세 반사의 후방기립평형반응[1])을 보이는 것이 조건입니다. [그림 1-10] 그러나 후방기립평형반응이 나타나더라도 한 발짝도 앞으로 내딛지 못하는 아이들도 있습니다.

이 경우, 혼자 걷기에 앞서 전진 보행, 가이드 보행, 물건 밀기 보행 등을 충분히 하는 것도 중요합니다. 전진보행에 대해서는 전 단계에서 썼기 때문에 여기서는 '가이드 보행'과 '물건 밀기 보행'에 대해 씁니다.

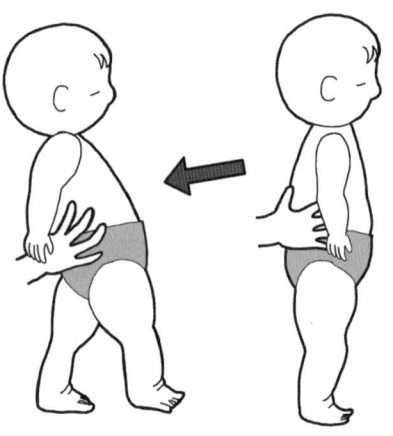

그림 1-10 후방기립평형반응

> 아기 J(여아, 광각)의 엄마는 J가 돌이 지날 무렵부터, 엎드려뻗쳐 자세를 하다가 바닥에서 손을 떼고 일어서기를 반복해서, 20cm 높이의 받침대 위에 손을 올려주면, 허리가 떠오르는 느낌과 함께 일어섰다고 합니다. 한동안 일어설 때 이 받침대를 사용하다가 점차 아무것도 사용하지 않고 일어설 수 있게 되었다고 합니다.

① 가이드 보행

'가이드 보행'은 걸음걸이가 안정된 아이의 양손 또는 한 손을 잡아주고, 소리나 노래로 격려하면서 걸음마를 하거나 앞으로 걸어갈 수 있도록 도와주는 것을 말합니다. 엄마 손의 위치는 아이가 서 있을 때 허리 위치에 둡니다. 손의 위치가 아이의 어깨나 머리에 있으면 보조자에게 끌려다니는 자세가 되어 아이가

---

[1]) 이 반응은 양발에 체중을 싣고 서게 한 후 몸을 뒤로 기울이면 한쪽 발을 뒤로 내밀어 균형을 유지하도록 하는 것입니다.

피곤해집니다. 만약 허리 등 낮은 위치에서 불안정하다면 어깨 부근부터 서서히 낮추도록 합니다. 먼저 양손을 앞쪽에서 받쳐주고 아이의 보행 속도에 맞춰 손을 잡아당깁니다. [그림 1-11]

이때 극단적으로 상체를 앞으로 내밀어야만 다리가 앞으로 나온다면, 아직 기능적으로 불가능한 경우가 많으므로 억지로 시키지 말고 잡고 일어서기, 쪼그리고 앉기, 잡지 않고 일어서기, 쪼그리고 앉기 등 일련의 동작을 확실히 익히도록 합니다. 다리와 허리가 충분히 발달하고 안정이 되면, 양손으로 가볍게 받쳐주기만 해도 자연스럽게 발을 옮기게 될 것입니다.

그림 1-11 가이드 보행

엄마가 잡아주는 손이 양손에서 한 손으로 바뀌는 시기가 되면 걷는 방법도 안정되어 갑니다. 이렇게 되면 한 손으로 의자, 테이블, 장롱 등을 만지게 하면서 걷게 합니다. 차츰 바닥이나 장판, 카펫 등 발바닥의 감촉에도 주의를 기울일 수 있도록 알기 쉬운 말로 설명해 줍니다.

② 물건 밀고 걷기

 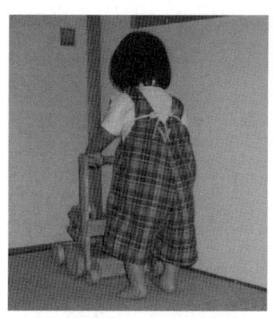

그림 1-12 손수레 / 사진 1-16 장난감 수레를 밀며 걷기

'물건 밀며 걷기'는 손수레와 같은 무거운 물건[그림 1-12]이나 장난감 수레[사진 1-16] 등을 스스로 밀며 걷는 것을 말합니다. 이는 안정감과 균형을 유지하면서 전진하는 동시에, 전방에 장애물이 있으면 먼저 부딪히기 때문에 아이가 부딪힐

염려를 피할 수 있습니다. 몸의 균형을 유지하고 근력을 기르는 데 도움이 될 수 있습니다. 하지만 오래 사용하면 의존성이 생길 수 있기 때문에 혼자 걷는 연습도 병행해야 합니다.

또한 '물건 밀고 걷기'는 실내뿐만 아니라 실외의 넓은 공간에서 마음껏 움직이기에 매우 적합합니다. 엄마들은 아이가 넘어지지 않도록 주의해야 합니다.

보행기(유아용)는 보행의 자립을 위해서는 효과적이라고 할 수 없지만, 걸음마를 떼기 전의 아이가 발로 차면서 실내를 안전하게 돌아다닐 수 있는 놀이 기구로 활용할 수 있습니다. 단, 평평하지 않은 바닥이나 계단 위 등에서는 낙상 등의 위험이 발생할 수 있으므로 주의가 필요합니다.

혼자 걷기를 앞당기는 연습

몇 초 동안 지지대 없이 서 있거나, 약간의 지지와 함께 안정적으로 서 있을 수 있게 되면 걷기 연습을 시작할 수 있습니다. 이때 물건을 잡고 일어섰다가 쪼그리고 앉거나, 혹은 물건을 잡지 않고 일어섰다가 쪼그리고 앉을 수 있는지 여부가 중요합니다.

이러한 동작은 아이 스스로 하고 싶다는 의지가 있어야 하기 때문에 유도가 어렵고, 경험이 부족해지기 쉽습니다. 이것이 안 되면 혼자 오래 서 있을 수 있어도 혼자 걷기가 잘 안되는 경향을 보입니다.

따라서 일상 생활에서 아이의 운동 상태에 맞춰 조금이라도 스스로 몸을 움직이기 쉬운 환경을 만들어 주는 것이 중요합니다.

엄마 외에 다른 조력자가 있을 때는, 한 사람이 서 있는 아이의 엉덩이를 받쳐주고 한 발짝 앞으로 나아갈 수 있도록 도와줍니다. 아이가 앞으로 나아갈 때 앞사람은 무릎을 꿇고 마주보며 아이의 팔이나 손을 잡고 몇 걸음씩 앞으로 나아가도록 유도합니다.

아주 작은 걸음걸이부터 시작해 가능하면 매번 칭찬을 많이 해주세요. 맨발이나 바닥이 얇은 신발을 신으면 발바닥에 더 많은 자극을 느낄 수 있습니다. 가구 주변을 돌아다니거나 인형을 태운 유모차를 밀고, 소파에서 테이블로 이동하는 등 다양한 동작을 연습하는 것이 중요합니다.

독립적으로 걷기 시작할 무렵에는 균형을 잡기 위해 두 다리를 벌리고 팔을 높이 들어 올립니다. 이 단계에서는 좌우로 어색하게 흔들릴 수 있습니다. 팔을 들어올리는 것은 균형을 잡으려는 노력의 일환입니다. 아이가 안정감과 자신감을 갖게 되면 팔은 점차 내려오게 됩니다.

어른의 도움을 받아 걷는 단계에서, 자신의 힘으로 넓은 곳을 이동하는 단계로 넘어가는 것은 안보이는 아이에게 쉽지 않은 일입니다. 혼자 걸을 수 있게 되더라도 한동안은 한 손을 잡고 걷는 등의 시간이 필요합니다. 이 경험은 스스로 걷기까지 가는 과도기적 단계라고 할 수 있습니다.

이 단계에서는 어른이 아이의 손을 잡는 것이 아니라 아이가 어른의 손가락을 잡게 합니다. 아이는 필요에 따라 엄마의 손가락을 지지대로 삼기 때문에 엄마도 아이가 균형을 유지하기 위해 손가락을 꽉 쥐는지 느슨하게 쥐는지를 알 수 있습니다.

아이가 방 안을 자유롭게 돌아다닐 수 있게 되면 소리가 나는 곳으로 이동할 수 있게 됩니다. 처음에는 짧은 거리에서 이름을 불러주고, 걸어오면 안아주고 칭찬해 주세요. [그림 1-13]

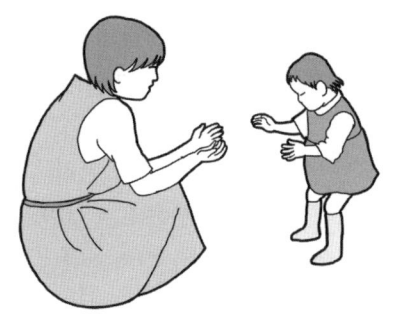

그림 1-13 실내에서 엄마가 아이의 조금 앞에서 불러주기

또한, 아이와 1.5미터 정도 떨어진 곳에 재미있는 소리가 나는 장난감을 놓아둡니다. "장난감 가지고 놀 수 있어요"라고 말하면서 장난감을 손에 넣을 수 있도록 격려합니다. 짧은 거리에서 성공하면 거리를 늘립니다.

정중선(머리에서 코끝을 지나 배꼽까지 이어지는 선) 바로 앞이나 바로 뒤에서 나는 소리는 어느 방향에서 소리가 나는지 판단하기 어렵지만, 아이가 머리를 좌우로 흔들며 소리를 확인하고 움직이도록 유도합니다. 머리를 한 쪽 또는 반대쪽으로 돌리면, 장난감이 어디에 있는지 정확히 파악하는 데 도움이 됩니다.

충분히 걸을 수 있는 상태가 되어도 보조자 없이는 걷지 못하는 아이를 조금이라도 스스로 걸을 수 있게 하려면, 손을 잡아주는 보조에서 보조자의 스커트, 장바구니, 끈 등을 잡게하는 등 보행 상태에 따라 보조 방법을 바꿔보세요. 그

제 5 장 '집 안의 원하는 장소로 이동해 원하는 놀이를 하는' 시기의 생활

래도 아이가 불안해한다면 보조자를 바꿔보는 것도 좋은 방법입니다.

> 아기 K(남아, 미숙아망막증, 광각)는 혼자서 서거나 손가락 한 마디의 보조로 충분히 걸을 수 있는 상태가 약 10개월간 지속되었지만, 혼자서 걷는 것에는 울면서 저항했습니다.
>
> 그래서 일단 엄마에서 직원으로 바꾸어 지금까지의 도움 방식과 분위기를 바꿔보았습니다. 먼저 손이나 막대기를 이용한 보조가 아닌 손수건 끝을 잡게 했습니다. 처음에는 울면서 싫어했지만, 직원으로 바뀐 것도 영향을 미쳐서인지 금방 포기하고, 처음에는 손수건 끝을 꽉 쥐고 걷다가 금세 조금씩 손수건을 풀어줘도 잘 걸어다녔습니다.
>
> 하지만 지지대 없이 혼자 걷고 있다는 사실을 알게 되자 갑자기 불안한 표정을 지으며 움직이지 않았습니다. 당황하지 않고 칭찬과 격려, 노래를 불러주며 조금은 느긋하게 대하자 점차 안도하는 표정으로 다시 도전했고, 얼마 지나지 않아 스스로 걷기가 가능해졌습니다.

K와 같은 상황이더라도 혼자 걸을 수 있다고 판단되면, 간병인이나 장소 등 분위기를 조금만 바꾸어주는 것만으로도 충분히 걸을 수 있는 경우가 있습니다. 때로는 아빠의 협조를 구하는 것도 중요합니다.

보행을 위한 환경 정비

① 실내의 '위험'한 장소

안보이는 아기에게는 '위험'을 모르는 것이 진짜 '위험'합니다. 부딪힐 수 있는 '위험'은 큰 위험이 아니지만, 혼자 걸을 수 있게 되면 주변 어른들은 '안보이는 것'을 필요 이상으로 위험하게 생각하는 법입니다. 넘어지거나 충돌 등으로 인한 부상 등을 걱정해 '위험해!'를 연발하거나 장애물이나 가구를 치워버리기 일쑤입니다.

하지만 이는 안보이는 아이에게 두려움을 심어주고, 움직임을 제한하며, 환경을 단서로 삼아 보행할 수 있는 기회를 박탈하는 결과를 초래할 수 있습니다. 오히려 조금이라도 부딪히거나 넘어져 균형을 잃을 수 있는 상황에서도 위험하

지 않게 지켜보면서 "여기 ○○가 있었구나, 아팠지? 조심해야겠네"라고 말을 건네는 것이 좋습니다.

가구, 계단, 출입구 등 생활에 필요한 물건의 위치를 반복적으로 알려주고, 이를 단서로 삼아 보행 능력을 키울 수 있도록 격려해 주세요.

위험물이나 위험한 장소는 눈에 안보이는 아이의 탐색 범위에서 모두 멀리 떨어뜨려 놓는 것이 아니라, 반대로 직접 만져보게 하고 그것이 위험하다는 것을 충분히 이해시켜야 합니다. 이는 자유로운 움직임을 유도하고, 실내의 다양한 물건을 만져보면서 그것이 무엇인지 알고 싶은 욕구를 충족시켜주는 것이기도 합니다.

② **실내의 장애물**

'위험한' 장소나 큰 가구뿐만 아니라 집 안에는 자연스럽게 바닥에 물건이 놓여 있습니다. 아이가 이동하려고 할 때 그 물건에 부딪힐 때가 있습니다. 이럴 때를 이용해 그 물건을 탐색해보고, 그 주변을 돌아갈지 넘어갈지 판단할 수 있도록 가르치거나 시범을 보여주세요. 테이블과 같은 큰 물건은 그 주위를 걸어서 가장자리까지 왔다는 것을 알 수 있도록 손으로 따라가면서 몸에 닿은 채로 이동하는 방법을 가르치는 것도 좋습니다. 혼자 할 수 있을 때까지는 균형을 잡기 위해 손을 잡아주는 것이 좋습니다.

생활하는 장소 안에 물건이 있고, 그것을 만져보고 살펴보면서 '크구나', '매끈하구나', '둥글구나', '모서리가 있구나' 등의 말을 건네주세요. 이러한 경험을 통해 아이는 크기, 위치, 모양, 질감 등의 차이를 알게 되고, 환경 속 사물에 대한 대응 등 초기 개념을 익히게 됩니다.

실내의 벽면을 따라 걷기

실내 벽면을 따라 걷는 것을 익히기 위해서는 실내의 큰 가구의 위치를 일정하게 고정하고, 자주 위치를 바꾸지 않도록 합니다. 부득이하게 바꿔야 할 때는 반드시 아이에게 가르쳐 주어야 합니다.

실내를 벽면을 따라 계속 따라 걷는 것은 쉽지 않습니다. 조금만 움푹 들어가면 손이 떨어져서 허공을 헤매게 되므로 손이 떨어지지 않도록 조심스럽게 만져보게 합니다. 방의 모서리는 먼저 손으로 짚어보고 모서리를 따라 자세의 방향을 바꿉니다. 모서리의 한쪽 면에 등을 바짝 붙이고 다른 쪽 면에 몸의 측면이 오도록 자세를 바꾸어 방향을 잡게 합니다. 이때 '스윽스윽, 쿵, 부딪혔구나, 모퉁이야, 이제 돌아갈 거야'라고 안내하면서 걷게 합니다.

어린 아이는 걸으면서 의미 없이 몸을 돌리기도 하는데, 안보이는 아이는 움직이려고 하는 방향이 바뀌게 됩니다. 이동할 때는 사물과 평행하게 걷게 하고, 방향을 바꿀 때는 벽에 등이나 옆구리를 대고 방향을 정하게 한 후 이동하도록 합니다.

또한, 붙잡고 걷기 초기에는 붙잡은 손에 힘이 많이 들어가기 때문에 난간 등의 단서가 끊어진 곳에서는 갑자기 자세가 흐트러져 전신의 균형을 잃을 수 있습니다. 이럴 때 조력자가 아이를 받아줄 수 있도록 앞에서 유도하는 것이 더 안전합니다.

익숙해지면 위험한 부분은 말로만 주의를 주고, 점차 말을 적게 하고 안전만 확인하며 지켜보는 것도 필요합니다. 조금은 다치거나 멍이 들겠지만 그 실패를 통해 다음부터는 스스로 주의를 기울일 수 있게 됩니다. 아이 스스로 움직이고 시행착오를 겪으면서 점차 효율적인 움직임을 터득하게 됩니다. 어른들은 그 움직임을 지켜보며 격려와 칭찬을 아끼지 말아야 합니다.

또한, 이동 시 손에 가시가 박히거나, 처음 만져보는 촉감일 경우 놀라서 다시는 만지려고 하지 않을 수 있습니다. 처음 가는 곳을 걸어가게 할 때, 도와주는 사람은 미리 알아보고 '○○이 있어, 푹신푹신해' 등의 말을 건네거나 손을 잡고 조금씩 만져보게 하는 것이 좋습니다.

계단 오르내리기

계단의 2~3단 위에서 아이가 좋아하는 장난감 소리를 내며 계단을 오를 수 있는 기회를 만들어 주세요. 아이는 먼저 손과 무릎을 써서 기어 올라갑니다. 계단을 내려갈 때는 손과 무릎을 써서 발이 바닥에 먼저 닿도록 하면서 기어 내려오게 됩니다. 계단 오르내리기는 매우 즐거운 놀이이지만, 주의 깊게 지켜봐야 합니다. 계단에 안전펜스가 있거나 어른이 없으면 아이가 사용할 수 없도록 완전히 차단되어 있는지 확인해야 합니다.

아이가 스스로 서서 계단을 오를 수 있게 되면, 간단한 단차가 있는 평지에서 연습합니다. 싱크대나 카운터 아래 두는 받침대와 같이 아이가 한 발로 올라갈 수 있는 작은 발받침대가 이상적입니다. 아이의 손을 잡고 한쪽 발을 윗단까지 올린 다음, 다른 쪽 발을 같은 단까지 올리도록 합니다. 아이의 몸 옆에 보조자의 손을 두면 아이가 균형을 잡기 쉬워집니다. 아이의 손을 잡지 않고 연습할 때는 처음에는 항상 벽이나 난간이 필요합니다. 점차적으로 필요한 도움의 양을 줄입니다.

집밖에서 걷기

① 바깥에서 걷기의 즐거움

아이의 보행능력이 날로 향상되면 공원의 놀이기구 놀이, 산책, 쇼핑 등에 함께 데리고 나가서 바깥 생활을 적극적으로 넓혀주는 것이 중요합니다. 보이는 아이의 경우, 걸음마부터 실외 보행까지 특별히 문제될 것이 없으며, 짧은 시간 안에 실외 보행이 즐거워질 것입니다.

안보이는 아이의 경우, 집 안에서는 잘 걸을 수 있어도 공원 등 처음 가는 곳에서 혼자 걷는 경우에는 아이의 기분 등을 고려하면서 '밖이야, 기분 좋구나' 등의 말을 건네며 천천히, 조심스럽게 대응해 주세요. 그리고 걷는 것이 즐거울 수 있도록 도와주세요.

바깥의 좋은 공기와 따스한 햇볕 아래에서 여유로운 기분으로 혼자 걷는 것을 장려합시다. 몇 초 동안 혼자 서 있거나 실내에서 몇 초간 걷는 것이 가능해지면 실외에서 걷기를 시작할 수 있습니다. 처음에는 소음과 인파가 많은 곳을 피하고 주변이 비교적 조용한 곳을 선택해야 합니다.

신발은 불편함을 주지 않도록 가볍고 유연한 신발을 신겨야 합니다.

② 땅에 발을 딛는 것

앞서 말했듯이, 아이의 첫 경험에는 신중하게 대처하는 것이 중요합니다.

아이 발을 땅에 내려놓으려 하면, 무릎을 구부리거나 발끝으로 서는 식으로 거부하는 아이도 있습니다. 이럴 때는 아이가 좋아하는 것을 해주면서 기분 전환을 시도해 보세요. 예를 들어, 몸을 움직이는 것을 좋아하는 아이라면 '높게 더 높게', '빙글빙글' 등 말하면서 안아주고 흔들어 주면 좋습니다. 만약 그것이 마음에 들지 않는다면 조용히 노래를 불러주세요. 아이가 조금 진정된 후, 말을 걸면서 조용히 발을 땅에 내려놓습니다.

　땅에 발을 딛고 서 있는 것을 싫어하지 않게 되면 바로 걷게 하기보다는, 다리에 힘을 주고 일어선 채로 엄마의 양손을 가볍게 잡고 상체를 앞뒤로 흔드는 놀이를 하거나 '영차 영차~'하고 몸을 좌우로 흔들며 땅에 익숙해지도록 합니다. 이때 오른쪽으로 넘어질 때는 오른쪽 발에 체중을 실어 오른쪽 발로 서게 하고, 반대로 왼쪽으로 넘어질 때는 왼쪽 발에 체중을 실어 균형을 잡는 법을 익히게 합니다. 양손을 잡고, 걱정이 된다면 양 옆구리 밑으로 받쳐서 '퐁~퐁~' 하고 위아래로 뛰게 하는 것도 좋습니다.

　아이가 밖에서 걷는 것을 거부하는 것은 발밑의 지면에 익숙해지지 않은 문제인 경우가 많으므로, 서두르지 말고 긴장을 풀고 서서히 익숙해지도록 하는 것부터 시작합시다.

③ 양손잡기에서 한손잡기로

양손을 잡아주는 것부터 시작해 익숙해지면 점차 속도를 높이거나, 손을 떼고 아이가 엄마의 손가락을 잡을 수 있도록 합니다. 충분히 걸을 수 있게 되면 한손잡기로 전환해 주세요.

　걷는 자세가 안정되면 엄마의 손은 가급적 아이가 손을 내리고 있는 자세로 잡아주는 것이 좋습니다. 또한, 신발도 아기용에서 유아용 신발로 바꾸도록 합니다.

④ 지면에 대한 관심

아이가 조금 걸을 수 있게 되고 발밑의 땅이 바뀌면, 쪼그리고 앉아 흙을 만지작거리며 놀기도 합니다. 이 쪼그리고 앉는 자세도 다리와 허리를 튼튼하게 하므로, 함께 땅을 두드리거나 자갈을 줍는 등의 놀이를 해 주세요. 만족해하면 다시 걸어갑시다.

⑤ 주변 소리 설명

손을 떼고 걸어가면서 조금씩 주변에서 들려오는 소리에 주의를 기울이도록 합니다. 각종 자동차 소리, 달리는 소리, 다가오는 소리, 공장 소리, 새소리, 사람 목소리 등을 의식하게 하고, 어떤 소리인지 등을 이야기해 보세요.

⑥ 발밑 감촉의 차이

평평하고 매끄러운 바닥에서 걷기 시작합니다. 그런 다음 타일, 콘크리트, 잔디, 아스팔트, 자갈 등 모든 종류의 표면을 걷는 연습을 통해 발밑의 감촉에 주의를 기울이도록 합니다. 일반적으로 걷는 것이 안정되면 두려움이 사라지고 아이 스스로 혼자 걷는 것을 좋아하게 됩니다.

⑦ 경사면 오르내리기 등

다양한 경사도를 가진 경사로를 오르내리는 연습도 해보세요. 균형 감각이 좋아지면 걷는 면이 중간에 바뀌는 곳(예: 잔디에서 시멘트로 바뀌는 곳, 자갈길에서 아스팔트 보도로 바뀌는 곳 등)도 걷는 기회를 만들어 보세요.

⑧ 계단 오르내리기

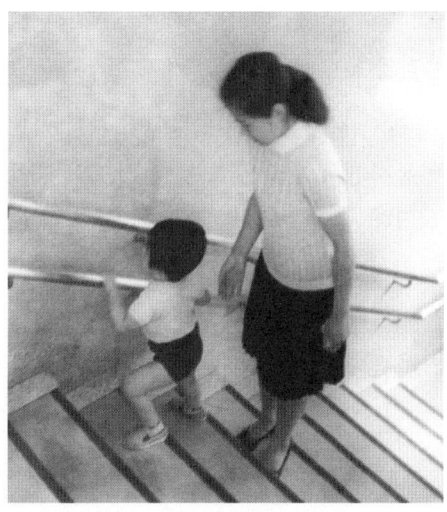

실외에서 계단 오르기를 경험하게 합니다. 발이 충분히 닿을 수 있도록 밟는 면이 넓고 높이가 높지 않은 계단을 이용합니다. 교통량이 적은 도로에서 인도 연석을 밟아보게 하면 좋습니다.

균형을 잡기 위해 손을 잡게 할 때는 아이 손이 아이의 가슴이나 어깨 높이에 오도록 합니다. 발 감각으로 계단 가장자리의 위치를 확인하는 방법을 알려줍니다. 또한 계단을 내려오기 전에 양 발이 계단 끝쪽에 놓여 있는지 확인합니다.

사진 1-17 두 손으로 난간을 잡으며 계단을 오르는 모습

제 5 장 '집 안의 원하는 장소로 이동해 원하는 놀이를 하는' 시기의 생활

　　계단을 오르내리기를 배울 때는 아
이가 사용할 수 있는 높이에 난간이 있는 곳을 찾아야 합니다. [사진 1-17] 계단
에 익숙해지면 아이가 한 손으로 난간을, 다른 한 손은 어른의 손을 잡게 한 뒤
아이와 함께 걸어보세요.

5.2　놀이

이 시기 아이들이 깨어있는 시간은 평균적으로 8시간 이상입니다. 아이들에게는
놀이 자체가 생활이기 때문에 깨어있는 시간을 어떻게 보내느냐가 심신 발달에
큰 영향을 미치는 것은 두말할 나위도 없습니다.

　　보행이 가능해짐에 따라 아이의 놀이가 획기적으로 확장되는 시기입니다.
또, 바깥놀이에 대한 욕구가 커질 뿐만 아니라 온몸을 이용한 놀이도 활발해집
니다. 대체로 타인의 도움 없이 혼자서 하는 놀이에 만족감을 느끼게 됩니다.
위험하지 않도록 지켜보고 필요한 도움을 주는 것이 중요합니다.

　　한편, 이 시기의 아이는 칭찬을 받으면 자신이 하는 일을 자랑스럽게 반복
하고, 엄마나 주변 사람에 대한 애정을 표현할 수 있을 정도로 감정이 풍부해집
니다. 따라서 엄마가 아이의 행동을 받아들이고 칭찬과 격려로 대응하는 것이,
새로운 모험에 대한 동기를 부여하고 놀이를 확장하는 계기가 될 수 있습니다.

손을 사용한 놀이

이 시기에는 집 안에서 자신이 관심 있는 놀이를 하기 위해 자발적으로 그 장소로
이동하게 됩니다. 그 놀이 장소와 내용은 자신의 장난감 상자가 되기도 하고,
싱크대 밑의 문을 열고 안에 있는 물건을 꺼내는 것이 되기도 하고, 문을 열고
닫기가 되기도 합니다. 때로는 화장실에 들어가 변기 뚜껑을 열고 닫는 등의
놀이를 하는 아이도 있습니다. 현관에서 슬리퍼를 만지작거리거나, 세면대에
물을 받아 물장난을 치는 아이도 있습니다. [사진 1-18, 1-19]

 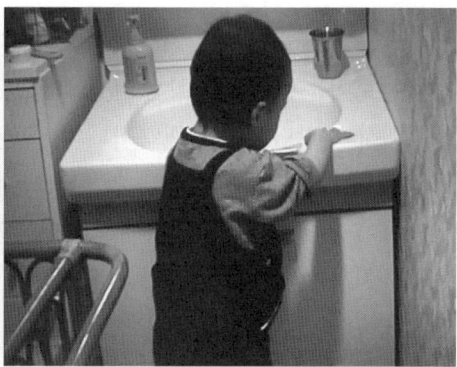

사진 1-18 싱크대 아래의 문을 열고 안의 물건을 꺼내는 모습 / 사진 1-19 물을 채운 세면대에서 장난치는 모습

　안보이는 아이들에게는 독특한 놀이가 있습니다. 그것은 바로 스스로 소리를 만들어서 소리의 변화를 듣는 것입니다. 예를 들어 테이블 위에서 접시를 돌리며 소리의 변화를 듣는다든지, 여기저기 여러 물건을 던져놓고 그 소리의 변화를 듣는다든지, 마루 바닥을 골라 큰 병을 굴려 소리를 듣는다든지, 목욕탕에서 대야를 떨어뜨린다든지, 부엌에서 스테인리스 그릇을 떨어뜨린다든지 하는 놀이입니다.

　이전에는 좋아하는 장난감이 소리와 밀접한 관련이 있었지만, 소리가 나지 않아도 좋아하는 물건, 예를 들어 엄마의 목걸이나 공룡 장난감 등을 놓지 않고 계속 가지고 있거나, 내려놓아야 할 때 잃어버리지 않도록 자신의 몸에 닿게 하는 등의 관찰이 이루어집니다.

　또한, 나팔 등을 리드미컬한 템포로 부는 등 재미있는 소리를 만들어내는 방법도 연구하게 됩니다.

　그 외에도 상자 뚜껑을 열고 닫고, 나사를 돌리고, 풍선을 만지작거리고, 장난감을 조작하여 소리를 내는 등의 놀이를 합니다. 이러한 놀이를 하면서 시행착오를 반복하고, 성공할 때까지 여러 번 반복하면서 새로운 손동작과 신체 동작을 익힙니다.

　집 안뿐만 아니라 공원이나 정원에서 모래·물 등 형태가 변하는 재료를 이용한 놀이를 선호하게 됩니다.

제5장 '집 안의 원하는 장소로 이동해 원하는 놀이를 하는' 시기의 생활

사람과 함께 하는 놀이

이 시기의 안보이는 아이들은 항상 자신에게 관심을 가져달라고 하거나 상대방의 반응을 기뻐하며 장난치기를 반복합니다. 또한 상대방이 장난을 치는 것을 알아채고 몇 번이고 기꺼이 응하거나 일부러 넘어져서 받아주는 것을 기뻐합니다. 손수건을 아이의 얼굴에 덮고 '없네~없네~, 있네!'라며 손수건을 떼어내는 등 상호작용을 즐기는 단계로 발전합니다.

또한, 장난감 자동차를 밀어서 상대편으로 이동시키고, 상대방도 받은 자동차를 다시 밀어서 아이에게 보내주거나, 공을 굴려서 상대방이 굴려준 공을 받아주는 놀이로 발전합니다.

운동적인 놀이

외부(쇼핑, 정원, 공원 등)로 데려가 달라고 요구하거나 기차나 놀이기구를 타고 싶어 합니다.

공원 등에서는 계단이나 경사진 곳을 기어오르고, 유아용 그네를 타고, 앞쪽으로 기울인 자세(앉은 자세)로 미끄럼틀을 미끄러질 수 있게 됩니다. 튼튼하고 무게감이 있는 손수레나 장난감 상자를 밀고 당기거나 장난감 자동차에 앉아 발로 차면서 가는 등 온몸을 이용한 놀이도 활발해집니다. 손을 잡고 달리는 것도 좋아합니다.

> 아기 I(여아, 시신경 위축, 전맹)는 한 살 많은 언니가 조금만 건드려도 엉덩방아를 찧지만, 바로 둘이서 장난치며 웃습니다. 집 안에서도 가만히 있는 시간이 적고, 언니와 함께 뛰어다니며 신나게 놀고 있습니다.
>
> 또한 최근 걸을 수 있게 되면서 밖에 나가고 싶어하며, 밖에 쪼그리고 앉아 막대기를 들고 '지- 지-'하고 땅을 문지르며 놀고 있습니다.

> 아기 L(남아, 망막모세포종, 전맹)은 걷기 시작하면서 날이 갈수록 걸음걸이가 안정되어 갔습니다. 보름이 지나자 이름을 부르는 사람이나 좋아하는 장난감 소리 쪽으로 걸어갈 수 있게 되었습니다.

걸으면서 북을 채로 두드리거나, 부엌 카트 안의 물건들을 계속해서 꺼내 던지거나, 계단을 좋아해서 위험 방지용 판자를 떼어내고 맨 위까지 올라갔 다가 뒤로 기어서 내려오는 등 눈을 뗄 수 없을 정도의 '모험'을 즐깁니다. 또한 장난감 상자(바퀴 달린)의 줄을 당겨서 자동차처럼 갖고 놀거나 아빠와 공을 던지며 놀거나 하면서, 지루할 틈이 없는 하루하루를 보내고 있습니다.

5.3 이해와 언어

이 시기의 아이는 '주세요', '바이바이', '이리 와', '잘 자' 등의 말을 이해하고 어른의 지시에 어느 정도 따를 수 있게 됩니다.

말하기가 늦더라도 생활(놀이)이 풍부해지고, 말에 반응하여 같은 동작을 하는 등 간단한 말의 이해만 있으면, 반드시 의미 있는 말을 하게 됩니다.

안보이는 아동에게 필요한 것은, 실제로 만지거나 무언가를 할 때 명확하고 쉬운 말로 말을 건네는 것입니다. 그래야만 안보이는 아동은 사물과 언어의 관계를 이해할 수 있습니다. 극단적으로 말하자면, 엄마가 마치 스포츠 중계방송을 하듯 주변 상황을 말로 전달해도 무방할 정도입니다.

아기 I의 가정을 방문했을 때의 기록입니다. 실내에서 직원이 말을 걸자 다가와서 노트를 만지더니 눈깜짝할새에 뒷표지를 뜯어버리고는 '찢어졌어요' 라고 한 마디를 하고는 더 잘게 찢어버립니다. 그리고 서있거나 쪼그리고 앉아 언니가 말하는 말을 또박또박 흉내냅니다.

인형을 만지게 해 주면 양손에 안고 '자장 자장'하다 던져버리기도 하고, '아기 포대기'를 주었더니 '업어줄게'라며 혼자서 만지작거립니다. 또 '빠빠 (젖)'라고 하면서 엄마 무릎에 다가 앉아 젖을 먹고, 한쪽 젖이 나오지 않으면 '반대쪽'이라고 큰 소리로 말하면서 다른 쪽 무릎으로 옮겨 앉아 먹습니다.

5.4 식사, 수면, 배설

식사

네발기기, 붙잡고 걷기, 혼자 걷기 등을 통해 자유롭게 움직일 수 있게 되면서 아이는 체력이 한 단계 더 성장합니다. 이 시기에는 이유식도 마지막 단계에 접어들어 거의 어른과 같은 음식을 먹을 수 있게 됩니다.

가족과 함께 식탁에 둘러앉아 일정 시간 동안 앉아서 식사하는 습관을 몸에 배게 함으로써, 가족 식사 예절을 동일하게 배울 기회로 삼을 수 있습니다.

식기를 몸보다 앞에 두고 바른 자세로 식사를 할 수 있도록 합니다. 그러기 위해서는 미끄러지지 않는 매트에 식기를 놓거나, 아이의 양 팔꿈치가 자연스럽게 식탁에 닿을 수 있도록 높이를 조절할 수 있고, 발바닥을 받침대에 잘 댈 수 있는 의자를 마련하는 것도 중요합니다.

> 아기 M(여아, 미숙아망막증, 광각)은 네발기기와 거의 동시에 붙잡고 걷기를 할 수 있게 되었습니다. 소리를 향해 이동을 하기 시작했을 때부터, 아직 스스로 걷기가 되지 않았음에도 불구하고 엄마는 신발을 신겨주고 밖에서 손을 잡고 걷게 하고 있습니다.
>
> 이 시기 M은 남이 도와주는 것을 싫어하고, 무엇이든 손으로 집어서 먹으려고 합니다. 탁자 위에 놓인 주먹밥을 한 입 먹었다가 다시 접시에 담기도 하고, 고형 반찬은 계속 손에 쥐고 먹으며, 된장국 재료는 무와 두부를 좋아해 엄지·검지·중지로 집어 먹습니다. 컵은 직접 들고 입에 가져가 반쯤 흘리면서 단숨에 다 마셔버리는데, 빈 컵을 탁상에 다시 내려놓지 못해서 손을 놓아버립니다.
>
> 식사 시간 약 30분 동안은 식탁에 있는 M의 전용 의자에 앉아 있습니다.

이 시기에는 M처럼 혼자서 먹고 싶어하는 마음을 소중히 여기는 것이 중요합니다. 손끝을 충분히 사용해 음식을 탐색하고 입에 넣는 것, 한 입에 다 먹지 못하는 큰 음식도 이빨로 잘라서 먹는 등의 경험을 시켜줘야 합니다. [사진 1-20]

빨리 자립시키려고 숟가락과 포크 사용을 서두르기 쉽지만, 앞서 말했듯이 이 시기에는 숟가락과 포크를 모두 사용하기가 어렵습니다. 따라서 고형식은 손으로 집어서 먹게 하고, 음료는 컵으로 마시게 합니다. 반 유동식은 숟가락을 쥐게 하고 그 손을 엄마가 감싸서 입으로 옮기거나 접시에 담는 방법을 알려주는 것이 좋습니다. 이러한 경

사진 1-20 손으로 직접 골라서 집어먹는 모습

험의 축적이 숟가락과 포크를 독립적으로 사용할 수 있는 단계로 발전합니다.

일찍부터 숟가락과 포크 사용을 강요하거나, 반대로 숟가락과 포크를 사용할 수 있을 때까지는 전적으로 도와주기로 결정한 경우도 있습니다. 하지만 스스로 먹는 기쁨을 소중히 여기고 단계적으로 경험할 수 있도록 도와주세요.

컵 사용도 이 시기에는 상당히 자립적으로 사용할 수 있으며, 테이블 위에 다시 올려놓는 것을 조금만 안내해 주면 자유롭게 사용할 수 있게 됩니다.

적게 먹거나 편식하는 것은 보행의 자립으로 생활(놀이)이 충실해지면 상당히 호전됩니다. 또한 규칙적인 식생활로 안정되는 속도는 아이마다 다르기 때문에 절대 조급해하지 말고 아이에게 맞춰서 진행하는 것이 중요합니다. 숟가락과 포크는 손으로 잡기 어려운 음식을 먹기 쉽게 하기 위해 사용하는 것이지만, 안보이는 아이에게는 어떤 음식이든 손으로 만져보는 것이 매우 중요합니다.

숟가락으로 떠먹일 수 있는 걸쭉하고 끈적이는 음식이라도 가능한 한 많이 만져보게 하는 것이 좋습니다. 아이가 만지는 것을 싫어하지 않도록 하는 것이 가장 중요합니다. 식사 중에도 식탁 밑에 비닐이나 신문지 등을 깔아두고, 흘린 음식이 아래로 떨어지더라도 한 번에 치울 수 있도록 하는 엄마들도 있습니다.

수면

보행의 자립과 함께 기상·낮잠·취침이 규칙적이 되고, 일정한 시간에 식사나 외출을 선호하며 생활 리듬이 확립됩니다.

수면은 식욕과 마찬가지로 낮 동안의 생활 만족도와 관련이 있기 때문에 놀이의 내용을 풍부하게 하는 것이 가장 적절한 대처법입니다. 특히 공원, 쇼핑, 놀이기구, 산책 등은 많은 자극과 적당한 운동으로 인한 피로감을 주기 때문에

하루 한 시간 정도는 외출하여 좋은 공기와 따뜻한 햇볕 아래에서 마음껏 몸을 움직여주는 것이 좋습니다. 취침 시에는 방을 어둡게 하고 자장가를 들려주는 등의 배려도 필요합니다.

'낮잠을 잘 자지만 깨우면 싫어하고, 반대로 밤에는 잘 자지 않는다', '잠을 오래 자지 못하고 자주 깬다' 등 수면과 관련된 고민이 있습니다. 엄마 입장에서는 아이가 밤에 잘 자고 아침에 기분 좋게 일어나는 것이 무엇보다 기쁘고, 엄마의 육아 부담도 가벼워집니다.

안보이는 아이들의 수면에 대한 조사 결과에 따르면, 연령이 높아질수록 하루 수면 횟수가 줄어들고 낮잠 시간이 짧아지는 대신, 취침 시간이 빨라지고 밤 수면 시간이 길어집니다.

형제자매가 있는 경우 취침 시간이 빨라지고 수면 시간이 길어지는 것으로 나타났습니다. 아기는 부모나 형제자매의 취침 시간 등에 영향을 받기 쉽다고 합니다. 또한, 밤에 자다가 깨는 날이 계속된다면 아이가 이불 밖으로 나와 감기에 걸리지 않도록 배려하고, 위험한 물건을 미리 치워두는 등 엄마 자신의 수면 시간도 확보하는 것이 좋습니다.

배설

화장실 배뇨에 익숙해지기 전에 시중에서 판매되는 '유아용 변기'를 일정한 장소에 놓고 사용하는 것이 좋습니다. 시중에 판매되는 변기에는 다리를 벌리고 사용하는 것과 양변기에 앉아서 사용하는 것이 있는데, 사용이 비교적 편한 것은 양변기쪽입니다. 이 시기에는 변기와 친숙해지도록, 어쩌다 소변을 보는 데 성공하면 아이와 함께 크게 기뻐해 줍시다.

한편, 이 시기의 아이 중에는 기저귀가 젖으면 '아', '으음', '쉬~쉬~' 등의 소리를 내거나 불편한 듯한 표정 등으로 알려주는 경우도 있습니다. 이런 과정을 거쳐 화장실에 가고싶다는 '예고'를 할 수 있게 되므로, 적극적으로 반응해주도록 합시다.

요즘의 기저귀는 젖더라도 불편하지 않도록 고안되었기 때문에, 기저귀가 젖는 것을 경험하여 이후 '예고'로 이어지는 경우가 적을 수 있습니다. 오줌보가 가득 차서 소변이 마려운 것을 느끼게 되면, 이후 '예고'라는 형태로 그 뜻을 분명하게 드러낼 것입니다.

또한, 따뜻한 계절에 낮잠에서 깨어났을 때 기저귀가 젖지 않았거나 두 시간 정도 지나도 기저귀가 젖지 않은 경우 유아용 변기에 앉혀 보세요. 오래 앉힐 필요는 없습니다. 포기하고 기저귀를 채우자 곧바로 소변을 보는 경우도 있습니다. 변기에서 어느정도 소변 보기가 가능해지면, 따뜻한 계절의 경우 오히려 낮에는 기저귀를 벗기고 팬티를 입혀서 가볍게 움직일 수 있게 해줍니다. 하지만 밤에는 기저귀가 더러워져서 보채는 경우를 제외하면 깨우지 말고 숙면을 취하게 하는 것이 좋습니다.

동시에 배설과 변기·화장실과의 관계, 화장실의 의미와 장소와의 관계를 만져보게 하거나 소리를 들려주어 이해시켜야 합니다. 이를 이해하게 하려면 일찍부터 화장실에 익숙해지게 하는 것이 중요합니다.

예를 들어, 오빠나 언니가 화장실을 사용할 때는 가까이에서 기다리게 하거나, '엄마, 오줌 누고 올 테니 기다려요'라고 말하여 상황을 아이에게 알려주고, 물을 흘려보내거나 변기를 만져보게 함으로써 화장실에 익숙해지도록 하는 것이 중요합니다.

제6장

'용기에 물건을 꺼냈다 넣었다'하는 시기의 생활

이 발달단계에서는 이전 단계에서 이루어졌던 것을 더욱 발전시킨 움직임을 볼 수 있습니다.

그릇에서 꺼내기만 하던 것을 담을 수 있게 됩니다. 양손을 번갈아 가며 제법 능숙하게 피아노를 연주하거나 하모니카를 끝에서 끝까지 연주할 수 있게 됩니다. 또한, 높은 곳에 올라가서 손에 든 물건을 떨어뜨리는 등 소리를 만들어 내고 소리의 시간적 변화를 듣는 놀이도 합니다.

또한, 손끝으로 소쿠리의 촉감을 즐기는 등 사물에 따른 촉각의 차이에도 관심을 갖게 됩니다.

마치 자신의 규칙을 따르는 것처럼 놀이를 하는 아이가 있습니다. 예를 들어, 집 안의 모든 문이나 가구의 문을 순서대로 열고 닫으며 한 바퀴를 도는 등의 행동을 보입니다. 자신의 놀이를 '의식처럼 반복하는' 발달단계라고 볼 수 있습니다.

자세한 내용은 '2. 놀이' 항목을 참고하세요.

6.1 신체 움직임

이 시기가 되면 아래와 같은 여러 가지를 할 수 있게 됩니다. 함께 놀아주거나 혼자서 놀 수 있도록 지켜봐 주세요.

- 2미터 떨어진 곳에서도 부르면 걸어서 온다.
- 사람의 손이나 난간을 잡고 계단을 한 칸씩 발을 맞춰 올라간다.
- 양손을 잡고 높은 대 위에서 뛰어내린다.
- 집 안의 여러 단차를 찾아 혼자서 오르내린다.
- 혼자서 겨우 들 수 있을 정도의 무거운 물건을 들고 균형을 잡으며 걷는다.
- 철봉에 매달린다.
- 세발자전거를 타고 밀어달라고 한다.

주변에서 들려오는 소리는 안보이는 아동이 혼자서 장소를 이동하는 데 있어 중요한 단서 중 하나입니다. 들리는 여러 가지 소리 중에서 자신이 가고자 하는 곳의 소리를 구분하여 소리의 방향을 확인하고, 목적지까지 정확하게 이동하는 능력은 안보이는 아동에게 중요한 능력입니다.

소리를 향해 이동하는 것은 이미 시작되었습니다. 좋아하는 장난감 소리나 '○○야, 이리 와', '○○야, 안아줘'라고 부르는 엄마의 목소리에 맞춰 네발기기, 붙잡고 걷기 등으로 이동을 시작했으므로, 혼자서 안정적으로 걸을 수 있게 되면 격려하면서 계속하면 좋겠지요.

사진 1-21 여기야, 이리오렴 / 사진 1-22 엄마는 어디있을까?

처음에는 50cm 또는 1미터 정도 떨어진 곳에서 부르다가 점차 1미터, 10미터로 거리를 늘려가도록 합니다. 처음에는 '○○야, 이쪽, 이쪽'이라고 부르면서

제 6 장 '용기에 물건을 꺼냈다 넣었다' 하는 시기의 생활

연속적으로 손뼉을 치는 것에서 시작하고, 점차 부르는 목소리와 손뼉 소리를 줄여봅니다. [사진 1-21, 1-22, 1-23, 1-24]

사진 1-23 지나쳐버렸네, 여기야 / 사진 1-24 엄마, 찾았다!

소리에는 고정된 위치에서 나는 소리와 점차 위치가 변하는 소리가 있습니다. 예를 들어, 달리는 자동차 등이 있습니다. 자동차의 경우 소리가 어느 방향에서 들리는지, 어느 방향에서 어느 쪽으로 달리는지 등의 판단이 필요하게 됩니다. 손을 잡고 동작으로 방향을 확인하게 하는 것은 이러한 이해에 도움이 됩니다.

6.2 놀이

손을 이용한 놀이

이 단계에서는 이전에 할 수 있었던 일이라도 아이 스스로 '더 잘하고, 더 재미있게' 노력하는 단계입니다.

예를 들어, 양손을 번갈아 가며 피아노 건반을 리드미컬하게 두드리거나 하모니카를 끝에서 끝까지 연주하는 등 이전에 할 수 있었던 것을 더 완벽하게 하려고 노력하게 됩니다. 또한, 소리를 만들고 소리의 시간적 변화를 듣는 놀이도 이전 단계부터 이어집니다. 더 높은 곳에 올라가서 손에 든 물건을 떨어뜨리기, 마라카스를 바닥에 던지기, 신고 있는 샌들을 문지르거나 벗고 두드리기, 여러 가지 문을 열고 닫으면서 문의 무게와 삐걱거리는 소리의 차이에 관심을 갖는 등 혼자서 하는 놀이도 활발하게 합니다.

또한 사물에 따른 촉각의 차이에도 관심을 가지게 됩니다. 예를 들어, 손끝으로 소쿠리의 촉감을 즐기거나 타일의 매끈한 촉감을 여러 번 만져보는 아이,

타일 이음새를 손가락으로 따라가며 만져보거나 책상 모서리 등을 여러 번 손가락으로 만지며 촉각의 차이를 확인하는 아이의 모습을 관찰한 적이 있습니다.

앞서 말한 물건을 넣고 빼는 놀이 용기는 장바구니, 장난감 상자, 캔, 병 등 우리 주변에서 흔히 보이는 다양한 물건으로 확장됩니다.

한 아이는 '의식처럼 반복하는' 놀이를 다음과 같이 하고 있었습니다.

거실 벽면을 따라 냉장고 야채실, 책상 서랍, 찬장 문, TV 거치대, 왼쪽 커튼, 베란다 샷시 창(왼쪽→오른쪽), 오른쪽 커튼, 현관으로 통하는 방 문을 열고 닫으며 한 바퀴 도는 놀이였습니다.

이 시기의 놀이 도구는 시중에 판매되는 장난감이나 생활용품을 활용한 것으로도 충분합니다. 크고 작은 빈 병, 작은 병 등에 물건(구슬, 공깃돌 등)을 넣거나 빼고, 옷장, 서랍을 열고 닫고, 손끝으로 밀거나 돌리거나 당기거나 밀어보내는 기능이 있는 장난감 놀이나 비지보드(busy board, activity board) 처럼 손가락을 잘 사용하도록 돕는 놀이도 경험해 보세요.

사람과 함께 하는 놀이

이 무렵의 사람과 관련된 놀이의 내용을 아래에 열거합니다.

- 형이나 누나와 함께 TV 시청하기
- 그림책 읽어주기
- 교대로 노래 부르기
- 소리 흉내를 내어 칭찬받기
- 진짜 전화로 대화하기
- 공을 던지고 받기
- TV나 스마트폰의 음악을 들으며 함께 춤추거나 노래하기
- 목마 태워주기
- 엄마 뒤를 따라 걷기
- 산책하며 기차 소리를 듣기
- 산책하면서 차, 울타리, 돌, 모래 등을 만져보기
- 손을 잡고 자유롭게 걷기

아기 J의 놀이로는 컵에 구슬을 넣었다 뺐다(엄지와 검지로 구슬을 잡기), 장난감 아코디언 조작(양손으로 손잡이를 잡고 늘였다 줄였다 하며 소리를 내기), 실로폰 두드리기(채를 잡고), TV 스위치를 돌리기 등이 있습니다.

외출을 좋아하고, 공원의 그네(상자형 그네로 엄마 옆에 앉아 지지대를 잡고), 미끄럼틀에서 노는 것(경사진 곳에 앉혀서 기울어진 방향으로 미끄러지기)이 일상이 되었습니다. 또한 '주먹쥐고 손을 펴서'나 '쎄쎄쎄~' 등의 리듬놀이를 가장 좋아해서 엄마에게 해달라고 몇 번이고 손을 내어 재촉합니다.

6.3 식사, 배설

식사

간식 시간에는 빼빼로, 큰 과자, 빵, 막대 사탕 등을 손에 쥐게 해보세요. 손으로 잡고 두세 입에 먹을 수 있는 것은, 오래 들고 있다가 입에 잘 가져갈 수 있을 것입니다. 하지만 길거나 큰 것은 한 입 먹으려고 할 때 손과 입의 거리가 멀어서 당황하고, 거리 확인 후에 먹으려고 애를 쓰게 될 것입니다.

포크를 사용할 때는 포크 끝에 있는 음식과 자신의 입까지의 거리가 있습니다. 포크를 사용하여 먹을 수 있을 때, 긴 과자를 먹는 경험이 살아날 것입니다. 아이 스스로가 다양한 형태의 음식에 대응하면서 손의 사용법을 직접 고안하고 시도해보도록 기회를 만들어 주세요.

숟가락이나 포크 등을 사용하기 전 단계로서, 간식 시간에 시판중인 용기에 담긴 아이스크림을 나무 숟가락으로 혼자 들고 먹게 해보세요. 이러한 도구를 이용하여 먹는 것에 익숙해지는 효과가 있습니다. 딸려 있는 나무 숟가락은 작고 짧기 때문에 도구 사용에 대한 거부감이 적고, 충분히 떠먹지 못해도 아이스크림이 나무 숟가락에 묻기 쉬워, 오랜 시간을 들여 끝까지 혼자서

사진 1-25 스스로 컵을 들고 마시는 모습

먹을 수 있습니다. 한 손으로 그릇를 누르거나 잡으면서 다른 손으로 떠먹는 동작이 필요하기 때문에 양손의 협응력을 기르는 데도 좋습니다.

또한, 이 시기에는 자신이 들고 마신 컵을 흘리지 않고 테이블에 다시 놓을 수 있게 됩니다. [사진 1-25]

배설

이 발달단계에서는 1~2시간 간격으로 화장실에 데려가면, 낮에는 거의 실수하지 않는 상태가 됩니다. 이전엔 한 번도 볼 수 없었던 발전입니다.

배변의 경우 순간적으로 움직임을 멈추거나 힘을 주는 표정을 관찰하면 금방 알 수 있지만, 배뇨의 경우 표정만으로는 파악하기 어려우므로 기저귀를 벗기고 팬티만 입힌 후 자연 배뇨 시간을 일주일 정도 기록합니다. 이때 섭취하는 식사량, 수분량을 미리 조절하여 극단적으로 많이 먹거나 적게 먹지 않도록 주의합니다.

일주일 정도 경과 관찰을 하면 배뇨시간의 경향과 간격을 알 수 있습니다. 배뇨시간 간격이 2시간 이상이면 방광 조절이 가능하다고 생각하고 훈련을 시작해도 괜찮습니다. 배뇨 장소는 화장실이든 변기든 상관없습니다. 화장실의 경우 후술할 아이의 몸 상태와 변기 사용에 대한 배려가 필요합니다.

배뇨 간격이 1시간 정도일 때는 시기를 기다립시다. 항문과 방광의 괄약근이 충분히 발달하지 않은 것이 원인이기 때문에 훈련 횟수를 늘려도 엄마도 아이도 지치기만 하고 결국 실패로 끝나게 됩니다. 뿐만 아니라 긴장하게 되고, 다시 시작할 때 문제를 남길 수 있습니다. 무리하지 않는 것이 좋습니다.

하루 화장실 사용 횟수는 2시간마다 한 번씩, 대략 7~8회 정도로 제한하는 것이 좋습니다. 예를 들어, 아침에 일어나서, 상황에 따라 식사 전후 또는 그 사이 한 번, 식사 사이 한 번, 잠자리에 들기 전 한 번 정도로 합니다.

다음으로 아이가 변기에 앉을 수 있을 정도로 신체가 발달했는지 확인합니다. 근육과 뼈가 충분히 발달하지 않은 상태에서는 자세가 불편해져 불쾌한 자극과 연결되고, 반대로 배변을 억제하게 됩니다. 자세의 안정을 위해 어린이용 변기를 반드시 사용하도록 합니다. 또한, 발이 바닥에서 떨어져서 허우적거리지 않도록 받침대를 놓고 발바닥이 받침대에 닿도록 하여 자세의 안정을 도모합니다.

또한 변기를 사용할 때 주의해야 할 점은 변기에 앉았을 때 너무 차가운 느낌이 들지 않도록 하고(겨울철에는 보온패드 등을 사용), 항상 청결하게 유지하여 악취가 나지 않도록 하는 것입니다.

여러 가지 방법을 동원해도 변기에 익숙해지지 않아 불안해하는 아이도 있습니다. 이럴 때는 엄마가 아이의 뒤에서 함께 변기에 걸터앉거나 쪼그리고 앉아 아이의 등을 안아주며 안정감을 주도록 합니다. 그래도 거부한다면 무리하지 말고 훈련을 중단하고 원인을 파악하는 것이 중요합니다.

훈련을 시작하면 일정 시간, 매일 실시하면 화장실 사용 습관이 몸에 배어들게 됩니다. 배뇨를 시킬 때는 '쉬~'나 '쉬야하자'와 같은 말로 유도하거나, 말을 걸거나 노래를 불러주어 긴장을 풀어주는 것이 중요합니다. 단, 장난감을 가져와서 놀게 하는 것은 화장실의 목적을 망각하게 만들 수 있으니 주의해야 합니다.

또한 변기 안에 고인 물에 소변을 볼 때 '쪼로록, 쪼로록'하는 물소리가 나는데, 이런 물소리를 알려주면 아이는 그 재미에 흥미를 느끼고 관심을 가지게 됩니다. 화장실에서의 성공에는 칭찬을 해주세요. 반대로 소변을 보지 않았다고 해서 야단치면 안 됩니다. 소변을 볼 때까지 화장실에서 너무 시간을 끌면, 배변 훈련만 늦어지게 되니 주의하세요.

훈련 초기에는 아무래도 긴장한 나머지 변기에서 내려오면 그제야 소변을 보는 아이가 있습니다. 이럴 때는 '깨끗이 씻자'라고 말하면서 재빨리 처리해 주도록 합니다. 아이가 긴장하고 있다는 것은 엄마의 노력을 어떤 식으로든 받아들이고 있다는 것이므로 절대 실망하지 마세요.

만약에 잘 되지 않는다면, 억지로 강요하지 말고 몇 달 정도 쉬었다가 다시 시도해보는 인내심이 필요합니다.

6.4 말하기

그동안 생활 속 다양한 장면에서 아이의 움직임에 따라 말을 걸어온 결과, 아이는 언어에 대한 이해도가 높아지면서 다양한 단어를 말하게 됩니다. 그리고 이 시기에는 한 단어로 요구하거나 사물의 이름을 말할 수 있게 됩니다.

따라서 예를 들어, 아이가 먹고 마시는 것을 보고 "뭘 먹고 있니?"라고 물어보고, 대답을 못하면 "○○야, ○○ 먹고 있구나"라고 반복해서 말해주세요. 음료수를 마시고 싶을 때 "뭘 마실래? 주스? 우유?" 등의 질문을 하고, 말로 대답할 수 있도록 노력해 보세요. 또한 "엄마는 어디 있어?"나 "이 사람은 누구야?" 등의 질문을 하거나 가지고 있는 장난감 등의 이름을 물어보고 대답을 유도하는 것이 좋습니다.

이 시기에 한번 어떤 단어가 어떤 동작과 연결되는지 정리해 봅시다. 아래에 예시를 들었지만, 아이에 따라 다른 것도 있을 수 있습니다. 그리고 그 중에서 발성하기 쉬운 단어는, 정확한 발음이 아닌 아기 말이더라도 흉내를 내어 발성해 주는 편이 좋습니다.

① 말과 동작의 연결

하나의 말을 듣고 그에 맞는 동작을 하는 것은 아직 말을 충분히 하지 못하는 발달단계에서 의사소통을 할 수 있는 수단이 됩니다. 아기가 말에 따라 동작을 취하면 주변 사람들은 기꺼이 반응해 줍니다.

- '안녕하세요' (안녕하세요, 안녕히 주무세요, 잘 먹었습니다, 잘 먹겠습니다)
- '바이바이'(다녀오세요)
- '만세'(옳지 옳지 박수, 잘한다, 대단하다)
- '해주세요', '이리와'
- '발'(귀, 머리, 뺨, 엉덩이, 입, 배)
- '코코코 눈, 아바바바~'

② 말과 자신이 하는 것과의 연결

일상 생활 속에서 엄마가 말하는 말이 어떤 의미인지 이해하고, 예측하고 기다리거나, 스스로 말에 맞춰 움직이는 모습 등을 관찰할 수 있습니다.

- '산책하러 가자', '목욕하자', '코~ 자자', '안아보자', '그네를 타자', '일어서자', '앉자', '이리 와', '안돼요'

③ 말과 사물이나 사람의 이름을 연결

일상 생활 속에서 사물과 사람에 이름이 있다는 것을 알게 됩니다. 그 점은 스스로 말을 할 수 없더라도 매우 중요한 일입니다. 이미 아기 말로라도 자신의 마음을 말로 표현할 수 있을지도 모릅니다.

그런 발성이 나오면 그 말을 반복해서 아기의 말이 엄마에게 전달되고 있다는 것을 보여주세요.

예를 들어, 이미 다음과 같은 단어의 이해와 말하기가 나타날 수 있습니다.

- 붕붕(자동차), 따릉따릉(자전거), 피아노, 북, 의자, 테이블, 아빠, 엄마, 빠빠, 지지, 눈나(누나), 옵빠(오빠), 엄마, 우유, 주스, 빵

또한, 다른 단어에 대해서도 한 번씩 확인하고 기록해두면 아이의 발달을 이해하는 데 도움이 될 것입니다.

II. 유아 전기 편

이 편에서는 영아기에 이어 맹학교 유아원이나 어린이집-유치원 등 집단생활을 경험하기 전까지의 유아기 전반기 육아에 대해 설명하고자 합니다.

아이가 성장함에 따라 그 생활 범위가 넓어지고, 각 가정의 가족 구성이나 생활 방식 등 아이의 성격과 취향에 따라 다양한 모습을 보이게 됩니다. 지금부터 소개할 내용을 참고하여 우리 가정에 맞는 방식으로 아이에게 다양한 체험의 기회를 제공해보세요.

'영아편'에서는, 안보이는 아이의 발달은 개인차가 크기 때문에 나이를 기준으로 삼는 것은 적절하지 않다고 판단하여, 목을 가누는 시기까지의 초기 발달단계는 안보이는 것과 무관한 '신체 움직임'을 기준으로 삼았습니다. 그 이후의 발달은 우리의 연구 등에서 안보이는 아동의 발달을 평가하는 데 효과적이었던 '손을 이용한 놀이'를 기준으로 발달단계를 설정했습니다.

본 장에서도 영아편과 마찬가지로 발달단계에 따른 육아 고려 사항을 작성합니다. 단계별로 주로 '손을 이용한 놀이'를 통한 발달단계에 따른 생활에 대해 소개합니다.

구체적으로는 다음의 4단계입니다.

1. '구슬을 굴릴 수 있는' 시기의 생활
2. '○ 틀에 맞출 수 있는' 시기의 생활
3. '좌우 구멍을 구분하여 구슬을 넣을 수 있는' 시기의 생활

제6장 '용기에 물건을 꺼냈다 넣었다' 하는 시기의 생활

4. '크고작은 ○ 모양을 맞출 수 있는' 시기의 생활

이는 안보이는 아이가 주로 손을 사용하여 주변 사물을 파악하는 능력을 발달시키는 단계를 나타냅니다.

참고로 영아편과 마찬가지로 발달단계별, 영역별로 기술하는 내용은 그 단계에 이르러서야 할 수 있는 대표적인 것들을 기술하고 있습니다. 이전 발달단계까지는 하기 어려웠던 내용입니다. 따라서 아이에 따라서는 이전 단계까지 할 수 있는 것이 충분히 이루어지지 않은 경우도 있습니다.

놀이 등에 관해서는 아이의 성격에 따라 선호도가 다르고, 식사나 배변, 탈의 등 기본적인 생활습관에서는 아직 못 할 거라고 생각해서 기회를 주지 않는 경우가 있습니다. 따라서 아직 못하는 것이 있어도 걱정할 필요는 없습니다.

실제 육아에 있어서는 아이가 할 수 없는 것을, 함께 손잡고 놀아주고 도와주는 것이 중요합니다. 아이에게 결코 무리한 일이 아니기 때문에 조금만 도와줘도 스스로 할 수 있는 것이 가장 즐겁고 기쁜 일입니다.

또한 엄마는 아이가 다음 발달단계가 되면 어떤 것을 할 수 있게 될지 구체적인 전망을 가질 수 있기 때문에, 현재 아이의 모습을 인정하고 안심하고 육아를 즐길 수 있습니다. 다음 단계가 될 때까지 아이의 현재 발달단계에서 할 수 있는 내용을 참고하면서 여유를 가지고 육아를 했으면 좋겠습니다.

'발달에는 순서가 있다'는 것, 발달을 촉진하기 위해 약간의 도움을 받더라도 '스스로 할 수 있는 것'이 중요합니다.

이 장에서는 한 아이의 사례를 1단계부터 4단계까지의 발달단계별 생활영역별로 소개하며, 30여 년 전에 연구용으로 입수한 보육일지를 양해를 구해 활용합니다.

이 책의 정리를 위해 자세히 검토하면서, 새롭게 알게 된 아이들 삶의 모습들이 많이 있습니다. 이런 구체적인 사례들은 그동안 쉽게 접할 수 없었던 귀중한 자료들이기 때문에 활용하기로 했습니다.

사례는 어린이집에 재원 중이었던 전맹인 남자아이 N이 주인공입니다. 부모(주로 엄마)와 보육교사가 작성한 보육일지에서 발췌하였습니다. 따라서 그때그때의 N의 움직임이나 엄마나 보육교사가 관심 있는 내용에 따라 영역별로 작성된 분량에 차이가 있을 수 있습니다. 그래도 N의 실제 생활 모습과 성장과정을 알 수 있을 것으로 여겨지니 참고해 보시기 바랍니다.

제 7 장

'구슬 굴리기가 가능한' 시기의 생활

'구슬 굴리기'는 구슬 등을 적당한 곳에 놓아 경사면을 굴려서 굴러가는 소리를 듣고, 구슬이 아랫칸의 벨에 부딪히면 주워서 다시 굴리는 것을 반복하며 즐기는 놀이도구입니다. 시판중인 쿠겔반[1]등도 비슷한 재미를 가진 놀이도구입니다. [그림 2-1, 사진 2-1]

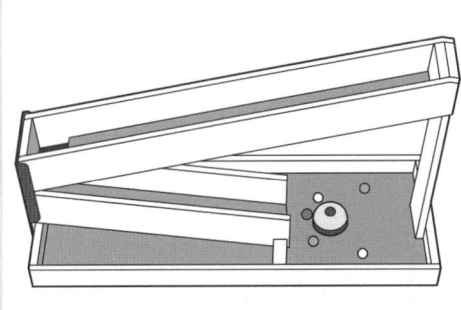 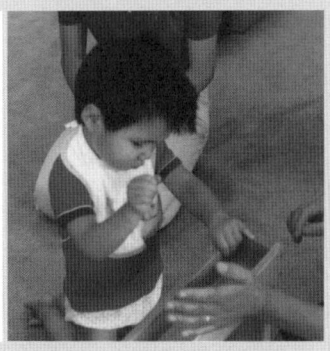

그림 2-1 구슬 굴리기 놀이도구 / 사진 2-1 구슬 굴리기 도구로 노는 모습

우선 아이를 놀이도구 앞쪽에 앉힙니다. 놀이도구에 익숙해져 자유롭게 놀 수 있을 때까지는 공을 잡는 손은 자주 쓰는 손(여기서는 편의상 오른손으로 표기합니다)으로 하고, 공이 아이의 오른쪽에 떨어지도록 앉힙니다. 안보이는 아이가 방향과 크기 등을 알기 위해서는 자신의 몸을 중심으로 익히기 때문에 한동안은 일정한 위치를 유지하며 사용하는 것이 중요합니다.

제 7 장 '구슬 굴리기가 가능한' 시기의 생활

처음에는 아이가 자주 쓰지 않는 손(편의상 왼손으로 표기합니다)을 상단의 틀에 올려놓고, 오른손으로 하단 벨 옆의 구슬을 잡게 한 후, 상단에서 구슬을 놓게 합니다. 구슬이 굴러 떨어지는 소리를 듣고, 벨에 구슬이 부딪혀 소리가 나면 아이와 함께 기뻐하며 몇 번 반복합니다. 점차 도움의 손길을 줄이고 혼자서 할 수 있도록 응원합니다.

구슬 굴리기 장난감을 즐기는 것은, 그 이전의 용기에 물건을 넣었다 뺐다 하는 '구슬 넣기'에 비해 구슬을 놓을 수 있는 위치가 한정되어 있습니다. 그 적절한 장소를 찾아 공을 놓아야 합니다. 그리고 굴러 떨어진 구슬을 줍고, 다시 원래의 자리를 찾아 구슬을 놓으면 구슬이 굴러 떨어진다는 관계를 알게 되면서 계속 즐길 수 있는 것입니다.

'구슬 굴리기'를 아이가 혼자서 반복적으로 할 수 있게 되면 이 발달단계에 도달했다고 볼 수 있습니다.

구슬 굴리기 놀이도구가 없더라도 아이의 생활을 관찰하면 구슬 굴리기를 즐길 수 있는 발달단계인지 아닌지를 판단할 수 있습니다.

7.1 놀이

물건이나 장난감을 이용한 놀이

다음과 같은 것이 하나라도 관찰되면 '구슬 굴리기를 할 수 있는 시기'라고 생각할 수 있습니다(여기 나열된 '예시'는 우리가 아이들의 일상적인 놀이를 관찰하거나 엄마들에게서 받은 조사 결과를 정리한 것입니다).

- 손가락으로 섬세한 조작이 가능하다
  예: TV 리모컨이나 CD 플레이어 버튼을 눌러 듣거나 중지한다. 피아노 건반을 끝에서 끝까지 친다. 수도꼭지를 눌러 소리를 바꾸면서 물놀이를 한다.
- 촉각의 차이에 대한 관심을 나타낸다

---

1) [역주] 쿠겔반(Kugelbahn)은 한국에서도 구매 가능하며, 유사한 코로코로 실로폰(コロコロシロホン)은 일본에서 구할 수 있다.

예: 봉제인형 중에서 촉감이 좋은 것을 찾아 뺨을 쓰다듬는다. 사포에 닿으면 손을 움츠린다.
- 손가락 이외의 촉각, 청각, 후각 등의 감각을 활용한다
  예: 손에 든 커피 원두를 코에 가까이 대고 냄새를 맡는다. [사진 2-2] 발에 닿은 돌멩이를 줍는다. 가스레인지의 점화 소리에 움직임을 멈춘다. 에어컨의 바람 흐름에 얼굴을 가까이 대거나 손을 가까이한다. 빈 샴푸 용기를 눌러서 향기를 맡아본다. [사진 2-3]

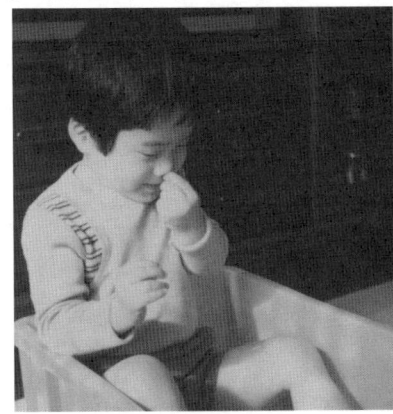 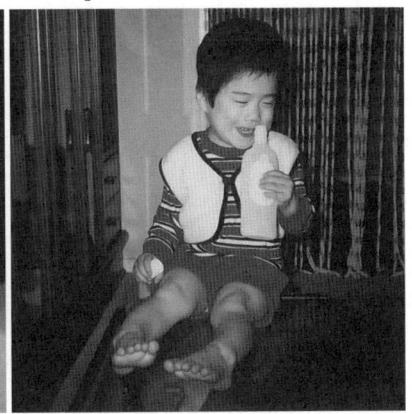

사진 2-2 손에 쥔 커피콩을 코에 가까이 대고 냄새를 맡는 모습
사진 2-3 빈 샴푸 용기를 눌러서 향기를 맡아 본다.

- 사물과 사물을 연관 지어 놀이를 한다
  예: 북이나 실로폰을 채로 두드린다.
- 주변 사물에 대한 관심의 폭이 넓어진다
  예: 냉장고를 열어 안의 물건을 이것저것 살펴본다. 쇼핑을 마치고 돌아와서 쇼핑백의 내용물을 꺼내본다.
- 말이 수반되는 놀이를 한다
  예: (장난감이 아닌) 실제 스마트폰으로 통화하고 싶어한다. 누군가에게 '고맙다'는 말을 듣고 싶어서 무언가를 건넨다. 인형에 뽀뽀를 하고 '야옹이', '멍멍이' 등의 이름을 붙인다.

컵이나 리모컨 등의 도구를 사용하고, 배운 단어를 사용하며, 사람들과 어울려 다양한 놀이를 하게 되는 '구슬 굴리기'는 이 시기에 즐길 수 있는 놀이입니다. '구슬 굴리기'에만 국한하지 말고 아이가 하는 다양한 활동을 소중히 여겨주세요.

예를 들어 "피아노, 잘 치네", "샴푸, 좋은 냄새가 나네", "푹신푹신, 기분

제 7 장 '구슬 굴리기가 가능한' 시기의 생활

좋네", "돌멩이, 따뜻하네", "고양이, 귀엽다", "냉장고에 뭐가 있을까?" 등의 말을 건네주세요.

용기에 물건을 넣고 빼는 놀이를 한다면 '구슬 굴리기'와 같은 장난감을 준비하거나, '푹신푹신'을 좋아한다면 '쫀득쫀득'하거나 '보들보들'한 물건을 만져보게 하는 등 아이의 활동이 활발하게 일어날 수 있도록 유도해 주세요. 또한, 고무풍선에 녹말가루를 넣은 것[만득이 장난감]도 새로운 촉감을 느낄 수 있어 흥미를 가질 수 있을 것입니다.

집 안팎의 생활에서 청각, 후각 등을 활용하여 주변 사물의 소리와 냄새를 알아차리는 시기입니다. 또한, 손과 손가락을 이용해 주변 사물을 구석구석 꼼꼼히 만져보고, 손의 촉감의 차이를 새롭게 발견하는 등 주변 사물을 탐색하는 것을 즐기는 시기입니다.

> N이 '구슬 굴리기가 가능한' 무렵의 놀이 상황입니다.
>
> - 물, 모래, 흙을 발로 밟거나 몸에 바른다.
> - 용기에 물건을 넣거나 꺼낸다.
> - 장난감 기차와 비행기를 방바닥에서 굴린다.
> - 크레파스로 낙서를 한다.
> - 리듬감 있게 용기를 흔들며 내용물의 소리를 즐긴다.
> - 쇼핑하러 갈 때 타는 엄마의 자전거 페달과 타이어를 만지작거린다.

N은 물이나 모래, 흙을 발로 밟거나 몸에 바르는 것을 좋아합니다. 모래나 물 등을 도구로 다른 용기에 옮기는 것은 아직 못하지만, 용기에 물건을 넣었다 뺐다 하는 것은 할 수 있어요. 모래가 담긴 깡통을 샤샤샥 하고 박자에 맞춰 흔들며 즐거워하는 모습도 볼 수 있었습니다.

사물과 사물의 관계를 맺을 수 있게 되었으니, 다음 단계에서는 도구로 용기에서 용기로 옮길 수 있을 것입니다.

장난감 기차나 비행기를 방바닥에서 굴리며 놉니다. 이때는 한 손으로

> 몸을 지탱하면서 한 손으로 장난감을 굴리는 자세를 취하지만, 필요에 따라 몸을 움직이거나 자세를 바꾸는 등의 응용도 할 수 있습니다. 방바닥에서 장난감을 이리저리 굴리며 노는 등의 혼자 놀이는 아래의 '사람과 함께 하는 놀이'에서 선생님과 함께 블록을 과자라고 부르며 노는 사례처럼 사람과 함께 하는 '놀이'로도 발전하고 있습니다.
>
> 오랫동안 지속하지는 않지만 바닥에 크레파스로 낙서를하기도 합니다.

사람과 함께 하는 놀이

다음과 같은 사항이 하나라도 관찰되면 '구슬을 굴릴 수 있는' 시기의 발달단계라고 볼 수 있습니다.

- 엄마가 아닌 다른 사람에 대한 관심이 깊어진다.
  예: 아이의 목소리가 들리는 곳에 머물고 싶어한다. 가족들 사이에 섞이고 싶어한다. 아빠의 귀가를 기뻐한다. 친한 사람의 방문을 기뻐한다.
- 형제자매가 하는 일에 대한 관심이 넓어진다.
  예: 형이나 누나가 하는 것과 같은 일을 하고 싶어한다. TV를 보고 있는 형(누나)와 함께 흉내를 낸다.
- 집 밖으로 데리고 나가면 집 밖의 일에 관심을 갖는다.
  예: 주변 소리에 관심을 가진다. 바람과 태양에 대한 관심을 가진다. 냄새에 대한 관심을 가진다.

집 밖으로 나가게 되면 소리와 냄새 등을 더 잘 알아차리게 되고, 집 밖의 자연에 대한 관심도 높아집니다. 집 밖에서는 자동차가 달리고, 공원에서는 아이들이 노는 소리와 놀이기구 소리가 들리고, 바람이 불고, 햇볕이 따스하고, 나무와 풀꽃의 좋은 향기가 납니다. 아이가 집 밖에도 관심을 갖고, 외출하는 것을 좋아하게끔 유도해 보세요.

- 말과 소리를 내어 누군가에게 놀아달라고 한다.
  예: 여러 가지 목소리로 불러서 대답을 하면 좋아한다. 상대방에게 먹여주고 '맛있어요, 고마워요'라는 대답을 듣는다.
- 누군가에게 상대가 되어 놀아달라고 한다.

제7장 '구슬 굴리기가 가능한' 시기의 생활

예: 좋아하는 그림책을 다른 사람이 읽어주게 한다. 손가락을 잡고 피아노로 곡을 연주하게 한다. 다른 사람이 쌓아 올린 블록을 무너뜨린다. 다른 사람이 연결해놓은 블록을 떼어낸다.

'구슬 굴리기'를 즐길 수 있게 된 시기의 놀이는 엄마 이외의 가족들에게도 관심이 확대되어 놀이가 더욱 풍성해집니다.

혼자서 블록 등을 쌓거나 연결하기 전에, 누군가가 쌓아놓은 것을 무너뜨리거나 연결한 것을 떼어내는 등의 작업을 할 수 있게 됩니다. 손가락을 잡고 피아노를 치게 하는 것은 스스로 끝까지 연주할 수 있는 단계로 이어집니다.

또한 청각, 후각 등의 감각도 예민해져 집 밖의 자연에 대한 관심도 높아졌습니다.

> N이 '구슬 굴리기가 가능한' 시기의 '사람과의 놀이' 상황입니다.
>
> - 동네 아이들 옆에서 자전거를 만지작거리거나 기차 장난감을 쫓아다니며 논다.
> - 형이나 친구에게 장난감을 빼앗기면 '돌려줘 돌려줘'라고 외치며 쫓아가서 되찾는다.
> - 형과 같은 것을 하고 싶어한다, 깨물리자 큰 소리로 웃는다.
> - 채소가게의 형과 이야기한다.
> - 옆자리 ○○군의 접시에 몇 번이나 손을 뻗는다.
> - 어린이집 홀에서 친구들의 놀이를 가만히 듣고 즐긴다. 같은 반 친구들의 이름을 외우고 있다.
> - 스스로 '에이 에이오'라며 장난을 치면 친구도 똑같이 말하며 웃는다.
> - 상자에 들어가서 밀어달라고 하고, 질리면 스스로 민다.
> - 손가락을 잡고 피아노로 곡을 연주하게 하고, 끝나면 '한번 더'라며 재촉한다.
> - 그림책을 읽어 주면 가만히 듣는다.
> - 노래를 불러달라고 한다.
> - 손놀이 노래를 함께 부르는 것을 좋아한다.
> - '건배'라고 말하면서 친구에게 컵을 내민다.

- 엄마에게서 떨어지지 않고 달라붙어 수다를 떤다. 엄마가 떠나면 울어댄다.
- 선생님이 접시에 블록을 담아 '과자야, 먹어 봐'라고 하면
  N: '블록이에요, 블록'
  선생님: '블록 과자야!'
  N: (입에 넣고 씹는 흉내를 내며) '맛있어요!'
- 소꿉놀이에서 마시는 흉내를 내거나 건배를 하거나 한다.
- 스스로 부른다. (엄마, 형, 선생님)

N은 집 밖에서 놀고, 빼앗긴 장난감을 되찾으려고 쫓아다니는 등 신체 움직임이 발달하고 있습니다. 쇼핑에 데려가면 채소가게 형과 이야기하는 것이 즐거워졌습니다.

이처럼 집안뿐만 아니라 이웃 등에도 관심을 넓히는 것이 중요합니다.

옆자리 아이의 접시가 어떻게 생겼는지 알기 위해 손을 뻗어 탐색하는 것은, 안보이는 아이에게 확실하고도 중요한 방법입니다. 자연스럽게 손으로 탐색하려는 마음이 자라는 것은 기쁜 일이므로, 안 된다고 제지하지 말고 '만져봐도 돼요?'라고 물어보도록 지도해 주세요.

손놀이 노래는 눈으로 보고 알 수 없어도 노래와 음악에 맞춰 손과 몸을 뻗거나 두드리는 등 다양한 동작을 익히는 데 중요합니다. 처음에는 동작이 어색하더라도 즐기는 것이 우선입니다. 모두와 함께 움직이는 것이 즐거워지고, 동작도 조금씩 능숙해집니다. [사진 2-4]

사진 2-4 ♪손을 높이♪ 노래부르며 손을 높이 든다.

그림책을 읽어주니 즐거워하고, 좋아하는 그림책이 생겼습니다. [사진 2-5] 이것도 유아기 때부터 그림책을 많이 읽어준 결과인 것 같아요. 이 시기가 되면 스토리가 있는 그림책도 이해할 수 있게 됩니다. 다양한 주제의 그림책이 출판되고 있으니 공공도서관에서 빌려서 장르에 구애받지 않고 읽어주는 것이 중요해요.

사진 2-5 할머니가 만들어 준 '배고픈 애벌레' 그림책을 만져 본다.

N의 '사람과 함께 하는 놀이'를 보면, 엄마가 아닌 형이나 친구들과의 관계가 깊어짐에 따라 놀이가 확장되는 것을 보다 구체적으로 생생하게 알 수 있습니다.

집에서는 혼자서 방바닥에서 차를 굴리며 놀지만, 어린이집에서는 선생님과 친구들 사이에서 '놀이'를 할 수 있습니다. 예를 들어, 선생님의 지도를 받아 블록을 블록이 아닌 '과자'로 인식할 수 있게 되었습니다. 또한 '놀이'에서 마시는 흉내를 내거나 건배를 하는 등 '놀이'가 발전하고 있는 모습을 볼 수 있습니다.

몸을 이용한 놀이

'구슬 굴리기'를 즐길 수 있는 시기에는 다음과 같은 놀이를 하는 것을 볼 수 있습니다.

- 공원에서 미끄럼틀을 아래에서부터 거꾸로 타고 올라가기
- 그네를 타고 서서 움직여 보기
- 자전거 핸들을 움직이거나 페달을 밟기

이 시기에는 공원 등의 놀이기구를 이용해 몸을 움직여 균형을 잡거나 근력을 사용할 기회를 늘리는 것이 매우 중요합니다. 안보이는 아이는 모방이 어렵기 때문에 자신의 신체에 대한 이미지를 갖거나 근력 사용법을 익히는 것이 쉽지

않습니다.

예를 들어, 팔을 곧게 들어 올리는 동작이나 몸을 옆으로 눕히는 동작도, 스스로는 제대로 할 수 있는지 알 수 없기 때문에 어색한 움직임이 되기도 합니다. 이럴 때는 어른들과 함께 팔이나 무릎을 구부렸다 펴 보거나 또는 아이 겨드랑이를 잡고 높이 들어올리기 놀이, 비행기처럼 팔을 휘저으며 뛰어다니기, '군고구마 데구르르' 등 구르기 놀이, 손을 잡지 않고 뛰어오르기, 낮은 계단에서 뛰어내리기 등 다양한 활동을 많이 해보는 것이 좋습니다. [사진 2-6, 2-7]

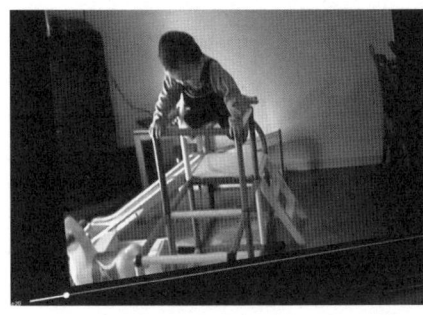 

사진 2-6 실내 정글짐에서 내려오기 / 사진 2-7 엄마 무릎 위에서 '출발합니다 ♪' 밸런스 잡기

N이 '구슬 굴리기가 가능한' 시기의 '몸으로 놀기' 상황입니다.

- 노래에 맞춰 손을 잡고 점프한다.
- 베란다에서 뛰어 논다.
- 혼자서 돌길을 오래도록 걷는다.
- '힘내라, 파이팅 파이팅'이라고 말하면 발을 조금씩 움직인다.
- 난간을 잡고 계단을 한 계단씩 발을 맞춰 오르내린다.
- 욕조에 몸을 담그거나 점프한다.
- 어린이집 홀의 미끄럼틀을 오르내린다.
- 큰 종이상자 안으로 들어갔다 나왔다 한다.
- 장난감 수레를 밀고 걷는다.
- 같은 또래의 친구와 손을 잡고 걸어도 불안감이 없다.
- 방울이 달린 신발이 마음에 들어 한쪽 발을 툭툭 치기도 하고 점프하면 기분이 좋아진다.

- 그네가 앞뒤로 힘차게 흔들리며 바람을 느끼면 놀란다. 혼자 타는 것을 무서워한다.
- 공을 던지지 못하고 떨어뜨리는 느낌이다.

> N이 '구슬을 굴릴 수 있을 때'의 '몸으로 하는 놀이'는 뛰고 튀고, 오르내리고, 골판지 상자에 들어가고 나오는 것 외에도 조약돌을 발바닥으로 느끼며 계속 걷기도 합니다. 발바닥으로 느끼는 땅의 차이를 알고, 그 차이를 확인하면서 걷는 힘은 중요합니다.
>
> 이후 발달단계에서는 공원 등의 잔디와 흙 등의 땅의 차이를 알아차리거나 보도에서 벗어나지 않도록 걷는 것까지 이어질 것입니다.
>
> 자신의 몸을 자유롭게 움직일 수 있는 힘이 생긴다는 것이 N의 자신감과 새로운 도전으로 이어지고 있는 것 같습니다.

7.2 말하기

'구슬 굴리기가 가능한' 무렵에는 '이게 뭐야?' 라고 물었을 때 그 사물의 이름(정확하지는 않지만 정해진 단어, 예를 들어 물을 '부', 그림을 그리는 것을 '지이지이' 등)을 말할 수 있게 됩니다. 이는 언어가 사람과 소통하는 효과적인 수단으로 사용될 수 있게 되었다는 것을 의미합니다.

또한 이 시기는 두 단어로 된 문장으로 대화나 요구(우유 마실래, 아빠 회사, 엄마, 과자 주세요, 이모, ○○ 넣을래 등)를 할 수 있게 되는 시기이기도 합니다. 이 시기에는 '자신의 신체 부위를 물으면 어느 정도 가리킬 수 있다'는 조건이 붙습니다.

말을 많이 하는 것보다 누군가의 질문에 대답할 수 있는 태도를 기르는 것이 더 중요한 요소임을 알 수 있습니다. 이런 단계에 이르면 언어가 비약적으로 발달하게 됩니다.

사람의 말을 흉내 내어 발성하는 경우가 많은 것은 좋은 일입니다. 하지만 이 시기는 점차 말의 의미를 이해하고 사용하는 시기로, 엄마가 아이의 실제 움직임에 맞춰 말을 걸어주는 것이 좋습니다.

> N이 '구슬 굴리기가 가능한' 시기의 '단어의 이해와 말하기' 상황입니다.
>
> ① 2단어 이상의 단어를 사용하여 요구
>
> - '자전거 산책'
> - '어린이집 밥'
> - '로제 아파트(유행하는 노래)'
> - '저리 가'
> - '피망 싫어'
> - '갖고싶은거 있어(원하는 것이 있을때)'
> - '그네 가자'
> - '공원 그네 가자'
> - '지이지이 할래'[그림 그릴래]
> - '목욕 싫어 떼찌 떼찌 넨네'
> - '엄마 떼찌 떼찌 넨네'
> - '노래 틀어줘'

N의 관심은 집 밖으로까지 확장되어 자전거를 타고 산책을 하고 싶고, 공원에 있는 그네를 타고 싶다는 의사를 표시하고 있습니다. 집 밖으로 적극적으로 데리고 나간 결과일 것입니다.

> ② 사물의 이름, 상황 등을 말로 표현하기
>
> - '피망 맛있어(피망 봉지를 안고)'
> - '○○버스(자동차 소리를 듣고)'
> - '또 울렸어(자명종 벨소리)'
> - '엄마 똥 나왔다'
> - '놀이(기차) 바이바이(기차를 많이 타서 질렸을때)'

- '청소 엄마 다녀왔어 온다'
- '아빠 회사'
- '○○ 선생님과 같이'
- 모터로 움직이는 탈것의 소리를 듣고 '비행기'
- 도마 위 파의 끝부분을 만져보고, '파'
- 소스 냄새가 나기 시작하면 '좋은 냄새'
- 학교의 기악 연주가 들리면 "피리"
- '저기' 하며 자신의 뒤쪽을 가리킨다.
- 진짜 전화를 받고 엄마의 물음에 '응', '바이바이'라고 대답한다.

평소 이용하는 버스 회사의 이름을 소리를 듣고 맞히거나, 비행기 소리를 듣는 경험은 N에게 외출을 통해 얻은 즐거운 추억으로 남는다는 것을 알 수 있습니다.

또한 '저기'라며 뒤쪽을 가리키는 등 안보이는 아이에게는 어렵다고 알려진 방향을 가리키는 동작도 할 수 있게 됩니다. 안보이는 아이에게는 '방향'을 말로 확인하는 것이 중요합니다. 금방 할 수 있는 것은 아니지만, '앞'·'뒤'·'위'·'아래' 등의 방향을 말과 함께 손이나 손가락으로 가리키는 방법도 함께 알려주면 좋을 것 같습니다.

③ 신체 부위에 대한 이해
- 자신의 신체 부위를 물어보고 그 부위를 만져본다.(귀, 입, 발, 손, 머리, 코, 이빨, 혀)
- 엄마의 신체 부위를 물어보고 그 부위를 만져본다. (발, 손)

앞서 언급했듯이, 이 단계에서는 자신의 신체 부위 이름을 물어보면 정확하게 지칭할 수 있게 됩니다. 자기 몸의 작은 부위까지 구별할 수 있는 것은 나중에 자신의 신체 부위를 의식하고 동작(손을 머리 위로, 손가락을 벌리고, 쥐고, 코 위나 턱 밑에 손을 얹고, 발뒤꿈치를 올리는 등)을 하는 등 자신의 신체를 기준으로 한 동작의 이미지를 갖는 기초가 됩니다.

N은 3개 이상의 부위 명칭을 이해할 수 있습니다.

④ 장소의 이해

- 계단을 올라가서 2층 자기반으로 이동할 수 있다.
- 자기 집에서는 현관을 좋아해서 그 주위를 돌아다니는 경우가 많다.

집안에서 혼자 갈 수 있는 곳에는 "먼저 가서 기다려, 엄마도 나중에 갈게"라고 격려하며 아이가 혼자 갈 수 있는 장소를 늘려주세요.

N이 어린이집에서 자유롭게 움직일 수 있는 장소가 2층에 있는 자기 반으로까지 확대되었습니다. 자기 집 현관이 좋아져서 자주 드나들며 움직이고 있습니다. 이를 통해 N은 자신이 생활하는 공간에 대한 이해도가 높아져 누군가가 데려다주지 않아도 자신이 가고 싶은 곳으로 이동해 놀 수 있게 되었습니다. [사진 2-8]

사진 2-8 혼자서 베란다에서 노는 모습

⑤ 기타

- 스스로 불러낸다. (엄마, 형, 선생님)
- 친구의 이름을 알고 있다.
- 채소가게 형과 이야기한다.
- 아빠 ♪ ♪ 힘내세요 ♪ 노래를 부른다.

N의 '단어의 이해와 말하기'에 대한 설명이 많았기 때문에 편의상 분류해 보았습니다. 보통 이 단계에서 할 수 있다고 하는 2단어 문장뿐만 아니라, 3단어 문장 이상의 말하기도 할 수 있었습니다. 또 만져보고 '파'라고 말한 것은 예전에 채소가게에서 만져보고 이름을 알려주었던 것을 기억하고 있었던 것 같습니다.

그림 2-2 채소가게에서 호박을 만진다

다양한 기회에 만질 수 있는 것은 만져보고, 냄새에도 관심을 갖도록 '이건 ○○의 냄새야'라고 설명해 주세요. 또한 만진 물건의 이름을 알려주는 것도 중요합니다. [그림 2-2]

7.3 기본 생활습관

'제1편 영아'에서도 식사나 배변에 관한 내용을 썼지만, 여기서는 그 외의 옷 입고 벗기 등 기본적인 생활습관을 형성하기 위해 해야 할 내용을 다루고자 합니다.

【기본 생활습관이란】

어느 사회든 기본적인 규칙, 이른바 사회생활의 규율이 있습니다. 그중 사회가 요구하는 기본 생활습관(여기서는 주로 식사, 배변, 옷 입기, 옷 벗기 등)을 익히는 것은 사회생활을 영위하기 위한 기초가 되는 것입니다. 따라서 유아기에는 이러한 기본 생활습관을 익히는 것이 좋습니다.

이러한 내용들은 가정생활에서 매일 아침저녁으로 반복되는 것들입니다. 각 가정의 방식을 크게 바꿀 필요는 없지만, 가족 한 사람 한 사람의 참여가 아이의 생활습관 형성에 영향을 미치게 됩니다.

많은 엄마들은 의식적이든 무의식적이든 아이가 사회생활에 잘 적응할 수 있도록 칭찬하고, 꾸짖고, 격려하는 등 기본적인 생활습관을 형성해주고 있습니다.

가정에서 매일 아이의 상태에 맞춰 조금씩 기본 생활습관을 몸에 붙이도록 하면 쉽게 할 수 있습니다. 엄마의 노력으로 충분히 할 수 있는 내용입니다. 아침저녁의 일상적인 생활습관을 그때그때 포착해, 하나하나 손을 잡아주고 말을 걸어가면서 구체적으로 알려줍니다. 아이가 만지고 있는 물건의 이름이나 아이가 하고 있는 동작을, 아이가 알아듣기 쉬운 말로 이야기해줍니다. 하나하나의 동작을 정성스럽게 시간을 들여 가르칩니다.

아이가 할 수 없는 것을 혼자 할 수 있도록 도와주는 것은, 아무리 도와줘도 과보호가 아닙니다. 특히 유아기 이전 단계에서는 아이가 스스로 할 수 있도록 충분히 도와주어야 한다고 생각합니다.

【기본 생활습관을 익히기 위한 배려】

먼저 아이의 심신 발달 상태와 개성에 맞게 무엇을 어떻게, 어느 정도까지 할 것인가를 생각해야 합니다. 예를 들어, 남의 아이와 내 아이를 비교해서 내

제7장 '구슬 굴리기가 가능한' 시기의 생활

아이가 못하는 것이 많다거나, 참고서에 '○세에는 ○○을 할 수 있게 된다'고 적혀 있다고 해서 못하는 것을 고민하거나 아이를 혼내는 것은, 아이에게 과도한 부담만 주고 하기 힘들게 할 뿐입니다. 아이마다 개인차가 있기 때문에 아이의 성격, 발달 정도, 능력 등에 맞춰서 생각해야 합니다.

다음으로, 어떻게 하면 일상적인 생활 습관을 익히게 할 것인가 하는 방법의 문제입니다. 이 시기의 아이는 아직 말과 그 의미를 충분히 이해할 수 있는 단계가 아닙니다. 또한, 한 번의 경험으로 단어를 익히는 것도 쉽지 않습니다.

엄마와 가족의 일상생활에는 일정한 리듬이 있습니다. 예를 들어, 기상, 식사, 청소, 빨래, 아이와 함께 산책이나 쇼핑, 아이와 함께 놀이, 요리, 아이와 함께 목욕, 취침 등의 시간이 어느 정도 정해져 있습니다. 아이는 엄마와 가족들과 시간을 공유하면서 점차 일상의 순서를 이해하게 됩니다. 그리고 그 속에서 조금씩 할 수 있게 되는 것을 가르치고, 칭찬과 격려를 받으면 기뻐서 조금 더 노력하게 됩니다.

아이의 동기를 유발하고, 실제로 작은 일이라도 아이 스스로 성공감을 느낄 수 있도록 하기 위해서는 다음 사항에 대한 배려가 필요합니다.

- 아이의 심신 발달 상태와 마음의 움직임을 소중히 여기기
- 아이가 기뻐할 수 있도록 궁리하기
- 엄마나 가족이 기본적으로 일관된 태도로 대하기

아이의 상태에 맞춰서 일상생활에 필요한 것들을 일정한 방침에 따라 하나씩 하나씩 손을 잡고 즐겁게 가르치도록 해주세요.

식사

'제1편 영아'에서도 언급했지만, 하루 중 식사 시간, 특히 가족이 함께 식탁에 둘러앉아 식사하는 시간은 즐겁습니다. 의자에 앉을 수 있게 되면, 비록 같은 음식을 먹지 못하더라도 가족의 식탁에 함께 할 수 있도록 해 주세요. '보이지 않기' 때문에 일찍부터 그 분위기를 느끼는 것이 중요합니다.

먼저 아이의 좌석을 정하고 그 자리에 앉힙니다. 의자의 높이는 아이의 양 팔꿈치가 자연스럽게 식탁에 닿을 정도로 조절하고, 다리가 바닥에 닿지 않을 때는 발 받침을 달아 발바닥 전체가 받침에 닿을 수 있도록 하여 자세가 안정

되도록 합니다. 즉, 아이가 식사할 때 먹기 편한 자세가 될 수 있도록 배려해 주어야 합니다.

식사 전후에 손 씻기, 앞치마 쓰기, 인사하기 등의 규칙을 가르치도록 합니다. 수도꼭지를 만져보게 하여 서서히 조작을 가르치고, 양손을 비벼서 손등과 손바닥을 씻게 합니다. 또한 식사 전후의 인사말인 '잘 먹겠습니다', '잘 먹었습니다'라는 말을 하지 못해도 몸짓으로 할 수 있도록 합니다. 아이의 '잘 먹겠습니다', '잘 먹었습니다'에 대답하고, 다른 가족들도 똑같이 인사하도록 합니다. 식탁에서는 아이가 먹은 음식이나 손에 닿는 음식에 대해 알려주고, 즐거운 식탁 분위기를 만들도록 노력하는 것이 중요합니다.

이 시기에는 입 주변이나 손이 더러워지는 것을 걱정해 아이가 윗옷으로 닦거나 식탁에 문지르거나 하는 경우가 있습니다. 이럴 때는 준비한 젖은 수건으로 아이의 손가락을 닦아주는 것뿐만 아니라, 아이 스스로 닦을 수 있도록 도와줍니다. 단, 음식물이 입이나 손가락에 묻을 때마다 엄마가 신경질적으로 닦아주는 것은 오히려 아이를 예민하게 만들 수 있으니 주의해야 합니다.

가족들과 함께 식사하는 자리에서 아이가 음식을 먹으려고 손을 뻗어 음식을 흘리거나 더럽힐 때가 있습니다. 이럴 때, 무심코 아이의 행동을 제한하거나 식탁에서 떨어뜨려서 음식을 먹이기 쉽습니다.

하지만 흘리거나 어지럽히는 행동은 발달 단계의 모든 아이들에게서 보이는 행동입니다. 혼자서 할 수 없는 일이라도 '혼자, 혼자'라며 어른의 손을 뿌리치려 하기도 합니다. 부모 입장에서는 매우 난처한 일이지만, 이렇게 하나하나의 동작을 경험하는 것이야말로 아이가 진정으로 배우는 방법입니다.

안보이는 아이들에게는 특히 이 자발적인 움직임을 소중히 여겨야 합니다. 스스로 하려는 의욕의 싹을 적극적으로 평가하고 도와주는 것이 더 빨리, 더 잘 자립할 수 있는 결과를 낳습니다.

식사량이 적은 것을 걱정해 한 끼 식사에 1시간에서 1시간 반이나 시간을 들여, 도망가는 아이를 쫓아다니며 밥을 먹이는 경우가 있습니다. 이런 식사가 습관화되면 부모도 아이도 하루종일 식사에 쫓기는 심리 상태가 되어, 식욕이 증가하기는커녕 음식에 예민해져 거부반응이 심해집니다. 먹지 않더라도 일정한 시간으로 끊어주고, 식사의 시작과 끝을 명확히 하는 것이 중요합니다.

건강하고 운동을 충분히 하고 있지만 식사량이 적다면, 간식으로 배고픔을 달래고 있을 수도 있습니다. 단 음식이나 탄산음료, 기호식품만 먹는 것이 아니라면 영양학적으로 간식을 크게 걱정할 필요는 없습니다. 하지만 간식이 중심이 되면 식습관 형성이 어려워집니다. 생활에 변화를 주어 바깥에서 놀 수 있는 시간을 충분히 확보하고, 간식을 제한하여 생활에 일정한 리듬을 만들어야 합니다.

안보이는 아이가 숟가락과 포크로 식사를 할 수 있게 되기 전에, 손가락으로 집어 먹는 것은 매우 중요합니다. 이 시기에 충분히 경험하게 해주세요. 실제로 밥·빵뿐만 아니라 우동, 스파게티 등의 주식, 채소·생선·고기·과일 등도 직접 만져보고 확인하면서 먹도록 합니다. 약간의 뜨거움과 차가움, 크기, 부드러움과 딱딱함 등 손가락으로 느끼는 촉감의 차이, 다양한 음식의 맛 등에도 익숙해지는 것이 중요합니다.

'구슬 굴리기가 가능한' 시기의 N의 '식사' 상황입니다.
- 물을 마신 후 컵을 테이블에 다시 놓을 수 있다.
- 숟가락으로 떠먹을 수 없다.

> 식사에 관한 N의 사례는 많지 않지만, 주식뿐만 아니라 반찬도 손으로 집어먹는 등 이 발달단계의 다른 안보이는 아이와 같은 상태를 보였습니다.

배설

1~2시간 간격으로 화장실에 데려가면 낮에는 거의 소변을 가릴 수 있는 아이는 '제1편 영아'의 마지막 발달단계가 되어서야 등장합니다. 따라서 '구슬 굴리기가 가능한' 시기가 되었다고 해도, 실제로 많은 아이들이 소변가리기에서 실수를 합니다. 아직 소변을 못 가리는 것 같다면 영아편에 쓴 내용을 참고하여 아이의 상태에 맞게 도와주는 것이 중요합니다.

또한 한 번 성공했다고 해서 더 이상 실패하지 않는 것도 아닙니다. 엄마가 그 타이밍을 찾는 것조차 어려운 경우가 있습니다. 영아편의 생리적 성숙 등을 포함한 고려사항을 참고하여, 엄마가 아이의 상태를 잘 관찰하고 언제, 어떤 식으로 배변을 하는지 발견하는 것부터 시작하길 권해봅니다.

그 타이밍을 충분히 파악할 수 있게 되면 일정한 장소에 변기를 놓는 등의 유연한 대처가 필요할 수도 있습니다. 아이에게 알기 쉬운 일정한 장소를 정하는 것이 중요합니다.

> '구슬 굴리기가 가능한' 시기의 N의 '배설' 상황입니다.
> - 화장실에 관심을 갖게 되고, 휴지 걸이에 걸린 휴지를 잡아당긴다.
> - 배뇨 시간 타이밍을 잡기가 힘들다.

N은 화장실에 흥미를 갖고 휴지 걸이를 찾아서 휴지를 잡아당기며 놀고 있습니다. 그래도 1~2시간 간격으로 화장실에 데려가면 낮에는 거의 소변을 가리는 상태까지 가지는 못했습니다.

엄마는 '언제 소변을 보는지'를 알 수 없고, 변기 등에 앉혀서 배설에 성공하는 '타이밍을 잡기가 힘들다'고 말했습니다.

옷 입고 벗기

유아는 자주 옷을 갈아입습니다. 이는 아이에게 연습의 기회가 많다는 것을 의미하기도 합니다. 하지만 아이가 어른의 도움 없이 혼자서 옷 등을 입는 데는 만 5세부터 6세까지 오랜 시간이 걸립니다.

아이가 매일 입는 옷은 특별한 날을 제외하고는, 멜빵 바지나 리본을 묶는 등 복잡한 옷은 바람직하지 않습니다. 일상생활에서는 가능한 한 입고 벗기 쉽고 편한 것을 선택하는 것이 중요합니다. 팬티 고무가 너무 조이지 않도록 하거나, 바지 허리 부분의 잠금 장치가 복잡하지 않도록 주의하고, 입는 옷의 목 부분이 딱딱하지 않도록 하며, 너무 좁지 않게 하여 아기가 편안하게 입을 수 있도록 해야 합니다. 또한, 부드러운 감촉의 원단을 선택하는 것도 중요합니다.

아이가 스스로 할 수 있도록 동기를 부여하는 것이 우선이며, 자립하려는

제 7 장 '구슬 굴리기가 가능한' 시기의 생활

의욕을 꺾지 않도록 하는 것이 중요합니다. 그러기 위해서는 쉬운 동작부터 어려운 동작까지 세밀하게 단계를 나누어 정성껏 가르쳐야 합니다. 어려워 보이는 것은 도와주는 것이 좋습니다.

하지만 아이가 시행착오를 겪으면서 스스로 궁리하고 배우는 시간도 중요합니다. 나중에 아이 혼자 할 수 있게 되는 것이 목표입니다. 어디까지 손을 댈지, 아이가 실패하지 않도록 너무 앞서서 미리 알려주는 것은 아닌지 등, 엄마도 시행착오를 겪으면서 타이밍 잡는 요령을 터득하게 될 것입니다.

하루 일정 중 천천히 대응할 수 있는 시간을 찾아 진행하는 것도 중요합니다. 아이의 현재 상태를 잘 살펴보고 그 단계에 맞춰 쉬운 것부터 어려운 것까지 단계적으로 진행하도록 합니다.

옷을 입고 벗기의 시작 시기가 조금 늦어진다고 해서 자립이 불가능해지는 것은 아닙니다. 억지로 시키려고 하지 않아도 됩니다. 가장 중요한 것은 엄마가 옷을 입히고 벗기는데 아이가 아무것도 하지 않는 것이 아니라, 아이 스스로가 엄마의 도움에 따라 협력하며 팔다리를 움직이는 것입니다. '머리 넣을게', '손 통과할게' 등 하나하나 말을 걸어주세요. 아이가 조금이라도 협조하려고 하면 칭찬과 격려를 아끼지 마세요.

보이는 아이들의 데이터를 바탕으로 한 영유아 발달 검사(아래 참조)에 따르면 이 시기에 스스로 할 수 있는 입고 벗기 관련 항목은 바지를 입힐 때 양발 벌리기, 양말을 스스로 벗는 것 등입니다. 이는 보이는 아이들이 할 수 있는 내용이므로 참고만 하시기 바랍니다. 보면서 모방하기 어려운, 안보이는 아이에게는 같은 시기에 이러한 동작 수행이 어렵기 때문에, 서두르지 말고 충분한 시간을 들여 아이의 상태에 맞게 대처하는 것이 매우 중요합니다.

바지를 입힐 때 아이가 양발을 벌리는 것은, 이 시기에는 엄마도 의식하지 못할 정도로 자연스럽게 이루어지고 있는 것으로 보입니다. 또한, 양말을 벗는 행동도 이른 단계부터 보여줍니다. 처음에는 양손으로 발끝 부분을 잡아당겨서 벗으려고 합니다. 양말은 이것만으로도 충분히 벗을 수 있으므로, 이 시기에는 스스로 양말을 벗을 수 있도록 격려해 주세요.

'구슬 굴리기가 가능한' 시기의 N의 '입고 벗기' 상황입니다.

- 신발을 벗을 수 있다

양말 벗는 동작에 대한 N의 기록은 없었지만, 다음 발달단계로 여겨지는 '신발 벗기'를 할 수 있다고 적혀 있었습니다. 보이는 아이들보다 더 빨리 수행했다는 뜻입니다.

【영유아 발달 검사란】

영유아의 일상생활을 관찰하고 있는 엄마나 보육교사 등에게 질문에 답하게 함으로써 아이의 발달 상황과 특징을 파악할 수 있는 검사입니다.

- 엔조지식 영유아 분석적 발달검사[2]
  0세~4세 8개월까지를 대상으로 이동운동, 손운동, 기본생활습관, 대인관계, 말하기, 이해 등의 항목으로 검사를 합니다.
- 쓰모리·이나게식 영유아 정신발달 진단검사[3]
  0세~7세를 대상으로 운동, 탐색, 사회, 생활습관, 언어 등의 항목을 검사합니다.
- 광D-K식 시각장애아동 발달검사[4]
  0세~5세까지를 대상으로 운동발달, 지적발달, 사회성 발달 등의 항목을 검사합니다. 이는 보이는 아이들의 데이터를 바탕으로 히로시마 대학에서 안보이는 아이를 위해 개발한 발달검사입니다.

---

2) 遠城寺式乳幼児分析的発達検査(규슈대 소아과 개정판). 일본에서 사용되는 유아 발달 검사의 일종. 이 검사는 유아의 발달을 심리적으로 분석하고 평가하는 데 사용되며, 특히 0세에서 3세 사이의 아동을 대상으로 한다. 이 검사는 유아의 인지, 운동, 언어, 사회성 발달 등을 평가하여 아이의 발달 수준을 진단하는 데 도움을 준다.

3) 津守·稲毛式乳幼児精神発達診断検査. 일본에서 개발된 유아의 정신적 발달을 평가하는 검사 도구. 이 검사는 유아기의 정신적, 감정적, 사회적 발달 수준을 평가하여 조기에 문제를 발견하고 적절한 지원을 제공하는 데 도움을 준다. 검사 항목은 다양한 발달 영역을 포괄하고 있으며, 각 항목에 대한 평가 결과는 유아의 연령과 발달 상황에 맞게 해석된다.

4) 広D-K式視覚障害児用発達検査. 일본에서 개발된 안보이는 아동을 위한 발달 검사. 이 검사는 안보이는 아동의 발달 수준을 평가하고, 그들의 특성과 발달 상태를 파악하는 데 사용된다. 특히, 안보이는 아동에게 적합한 방식으로 검사 항목들이 설계되어 있어, 일반적인 발달 검사와는 다른 접근법을 취하고 있다.

제 8 장

'○ 틀에 맞추기가 가능한' 시기의 생활

○과 △의 나무조각 중 ○를 골라 홈에 끼워 넣는 놀이도구로, 만져보고 모양을 구분하고 끼워 넣는 재미를 느낄 수 있는 놀이도구입니다. [그림 2-3, 사진 2-9]

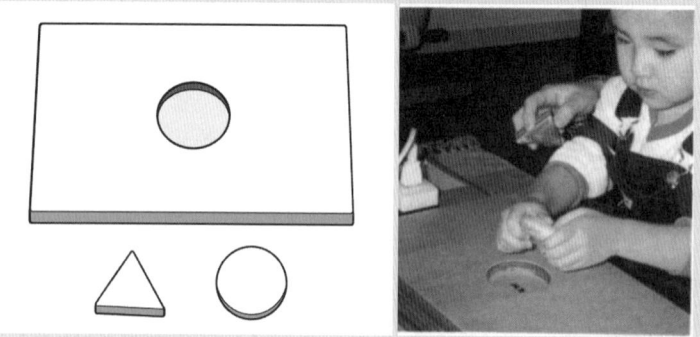

그림 2-3 ○형 놀이도구 / 사진 2-9 ○ 틀에 맞추기 놀이를 하는 모습

먼저 아이의 손을 잡고 움푹 패인 부분을 알려준 후, ○형 나무조각을 끼워 넣는 연습을 2~3회 시킵니다. 다음으로 ○와 △형 나무조각을 좌우 손에 각각 쥐게 한 후 "어느 쪽이 들어갈까?"라는 질문을 합니다. 아이가 ○의 나무조각을 선택해 끼워 넣을 수 있도록 격려합니다.

한쪽 손에만 ○을 쥐게 하지 않고, 좌우 손에 번갈아 쥐어주며 ○을 골라 끼울 수 있도록 합니다. 이렇게 좌우 어느 쪽 손에 ○을 쥐게 해도

○을 골라 끼울 수 있게 되면 이 발달단계에 도달한 것으로 볼 수 있습니다.

'○형 놀이도구'가 없어도 아이의 생활을 관찰하면 '○형 놀이'를 즐길 수 있는 발달단계인지 아닌지를 판단할 수 있습니다.

8.1 놀이

물건이나 장난감을 이용한 놀이

'○형 놀이도구'가 없어도 다음과 같은 놀이가 관찰되면 '○형 놀이'를 즐길 수 있는 발달단계라고 판단할 수 있습니다.

- 혼잣말을 하면서, 물건이나 장난감을 가지고 놀기
  예: 장바구니를 만지며 '3000원', '고맙습니다' 등 엄마와 함께 쇼핑할 때의 '재현'을 하기
  일부러 잘못해서 '실수', 제대로 해서 '성공'이라고 하기
- 말로 흉내를 내며 놀기
  예: 엄마의 말투를 흉내내어 '응, 그렇구나'라고 말하고 수화기를 내려놓기
  인형을 안고 드라이어로 머리 말리기
- 주변에서 쉽게 구할 수 있는 물건을 겹쳐서 옮기는 등 창의적인 놀이를 한다.
  예: 방석을 여러 장 겹쳐서 그 위에 앉기
  욕조에서 물을 떠서 다른 용기에 옮겨 담기

'○ 틀에 맞출 수 있는' 시기에는 물건이나 장난감을 이용한 놀이에 말을 사용하면서 놀이의 폭이 더욱 넓어집니다. '구슬을 굴릴 수 있는' 시기에도 볼 수 있는 놀이였습니다. 슈퍼에서 물건을 만져보고, 아는 이름을 말하면서 걷는 등의 놀이를 합니다.

또한, 주변에서 흔히 보이는 물건을 쌓아 올리거나, 입구가 좁은 병에 구슬을 넣거나, 병뚜껑을 비틀어 열 수 있는 아이도 있고, 손이나 손가락 등으로 물건을 조작하여 모양이 바뀌거나 분해할 수 있는 것 등에 관심을 갖게 됩니다.

제 8 장 '○ 틀에 맞추기가 가능한' 시기의 생활

'○ 틀에 맞추기가 가능한' 시기의 N의 '물건이나 장난감을 이용한 놀이'의 모습입니다.

① 듣기

- 전화로 시보와 일기예보 듣기
- 경찰차나 구급차 소리 듣기
- 주방의 환풍기 돌아가는 소리 듣기
- 드라이어나 바람, 모터가 돌아가는 소리 듣기
- 음악 듣기

② 건드리다, 만지작거리다

- 꽃잎을 건네주면 부드럽게 만져보고 촉감을 즐긴다.
- 절에서 스님의 독경 소리를 듣는다. 범종이나 목탁 소리에 N이 '나도 땡! 소리 내볼래!'라고 말한다. 만지지 못하게 말리면 몸을 뒤틀며 심하게 떼를 쓴다.
- 알람 시계의 벨을 손가락으로 눌러 멈추거나 울리게 한다.

③ 기타

- 모래가 담긴 용기를 흔들어 2박자, 3박자로 기차 소리를 흉내 낸다.
- 양손으로 힘을 주어 문을 닫는다. 힘차게 열고 닫는다.
- 다양한 무게의 문을 열고 닫을 수 있다.

N이 위의 기록에서 2개월이 지난 후 '물건이나 장난감을 가지고 노는' 상황입니다. 아직 '○ 틀에 맞추기가 가능한' 시기입니다.

① 듣고, 표현하기

- 기차가 다가오고 떠나는 소리를 모래가 담긴 용기를 사용하여 몸의 앞, 목 뒤, 얼굴 옆, 무릎 위 등으로 표현한다.
- 남자들이 가래를 뱉는 소리나 코를 킁킁거리는 소리에 크게 웃는다.
- 건널목에서 화물열차가 지나가는 소리를 듣는다.

② 건드리기, 만지작거리기
- 눈을 부드럽게 만져보고 손끝으로 확인한다.
- 낙엽 만지기, 나무 만지기

③ 쌓기 등 창의적인 놀이 하기
- 양손으로 가위를 열고 닫는다.
- 놀이 코너 상자에서 블록을 꺼내거나 넣으며 혼자 놀 수 있다.
- 블록을 연결하기가 쉽지 않아 답답하다. 마침내 블록을 하나하나 연결해 '이것봐 이렇게 길어'를 만들어냈다.
- 밀가루 점토로 뱀을 만들어 만지도록 하고, 조금 하다 그만두지만 다시 돌아와서 점토를 반죽한다.
- 대형 블록을 4개를 겹쳐 자동차처럼 만들어 '부우웅'
- 왼손으로 블록의 구멍을 확인하고 오른손으로 끈을 통과시킨다.
- 블록을 연결해 자동차를 만들고, 'N이 자동차 만들었어'
- 그림 그리는 것에는 아직 관심이 없다.

N은 'O 틀 맞추기'를 할 수 있게 된 후, 다음 발달단계에 도달하기까지 일정한 시간이 걸립니다. 아이의 발달이란 그런 것입니다. 언덕을 오르는 것이 아니라 계단처럼 한 계단씩 올라가고, 같은 곳에서 시간을 두고 많은 경험을 하면 다음 계단을 오를 수 있는 조건이 갖춰지는 것이라고 합니다.

N의 보육일지에는 같은 발달단계에 있는 2개월 후의 기록이 있었습니다.

듣는 것에 대해서는 이전 단계에서 '가스레인지 불붙는 소리 듣기'가 소개되었는데, N은 '환풍기, 건조기, 바람, 모터' 등의 소리에 주의를 기울여 듣게 됩니다. 그리고 한 달 후의 기록에서는 듣는 것뿐만 아니라 '모래가 담긴 용기'로 기차가 다가오고 멀어지는 소리를 몸의 앞, 목 뒤, 얼굴 옆, 무릎 위 등으로 표현하는 것으로 발전하고 있습니다.

손이 닿는 모습을 보면 '꽃잎을 살며시 만지며 촉감을 즐기는 것'이 한

> 달 뒤에는 '눈, 낙엽, 나무' 등으로 확대되고 있습니다.
>
> 창의적인 놀이로는 블록을 연결해 '이렇게 길어'라고 말하거나, 대형 블록을 쌓아 자동차를 만들거나, 블록에 타이어를 붙여 자동차를 만드는 등 구성놀이를 하는 모습을 볼 수 있었습니다.
>
> 주변 사물의 성질에 맞게 만져보는 것은 촉감을 통해 많은 것을 배워야 하는 안보이는 아동에게 매우 중요한 일입니다. 또한, 같은 것을 겹치거나 연결하여 모양이 변하는 것을 아는 것은 다양한 재료를 바탕으로 크기, 높이, 길이, 모양 등의 차이를 알아차리는 데에도 큰 도움이 될 것입니다.

사람과 함께 하는 놀이

'○형 놀이도구'가 없어도 다음과 같은 놀이가 관찰되면 '○형 놀이'를 즐길 수 있는 발달단계라고 판단할 수 있습니다.

- 또래 친구에 대한 의식이 강해져 상호 작용하는 놀이를 볼 수 있다.
  예: 친구가 놀고 있는 소리를 들으며 놀이를 즐긴다. 친구와 함께 자동차로 기차놀이를 한다. 골판지 안에 들어가서 끌어달라고 부탁하거나, 스스로 밀거나 한다. 미끄럼틀에서 다른 아이들과 함께 미끄럼을 타는 것을 즐긴다.
- 수다를 떨고 싶어한다.
  예: 서로 말을 걸거나 질문을 하면 언제까지나 수다를 떤다.

'○형틀을 맞출 수 있는' 시기는 특히 같은 또래의 아이들에 대한 관심이 높아지는 시기입니다. 가정에서는 공원 등에 데리고 나가서 동네 아이들 곁에서 엄마와 함께 놀 수 있는 기회를 만들어 주는 것도 중요합니다.

엄마가 지켜보는 것만으로도 혼자 놀기에 대한 거부감이 없어지고, 점차 혼자서도 놀 수 있게 됩니다. 엄마가 중간에 끼어들어 아이들과 관계를 맺을 수 있도록 도와주면서, 함께 놀게 하는 것이 좋습니다.

동네 아이들과 함께 놀면서 혼자서는 경험할 수 없는 많은 것들을 경험하게 됩니다. 또한 다양한 환경과 상황을 접하고 시행착오를 반복하면서 자연스럽게 다양한 문제에 대처할 수 있는 능력을 키우게 됩니다.

'○형 틀을 맞출 수 있는' 시기 N의 '사람과의 놀이' 상황입니다.
- 미끄럼틀에서 친구와 도킹한다.
- 친구가 손을 잡아주면 잘 따라 걷는다.
- 친구가 N을 좋아하고 집요하게 달라붙어도 N은 싫어하지 않는다.
- 친구와 장난감을 서로 빼앗고, 안 된다고 하면 "○○ 바보"라고 큰 소리로 외친다.
- 좋아하는 그림책 읽어주며 대화. '○○이 좋아?' N '싫어' '△△는?' N '좋아'
- 엄마와 형에게 피아노로 곡을 연주해 달라고 한다.
- 엄마 언니의 방문("이모가 온다")에 기뻐하며 즐거워한다.
- 남의 집에 가는 것보다 내 집에 누군가 오는 것을 더 좋아한다.
- 형과 함께 있는 것을 좋아한다. 밤에도 '엄마랑'이라는 것과 '○○형이랑'을 반반씩 말한다.

같은 발달단계의 N이 2개월 후 '사람과의 놀이'를 하는 상황입니다.
- 복도에서 뭔가 큰 소리로 떠들고, 친구들과 함께 웃으며 '우와'를 외치며 뛰어다닌다.
- '기차 칙칙폭폭'에서 친구가 뒤에서 따라오면 당황한다.
- 아이들이 노는 큰 소리가 장시간 지속되면 다른 곳으로 이동한다.
- 홀에서 혼자 놀고 있을 때 숨바꼭질에 초대받으면, 기뻐하며 방으로 돌아와 골판지에 숨고 '모두 숨었니?'
- 모두들 셀로판지를 사용하고 있으면 '테이프 줄게'하고 다가와서 힘껏 잡아당긴다. 친구들이 "모두의 거야"라고 말하면 "응"이라고 순순하게 대답한다.
- 골판지 상자에서 기차놀이. 예전에는 전혀 다가가지 않았는데, '기차 탈래'라고 하면서 골판지 안에 들어가서 아이들 목소리를 듣고 있다.
- 같은 반 친구의 목소리를 듣고 복도에서 술래잡기를 한다. 소꿉놀이

제8장 '○ 틀에 맞추기가 가능한' 시기의 생활

  에 'N도 끼워줘'라며 오는 경우가 많아졌지만, 중간에 빠지는 경우가 많다.
- 발표회에 모두와 함께 참여하며 기뻐한다. 노래를 부르는 장면에서는 뒤에서 모래가 담긴 용기를 흔들며 리듬을 맞춘다.
- 아빠에게 '흥', '흥이다 흥이다'라며 장난을 친다.
- 무엇이든 엄마가 잘한다고 생각해서, 아빠가 손을 대면 '안 돼'라고 한다.
- 아빠가 운전하는 차를 타면 기분이 좋아집니다.
- 숨바꼭질. "다 숨었니?"라는 말에 정글짐 안으로 들어가 "다 숨었다!", 선생님이 "찾았다!"라고 말하자 빙그레 웃는다. 함께 커튼 뒤에 숨으면 더욱 신난다.
- 선생님 "다 숨었니? 다 숨었어?" N "아직 덜 숨었어요, 아직이요"
- 스스로 긴 대사를 말하고, 선생님에게 똑같이 말하게 하는 놀이를 한다.
- 모래밭에서. '선생님 양갱 만들었어요. 많이 만들었어요. 맛있게 드세요.' '아빠 왔어. 아이스크림 사왔어'

또래 친구에 대한 의식이 강해져 상호 작용하는 놀이가 나타나거나 대화 상대가 되어주기를 원하는 것이 '○ 틀 맞추기가 가능한' 시기의 사람과 관계 맺는 놀이의 특징이며, N의 생활에서도 그 모습이 그려져 있습니다. 또한, N의 경우 부모나 선생님, 형제자매와의 관계가 깊어짐에 따라 생겨나는 놀이도 볼 수 있습니다.

같은 발달단계라도 2개월 후에는 몇 명의 친구들과 '술래잡기', '집놀이' 등 놀이에 참여하며 즐거워하는 것을 볼 수 있습니다. 어른과는 다르게 느껴지는 친구가 잡아당겨도, 균형을 잃지 않고 잘 걸을 수 있게 되는 것도 중요합니다.

몸으로 하는 놀이

'○ 틀 맞추기가 가능한' 시기의 '몸으로 하는 놀이'는 집이나 공원에서는 계단 오르내리기, 약간의 단차에서 뛰어내리기, 공원에서 정글짐에 오르기 등이 있습니다. 위험하지 않도록 지켜봐 주세요.

무언가에 부딪힐 염려가 없는 곳에서 '시~작'의 구령에 맞춰 달리는 것을 가르칩니다. 처음에는 같은 위치에서 발만 구르고, 앞으로 나아가는 것은 어려울 수 있으므로, 한 손을 잡고 함께 달리며 속도감을 느낄 수 있도록 합니다. 손을 잡는 것에서 조금씩 짧은 밧줄이나 손수건 끝을 잡는 것 등으로 바꿔가며 시도해 보세요.

마지막 결승점에서는 격려의 말을 건네며 기다려주고, 아이가 달리는 거리를 조금씩 늘려주세요. 달리기 속도를 익히기보다 조금씩 거리를 늘릴 수 있도록, 시간을 두고 아이가 자신감을 가질 수 있도록 응원해 주세요.

또한, 약간의 오르막길이나 내리막길, 도로의 약간 높은 갓길 등을 한 손으로 보조를 받으며 걷게 합시다. 처음에는 똑바로 걷는 것이 어렵지만, 익숙해지면 재미있어 하므로 몸의 균형을 잡는 방법도 가르쳐 주세요.

계단, 가드 아래, 넓은 건물, 상가, 높은 돌담이 있는 길, 넓은 들판, 숲속, 모래사장 등을 실제로 걸어보는 체험을 통해, 발바닥에서 느껴지는 촉감이나 소리의 차이 등을 아이 스스로 깨닫게 됩니다.

『시각장애아를 위한 지원 '아이우루라'』[1]의 제Ⅳ장 '공간을 알기'에는 엄마와 함께 외출할 때의 지원방법이 나와 있습니다. 걷는 것이 안정되면 집 밖에서는 엄마가 아이의 손을 잡는 것이 아니라, 아이가 엄마의 손가락을 잡는 방식으로 바꾸는 것이 좋습니다. 이렇게 하면 아이가 관심 있는 것에 손을 뻗는 등의 행동을 할 수 있고, 위험할 때 손을 떼고 방어적인 자세를 취할 수 있어 좋기 때문입니다. 그리고 엄마가 깨달은 다양한 것을 아이에게 알려주는 것과, 만질 수 있는 것은 만져보는 편이 중요하다는 등의 내용이 나와있습니다.

발끝 서기(까치발)는 처음에는 아이가 원하는 물건 등에 손을 뻗어도 닿지

---

[1] 『目の見えない子のための支援 " あいうるら "』(시즈오카 비전모임, 2003년) 일본의 점자에서 표현되는 숫자는 일본어 자음의 점자와 동일한 점자를 사용하는데 1~0까지가 자음으로 표현하면 '아이우루라에리오로'와 같은 형태이다.

제 8 장 '○ 틀에 맞추기가 가능한' 시기의 생활

앉을 때 어떻게든 잡으려는 시도에서 비롯됩니다. 또는 서 있는 엄마에게 안기려고 몸을 쭉 뻗어 안기려고 할 수도 있습니다. 만약 그런 움직임이 보인다면, 까치발을 해야 잡을 수 있는 곳에 아이가 좋아하는 물건을 놓아두거나 알려주면서, 의식적으로 그 기회를 만들어 주세요.

몸의 움직임을 기억하고, 내 몸보다 더 높은 곳에 무언가가 있다는 것을 아는 것이 중요합니다. 발판을 가져와 그 위에 올라가서 탐색을 하게 될지도 모릅니다. 자신의 몸을 이용해 다양한 동작을 해보는 것은, 앞으로 안보이는 아이가 이동하면서 마주하게 될 환경에 유연하게 대처하는 데에도 중요하다고 생각해요.

'○ 틀 맞추기가 가능한' 시기 N의 '몸으로 하는 놀이' 상황입니다.

- 유모차를 밀면서 산책하기
- 발끝으로 서는 자세를 취한다. 발끝으로 서서 손 밀기 장난감을 민다.
- '손 밀기 장난감'을 밀며 부모에게서 도망치려는 듯, 안보이는 쪽으로 이동한다.
- 계단을 빠른 속도로 내려간다.
- 손을 잡으면 걷는 속도가 빨라진다
- 성인용 샌들을 신고 싶어한다.
- 미끄럼틀을 거꾸로 올라가고, 미끄럼을 탈 때 난간을 잡지 않는다.
- 한 손을 잡아주면 한두 계단 아래로 뛰어내린다.

같은 발달단계인 N의 2개월 후 '몸으로 놀기' 상황입니다.

- 정글짐을 3단까지 오른다.
- 몸을 비틀어 회전하면서 점프할 수 있다.
- 자신의 의자를 가져와서 테이블에 앉는다.
- 자신의 장난감 자동차를 집 앞에서 밀거나, 문을 열고 닫으며 논다.
- 집안에서 장난감 비행기나 기차를 벽에 부딪힐 때까지 밀며 논다.
- 어린이집 홀에서 다른 아이들의 춤추는 모습을 집중해서 듣고 있다.

'○ 틀 맞추기가 가능한' 시기의 N이 하는 '몸으로 하는 놀이'의 내용은 빠른 속도로 계단을 내려가는 것, 높은 곳에서 몸을 비틀어 뛰어내리는 것, 정글짐에 올라가는 것 등입니다. 속도를 내거나 몸을 비틀며 즐겁게 놀고 있습니다.

자신의 주변에서 안전하게, 그리고 자신의 몸놀림에 자신감을 가지고 더욱 다양한 새로운 동작에 도전하는 모습을 볼 수 있습니다. 또한, 발끝으로 서는 것을 익혀서 '손 밀기 장난감'을 밀 때도 시도하고 있습니다.

N은 홀에서 아이들이 춤을 추고 있는 가운데로는 들어가지 않지만, 관심을 가지고 잘 듣고 있다는 내용이 적혀 있었습니다. 리트믹 등의 놀이를 자기 나름대로 즐기게 되는 시기는 좀 더 늦어지겠지만, 그 전에 놀이의 즐거운 모습을 잘 들어주는 것도 N에게 있어서는 중요한 경험일 것 같습니다.

8.2 말하기

언어와 이해에 관한 「엔조지식 영유아 분석적 발달검사표」와 「쓰모리식 영유아 정신발달 평가표」에 의한 2세 이후의 평가 항목은 다음과 같습니다.

☆ 일일이 '이건 뭐야?'라고 물어본다 ....2세 0개월~ (쓰모리식)
☆ '예쁘다', '맛있다' 등의 표현을 할 수 있다 ....2세 1개월~ (엔조지식)
☆ 자신의 이름을 말한다 ....2세 3개월~ (엔조지식)
☆ 크고 작음을 알 수 있다 .... 2세 3개월~ (엔조지식)

'○ 틀 맞추기가 가능한' 시기의 N의 '단어의 이해와 말하기' 상황입니다.

① 경험한 것을 말로 전하기

- 선생님께 보고, '엄마와 ○○(기차) 탔어요', '○○ 선생님과 ○○(기차) 타고 싶어', '아까 홀에 갔었어'
- '오늘 어디 갔었니?'라고 물으니 '광장에 갔어요', '아빠랑 자전거 타고 산책 갔어요'

제8장 'O 틀에 맞추기가 가능한' 시기의 생활

② 'OO하고 싶어'라고 말하기

- '산책 간다. 유모차로 간다. 발로 간다.'
- '엄마랑 코~하고 싶어. 따뜻해'
- '손 밀기 장난감 밀고 싶어'
- '산책 가고 싶어'
- '유모차 타고 싶어'
- '엄마랑 가고 싶어'

③ "이거 뭐야?"라고 묻는다. 사물의 이름을 알 수 있다.

- '이거 뭐야?', '딱딱이(손톱깎이) 네'라고 혼잣말을 한다.
- '이거 뭐야?'라고 말하면서 부딪히기 전에 굵은 전봇대에 손을 뻗는다.
- '이거는?' '여기는?' '저건 뭐야?' 알고 있는 내용이라도 대답을 기대하며 질문하는 경우도 있다.
- 유모차를 밀면서 '다음은 OO역'
- 혼자서 옥상에 올라가서 'N 왔다 왔어!'
- 'N한테 과자 줘요'
- 낯선 여자를 '아줌마'라고 부른다.
- 두꺼운 옷인지 확인하고 나서 '엄마'라고 말한다(엄마가 입고 있는 옷인지 알 수 있는걸까?).
- 소리를 들으며 '청소차 왔어', '청소차 갔어'라고 한다.
- 산책할 때 다음에 무슨 일이 일어날지 예측할 수 있다.
- 친구의 이름을 알 수 있다. 목소리를 듣고 이름을 말할 수 있다.'OO 울고 있어'
- 그림책의 문장을 말하거나 반복해 따라한다.

④ 대화

- N '동화책 읽어줘'
  아빠 '좋아, 어떤거 읽을까, 크리스마스?' N '응'
  아빠 '오줌싸개?' N '싫어'
  아빠 '크리스마스?' N '응'

- 엄마 '빵 조금 주라' N '싫어'
  엄마 '조금만이라도 괜찮은데' N '안 돼!'
- 선생님 '벚꽃반이랑 산책하러 가자'
  N '싫어, 감귤반이랑 갈거야'
- 'N, 뭐하고 있니?' N '⋯'
  'N, 뭐하고 있니?' N '귀가 없어(안들린다는 뜻)'
- '오늘은 어디로 산책을 갔었니?' N '어린이 공원'
  '뭐가 있었니?' N '그네랑 미끄럼틀이랑 ○○이랑 있었어'
- N '블록 빌려줘' 친구 '안돼!' N '왜?'

⑤ 크다, 둥글다를 알 수 있다.

- '둥근 비스켓'
- '커다란 타이어'

⑥ 장소의 이해

- 블록이 들어있는 바구니를 들고 계단 옆을 통해 원룸에서 홀까지 이동한다. 홀에서 들리는 소리를 이용하는 것인지, 거리감을 알 수 있는지, 방향을 제대로 바꿔가며 이동한다.
- 미끄럼틀의 계단을 바구니를 들고 올라가려고 하는데, 일단 바구니를 위층에 올려놓고, 바구니 가장자리에 손을 얹고 올라가려고 하면 불안정해져서, 몇 번 시도한 후 중단하고 다시 원래대로 돌아간다.
- 화장실 입구 모퉁이에서 이마를 부딪힐 것 같지만, 올바른 방향으로 이동하고, 방 입구까지 간 뒤 내부에서 아이들 소리가 들리는 것을 이용해 손으로 더듬지 않은 채로 방에 들어간다.
- 보육원 안에서도 집 안에서도 자유롭게 움직일 수 있다.
- '바깥의 자동차'를 찾아 돌아다닌다.

⑦ 기타

- 문을 열고 '다녀왔어요', '엄마 돌아온다'
- 꾸지람을 들으면 슬프다는 것을 알게 된다. 부드럽게 말해도 슬퍼한다.
- 접시를 젓가락으로 장난치다 깨뜨려 버렸다. '아, 깨져버렸네'라고

제8장 '○ 틀에 맞추기가 가능한' 시기의 생활

말하며 울음을 터뜨린다.

같은 발달단계인 N의 2개월 후 '단어 이해와 말하기' 상황입니다.

① 경험한 것을 말로 표현하기

- '엄마랑 ○○ 기차로 갔었어'라고 선생님께 보고한다.
- 어린이집 모습을 보고한다. '△가 내려와서 주세요라고 했어', '○○ 선생님이 장난감으로 차차차 했어'

② 상황을 말로 표현하기

- 다 먹고 나서는 '열심히 먹었어'
- (일본 풍습인) 콩 뿌리기 이야기를 하며 붉은 도깨비 그림을 그리지만, 이해가 어려운지 '도깨비'라고 말한다.
- 눈 내리는 중. 장화를 신고 눈 속에 신발이 파묻히면 '뽀독뽀독 하고 있어'라며 신기해한다. 눈을 만지고 핥더니 '초콜릿 같아', 그러더니 '눈 싫어'
- 기차가 역에 정차할 때마다 '네. 내려요'를 반복한다.
- 어린이집 홀의 문을 여닫을 때 'N 조심해 손 다칠라' '응'하고 혼잣말 하는 걸 반복하며 스스로 '조심해야지'라고 말한다.

③ 말장난·숨바꼭질 놀이

- 정글짐에 올라가서 가끔은 혼잣말. '이봐 N 주스지?' '잘 봐, 모두들 뭐하고 있니?' '○○도 하고 싶대'
- 대형 종이상자에 친구와 함께 들어가서 꺄아~꺄아하며 즐거워한다. 선생님이 '안녕하세요, ○○입니다'라며 상자를 두드리면, 'N입니다'라고 말한다.
- 식사 중에 '♪ 봄 바람이 불어오면… ♪'이라는 노래를 자주 부른다.

④ 장소의 이해

- 자신의 반에서 놀고 있는 경우가 많다.
- 하루종일, 어린이집 홀에서 여러 방으로 이동하며 논다.

- 친척집의 넓은 집 안을 달린다. 부딪힐 것 같아도 부딪히지 않는다
  (엄마: 공간감이 느껴지는건가?)

> N의 단어 이해와 말하기 상황은 다양합니다. 내용별로 분류를 해봤지만, 분류를 다 하지는 못했습니다. 말을 이해함으로써 상대방의 마음을 전달하고, 말을 함으로써 자신의 마음을 전달하는 일이 많아지고 있음을 잘 알 수 있습니다.
>
> 집 밖에 대한 관심은 매우 강하고 놀이기구를 타거나 외출하는 것을 기대하고 요구하고 있습니다. 또한, 산책 도중 전봇대가 있다는 것을 감지하고, 다음에 무엇이 있는지 예측하는 등 익숙한 길에서 단서를 알아차릴 수 있게 된 것 같습니다.
>
> 집이나 어린이집 내 장소에 대한 이해도가 높아져 혼자 옥상에 올라가기도 하고, 놀이 소리 등의 소리를 이용해 혼자서도 자유롭게 장소를 이동하며 놀 수 있게 되었습니다.

8.3 기본적 생활습관

식사

안보이는 아이는 '○ 틀 맞추기가 가능한' 시기가 되면 숟가락, 포크를 사용할 수 있게 됩니다. 보이는 아이보다 훨씬 더 많은 시간이 걸리지만, 이는 손가락으로 직접 음식을 만지지 않고, 도구를 이용해 음식을 입에 가져가야 하기 때문입니다.

손이 충분히 익숙해지고 손가락 끝으로 음식의 크기와 부드러움 등에 따라 음식을 먹을 수 있게 되면 포크, 숟가락을 사용해보세요. 가정에서의 지도는 실제 식사시간에 충분한 시간을 할애합니다. 식기를 놓는 것부터 시작하여 아래에 제시된 단계에 따라 식사를 할 수 있도록 지도합니다.

참고로, 손가락으로 집어 먹는 것이 어려운 경우에는 엄지와 검지, 중지만 들어갈 수 있는 좁고 깊은 용기를 사용하여 음식을 집어보는 기회를 늘려주는

제 8 장 'O 틀에 맞추기가 가능한' 시기의 생활

것이 좋습니다. 그리고 점차 숟가락이나 포크 등을 사용할 수 있도록 유도합니다. 숟가락이나 포크는 가능한 한 가벼운 것을 선택하는 것이 좋습니다. 숟가락 위에 음식이 있는지, 혹은 그 양이 얼마나 되는지 알기에 편리하기 때문입니다.

<제1단계>

- 자신의 쟁반에 건네받은 식기를 놓는다.
- 손으로 만져 어디에 어떤 반찬이 있는지 확인하고, 먹고 싶은 것을 골라서 먹는다. 같은 음식만 계속 먹는다면 다른 음식도 먹도록 한다.
- 그릇을 들고 된장국이나 스프를 마신다.
- 국물이 있는 음식(조림) 등도 그릇을 손에 들고 먹는다.
- 한 입에 먹을 수 없는 것(조금 큰 주먹밥 등)을 한 입 한 입 계속 들고 먹는다.

<제2단계>

- 포크 사용… 포크로 찔러서 먹는다.
- 숟가락을 사용하기 시작한다(숟가락 사용 연습을 시작할 때는 한쪽 가장자리가 높아서 쉽사리 그릇 밖으로 흘러나가지 않도록 고안된 식기를 사용하는 것이 좋다. 그림 2-4, 2-5)
  - 카레라이스, 스튜, 수프 등에는 숟가락을 사용한다.
  - 아이스크림이나 푸딩 등에는 작은 나무 숟가락을 사용한다.

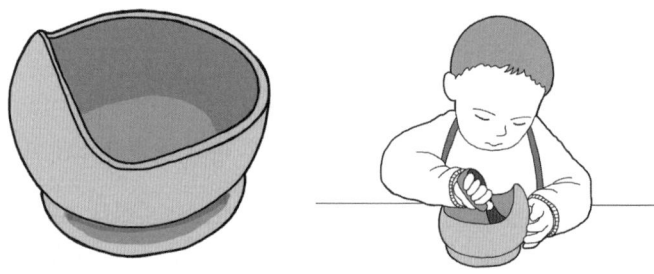

그림 2-4 한쪽 가장자리가 높은 식기 / 그림 2-5 식기 사용법

포크를 사용할 때는 입에 가져다 대거나 마구잡이로 찔러 넣는 식의 사용법은 피해야 합니다. 아이가 좋아하는 것, 포크로 찌르기 쉬운 것, 예를 들어 적당한

크기로 자른 감자, 소시지, 오이 등을 아이가 왼손으로 접시 안에서 찾아 오른손 포크로 비스듬히 찔러서 똑바로 들어 올려 입에 가져다 주도록 합니다.

처음에는 포크를 오른손에 쥐고 사용하지 않고 왼손으로 먹거나, 왼손과 오른손의 협응력이 부족해 포크를 누르고 있는 부분과 전혀 다른 곳에 꽂는 경우가 있는데, 점차적으로 왼손은 음식을 확인하고 받쳐주는 역할만 하고 포크는 오른손으로 사용할 수 있도록 합니다. 이 단계는 실제 식사 장면에서 매우 중요합니다. 실제 식사 시에는 주로 손으로 집기와 포크를 함께 사용하는 것이 주를 이루게 됩니다.

숟가락으로 음식을 떠먹는 것은 쉬운 일이 아닙니다. 음식을 떠먹고 나면 왼손으로 고정된 식기에 입을 가까이 대고 숟가락 움직이는 법을 익히도록 합니다. 이 자세는 상체를 앞으로 굽혀 식탁을 덮는 '엎드린 자세'인데, 점차 올바른 자세로 유도하기 위한 하나의 단계입니다.

하지만 '떠먹기'만 하다 보면 떠서 입에 넣는 동작으로 넘어가는 데 어려움을 겪을 수 있습니다. 따라서 식사 초기에 몇 번은 떠서 먹는 방법을 가르쳐 주세요. 실제로 떠먹으려는 음식을 왼손으로 만져보게 한 후 숟가락으로 떠먹도록 가르칩니다.

얕은 식기는 힘 조절이 어려워 숟가락에 익숙하지 않은 아이는 손을 잡고 도와주면 잘 떠먹을 수 있지만, 혼자서 먹으면 대부분 식기의 바깥쪽으로 내용물을 떨어뜨리는 경우가 많습니다. 이럴 때는 원통형 용기[그림 2-6]를 이용해 왼손으로 식기를 잡고 오른손으로 숟가락을 옆으로 밀어 넣은 후 곡선을 따라 숟가락을 위로 끌어올려 주기를 몇 번 반복하다 보면, 식기 바깥쪽으로 많이 흘리지 않고 입으로 옮길 수 있게 됩니다. [그림 2-7]

그림 2-6 원통형 식기 / 그림 2-7 원통형 식기의 사용방법 / 그림 2-8 다양한 모양의 스푼

때로는 숟가락으로 떠먹을 때 왼손으로 숟가락에 담긴 것을 확인하고 흘리지

제8장 '○ 틀에 맞추기가 가능한' 시기의 생활

않도록 만지면서 입에 넣는 것도 좋은 방법입니다. 한쪽 가장자리가 높은 식기류도 시판되고 있습니다.

숟가락이 뒤집혀서, 숟가락을 입에 가져갔는데 아무것도 들어있지 않은 경우가 종종 있습니다. 숟가락을 잡을 때 숟가락 끝부분을 살짝 만져보고 확인하거나, 숟가락을 테이블에 놓을 때 항상 숟가락이 앞면이 보이도록 놓는 습관을 들이면 점차 익숙해집니다. 가정에서는 손잡이가 휘어진 것, 손잡이 부분의 무늬가 앞뒤가 달라서 손에 쥐었을 때 쉽게 차이가 느껴지는 것을 선택해 사용하는 등의 방식을 추가해도 좋을 것 같습니다. [그림 2-8]

숟가락으로 먹을 수 있을 때까지는 시간이 걸리므로, 한동안은 음식을 잘 떠 먹을 수 있도록 곁에서 음식을 정리해 주는 등 필요한 도움을 주어야 합니다.

참고로, 아이가 잘 쓰는 손은 아이마다 다릅니다. 왼손잡이라고 해서 억지로 고치려고 하지 않는 것이 좋다는 것이 일반적인 생각입니다. 양손을 잘 조화롭게 사용할 수 있도록 하는 것이 매우 중요합니다. [사진 2-10]

사진 2-10 스푼을 사용해 요구르트를 떠 먹는 모습

'○ 틀 맞추기가 가능한' 시기의 N의 '식사' 상황입니다.

- 접시 위에 컵을 올려놓는다(식후에 식기를 치운다).
- 냉장고 속을 찾는다.
- 가방에서 꺼내는 것을 도와주려고 하면 '혼자서'라면서 스스로 가방에서 꺼낼 수 있게 되었고, 그 후 넣기와 꺼내기가 가능해졌다.
- 병에 뚜껑을 닫으려고 시도했고, 그 후 병 뚜껑 닫기에 성공했다.
- 친구에게 자극을 받아 스스로 콩을 포크로 찍어 입에 넣는다.
- 차가운 면을 포크로 떠서 먹는다.
- 먹기 편한 음식이 담긴 도시락을 포크로 하나하나 찍어서 먹는다.

8.3 기본적 생활습관   127

• 드디어 죽, 밥을 한 숟가락씩 떠서 먹게 됐다.

식사에 관한 N 엄마의 육아 일지에는 '식습관 개선이 가장 어렵다, 부모가 기다리지 못하는 것이 문제다'라고 적혀 있었습니다. 하지만 조금씩 포크를 잘 사용하게 되고, 처음으로 숟가락으로 떠서 먹을 수 있게 되었다는 내용이 적혀 있었습니다.

배설

이미 시간을 보며 화장실에 데려가면 실수를 하지 않게 되었고, 이 발달 단계에 이르면 처음으로 '쉬 마려워?'라는 질문에 소변이 마려운지 아닌지를 말로 전달할 수 있는 능력에 도달하게 됩니다. 이는 '○를 맞추기'가 가능해진 시점에 처음으로 이러한 표현이 가능한 아이가 나타났다는 것을 의미합니다.

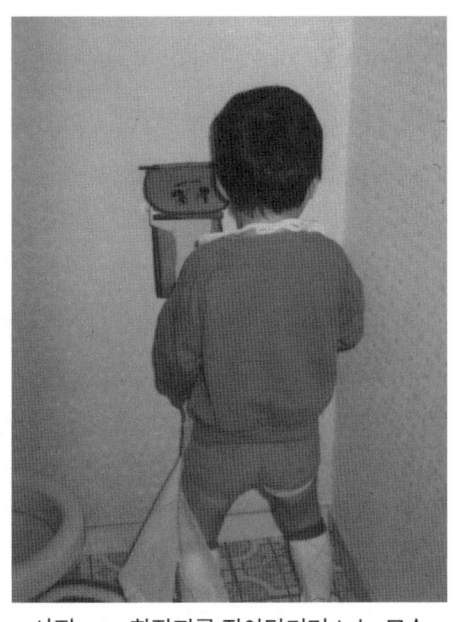

배변을 포함한 기본 생활습관으로의 유도 시점은, 안보이는 아동의 경우 일반적으로 시기가 늦어지는 경향이 있습니다. 또한 늦어지는 시점에 인내심을 가지고 지속적으로 노력해야 하는 부분이기도 합니다. 서두르지 말고 여유를 가지고 대응하는 것은 말할 것도 없습니다.

사진 2-11 화장지를 잡아당기며 노는 모습

화장실 내부 구조 등에 대해 화장지의 위치, 물 내리는 방법 등을 놀이로 도입하여 가르쳐 주세요. 예를 들어, 휴지를 잡아당기고 물을 내리는 것 등을 즐겁게 합니다. [사진 2-11] 또한 자주 방문하는 친척집이나 친구 집 등의 화장실에도 엄마와 함께 들어가서 익숙해지게 하는 것이 중요합니다.

제 8 장 '○ 틀에 맞추기가 가능한' 시기의 생활

> '○ 틀 맞추기가 가능한' 시기의 기록은 없었지만, 다음 발달단계에서는 변화가 나타납니다.
>
> '○ 틀 맞추기가 가능한' 무렵에 자립 가능성이 있는 탈착 관련 항목은 '신발 벗기'인데, 다음 단계에서 다루기로 합니다. 사례의 N은 이전 단계에서 할 수 있다고 적혀있었습니다.

'싫어싫어' 시기에 대한 대응

이 시기에는 자기 뜻대로 되지 않으면 짜증을 내거나 무엇이든 '싫다'고 말하고 엄마의 말을 듣지 않는 등, 육아가 원활하게 진행하지 않는 경우가 있습니다. 이는 아이의 자아가 싹트는 시기이므로 '그렇구나', '그럼 이렇게 해볼까'라고 받아들이는 것이 중요합니다.

또한 아이가 마음을 바꾸는 데 시간이 걸리더라도 최대한 감정적으로 반응하지 않고 기다려주는 것도 중요합니다. 아이가 엄마의 관심을 끌기 위해 '싫어싫어'라고 말하면서 귀찮게 하는 경우도 있는데, '보고 있어', '잘하고 있구나' 등의 말을 건네거나 옆에서 지켜봐 주면서 엄마의 관심이 아이에게 향하고 있다는 것을 알려주면 좋습니다.

동생이 태어나서 성숙한 행동을 요구받으면, 아기 시절로 되돌아가서 똑같이 '싫어싫어'를 연발하는 경우가 있는데, 이럴 때는 일단 아이의 행동을 받아들이고 '여기까지 했으니, 나머지도 할 수 있겠지?'라고 말하며 대응하는 것이 좋습니다.

모두 아이의 발달 과정에서 일어나는 일시적인 현상이기 때문에, 시간과 마음의 여유를 갖는 것이 중요할 것 같습니다.

> '○ 틀 맞추기가 가능한' 시기 N의 '싫어싫어' 상황입니다.
> - 자신의 뜻대로 되지 않을 때 분노가 심해진다.
> - 원하는 물건이 없거나, 모르는 것이 있을 때 심하게 짜증을 낸다.
> - 터널 내에서 정체가 생겨 차가 움직이지 않으면 '익~익~'하고 화를

낸다.
- 벚꽃반(어린 동생들 반)의 방문을 활짝 열길래, 선생님이 '○○이가 자고 있다'라고 주의를 주니, 화를 내며 '○○선생님 바보야!'라고 소리친다.
- 엄마와 떨어지더라도 더 이상 떼를 쓰지 않게 되었다. '엄마는 일하러 가니까'라며 충분히 납득한다.

N은 상황을 조금씩 이해하게 되었지만, 감정이 가라앉지 않고 분노를 폭발시키거나 거친 말을 내뱉기도 합니다. '○○를 하고 싶다'라는 마음이 강한 만큼, 그것을 찾지 못하는 짜증의 표현이라고 생각해요. "조금만 더 손을 뻗으면 있어, 선반 위에 있어" 등 조금만 도와주고, 찾는 방법 등을 알려주세요.

아이가 성장한 후에는 오히려 그런 시절이 그리워지기도 하지만, 그때는 '이렇게 설명해줬는데 왜 모르냐'며 부모도 함께 화를 내거나 울고 싶을 때가 있습니다.

하지만 그런 N도, 얼마 전까지 어린이집에서 아침마다 엄마와 헤어질 때 떼를 쓰며 울던 아이가 '엄마가 일하러 간다'는 것을 이해하고 납득할 수 있게 되었다는 것을 알 수 있었습니다.

제 9 장

'좌우 구멍을 구분하여 구슬을 넣을 수 있는' 시기의 생활

'좌우 구멍이 있는 상자'에 공을 왼쪽에 넣으면 '보봉', 오른쪽에 넣으면 '퉁'하고 소리가 납니다. 소리의 차이에 따라 공을 넣는 재미를 느낄 수 있는 놀이도구입니다. [그림 2-9, 사진 2-12]

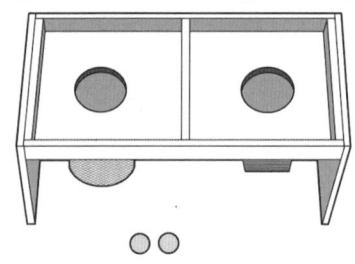 

그림 2-9 좌우 구멍이 있는 상자 / 사진 2-12 좌우 구멍이 있는 상자로 노는 모습

먼저 아이를 놀이도구 앞쪽에 바르게 앉게 합니다. 그리고 '보봉(퉁)이에요'라고 말하면서 골프공만한 크기의 공 등을 손에 들고 각각의 구멍이 놀이도구의 어떤 위치에 있는지 충분히 탐색하게 합니다. 그 후 각각의 구멍에 공을 넣게 하여 위치에 따른 소리의 차이를 알려줍니다.

몇 번 연습한 후 '보봉(또는 퉁)에 넣어요'라는 지시에 따라 구멍을 골라 넣을 수 있게 되면 이 발달단계에 도달했다고 볼 수 있습니다.

이는 자신의 몸을 축으로 하여 어떤 장소를 좌우로 나누어 정리할 수 있다는 것을 의미합니다.

'좌우 구멍이 있는' 놀이도구가 없더라도 아이의 생활을 관찰하면 '좌우 구멍을 구분하여 지시된 구멍에 넣는 것'을 즐길 수 있는 발달단계인지 여부를 판단할 수 있습니다.

9.1 놀이

사물과 장난감을 이용한 놀이

'좌우 구멍이 있는' 놀이도구가 없어도 다음과 같은 놀이가 관찰되면 '좌우 구멍을 구분하여 지시된 구멍에 넣을 수 있는' 발달단계라고 판단할 수 있습니다.

- 혼자서 놀 수 있는 놀이를 한다.
  예: 문을 열고 닫으면서 '문이 닫힙니다(엘리베이터 문여닫는 안내를 따라하는 놀이)'를 하는 것. 책상 등을 붙잡고 쪼그리고 앉거나 서서 '1층입니다', '5층으로 올라갑니다' 등을 말하면서 엘리베이터 놀이를 한다. 구급차 사이렌을 흉내내며 자동차를 굴린다. 자신의 세발자전거 바구니에 무언가를 넣고 움직이다가 무언가에 부딪히면 '건널목입니다'라고 말한다.

사진 2-13 쌓기블록을 무너지지 않게 쌓는 모습(시력은 광각) / 사진 2-14 쌓기블록을 높이 쌓아올렸어요!

제9장 '좌우 구멍을 구분하여 구슬을 넣을 수 있는' 시기의 생활

- 창의적인 놀이를 한다
  예: 피아노로 곡을 연주하기
  녹음하고 재생하여 들을 수 있는 장난감을 조작하여 놀기
  기차를 연결하여 기차놀이 하기
  블록을 높이 쌓아 올리기[사진 2-13, 2-14]

'○ 틀에 맞추기가 가능한' 무렵에 하던, 말이나 물건, 장난감을 가지고 놀던 것이 혼자서 하는 놀이로 발전합니다. 예를 들어, 쪼그리고 앉거나 서서 '5층으로 올라갑니다'라고 말하면서 엘리베이터 운행 흉내를 내거나, 구급차 사이렌을 흉내내며 차를 굴리거나, 자신의 자전거를 움직여 무언가에 부딪히면 '건널목입니다'라고 말하는 놀이를 합니다.

엘리베이터 놀이에서는 내려가거나 올라가는 경험을 쪼그리고 앉기와 일어서기로 표현하고 있습니다.

창의적 놀이로는 피아노로 곡 연주하기, 블록 쌓기, 녹음하고 재생해 들을 수 있는 장난감 조작하기 등이 있습니다. 그 외에도 기차를 연결해 기차놀이를 하거나 진흙탕 놀이, 병뚜껑을 비틀어 닫는 놀이, 퍼즐 상자 놀이 등을 볼 수 있습니다. 이 모든 놀이를 통해 높이, 길이, 모양의 차이 등에 대한 개념이 형성되고 있음을 알 수 있습니다.

'좌우 구멍을 구분하여 구슬을 넣을 수 있는' 시기 N의 '물건이나 장난감을 이용한 놀이'를 하는 상황입니다.

- '주사위 놀이, 하고 싶어'라고 말하면서 던지거나 상의를 한다.
- 리듬을 타며 힘차게 피아노를 두드린다 (기차놀이를 하며)
- 모양틀(○나 □의 크고 작은 구멍이 뚫린 판)로 논다.
- 달팽이가 들어있는 상자에 손을 넣어 처음에는 깜짝 놀라지만, 계속 달팽이를 만진다.
- 산책길에 상점 매대앞에서 이것저것 만져본다.
- 진흙탕 놀이를 하다가 머리에 진흙을 뿌린다.
- 목욕탕에서 머리 위로 샤워를 해도 괜찮다.
- 증조할머니 집에서 생후 1개월 반 된 강아지 두 마리를 귀여워하고

안아주다가 도망치면 '강아지 도망쳤어'라며 소란을 피운다.

N이 집에서 물건이나 장난감을 사용하면서 혼자 '놀이'를 하는 기록은 발견되지 않았습니다. 주로 어린이집에서 친구들과 함께 '놀이'를 즐기는 것으로 보입니다. 또한, N에게 나타난 놀이의 특징으로는 달팽이나 강아지에게 관심을 갖고 자주 만지는 것이 있습니다.

안보이는 아이는 처음 접하는 벌레나 동물을 싫어하는 경우가 많은데, 어린이집 친구나 형제자매와의 놀이, 증조할머니 댁 방문 등을 통해 관심이 넓어진 결과인 것 같습니다. 이전에도 산책이나 쇼핑을 할 때 만질 수 있는 것은 만져보곤 했는데, 여기에서도 마찬가지로 체험하는 모습을 볼 수 있었습니다. 엄마가 지켜보는 가운데 집 밖에도 만져보면 재미있는 것들이 많이 있다는 것을 알게 되었나봐요.

사람과 함께 하는 놀이

'좌우 구멍이 있는' 놀이도구가 없어도 예시와 같이 친구와 함께 노는 모습이 관찰되면 '좌우 구멍을 구분하여 구슬을 넣을 수 있는' 발달단계라고 판단할 수 있습니다.

- 친구들과의 놀이가 활발해진다.
  예: 친구와 손을 잡고 걷기
  둘이서 연결하여 기차놀이를 하기
  술래가 되어 도망치기
  '준비~~땅!' 하고 뛰어다닐 수 있다

"좌우 구멍을 구분하여 구슬을 넣을 수 있을 때" 즈음의 '사람과 관련된 놀이' 상황입니다.

- 친구를 의식하는 일이 많아진다. 오늘은 '○형이랑 같이 간다'
- 친구들과 어울려서 자주 논다. 좁은 사물함 안에서 숨바꼭질도 함께

하며 즐겁게 논다.
- 술래잡기. '기다려 기다려'하며 쫓아가면 N도 달려서 도망친다.
- '아빠 옆'이라고 말하며 아빠에게 매달린다.
- 아침에 일어나면 아빠와 한참동안 수다를 떤다.
- '아프다'고 하면 한 번 더 꼬집는다. 장난스러운 표정을 짓는다.
- 산책하러 가려는데 현관문이 잘 열리지 않으면 '○, 싫어', '△, 싫어', '이제 안갈거야, 선생님도 싫어', '다들 기다리고 있어', '흥이다', '함께 가고 싶다고 기다리고 있어' 가만히 생각해보더니 '신발 신을래'
- 아빠의 스승이 먼곳에서 찾아와 자게 됐는데, 기꺼이 함께 목욕을 하거나 뛰어놀기도 한다.
- 일요일에 오랜만에 어린이집 선생님을 만나면, 신이 나서 좋은 모습을 보여주기 위해 기차 흉내를 낸다.

N의 경우, 친구와 손을 잡고 걷는 것, 쫓기면 도망가는 것 등은 '○ 틀을 맞출 수 있는' 시기부터 나타났습니다. '좌우 구멍을 구분하여 구슬을 넣을 수 있는' 단계가 되면 친구와 함께 '술래잡기'를 하며 도망치기도 하고, 선생님이나 집에 놀러온 사람과 교감하는 것을 즐거워하는 모습을 보입니다.

또한, '○ 틀 맞추기' 시기에는 친구와 연결하여 기차놀이를 하는 등 조금은 서툴렀지만, 이 시기에는 둘이서 연결하여 기차놀이를 할 수 있게 됩니다. 친구의 옷을 양손으로 잡고 친구의 걷는 속도에 맞춰 뒤따라 걷는 것은 익숙해지지 않으면 어렵지만, 이런 움직임에도 즐겁게 따라갈 수 있게 된 것 같습니다.

이제 뒤에 친구가 생기면 앞이나 뒤의 아이의 움직임을 따라 걷는 것이 더 어려워지지만, 점차 긴 기차놀이를 즐길 수 있게 될 것입니다.

몸을 이용한 놀이

'좌우 구멍을 구분해 구슬을 넣을 수 있을' 무렵, 새롭게 할 수 있게 된 것은 공원의 미끄럼틀 계단을 혼자서 올라갈 수 있게 된 것입니다.

'좌우 구멍을 구분하여 구슬을 넣을 수 있을' 무렵 N의 '몸으로 하는 놀이' 상황입니다.

- 집에 돌아오면 매일 한 시간 정도 밖에서 혼자 놀게하는데, 집에 데려오는 것이 힘들다.
- 산책하러 가면 즐거워서 귀가하기 싫어한다.
- 계단을 잘 오르내린다. 엄마가 멈추면 거기에 맞춘다.
- 글로브 정글(회전식 원형 정글짐)이 마음에 들어, 타고 내려와서 회전시키며 논다.
- 8미터 정도 길이의 비스듬히 기울어진 방파제 콘크리트를 빠르게 오르내린다.
- 블록 상자 안팎을 오가며 놀기
- 욕조에 혼자 들어갈 수 있게 되었다.
- 욕조 가장자리에 스스로 서서 손을 잡아 주면 욕조로 뛰어내린다.
- 자동차 뒷좌석에서 앞좌석으로 칸막이를 넘어 이동하기
- 철봉에 매달리기
- 빠르게 걷기
- 앞구르기
- 산책을 하며 '주스가게'(자판기를 만지작거리며 노는 것)
- 정글짐 꼭대기까지 올라가 "여기 좀 봐"
- 몸을 비틀어 회전 점프

'좌우 구멍을 구분하여 구슬을 넣을 수 있는' 시기에 할 수 있는 것은 '미끄럼틀에 올라가서 미끄럼을 타기'였고, N의 경우 '○ 틀을 맞출 수 있는' 시기에는 '미끄럼틀을 거꾸로 올라가서 미끄럼탈 때 난간을 잡지 않는다'고 적혀 있었습니다. [사진 2-15]

이 시기에는 특히 집 밖에서 산책이나 공원을 좋아하고, 철봉에 매달리거나[사진 2-16] 정글짐 꼭대기까지 올라가거나 비스듬한 콘크리트 제방을

제 9 장 '좌우 구멍을 구분하여 구슬을 넣을 수 있는' 시기의 생활

> 재빠르게 오르내리는 등 자신의 몸을 잘 활용하고 있습니다.
>
> 걸음은 재빠르고 계단 오르기 등도 사람의 움직임에 맞춰 유연하게 움직일 수 있습니다.

사진 2-15 미끄럼틀을 거꾸로 올라 간다. / 사진 2-16 철봉에 매달린다.

9.2 말하기

이 시기의 안보이는 아동 37명의 데이터에 따르면, 2개 단어로 말하기는 36%, 3개 단어로 말하기도 36%였으며, 접속사('그래서' 등)와 접속조사('○와, △와' 등)를 사용하는 것은 이 시기에 처음 등장(18%)했습니다.

또한, 이 시기부터 1년간의 약시 아동(7명) 데이터에 따르면, 이 시기에는 3단어를 연결하여 말하는 아동이 28.6%, 4단어를 연결하여 말하는 아동이 57.1%, 접속사나 접속사를 사용하여 말하는 아동이 14.3%로 나타났습니다.

> '좌우 구멍을 구분하여 구슬을 넣을 수 있는' 시기의 N의 '단어의 이해와 말하기' 상황입니다.
>
> ① 경험한 것을 말로 표현하기
>
> - '어린이집에서 ○○하면서 놀았어'
> - "○○하는 거야"
> - '엘리베이터 탔어'

- '에스컬레이터 탔어'
- 매일같이 '○○선생님이 감귤반에서 "왜냐면 했는걸"이라고 말해' 라고 말한다.
- "○○선생님이 '그건 수컷이야'라고 말했어"라면서 이불 속에서 혼자 킥킥 거리며 웃는다.
- '와앙'하고 울고 난 후 '○형에게 야단맞았어'라고 말하며 엄마에게 달라붙는다.

② '○○하고 싶어', 생각 표현하기

- '베리베리(신발 이름) 신을래'
- 건포도가 담긴 접시를 스스로 던져버리고 나중에 "엄마 건포도 던져서 미안해"라고 말한다.
- '좀 더 하고 싶었는데'

③ "이거 뭐야?"라고 물어서 물건의 이름을 알게 된다.

- "이거 뭐야?" "이거는?"이라고 묻는 경우가 많다. 기억하려고 물어본다.
- 산책하며 선생님과 수다 떨기. "이거 뭐야?", '물 냄새가 나네', '주스 마시는데 가요', '띵똥', '주스 주세요'

④ 대화

- 식사 중 "선생님 ○○에서 아이스크림 먹었어요. 선생님도 먹을래요?"라고 물어본다.
- 평균대 구석에서 숨바꼭질, 엉덩이를 내밀고 숨바꼭질을 한다.
  선생님 "여기는 뭐예요?" N "엉덩이에요"
  선생님 "귀여운 엉덩이에 뭐가 들어있을까?" N "똥"
  선생님 "똥 들어있어?"하며 들여다보려고 하면,
  N "안 들어있어요"라고 말하며 빙그레 웃는다.
- "○○선생님 ○○선생님 집에 불났어요, 전부 다 타버려요"라고 말하면서 선생님의 반응을 본다."어, 큰일이다, 어떡하지?"라고 말하면 빙그레 웃으며 대만족!

- 선생님 '○○공원에 갈까?'
  N "현관으로 갈게요" 기쁜 표정으로 신발을 찾으러 간다.
  N '얼른 열어요'(점점 화가 나기 시작한다)
  선생님 "다들 올 때까지 기다려 주자"
  선생님 "○○이는?", 다들 "있어요"
  선생님 "△△이는?", 다들 "있어요"
  N "□□는?", 선생님 "기다려줍시다", N "응"
- 아침밥을 먹고 나면 "어린이집 가요?"라고 말한다. 하루종일 수다를 떨고 있다.

⑤ 크기와 모양을 알 수 있다

- 블록이나 정원의 돌을 들고 '크다', '사각형이다' 등을 말한다.

⑥ 장소의 이해

- 보육원에서 계단을 오르면 발로 탐색하지 않고도 바로 자기 반으로 들어간다.

⑦ 기타

- 지하철이나 모노레일의 출발 벨소리를 흉내내며 웃는다. 자전거의 빠른 소리, 느린 소리를 흉내낸다
- 좋아하는 노래에 멋대로 가사를 붙여 노래한다. ♪배가 고프네 ○○ 먹고싶다♪
- 친구의 이름('○○이', '△△이', '□□')을 외워서 말하기
- 포도반(세살 위 반)의 쿠키 만드는 냄새에 테이블로 와서는 '쿠키는? 쿠키는?'이라고 재촉한다. "간식 때 먹자"라고 말하자 마지못해 자리를 뜬다.
- 생일파티 노래를 다른 사람들보다 더 큰 목소리로 부른다.
- 제멋대로 붙인 가사로 노래하며 기분이 좋다. 어떻게 이런 엉터리 노래를 부를 수 있을까 싶을 정도
- '압(아빠)', '엄(엄마)'라고 한다. 엄마에게 "언니 이거 주세요"

이전 단계보다 더 말을 많이 하고, 말장난(엉터리 노래 부르기, 부모님을 압아나 엄, 엄마를 언니라고 부르는 등)을 하며 장난을 치는 모습 등이 많이 적혀 있었습니다.

에스컬레이터를 타는 경험을 이야기하고 있습니다. 산책할 때는 걷는 것뿐만 아니라 귀를 잘 기울이고, 들리는 소리가 무엇인지 질문합니다. 다양한 물건을 만져보고 '큰 것', '네모난 것' 등으로 분류하는 것, 자기 반의 방에는 발로 탐색하지 않고 들어가는 등 어린이집 내 위치도 잘 알아서 이동이 원활합니다.

9.3 기본적 생활습관

식사

숟가락과 포크의 사용은 점차 능숙해집니다. 안보이는 아이의 경우, 숟가락을 이용한 식사가 정착되는 시기는 생후 3세 6개월~4세 정도입니다.

젓가락 사용은 보이는 아이의 경우 2세 후반부터 3세 전후에 할 수 있지만, 안보이는 아이에게는 젓가락 조작이 더욱 어려우므로, 이 단계에서는 젓가락에 익숙해지는 단계로 면류 식사 시 긁어내거나 떠먹이는 등의 형태로 사용하게 합니다. 젓가락으로 음식을 찌르거나 집거나 하는 것은 아직 불가능하기 때문에 굳이 시키지 않아도 됩니다.

또한, 식사 시간뿐만 아니라 다양한 기회를 포착하여 요리 이름이나 재료의 이름 등을 알려주세요. 식재료는 채소, 고기, 생선 등 실제로 손으로 만져보게 하고 요리하기 전의 형태를 알려주는 것이 중요합니다.

이 외에도 상자, 캔, 병뚜껑을 열고 먹는 등 일상 생활 속에서 많은 손 조작을 할 수 있습니다. 예를 들어 아이는 포장지를 만지는 것만으로 안에 사탕이 들어있다는 것을 이해하기가 어렵기 때문에 기회를 놓치지 말고 많이 경험하게 해 주세요. 맛있는 것을 손에 넣을 수 있기 때문에 금방 익히게 됩니다.

보이는 아이가 할 수 있는 것은 가능한 한 많은 손과 시간을 들여 체험을 해보는 것이 좋습니다.

제 9 장 '좌우 구멍을 구분하여 구슬을 넣을 수 있는' 시기의 생활

> '좌우 구멍을 구분하고 구슬을 넣을 수 있는' 시기에는 식습관에 대한 설명이 없었습니다. 하지만 '○ 틀에 맞추기'를 할 수 있는 단계에서는 어떻게든 숟가락으로 떠먹고, 포크로 찍어서 먹을 수 있게 되었다고 적혀있었습니다. 또 병 뚜껑을 닫을 수 있게 되었다고 적혀있었습니다.

배설

이 단계는 '"화장실 다녀와요"라는 말을 듣고 혼자서 화장실에 가서 소변볼 수 있는' 시기입니다. 여기에는 '스스로 바지를 벗고 혼자서 바지를 입는 것'도 포함됩니다. '신발을 신을 수 있는' 능력과도 관련이 있습니다.

> '좌우 구멍을 구분하여 구슬을 넣을 수 있을 때' N의 '배설' 상황입니다.
> - 화장실에 가고싶어 하는 표정이어서 '화장실 갈까?' "응" "뭐가 나오니?" "똥" (결과적으로는 나오지 않았다)
> - 변기에 앉아서 배변을 하면 알려주게 되었다.
> - 똥이 나오면 반드시 '나왔다!'라고 하도록 가르쳤는데, 엄마가 상냥하게 대해주는 것이 좋아서 똥이 나오지 않을 때도 '나왔다!'라고 말하게 되었다.

> 배뇨보다 배변쪽이 배변하기 전이나 배변하는 모습을 주변에서 보기에 더 쉽게 알 수 있는데, N의 경우도 배변과 화장실이 연결되어 이해는 하고 있는 듯하지만, 배변조차 확실히 성공하지 못하는 상황이 기록되어 있습니다.

옷 입고 벗기

이 단계에서 안보이는 아이는 신발 벗기, 신발 신기, 바지 벗기, 바지 입기, 스냅단추(똑딱이) 풀기, 겉옷 벗기 등 많은 동작을 할 수 있습니다. 하지만 보이는 아이들이 할 수 있는 옷 입기, 벗기 동작은 참고만 하시기 바랍니다.

　발달 검사에 따라 탈착 동작이 가능한 나이에 차이가 있습니다. 안보이는 아이의 경우 보는 것에 의한 모방이 어려워, 비장애 아동과 같은 시기의 탈착 동작이 어렵기 때문에 서두르지 말고 충분한 시간을 갖고 아이의 상태에 맞게 대응하는 것이 매우 중요합니다.

① 신발을 벗고 신는다

신발을 벗을 수 있는 나이는 보이는 아이의 경우 2세 0개월~2세 5개월, 저시력 아동의 데이터에서는 2세 4개월~2세 8개월로 나타났습니다. 또한 신발을 신을 수 있는 나이는 안보이는 아동의 데이터에서는 2세 6개월부터로 나타났습니다.

　신발을 신고 밖으로 나간다는 것과 바깥놀이의 즐거움을 알게 되면 신발을 신고 벗는 것도 금방 익히게 됩니다. 처음에는 스스로 신발에 발을 넣고 빼는 동작을 익히도록 하고, 발을 넣기만 하면 되는 간단한 신발을 선택하도록 합니다. 예를 들어, 발을 넣기만 하면 되는 슬리퍼나 느슨한 장화 등을 사용하면 방법을 쉽게 익힐 수 있는 것 같습니다.

　신발을 신고 벗는 방법을 익히기 위해서는 조작이 용이하도록 약간 큰 신발을 사용하고, 신발 뒷부분에 지름 2cm 정도의 고리를 달아 신고 벗는 것을 쉽게 할 수 있도록 하면 편리합니다. 신발의 좌우도 점차 구분하게 되는데, 한쪽 신발에 표시(버튼 등)를 달아 그 표시가 왼쪽(또는 오른쪽)이라고 가르치면 쉽게 좌우 구분도 할 수 있습니다. [그림 2-10]

그림 2-10 뒷부분에 고리를 달고 오른쪽에만 표시를 달아 둔 신발

　먼저 혼자서 신발을 벗는 것부터 시작합시다. 낮은 받침대에 앉아서 신발을 벗는 발 쪽을 살짝 들어 올려 발뒤꿈치 부분에 손가락을 넣어 내려주면 됩니다. 힘들면 손은 조금 더러워지겠지만, 신발을 벗으려는 발과 반대편 손으로 발바닥 부분을 단단히 잡고 아래로 잡아당기면

제 9 장 '좌우 구멍을 구분하여 구슬을 넣을 수 있는' 시기의 생활

벗겨집니다. 다른 한 쪽도 똑같이 해줍니다.

신발을 벗을 수 있게 되면 다음 단계는 신발을 신는 법을 익히는 것입니다. 아이가 신발을 신는 것과 외출 등의 의미를 연결시킬 수 있게 되면 신발을 신을 수 있도록 도와주세요. 단추 등이 달린 복잡한 신발은 충분히 익숙해진 후에 신게 하고, 처음에는 운동화부터 연습하도록 합니다.

처음에는 낮은 받침대에 앉아 손으로 신발을 잡고 반대쪽 발을 넣습니다. 발이 들어가면 고리 부분을 잡아당기면서 발가락 쪽으로 발을 내미는 방법을 익히게 합니다.

익숙해지기 전까지는 신발의 입구를 발로 찾아내는 것이 어렵습니다. 이것은 새 신발일 때는 발을 넣는 신발의 입구가 딱딱해서 비교적 찾기 편하지만, 점차 입구가 부드러워지고 뭉개지기 때문에 발로 더듬어도 잘 알 수가 없습니다.

이럴 때는 양손으로 신발 입구를 열고 그 안에 발을 넣도록 가르칩니다. 이때 앉아 있는 허리 위치와 지면과의 단차가 너무 높거나 낮으면 자세가 힘들어지고 조작이 어려워지므로 주의해야 합니다.

아이가 한 발로 서거나 쪼그리고 앉는 자세를 취할 수 있게 되면(이런 신체 움직임이 가능한 시기는 유아 후기부터라고 생각되지만, 후기에는 신발을 신는 것에 대해 언급하지 않았기 때문에 여기에 적어두겠습니다), 조금씩 서 있는 자세로 허리를 굽히고 신발을 벗고 신는 연습을 시작하세요. 처음에는 엄마가 고정시켜 놓은 신발에 발을 넣도록 합니다. 그다음에는 발끝을 세워서 바닥을 툭툭 차게 하거나, 허리를 굽혀 고리 부분을 잡아당기게 합니다.

사진 2-17 쪼그려 앉아서 신발을 신는 모습

이때 한 손은 잡을 곳이 있어야 안정감을 느낄 수 있습니다. 잡을 곳이 없을 때는 엄마가 손을 잡아주어야 합니다. 다른 쪽 다리도 똑같이 하게 합니다. 방법을 알게 되면 신발을 고정하지 않고도 혼자서 발을 넣을 수 있게 되고, 몸의 균형도 잡을 수 있게 됩니다. [사진 2-17]

벗은 신발을 모두 한 손에 들고 정해진 신발장 위치를 찾는 것도 중요합니다.

② 팬티나 바지 벗기

보이는 아이들은 팬티를 벗는 시기가 2세 0개월부터로 조금 더 빨랐고, 바지를 벗는 시기는 2세 6개월~2세 11개월로 조금 더 빨랐습니다. 또한 저시력 아동도 2세 4개월~2세 8개월로 큰 차이를 보이지 않았습니다.

팬티나 바지(처음에는 긴바지는 피하고 큰 사이즈의 반바지가 좋다)를 벗는 것부터 시작합니다. 이 시기에는 손의 힘이 약하기 때문에 힘을 주어 조작하는 것이 아직 서투릅니다. 고무줄이 너무 꽉 조이지 않는 팬티나 천이 딱딱하지 않은 바지를 선택하도록 합니다.

먼저 입고 있는 팬티나 바지를 허리에서 아래로 내리게 하는 것부터 시작합니다. 앞쪽은 쉽지만 손을 뒤로 돌려 엉덩이 부분을 내리는 것은 조금 어렵습니다.

엄마가 미리 발목까지 내려놓은 팬티나 바지를 아이는 다리를 빼기만 하면 됩니다. 그렇게 할 수 있게 되면 엄마가 팬티나 바지를 엉덩이 아래까지 내리고, 아이가 팬티나 바지를 내리고 발을 빼는 식으로 난이도를 조절합니다. 팬티나 바지에서 발을 뺄 때 몸의 균형이 잡히면 서서 빼도 되지만, 바닥에 허리를 숙이게 하는 것이 더 안정적입니다. 점차 허리 부분부터 스스로 내려서 벗을 수 있도록 합니다. 느슨한 복대나 굵은 고무줄을 허리에 맸다가 풀어주는 것도 팬티나 바지를 벗는 연습이 될 수 있습니다.

③ 스냅 단추를 풀고, 상의를 벗기

보이는 아이 데이터에 따르면, 스냅 단추(똑딱이)를 스스로 푸는 것은 1세 9개월, 스냅 단추를 풀고 상의를 벗는 것은 2세 6개월부터 2세 11개월까지로 보고되고 있습니다.

먼저 스냅 단추를 풀어서 앞이 트인 상의를 벗는 것부터 시작합니다. 스냅 단추를 풀기 위해서는 양손으로 앞뒤 또는 양쪽으로 잡아당기면 됩니다. 이때는 단단히 잡고 잡아당겨야 합니다. 보이는 아이들조차도 2세 후반부터 3세 전후까지, 연령에 따라 차이가 있는 동작입니다.

다음으로, 헐렁한 상의(처음에는 반팔)를 벗는 방법은, 앞쪽을 양손으로 각각

잡고 양쪽으로 펼친 뒤, 양 어깨 뒤로 돌리며 어깨에서 옷을 빼내면 간단합니다.

그리고 소매에서 먼저 한 손을 빼낼 수 있어야 하며, 빼낸 손으로 옷을 잡고 다른 손을 빼는 것이 바람직한 형태입니다. 셔츠 등 앞이 트이지 않은 상의를 벗는 방법은 양손으로 목둘레(느슨한 것)를 잡고 머리 위로 들어올려 목을 빼는 방법, 몸 앞에서 팔을 교차해 셔츠 밑단을 잡고 머리 쪽으로 한꺼번에 들어올려서 빼는 방법, 소매에서 한 쪽 팔을 먼저 빼고 팔을 하나씩 벗고 머리를 빼는 등 다양한 방법이 있습니다. 느슨한 배꼽티나 굵은 고무줄을 머리에서 떼어내는 것도 탈의 연습이 될 수 있습니다.

또한 처음부터 뒤집지 않고 벗는 것이 좋다는 의견도 있지만, 이 단계에서는 아이가 벗을 수 있었다는 성공 경험을 소중히 여기는 것이 좋습니다.

제 10 장

'크고작은 ○ 모양을 틀에 맞출 수 있는' 시기의 생활

'크고작은 ○ 모양을 틀에 맞추기'는 끼워 넣을 수 있는 판(구멍의 위치는 랜덤으로 바뀜)에 구멍의 크기를 확인하고 크고작은 ○ 모양의 블록을 끼워 넣는 재미를 느낄 수 있는 게임입니다. [그림 2-11] 같은 모양이라도 큰 것, 작은 것, 중간 정도 등의 개념이 형성됩니다.

먼저 놀이도구를 조작하기 편한 책상 등에 올려놓고 아이를 놀이구 앞에 앉힙니다. 그리고 아이의 손을 잡고 다양한 크기의 구멍을 '크네', '작네', '중간 정도네'라고 말하면서 충분히 만져보게 합니다.

그 후 각각에 맞는 ○ 모양의 나무블록을 '크네', '중간 정도', '작네'라고 말하면서 끼워넣는 연습을 합니다. 그리고 '구멍의 위치가 바뀌어요, 어디로 갔을까요'라고 말하면서 구멍의 위치를 무작위로 바꿔가며 같은 방법으로 연습을 시킵니다.

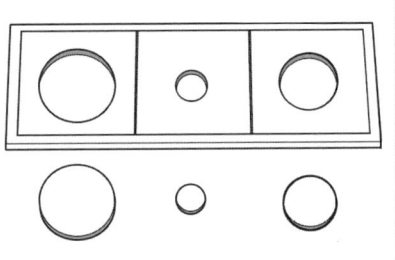

그림 2-11 크고작은 모양맞추기 틀

"구멍의 위치를 잘 확인한 후 넣어봅시다"라고 말하면서, ○ 나무블

제 10 장 '크고작은 ○ 모양을 틀에 맞출 수 있는' 시기의 생활

> 록도 무작위로 건네줍니다. 이때 크기 설명은 하지 않습니다. 처음부터 건네준 ○ 블록을 크기에 맞는 구멍에 끼워넣을 수 있으면 이 발달단계에 도달했다고 볼 수 있습니다.
>
> '크고작은 ○ 모양맞추기 틀'이 없더라도 아이의 생활을 관찰하면 '크고작은 ○ 모양맞추기 틀'을 즐길 수 있는 발달단계인지 아닌지를 판단할 수 있습니다.

10.1 놀이

물건이나 장난감을 이용한 놀이

안보이는 아이가 '크고작은 ○ 모양 맞추기'를 할 수 있을 때쯤이 되어야 비로소 할 수 있는 '물건이나 장난감을 이용한 놀이'에 대한 조사 결과는 없지만, N의 사례를 참고하세요.

> '크고작은 ○ 모양 맞추기'를 할 수 있을 때쯤의 N의 '물건이나 장난감을 이용한 놀이' 상황입니다.
>
> ① 용기에 담는 놀이
>   - 캔이나 빈 세제 용기에 돌멩이를 넣는다.
>   - 조미김 원통형 캔의 뚜껑을 여닫을 수 있다는 점을 마음에 들어한다. 안쪽 뚜껑도 열고 닫을 수 있다.
>
> ② 작은 동물 등을 만져보기
>   - 형이 키우는 개구리를 '만져 볼게'라고 하지만, 만지면 곧바로 손을 빼고 '안 만질래'라고 말한다.
>   - 유원지 동물 친화 광장에서 작은 동물(토끼, 병아리, 햄스터)을 만져 본다. 햄스터가 마음에 드는지 혼자서 집어들고는 안아본다.
>
> ③ 바다, 물놀이
>   - 처음 가 본 바다. 파도를 뒤집어쓰고 '신난다'라며 기뻐한다. 집에

돌아와서 팥이 든 통으로 파도 소리를 재현한다.
- 아기 욕조에 따뜻한 물을 넣고 샤워기를 꺼내 논다.
- 물놀이. 비옷을 입은 N에게 폭포처럼 물을 뿌려도 놀라지 않는다.
- 목욕탕에서 수돗물을 손으로 찰박찰박 두드리며 흠뻑 젖은 채로 놀기를 좋아하고, 그만하자고 하면 '나 혼자서 씻을래'라며 소란을 피운다.

④ 듣기
- 역에서 1시간 동안이나 기차가 지나가는 소리를 듣는다.
- 불꽃놀이의 큰 소리에 귀를 기울인다.
- 아빠의 CD(사이먼 앤 가펑클)를 '이거 아빠가 좋아하는 거'라며 거부감 없이 듣더니, '엘 콘도르 파사'의 케나(남미의 전통악기)가 마음에 드는 모양이다. 그리고 좋아하며 듣는다.

⑤ 기타
- 윗반 아이가 모래로 만든 푸딩을 손으로 만지작거리며 "먹을 수 있는 거야?"라고 묻는다. 평소에는 의도적으로 냠냠 하고 먹는 흉내를 내는데, 진짜 푸딩과 닮았다고 느낀 걸까?

> N의 놀이는 유원지 동물 친화 광장에서 개구리와 햄스터를 만져보는 등 소중한 체험을 하고 있습니다. 바다에서 파도 느끼기, 호스로 물놀이 등을 즐기는 것, 아빠가 좋아하는 음악을 듣는 것 등이 묘사되어 있었습니다.

사람과 함께 하는 놀이

'크고작은 ○ 모양을 맞출 수 있는' 시기에는 친구와 장난감을 주고받거나 소꿉놀이를 하거나 다른 사람이 되어 대화를 하는 등 친구와의 관계 속에서 놀이가 풍부해집니다. 또한, 게임 놀이 '통통통 무슨 소리일까?'에도 즐겁게 참여합니다.

위와 같은 놀이가 관찰되면 '대소변 가리기'를 할 수 있는 발달단계에 이르렀다고 생각하고 육아를 진행하세요.

제10장 '크고작은 ○ 모양을 틀에 맞출 수 있는' 시기의 생활

'크고작은 ○ 모양을 맞출 수 있는' 시기 N의 '사람과 함께 하는 놀이' 상황입니다.

- 복도를 계속 달린다. 뒤에서 친구가 쫓아오기를 기대하고 있다.
- 형에게 혼나면 펑펑 운다.
- 친구들 이름(4명)을 집에서도 자주 이야기한다.

N은 친구들과 함께 달리는 것도 좋아하게 되었어요. 친구와 부딪힐 일이 있어도 두려워하지 않고 달리는 등 마음속에서도 보이는 아이들의 움직임에 맞춰 움직이는 것이 즐겁습니다.

'크고작은 ○ 모양을 맞출 수 있는' 무렵에 처음 전개되는 놀이는 '2. 언어'에 N의 사례들이 많이 소개되어 있으니 참고하세요. 의사나 환자 역할을 해보기도 하고, 친구들과의 관계 속에서 놀이가 더욱 풍성해집니다. 또한, 게임 놀이 '통통통 무슨 소리일까?'에서도 즐겁게 놀았습니다.

몸을 이용한 놀이

'크고작은 ○ 모양을 맞출 수 있는 시기'가 되면 달리기, 계단을 두 발로 뛰면서 내려가기, 도우미가 함께하는 자전거 타기 등을 할 수 있게 됩니다.

'크고작은 ○ 모양을 맞출 수 있는 시기' N의 '몸으로 하는 놀이' 상황입니다.

- 철봉놀이. 10을 셀 때까지 매달릴 수 있다.
- 자갈길을 좋아한다.
- 세발자전거를 타고 한 시간 이상 중학교 운동장에서 놀 수 있다.
- 수영장에서 하마처럼 네 발로 걷는다.
- 유원지에서 놀이기구를 탄다.
- 여름 축제에서 축제 퍼레이드를 따라 걷다가 참가자들이 물을 뿌리자 즐거워한다.
- (도로의) 하수구 뚜껑 찾기를 하고 발로 여기저기 밟으며 그 소리를

듣는다.
- 목욕탕에서 눈 위만 나오도록 욕조에 몸을 잠기게 한다. 그 뒤 욕조에서 머리까지 잠수할 수 있게 된다. 더 나아가서 7을 셀 때까지 잠수한다. 손을 잡으면 위를 향해서 떠오른다. 잠수해서 앉아서 다리를 뻗는다.
- 블록 울타리를 오르려고 한다.
- 기차를 타고 할아버지 집으로 간다.
- 남의 집을 좋아하게 된다(형의 친구 집에서 가족과 저녁식사)

같은 발달단계에서 '목욕탕에 들어가서 목욕하는 것'이 점점 변화하는 것처럼, N은 몸을 사용하는 능력이 점점 향상되어 다양한 것에 대응할 수 있게 됩니다. 자갈길을 걷는 것을 좋아하고, 하수구 뚜껑을 찾는 등 집 밖에 재미있는 일이 많다는 것을 발견하고 그에 따른 움직임을 익히고 있습니다.

10.2 언어

보이는 아이가 '높낮이를 알 수 있는 시기'는 3세 0개월~3세 4개월(엔조지식) 무렵입니다.

'크고작은 ○ 모양을 맞출 수 있는' 시기 N의 '단어의 이해와 말하기' 상황입니다.

① 단어를 많이 사용하여 '말장난'을 한다.
- 놀이를 하고 있는 중에 들어와 '안녕 약', '안녕 이불', '안녕 주사'라고 말하며 묘한 표정으로 누워있다.

② 친구나 형을 의식한다.
- 한때의 '싫어싫어'라는 반항이 사라지고, '○○할까? 어떻게 할래?'

제 10 장 '크고작은 ○ 모양을 틀에 맞출 수 있는' 시기의 생활

라고 말을 걸면, 'N도 할래', '친구들과 함께 가고 싶어'라며 친구와 같은 것을 하고 싶어한다.
- '나 있잖아, 나 있지'라고 형을 닮은 말투로 말한다.

③ "○○이 뭐야?"라고 묻는다.
- "○○이 뭐야?"라고 묻는 경우가 많아진다. "엄마라는건 뭐야?"

④ 말장난을 한다.
- "통통통", "무슨 소릴까?", "방귀소리"라며 히죽히죽 웃는다.
- 정답을 맞히지 못하면 형의 흉내를 내며 "바부탱이"라고 한다.
- 햄을 먹고 있으면 "무슨 햄이야? 아브라햄?"이라고 말장난을 한다.
- 일부러 이름을 잘못 말하고는 "삐, 틀렸습니다"라는 대답을 듣고 싶어한다.

⑤ '○○하고 △△한다'라고 표현하기
- "○○하고 나서 △△하고, 그리고 나서 □□하자"라고 말한다.

⑥ 장소의 이해
- 집안의 항상 정해진 장소에서 나는 소리에 의지해 잘 걷는다.
- 오랜만에 어린이집에 가면 방향을 잘못 잡는다.
- 역까지 차로 오면 'N도 지하철 탈래'

N은 '집안의 항상 일정한 장소에서 나는 소리를 단서로 삼아 잘 걸을 수 있다'고 적혀있었습니다.

예를 들어, 부엌에서 집안일을 하는 엄마가 내는 소리(씻는 소리, 도마에서 칼질하는 소리, 밥 짓는 소리, 요리하는 소리, 전자레인지 소리 등), 청소기나 세탁기 소리 등이 어떤 일을 할 때 나는 소리인지도 확인해보고 알아두는 것이 중요합니다.

또한, 소리뿐만 아니라 밥 짓는 냄새 등도 단서가 될 수 있습니다.

> N의 '단어의 이해와 말하기'에 관해서는, "뭐야?"라고 질문하는 내용이 '엄마라는 게 뭐야?' 외에도 햄을 먹고 '무슨 햄? 아브라햄?'이라고 말하는 등 말놀이가 풍부해집니다. 접속사를 사용하는 등의 발달도 보였습니다.

10.3 기본 생활습관

식사

'크고작은 ○ 모양을 맞출 수 있는' 단계에서는, 지금까지의 내용에 능숙해지는 것을 목표로, 부모와 아이 모두 여유를 가지고 식사를 즐기도록 합니다.

숟가락, 포크, 젓가락을 잡는 방법은 나중에 젓가락 잡기로 이어지기 쉽도록 완전히 쥐는 것은 가급적 피하고 엄지·검지·중지로 잡는 것이 좋지만, 억지로 강요함으로써 아이의 의욕을 떨어뜨리지 않도록 하는 것이 중요합니다.

> '크고작은 ○ 모양을 맞출 수 있는' 시기 N의 '식사' 상황입니다.
>
> - 컵, 밥그릇, 접시, 포크를 함께 모아 주방에 가져다 주고(약간의 지시는 필요함), 포크를 담는 바구니의 위치도 파악하고 있다.

> 식사와 관련해서는 N에 대한 설명이 적은 편입니다. '크고작은 ○ 모양을 맞출 수 있는' 무렵의 N은 식기 정리할 때 접시 위에 컵을 얹어 놓았는데, 약간의 지시는 필요하지만 컵, 찻잔, 접시, 포크 등을 함께 모아 주방으로 옮길 수 있는 등 조금씩 능숙해지고 있었습니다.

배설

'크고작은 ○ 모양을 맞출 수 있는' 무렵에는 '자발적으로 화장실에 가서 소변을 볼 수 있'게 됩니다. 여기에는 '화장실 안에서 바지를 올리고 내릴 수 있는 것'도 포함됩니다. 이것에는 옷을 입고 벗는 능력이나 '계단을 한 발 한 발 올라갈 수 있다'는 운동능력이 관련되어 있습니다.

제10장 '크고작은 〇 모양을 틀에 맞출 수 있는' 시기의 생활

지금까지의 연구 등에서는 이러한 준비가 되지 않은 상태에서 연습을 시작해도 도달시간이 같다는 결과가 나왔으며, 이 점에서도 나이에 신경을 써서 시작 시기를 앞당길 필요는 없다고 생각합니다.

어쨌든 배변 습관의 자립 시기는 개인차가 상당히 큽니다. 조금 늦어지더라도 문제가 되지 않습니다.

'크고작은 〇 모양을 맞출 수 있는' 시기의 N의 '배설' 상황입니다. 시간순으로 설명합니다.

- '아, 오줌 싸버렸다'라고 말한다.
- 목욕하기 전. 형이 오줌을 싸러 가면 "N도 갈래"라고 말하면서 변기에 소변을 본다. ♪오줌이 나온다네♪라고 노래하면서
- 아침에 기저귀를 찬 채로 '아, 오줌이 넘쳐버렸다'라고 외친다.
- 우유를 마시다 '넘쳤어'라며 울길래 보니 오줌을 싼 것이었다.
- 울며 소동을 피울 때는 대부분 오줌이 마려운 때이다.
- 기저귀를 벗기면 불안거나 긴장한다? 엄마와 떨어지기 싫어하고, 기분이 나빠져서 운다.
- 연속해서 오줌을 지리지는 않는다. '(기저귀를) 바꿔주세요'라고 말하는 경우에도 살펴보면 아직 오줌이 마려운 참이라 변기에 앉히면 성공!
- 목욕 전. '목욕하기 전에 오줌 눌래'(성공). 아침에도 '오줌마려워'(성공) '드디어 오줌 가릴 수 있게 됐어!'.
- 배설은 거의 실패하지 않게 되었다.
- 감기 기운이 있어서 배에 힘이 들어가지 않는 바람에 실패. '엄마 화내지 않게 (기저귀) 갈아입혀 줘'

배설을 스스로 할 때까지 N에게 다양한 모습으로 나타나는 사실적인 묘사는 아이에게 일어나는 마음의 발달 과정을 잘 보여줍니다. 소변 실수를 하고 나서 '넘쳐버렸어'라고 말하거나, 성공했을 때의 기쁨 등이 표현되어

있습니다.

> 한편으로는 기저귀를 떼는 것에 대한 불안감과 긴장감도 느껴집니다. 아이는 무언가 새로운 힘을 얻기 위해 필사적으로 노력하는 것 같아요. 엄마가 이런 아이의 마음을 잘 헤아려주는 것이 중요하다고 생각합니다.

옷 입고 벗기

옷 입고 벗기에 관한 N의 기록은 없었지만, 여기서는 안보이는 아이가 스스로 바지를 입거나 셔츠(단추나 스냅이 없는)를 입을 수 있도록 하기 위한 고려 사항을 설명합니다.

① 반바지를 입는다

반바지를 입는 연습은 형태가 잘 잡힌 반바지(또는 핫팬티)로 합니다. 모양을 익히고 좌우 다리를 통과시키기에 적합하기 때문입니다. 반바지에 다리를 끼워 주고 아이가 스스로 양손으로 끌어올리는 것부터 시작합니다. 조금 큰 사이즈에 고무줄이 있는 것이 허리까지 끌어올리기 쉬울 것입니다.

다음으로 발을 넣는 곳을 찾아 넣는 연습을 합니다. 넣는 곳을 찾는 것이 어려운 단계에서도 어떻게 잡아야 하는지 지도하고, 어떻게 잡아야 하는지, 어떻게 하면 발을 잘 넣을 수 있는지를 알려줍니다.

그 다음에는 앞뒤가 뒤바뀌지 않도록 앞뒤를 구분할 수 있는 표시를 해두면 좋습니다. 팬티나 바지의 경우, 처음에는 허리 부분의 앞쪽에 천 테이프

그림 2-12 앞쪽에 표시를 달아 둔 반바지

를 꿰매는 등 단서가 많은 것이 좋으며, 손에 잡히는 부분에 작은 셔츠 단추를 달아주는 등 단서가 많으면 더 쉽게 알 수 있습니다. [그림 2-12] 차츰 작은 단추 하나만 달아도 괜찮아집니다.

제 10 장 '크고작은 ○ 모양을 틀에 맞출 수 있는' 시기의 생활

② 팬티를 입는다

'스스로 바지를 입는' 시기는, 보이는 아이가 3세 0개월~3세 11개월, 안보이는 아이가 2세 6개월이었습니다.

바지에 발을 끼워주고 아이가 스스로 양손으로 끌어올리는 것부터 시작해서, 익숙해지면 점차 발끝부터 끌어올리도록 합니다. 손을 뒤로 돌려 엉덩이 부분을 당기는 것은 조금 어렵기 때문에 익숙해지기까지 시간이 필요합니다. 반복해서 해보세요. 당기는 동작이 익숙해지면, 바지의 고무줄 부분을 발밑으로 벌리고 양 옆의 고무줄 부분을 양손 엄지손가락이 안쪽으로 오도록 잡고, 좌우 구멍에 발을 넣도록 합니다. 이때 발을 넣는 입구를 찾기가 어렵고 시간이 걸리므로 앉은 자세가 더 안정적입니다. [그림 2-13] 입구를 찾을 수 있고, 각각에 발을 넣을 수 있게 되면 바지를 입는 것은 어렵지 않습니다. 앞뒤를 구분하는 방법은 '① 반바지를 입는다'에서 설명한 대로입니다.

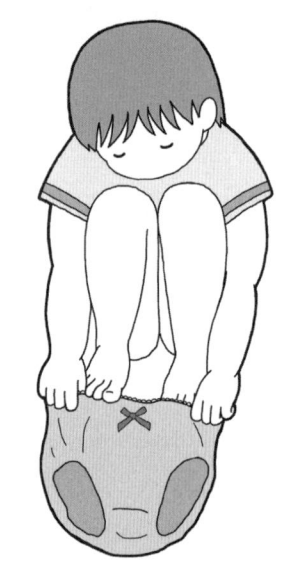

그림 2-13 팬티의 입구를 손 끝으로 찾아서 입는다.

③ 티셔츠(단추나 스냅 단추가 없는)를 입는다.

단추나 스냅 단추가 없는 티셔츠를 입을 수 있는 약시 아동들의 데이터에 따르면, 약시 아동이 셔츠를 입을 수 있는 시기는 3세 1개월~3세 6개월이었습니다.

    티셔츠를 입기 위해서는 우선 혼자서 머리 부분을 빼낼 수 있어야 합니다. 처음에는 조금 단단한 원단으로 형태가 잘 드러나는 셔츠를 선택해 주세요. 지금까지도 엄마가 머리 위에 티셔츠의 목 부분을 맞춰 주면, 스스로 머리를 빼내는 동작은 할 수 있었을 것입니다. 만약 아직 그렇지 않다면 옷을 갈아입을 때마다 목둘레가 조금 느슨한 셔츠를 입혀서 연습을 시켜주세요.

    아이 머리 위로 옷이 얼굴을 덮은 채로 있으면 싫어할 수 있으니, 즉시 아이의 손을 잡고 함께 머리를 빼낼 수 있도록 도와주어야 합니다. 더 이상 도와줄 필요가 없어지면 이번에는 양손으로 셔츠 밑단을 잡고 셔츠 안에 머리를 집어넣어 구멍으로 내밀게 합니다. 그런 다음 소매 끝을 찾아서 좌우로 손을 빼내는 과정을 거쳐야 합니다.

    이 시기는 마침 '바지를 입을 수 있는' 시기와 거의 비슷한 시기입니다. 바지의 경우 발을 끼워넣는 곳이 고무줄 등으로 죄여 있어 만져보면 쉽게 알 수 있지만, 반바지의 경우 그 부분을 찾기가 쉽지 않은 것 같습니다. 처음에는 재봉 부분을 만져서 아이가 알기 쉬운 옷을 고르거나, 천 테이프를 꿰매어 알기 쉽게 하는 등의 노력이 필요합니다. [그림 2-14]

그림 2-14 등 쪽의 밑단에 천 테이프를 붙인 티셔츠

    어쨌든 반복적인 연습이 필요하겠지만, 한동안은 도와주면서 동시에 불쾌한 시간을 빨리 끝낼 수 있도록 배려하는 것도 필요합니다. 셔츠에서 머리나 손을 빼낼 때마다 조금 과장되게 기뻐해 주면 좋을 것 같습니다.

제 10 장 '크고작은 ○ 모양을 틀에 맞출 수 있는' 시기의 생활

칼럼 : N의 삶을 통해 생각하는 것

N은 3살 위인 형과 부모님의 4인 가족입니다. 부모님이 모두 직장을 다니고 있기 때문에 엄마의 출산휴가가 끝난 후부터 형과 같은 어린이집에 다니고 있습니다. 어린이집에서 선생님과 다른 아이들과 함께 지내는 것, 형이 있다는 것에서 비롯된 다양한 경험은 N의 삶에 여러 영향을 끼치고 있음을 알 수 있습니다.

외동 아이를 부모가 전담해 키우는 가정과 N의 환경이 다른 것은 당연하지만, 자녀 양육에 참고할 수 있는 부분도 찾을 수 있을 것 같습니다.

영아 편을 시작하면서 아기를 키울 때 중요하게 생각해야 할 몇 가지를 언급했습니다. 모두 유아기에도 공통적으로 적용되는 중요한 관점이지만, 그 중에서도 특히 유의해야 할 것은 '사회 속에서 키우는 것'이 아닐까 하는 생각이 듭니다.

부모가 이웃이나 자신의 친구, 친척들과 친밀한 관계를 맺는 것이 안 보이는 아이의 경험에 큰 도움이 될 수 있습니다. 함께 쇼핑을 하면서 가게의 사람이나 물건을 접할 기회를 늘리고, 적극적으로 동네 공원이나 수영장에 데리고 나가서 놀게 함으로써 놀이의 즐거움을 알게 하고, 동네의 지리(예를 들어, 언덕을 올라가면 자판기가 있다든지, 강이 흐른다든지)를 익히기도 합니다. 전철이나 버스 등을 타고 외출하는 것, 휴일에 바다나 산에 나가서 다양한 체험을 하면서 많은 것을 이해하게 됩니다.

N의 경우도 곤충이나 작은 동물을 만질 기회도 생기고, 가족 외의 사람들과도 친해지면서 생활이 풍요로워진 것 같습니다. 집 밖에서의 즐거운 경험이 외부에 대한 관심을 넓히고, 몸을 움직이는 것을 좋아하게 되어 걷고, 뛰고, 언덕이나 가파른 경사면을 오르내리는 신체 기능의 발달을 촉진하고 있습니다.

학창시절 절친했던 친구들을 몇 명씩 집에 초대하고, 육아 중인 아이들도 함께 초대하여, 아이가 영아시절부터 보이는 아이들과 형제처럼 친해졌다는 분도 있었습니다.

III. 유아 후기 편

여기에서는 유아기 후기부터 취학 전까지의 기간(대략 3세부터 6세까지)에 아이의 놀이, 흥미와 관심, 기본 생활습관 형성, 안보이는 것에 대한 이해 등 가정에서 할 수 있는 것, 하면 좋을 것 같은 것들을 항목별로 정리해 보았습니다.

'제2편 유아전기'에서 소개한 N 외에 R(남아, 광각[1]), S(여아, 세 살 정도까지는 지수변[2]이었지만 어린이집 입소시에는 광각)와 부분적으로 O(여아, 전맹), T(여아, 전맹)를 추가하여 보육일지 등에 기재된 사례를 바탕으로 가정과 보육시설의 생활에서 구체적으로 어떤 모습을 보였는지 기술하고 있으므로 육아에 참고하시기 바랍니다.

N은 엄마의 출산휴가가 끝난 후 3개월부터 어린이집에 입소했고, R은 2세부터 어린이집에, S는 3세 4개월부터 유치원에 입소했습니다. 사례 소개에서는 각각 N, R, S, O, T로 표기했습니다.

또한 지금까지는 주로 손을 이용한 놀이를 기초로 발달단계를 정리하고, 각 단계별로 놀이와 기본 생활습관을 소개해왔습니다. 유아기 후기에는 안보이는 아이들의 '손을 이용한 놀이'를 발달단계별로 정리한 연구가 없습니다. 그래서

---

1) "광각변"이란 암실에서 피검자의 눈앞에서 조명을 점멸시켜 명암을 변별할 수 있는 시력을 말한다.
2) "지수변"은 검사자의 손가락 수를 대답하게 하고, 이를 정답으로 대답할 수 있는 최장 거리로 시력을 나타내는 것으로, "1m/지수변", "50cm/지수변", "30cm/지수변" 등으로 표기한다.

제10장 '크고작은 ○ 모양을 틀에 맞출 수 있는' 시기의 생활

유아기 후기부터는 놀이, 언어 등 영역별로 사례를 소개하고, 이름에 그 당시의 실제 나이를 기재했습니다. 소개된 사례들은 학령기 이후에도 정형화된 발달을 보인 아이들입니다.

지금까지 유아기 후기에 해당하는 연령(3세부터 취학 전)의 아이들에 대한 일상적인 발달 모습을 자세히 알 수 있는 자료는 없었습니다. 이 책을 작성하면서 이전에 엄마와 어린이집의 동의를 얻어 입수한 '보육일지'를 다시 읽어보니, 안보이는 아이의 일상이 주로 엄마와 교사에 의해 세밀하게 기록되어 있었습니다. 이는 필자들에게도 다시 한번 안보이는 아이들의 생생한 모습을 엿 보이는 계기가 되었습니다.

특히 유아기 후기 아이들의 성장과정은 아이의 성격이나 잘하는 것과 못하는 것의 차이에 따라 달라집니다. 그리고 엄마와 어린이집에서 아이를 돌보는 보육교사가 함께 아이를 지켜보고 키우는 모습은 30년 정도 지난 지금도 안보이는 아이를 키우는 엄마들에게 많은 도움이 될 것 같습니다.

사례의 아이들도 거의 비슷한 시기에 다양한 차이를 보이게 됩니다. 그 영향을 받아 각 가정에서는 그에 따른 육아에 대한 고민이 이루어지고 있습니다. 나이에 국한되지 않고 사례 아동들의 발달 양상의 변화와 경과에 주목하면 육아에 도움이 될 수 있지 않을까 생각합니다.

주의해야 할 점은, 거의 같은 나이의 N, R, S라 하더라도 발달과정은 각기 다르다는 점입니다. 아이에 따라서는 오히려 '제2편 유아전기'에 쓰여진 내용이 현재의 육아 상황에 더 잘 맞는 경우도 있습니다. 육아는 무리하지 않고 아이의 발달단계에 맞춰서 하는 것이 원칙입니다. 그 단계를 충분히 즐기면서 육아를 하고, 아이의 '하고 싶다'는 의사를 존중해 주면 아이는 순조롭게 발달할 수 있다고 생각합니다.

나아가 맹학교 유아원이나 어린이집·유치원에 입학함으로써 발생하는 문제나 아이의 성장에 따라 각 가정이 새롭게 대응을 생각해야 하는 경우도 있을 수 있습니다. 어린이집이나 유치원에 다니기 시작한 이후에는 교사 등과의 연계를 강화하여, 자신의 가정 상황에 맞게 육아를 진행하시기 바랍니다.

또한, '제4편 유치원'을 참고하세요.

제 *11* 장

놀이

11.1 실내 놀이

손을 이용한 놀이

안보이는 아이는 주로 손가락을 이용한 놀이를 통해 주변 사물을 만지거나 조작함으로써, 사물을 인지하는 능력을 발달시켜 나갑니다. 여기서 소개한 놀이 내용은 모두 실생활에서 경험하는 주변 사물의 모양, 크기, 위치, 순서, 가깝고 멀고, 길이, 무게 등을 활용하는 놀이입니다. 아이는 놀이를 통해 스스로 사물과 사물을 관계 짓고, 구성하고, 분해하면서 자신만의 세계를 창조하는 힘을 기르게 됩니다.

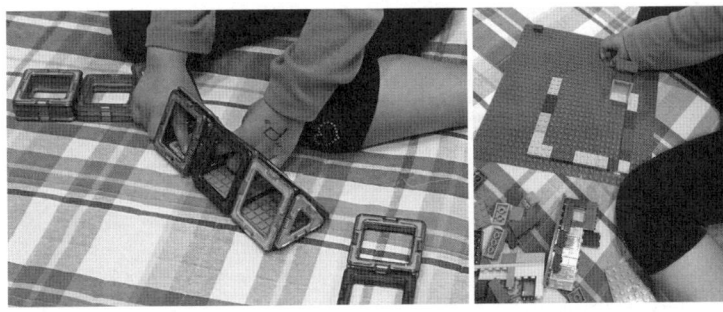

사진 3-1 자석이 붙은 블록사진 / 3-2 레고 블록

나무블록이나 점토 등으로 실생활에 있는 것을 모방하여 입체적으로 만들면서, 크기와 모양에 대한 지식을 풍부하게 할 수 있습니다. 지금은 다양한 소재와 모양의 블록과 교구가 시중에 판매되고 있습니다. 납작한 형태로 모든 방향에서

자유자재로 붙일 수 있는 블록도 있고, 자석, 찍찍이, 빗살 모양으로 된 블록도 있습니다. 이러한 블록을 쌓기 놀이의 전 단계로서 체험하게 하는 것이 좋습니다. [사진 3-1, 3-2]

이를 이용해 집의 벽과 바닥을 만들고, 자신의 방을 다양하게 꾸미며 노는 아이들도 있습니다. 인형의 집에 의자나 테이블 등을 배치하거나 괴수 등을 조립하는 놀이를 통해 창의력을 키울 수 있습니다.

촉각그림책은 평면적으로 표현된 도형을 배우고, 그림 그리기에서는 입체적인 것을 평면으로 표현하는 방법을 체험합니다. 이는 나중에 초등학생이 되어 자신의 이동하는 장소 등을 나타내는 지도나 도형(평면, 측면 등의 형태)을 이해하는 데에도 도움이 됩니다.

유아기 후기는 대략 3세부터 6세까지를 다루고 있기 때문에 같은 놀이라도 나이에 따라 내용이 달라집니다. 사례의 연령을 참고하여 아이와 함께 즐겁게 놀아주세요.

유치원이나 가정에서 실내에서 할 수 있는 놀이 중 주로 손으로 하는 놀이를 소개합니다. 하지만 아이에 따라 좋아하는 것과 싫어하는 것이 다르므로 모든 항목을 다 잘하지 못해도 걱정할 필요는 없습니다. 또한, 소개한 것은 아래의 ①~⑫ 항목입니다. 이것은 난이도가 높은 순서대로 나열한 것이 아닙니다. 아이가 흥미를 느끼는 항목을 참고하세요.

① B블록이나 레고 블록
② 나무블록
③ 점토
④ 줄 끼우기
⑤ 끼우기틀·퍼즐
⑥ 종이접기
⑦ 그림 그리기
⑧ 가위
⑨ 공작
⑩ 그림책·촉각그림책
⑪ CD, TV, 노래, 손놀이 노래, 악기 등
⑫ 요리

① **B블록이나 레고 블록**(떼거나 연결하여 건물, 터널, 책상, 의자 등을 만든다.)

블록은 다양한 재질과 크기, 모양이 있습니다. 기초가 되는 판 위에 쌓아 올리면 쉽게 무너지지 않고, 손을 떼어도 그 상태가 유지됩니다.

사이즈는 처음에는 아이의 손바닥 정도 크기의 것이 다루기 쉬울 것 같습니다. 블록도 끼워 넣기 전에 떼고 끼워 넣는 것을 즐기는 것이 좋습니다.

엄마가 연결한 블록을 함께 손을 잡고 잡아당겨서 떼어내는 경험을 많이 시키고, 그 다음에는 한 개씩 떼었다가 바로 연결하는 것을 반복하면, 연결할 수 있게 됩니다. 처음에는 쌓아서 높이 올리면 기뻐합니다. 연결하면서 모양이 변하는 것, 그것을 만져보고 확인할 수 있는 것은 아이가 성취감을 느낄 수 있는 지점입니다.

[참고] 일본에서 시판중인 B블록과 다이아 블록

엄마와 함께 블록을 다양하게 연결해 무언가(예를 들어 1층, 2층, 3층, 빌딩, 책상 등)를 만드는 놀이의 경우 간단한 것은 유아 전기 단계에서도 가능하지만, 점차 상상력을 발휘해 복잡한 모양도 만들 수 있게 됩니다.

- 블록놀이로 여러 가지를 가르쳐주면 좋아한다. (R, 3세 7개월)
- 블록으로 타이어가 달린 자동차 모형을 만든 후 만져보게 하고, 떼내게 하면 스스로 같은 모양을 만들 수 있다. (S, 3세 9개월)
- 어린이집에서는 다이아 블록에 열중하고, 집에서는 B블록으로 논다. (N, 4세 8개월)
- B블록으로 로켓과 소방차를 묵묵히 만든다. (N, 4세 10개월)
- 어린이집에서는 홀에서 대형블록 만들기를 좋아해서, 터널과 운전대를 만든다. (N, 4세 10개월)
- B블록으로 로켓과 소방차를 묵묵히 만든다. (N, 4세 10개월)
- 나무블록으로 놀기 (N, 5세 0개월)

제11장 놀이

- 블록으로 계단을 만드는 것을 좋아한다. (R, 5세 4개월)
- 다이아 블록으로 만든 모양을 만져보고 같은 것을 만든다. (S, 5세 7개월)

> 사례에서도 소개된 것처럼, N과 S는 3세 반이 지나면서부터 무언가를 연결하는 것에 관심을 갖기 시작했고, N은 4세 후반부터 스스로 상상력을 발휘해 로켓이나 소방차 등을 묵묵히 만들었습니다.

② 나무 블록(무너뜨리기, 쌓기, 나란히 놓기, 문·집·터널 등을 만들기)

안보이는 아이에게 블록은 무너지기 쉽고, 한 손으로 잡은 뒤 그 위에 쌓아 올려야 하기 때문에 쉽지 않은 놀이입니다.

나무블록도 다른 블록과 마찬가지로 먼저 쌓은 것을 무너뜨리는 것부터 시작하세요. 이는 이미 '유아전기편'의 앞쪽[p.94]에서 즐기는 놀이로 소개되어 있으므로, 이 시기에는 이미 무너뜨리는 것을 충분히 경험했을 것입니다. 원통형 차통이나 블록은 쌓기 쉽고 구르기 쉬워서 좋아한다는 사례도 있습니다.

블록이나 나무블록 놀이를 통해 유아전기에는 높이와 길이에 대한 의식이 발달하는 것으로 나타났습니다.[p.114] 이 시기의 놀이 내용은 실제 생활에서 주변 사물의 크기와 거리 등을 연관 짓는 힘을 길러줍니다. 다시 한 번 말씀드리지만, 넓은 것, 얇은 것, 작은 것 등이 함께 들어 있는 다양한 모양의 블록이 시중에 판매되고 있습니다. 그것들을 이용해 자신의 방 등을 다양하게 만들어서 놀아보는 것도 재미있겠지요.

또 인형의 집이나 로봇 등을 조립하는 것도 같은 힘을 길러주는 장난감 놀이입니다.

- 한 개의 나무블록을 가로로 놓거나 세로로 쌓으며 논다. (S, 3세 5개월)
- 직육면체 블록(15cm×6cm 정도)을 세로로 3개 쌓기를 못하자 화를 낸다. (N, 3세 10개월)

- 직육면체 블록을 옆으로 늘여 7개를 연결한다.　　(N, 3세 10개월)
- 놀이방에서 큰 나무블록을 쌓아 집을 만든다.　　(R, 4세 4개월)
- 맥주상자를 나란히 놓고 로봇놀이를 한다.　　(R, 5세 2개월)
- 정원에서 맥주상자를 늘어놓고 타이어를 가져와서
 '기차놀이'를 한다.　　(R, 5세 3개월)

나무블록을 쌓거나 모양을 만들더라도 손으로 확인할 때 무너뜨리기 쉽습니다. 가정에서도 누군가가 조금만 도와주면 더 재미있게 놀 수 있겠죠. 어린이집 놀이방에서는, 보이는 친구들과 협력하여 커다란 나무블록이나 맥주상자 등을 늘어놓거나 쌓아 집을 만드는 등 놀이를 즐기고 있습니다.

③ 점토

안보이는 아이에게 점토로 무언가를 만드는 놀이는 정확한 형태가 아니더라도 직접 만져보고 결과를 확인할 수 있다는 점에서 즐거운 놀입니다.

  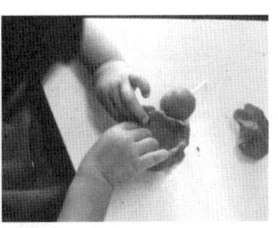

사진 3-3 점토로 경단 만들기 / 3-4 경단을 만들어 꼬챙이에 꽂기 / 3-5 점토로 접시 만들기

　　아이에 따라서는 끈적거리거나 냄새가 나는 것을 싫어하는 경우도 있습니다. 이를 보완한 밀가루 점토나 쌀가루로 만든 점토 등은 잡화점에서 판매되기도 하며, 집에 있는 밀가루나 흰찹쌀가루 등으로도 만들 수 있습니다. [사진 3-3, 3-4, 3-5]

- 점토 놀이를 즐긴다. "이제 그만 할까?"라고 물으면 "좀 더 할래!"라고 외친다. (R, 3세 0개월)
- 점토. 덩어리를 굴려서 뱀을 만들고, 끝을 잡아당기는 놀이를 한다. (R, 3세 1개월)
- 점토로 뱀을 만든다. (R, 3세 3개월)
- 다른 아이가 "밥이야, 밥"이라고 하면 "밥이야, 밥"하고 따라하며 점토를 만지작거린다.
- 선반에서 점토와 판자를 가져와서 커다란 덩어리를 조금 떼내어 둥글게 만들고 "이것 좀봐! 눈사람이야"라며 손바닥에 올려 친구에게 내밀어보지만 친구들은 별다른 반응을 안보이는다. (S, 3세 6개월)
- 점토로 뱀이나 접시를 만든다. (R, 3세 10개월)
- 점토로 핫케이크를 만든다. 덩어리를 건네주면 조금 떼어내 둥글게 말아서 테이블에 올려놓고 주먹으로 두드려서 핫케이크 모양을 만든다. 종이 접시에 가득 담는다. (R, 3세 11개월)
- 종이 점토로 포도를 만드는 작업. 덩어리에서 조금 떼어내 둥근 경단을 만들고, 거기에 꼬챙이를 꽂아 말린다. 여러 번 반복하더니 제법 그럴듯해졌다. (R, 4세 1개월)
- 점토로 거북이를 만든다. (R, 4세 4개월)
- 점토놀이를 좋아하지는 않지만, 처음으로 점토판과 점토를 가지고 참가한다. (N, 4세 8개월)
- 종이 점토에 꽂은 젬 클립에 끈을 끼워 넣는다. (R, 4세 9개월)
- 점토를 긴 막대기로 만든 뒤 둥글게 연결해 도넛을 만든다. (점토 놀이는 잘 못한다) (N, 4세 10개월)
- "집에서 점토 놀이 할래, 오이 만들자" (점토 놀이가 조금 즐거워진걸까?) (N, 4세 10개월)

R은 점토 놀이를 좋아하는 것 같았어요. 경단이나 뱀을 만들 수 있었고, 실제의 경단 만들기, 쿠키 만들기 등에도 즐겁게 참여했습니다.

3세 6개월의 기록에서는 실제 사물과 비슷하게 만드는 경우를 전혀 찾아볼 수 없었지만, S는 5세가 되면서 주변 사물이나 만져본 것들을 비교적 자유롭게 표현할 수 있게 되었습니다. 사진은 이제 막 5살이 된 S가 만든 작품입니다. [사진 3-6]

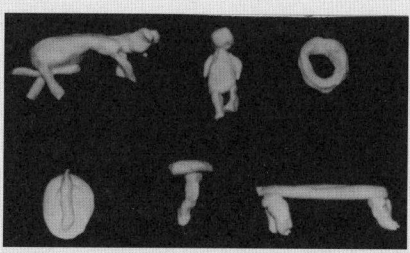

사진 3-6 S가 만든 작품. 위 왼쪽부터 개, 사람, 반지, 아래 왼쪽부터 시계, 우산, 의자.

N은 잘 못한다는 느낌이 있었지만 4살 후반에 접어들면서부터 진짜 같은 모양을 만드는 것에 흥미를 갖기 시작한 모습이 기록되어 있습니다. '제4편 유치원'을 참고하세요.

④ **끈 끼우기(크고 작은 '고리', 구멍이 뚫린 구슬이나 나무블록에 신발끈을 꿰는 것)**

끈을 끼우기 어려울 때는 자신의 팔에 고리를 끼웠다 뺐다 한다든지, 머리묶는 고무줄을 끼웠다 뺐다 하거나, 손가락에 작은 링이나 반지를 끼웠다 뺐다 하는 놀이를 많이 해보는 것이 좋습니다.

O는 3세 9개월 무렵, 지름 2.5cm의 나무 공·원통·정육면체의 한 가운데 구멍에 신발끈을 꿰는 것을 몇 번 가르쳐 주니 할 수 있게 되었고, "이거 무슨색이야?", "보라색은 아빠가 좋아하는 색이야", "네모나고 길고 둥그네"라는 등 모양에 이름을 붙이면서 신발끈을 끼웠습니다. 고리 모양으로 묶어 목에 걸어주니 '장식이 꼭 엄마 목걸이 같아'라며 좋아했습니다.

O는 센터에서의 지도가 끝난 후 지역 유치원에 다니게 되면서 목걸이 만들기에 대해 잊어버렸다고 합니다. 그러다 4세 6개월이 되었을 때 우연히 장식용 구슬에 대해 알게되는 기회가 있었고, 처음에는 그릇에 넣은 구슬을 손끝으로 만지작거리다가 구멍이 뚫린 것을 알고 목걸이를 만들고 싶다고 요구해 부모님을 당황하게 했습니다. 부모님은 구멍이 너무 작아서 찾기

제11장 놀이

힘들거라고 말하자, 며칠 후 혀끝에 비즈를 올려놓고 구멍을 발견하게 되었다고 합니다. 부모님은 고민 끝에 접착제를 묻혀 실 끝을 딱딱하게 만들어 주었더니, 아이는 혀끝으로 구멍을 확인하며 잘 꿰게 되었습니다.

O는 처음에는 작은 구멍이 뚫린 나무블록에 신발 끈을 끼워 길게 연결하는 것을 좋아했습니다. 유치원에서는 구슬 목걸이도 만들 수 있게 되었습니다.

⑤ **틀 맞추기·퍼즐**

○, △, □ 모양의 틀맞추기 장난감도 시중에 판매되고 있습니다. ○, △, □ 등 구멍의 오목한 부분을 만져보게 하고 거기에 맞는 틀을 끼워 넣도록 합니다. 보이는 아이는 1세 2개월부터 1세 3개월이 되면 ○, △, □의 모양을 구분하고 각각의 구멍에 모양을 끼워 넣는 것은 어렵지 않게 할 수 있습니다.

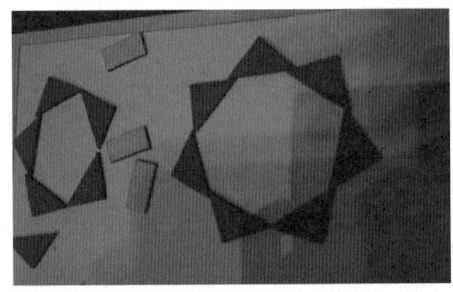

사진 3-7 자석판에 자석으로 꽃 모양을 만들어 붙였다.

하지만 안보이는 아이가 만져보고 모양을 구분하는 것은 쉽지 않습니다. ○를 끼우는 것은 쉽지만 △나 □, 그리고 직사각형처럼 세로와 가로의 관계가 다르면 더욱 어려워집니다.

또한, 먹고 남은 ○나 □ 모양의 뚜껑이 있는 얕은 과자캔 등을 이용해 '뭐가 들어 있을까'하면서 열어보게 하거나 '자, 정리하자'라며 뚜껑을 닫게 하는 등의 응용도 가능합니다. 너무 어려워지면 흥미가 반감되기 때문에 아이의 상태에 맞게 도와주는 것이 좋으며, 다이소 같은 잡화점에서 다양한 모양의 캔이나 플라스틱, 병 등의 용기를 구입할 수 있습니다.

사진 3-8 자석으로 원을 만들고 있다.

자석이 달린 퍼즐은 판에 달라붙어 잘 떨어지지 않고 만지기도 쉽기 때문에 아이에게 적합할 것 같습니다. ○, △, □ 등 기본 도형을 나란히 놓고 다른 모양을 만드는 등 학령기에도 활용할 수 있는 기회가 많을 것입니다. [사진 3-7, 3-8, 3-9]

사진 3-9 자석으로 사각형을 만들고 있다.

- "퍼즐 놀이 할래"라고 말하지만, 보드지에 가득 쌓아놓는 걸로 만족, 친구가 "같이 하자"고 해도 퍼즐을 들고 도망간다.
- 퍼즐. 하나하나 손으로 만지며 "아, 여기다! 여기 넣을 수 있을까?"를 반복하며 집중해서 논다. (N, 3세 11개월)
- 퍼즐 모서리를 맞춘다. (N, 4개 0개월)
- 자석이 달린 퍼즐을 이용해 기찻길을 만들고 기차를 올려서 논다. 기차역도 만들고 정글짐에 올라가 운전사가 된 것처럼 흉내를 낸다. ○를 많이 사용하여 늘어놓고, 운전석은 □를 사용한다. (N, 5세 0개월)
- 레이즈 라이터[1]로 그린 도형을 4개의 □모양 자석으로 구성한다. (S, 5세 7개월)
- 샘플을 만져보고, □와 △ 모양의 자석으로 같은 모양을 만든다. (S, 5세 7개월)

N은 두꺼운 종이로 만든 복잡한 모양의 퍼즐을 가지고 노는 듯한데 3살 나이대에서는 끝까지 완성시키지는 못하는 것 같습니다. 5세가 되면 기차 선로를 만들거나 기차, 역 등을 만들며 즐거워하는 모습을 볼 수 있습니다.

---

[1] 레이즈 라이터(レーズライター, Raised Line Drawing Kit)란 일반적으로 시각장애인이 문자나 도형을 쓰거나 식별하는데 사용하는 필기 도구 세트를 말한다. 정식명칭은 표면작도기로 클립보드와 매우 유사하지만 플라스틱판 위에 얇은 실리콘 고무 매트가 붙어 있다.

⑥ 종이접기

안보이는 아이에게 종이접기는 정확하게 접는 것보다도, 접으면서 모양이 변하는 것을 손으로 직접 확인할 수 있다는 점에서 흥미롭습니다. 예를 들어, 정사각형의 종이접기를 적당히 세모꼴로 접어서 눈, 귀, 팔다리, 꼬리 등을 붙이고 상상하며 움직이는 놀이를 하는 것도 재미있습니다. 종이접기용 종이보다는 조금 딱딱한 색종이를 사용하는 등 간단한 작품부터 즐길 수 있도록 도와주세요.

또한, 작업을 시작하기 전에 미리 완성된 작품이나 단계를 알 수 있는 모델을 준비하여 만져보게 하고 설명하는 것이 중요합니다. 한 단계 한 단계마다 모델을 만져보게 하면서 진행하면 좋습니다.

- 종이접기로 '학'을 접고 "선생님 만져보세요. 여기가 날개예요"라고 가르쳐 준다. (N, 3세 11개월)
- "그림 그리기와 종이접기 중 어느 것이 좋으냐"는 물음에 곧바로 "종이접기"라고 말하고는 피아노를 만든다. 손을 잡고 만들기를 도와주면 만족해한다. (R, 3세 11개월)
- 당번 배지 만들기. 선생님과 함께 종이접기로 무당벌레를 만들고 매직으로 등판에 검은 동그라미를 그려 넣는다. (R, 3세 11개월)
- 종이접기로 모서리를 맞추고 삼각형을 접는다. (R, 3세 11개월)
- 수국 꽃, 삼각접기, 마지막 어려운 부분은 선생님이 마무리하고, 모두가 각자 접은 꽃을 모아서 만져보고, "수국 꽃을 만들었어요"라고 한다. (R, 3세 11개월)
- 종이접기에 흥미가 생겼다.
  집에 돌아와 광고지를 접어서 배운대로 학을 접고, 성냥개비를 끼워 움직여가며 그 모습을 부모에게 보여준다. (S, 4세 2개월)
- 종이접기로 풍차를 만들었지만 "돌아가는지 알 수가 없어요". 만지면 멈추기 때문에 엄마는 플라스틱 풍차를 사기로 한다. (S, 4세 2개월)
- 종이접기. 삼각형 접기를 잘 할 수 있게 되었다. (R, 4세 3개월)
- 삼각형 인형 접기를 잘한다. (R, 4세 8개월)
- 언니와 광고지를 접으며 논다. (R, 4세 9개월)

- 종이접기로 비행기 만들기를 배워서 즐겁게 논다. 접은 다음 손으로 눌러 펴지지 않도록 하는 것도 잘 할 수 있게 되었다. (N, 5세 1개월)
- 아빠가 종이접기를 가르쳐 주려고 하면 "어린이집에서는 이렇게 했는 걸"이라며 전혀 배우지 않으려 한다. (N, 5세 1개월)
- 종이접기로 삼각형, 직사각형, 정사각형을 만든다. 모서리를 맞추는 데 애를 먹는다. (N, 5세 3개월)
- 별 만들기. 삼각형을 네 겹으로 접는다. 가위로 자르는 것을 지도한다. (N, 5세 3개월)
- 종이접기로 별을 만들 수 있게 되었다며 보여준다. (N, 5세 9개월)

사례에서는, 4살 무렵부터 종이접기 기록이 나오는데, N과 R도 손을 잡고 가르쳐 주면 종이가 접히면서 모양이 변하는 것을 좋아합니다. 모서리를 잘 맞추고, 손끝이나 손톱으로 접힌 부분을 세게 눌러 접은 곳이 펴지지 않도록 하는 것이 점차 가능해지는 모습을 볼 수 있었습니다.

지도 방법에 대해서는 '제4편 유치원'을 참고하세요.

⑦ 그림 그리기

보이는 아이들은 1세 후반부터 2세 정도에 크레파스 등을 가지고 색이나 선 등을 마구 그리며 흥미를 느끼기 시작한다고 합니다. 그 이후부터는 정확한 형태가 아니더라도 무언가를 표현하게 됩니다. 하지만 안보이는 아이가 도움을 받아 크레파스로 그림을 그려도 그것을 재미있다고 생각하기는 매우 어렵습니다. 이는 사례에서도 알 수 있습니다. 유치원이나 어린이집에서, 보이는 아이들과 함께 생활하지 않으면 그림을 그릴 기회가 거의 없을지도 모릅니다.

안보이는 아이들을 위해 그림 그린 흔적을 손으로 만져보고 쉽게 알아볼 수 있도록 고안, 개발된 것이 메쉬망판과 레이즈 라이터입니다. 메쉬망판(18~20 메쉬. 스텐레스 철망 등으로 쉽게 만들 수 있음) 위에 A4용지(도화지는 너무 두꺼움)를 올려놓고 약간 딱딱한 크레파스(왁스 함량이 적은 것)으로 그리면, 그린 부분이 아래쪽의 메쉬망에 의해 울퉁불퉁하고 진하게 묻어 만졌을 때 쉽게

알아볼 수 있습니다. [사진 3-10, 3-11]

 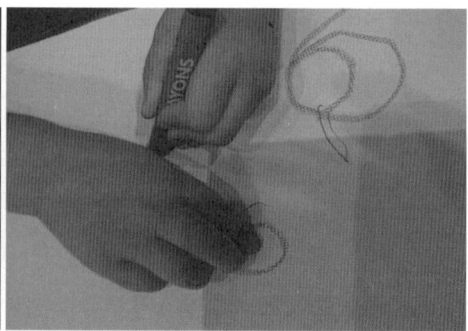

사진 3-10 메쉬망판 / 사진 3-11 망판에 올려놓은 종이에 크레용으로 그림을 그리는 모습

레이즈 라이터는 실리콘 고무로 만든 매트(주방용 실리콘매트) 위에 특수한 시트를 얹어 사용합니다. 그 시트에 볼펜으로 선 등을 그리면 그린 선이 볼록하게 떠올라 만져지는 구조로 되어 있습니다. 얇고 투명한 시트 외에도 두껍고 하얀색이며 색칠이 가능한 점자 시트도 시중에 판매되고 있습니다.

레이즈 라이터나 실리콘 매트는 크레파스가 아닌 볼펜과 같은 딱딱한 펜촉으로 그려야 합니다. 아직 필압이 약한 초기에는 충분히 활용하지 못하는 경우가 많습니다. 잘 숙달된 후 활용하면 그림

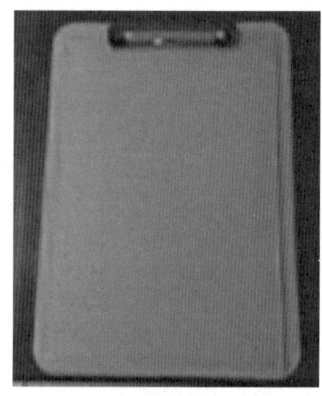

사진 3-12 레이즈 라이터

그리기 시간에 큰 도움이 될 것입니다. 유치원 등에도 그림 그리기용으로 레이즈 라이터나 실리콘 매트를 구비해두면 좋을 것 같습니다. [사진 3-12, 3-13, 3-14]

처음에는 어른이 그린 직선이나 곡선을 따라 그리는 놀이(유치원에서 집으로 가는 길의 약도에다 선을 그려서 아이가 따라 그리게 하는 등)를 하고, 차츰 ○, △, □ 등의 도형을 그려서 그 도형을 맞추게 하는 식으로 사용합니다. 이때 시중에 판매되는 특수 시트가 아닌 셀로판지나 A4용지를 활용해도 좋습니다. 또한 반투명 실리콘 매트는 밑그림을 따라 그릴 수 있어 특수 시트를 이용해 그림을 그릴 때 유용합니다.

입체적인 것을 평면으로 표현하는 방법을 익히는 것은 나중에 도형의 이해(평면, 측면 등의 형태)로 이어집니다.

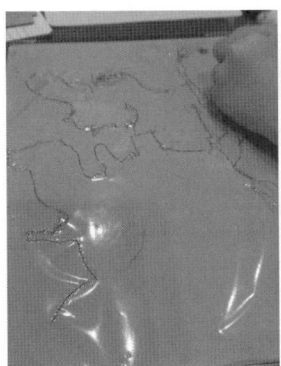 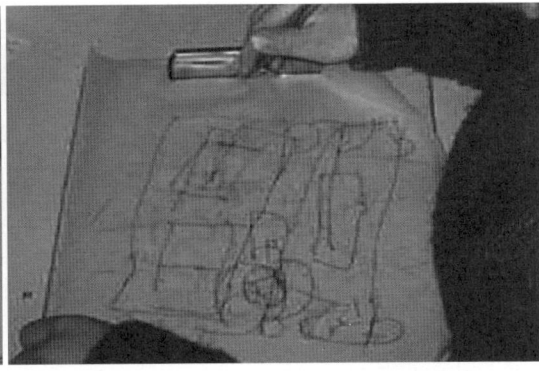

사진 3-13 레이즈 라이터에 볼펜으로 그리기 / 사진 3-14 레이즈 라이터에 볼펜으로 기차 그리기

- 그림 그리기. '엄마 얼굴과 하늘' (R, 3세 2개월)
- 종이에 연필과 볼펜으로 그림을 그린다. (R, 3세 3개월)
- 선생님이 함께 손을 잡고 색을 칠한 뒤 칠한 부분을 만져보게 하고는 "색칠한거 느껴지니?"라고 물어본다. (S, 3세 5개월)
- 연날리기 그림을 그리라고 했더니 5색 정도의 크레파스로 가로줄을 그린다. (S, 3세 5개월)
- 집에서. 룰렛2)으로 점선 표시를 만들고 표시를 따라 크레파스로 칠하는 연습을 한다. (S, 3세 5개월)
- 레이즈 라이터로 사람(머리는 ○, ○ 아래에 세로선, 세로선 아래쪽이 둘로 나뉘어져 있다. 세로선 상단의 좌우에 대각선 한 개씩을 그렸다. '졸라맨'을 연상하면 된다.)을 그린다. (S, 3세 8개월)
- 도화지에 얼굴을 그린다. 노란색 크레파스로 큰 ○(처음과 끝의 선이 완전히 이어지지는 않았지만)을 그린다. 눈의 위치를 알려주면, 작은 ○을 그리는데 역시 마무리는 어설프다. 입은 자신의 입을 만져본 후 가로로 한줄 그린다. 머리카락은 "무성하게 그리라"고 했더니 도화지 윗부분에 짧은 세로줄을 여러 번 "무성하게"라고 말하면서 그린다. (S, 3세 9개월)
- 레이즈 라이터로 ○을 제대로 그린다. (S, 3세 10개월)
- 흰곰의 그림을 그릴 때, 도화지로 오려낸 모양을 손에 쥐어주면 "머

리는 어디에요?" "귀는 왜 여기에 있어요?"라고 물으면서 "아, 그렇구나"라고 말한다. 그려보라고 하니 "그릴래요"라면서 크레파스와 매직으로 그리기 시작한다. "이번엔 다른 색깔 주세요" "흰곰이랑 핫케익, 현관을 그렸어요"라고 설명한다. (R, 3세 11개월)

- 크레파스 놀이. 덧칠을 하고, 그 선을 손으로 만져보는 과제를 제안했지만, 어려워했다. (R, 3세 11개월)
- 이틀 전 입학한 생후 4개월 된 아기의 얼굴과 소방차 그림을 그렸다며 만족해한다. (R, 3세 11개월)
- 레이즈 라이터를 사용하여 볼펜의 올바른 잡기 방법을 지도하면서 ○, 세로선, 가로선을 그린다. 필압이 약하면 그린 자국이 잘 나오지 않으니까 강하게 누르면서 그리도록 하고, 그린 자국을 만져보도록 한다. "이건 문이 닫혀있는 곳이에요"라고 설명한다. (R, 3세 11개월)
- 벽면 장식을 만들기 위해 모조지에 물감으로 색을 칠한다. 준비 단계에서 "컵에 물 떠 올게요"라고 말한다. 붓으로 열심히 색을 칠하는 모습이 매우 만족스러워 보인다. "○○이네 집에도 내가 칠해 줄까?"라고 중얼거리고. 뒷정리를 시켰더니 "내가 접시 씻어 줄게요"라며 나선다. (R, 3세 11개월)
- 무언가를 중얼거리며 그림을 열심히 그린다. (N, 4세 2개월)
- 그림 그리는 것을 좋아하게 된다. (N, 4세 2개월)
- 레이즈 라이터로 글씨를 쓴다. (S, 4세 3개월)
- 강에 있던 가재를 도화지 한 면에 그린다. (R, 4세 4개월)
- 레이즈 라이터를 만지작거리거나 그림을 약간 그리기도 한다. (R, 4세 4개월)
- 레이즈 라이터에 호빵맨을 그리더니 손끝으로 만져보며 "호빵맨"이라고 말한다. (R, 4세 8개월)
- 레이즈 라이터로 꽃과 나비를 그린다. (S, 4세 9개월)
- 물감을 '좀 더 힘차게 칠하렴'는 말을 듣고 과감하게 칠한다. (S, 4세 9개월)
- 레이즈 라이터를 꺼내어 낙서를 한다. (R, 5세 4개월)
- 레이즈 라이터로 동그라미 그리기 연습을 한다. (R, 5세 4개월)

---

2) 막대 끝에 작은 톱니바퀴가 달린 것으로 종이나 천에 점선 표시를 남기는 데 사용하는 도구

보이는 아이들은 자유시간 등에 그림을 그리는 경우가 많아서인지, N·R·S의 기록에도 세 살 무렵부터 그림 그리기에 대한 내용이 많이 나옵니다. 처음에는 그린 결과물이 형태가 없고, 친구들이 말하는 것을 흉내 내면서 자신도 비슷하게 그렸다는 느낌을 받는 정도였지만, 차츰 그린 흔적을 만져보고 확인하게 됩니다.

사례에서도 알 수 있듯이, 집단 보육시 과제를 하는 장면에서 크레파스 등으로 도화지에 함께 그리는 등의 활동을 할 때, 메쉬망판이나 레이즈 라이터를 사용하면 효과적입니다. 또한 색에 대한 지식도 키울 수 있는 기회가 됩니다. 그린 결과물을 확인하기 위해선 레이즈 라이터가 효과적이라는 것을 알 수 있었습니다.

'제4편 유치원'을 참고하세요.

⑧ 가위

가위로 자른다는 것은 아이에게는 쉽지 않은 일이며, 유아기 후반이 되어도 여전히 어려운 일입니다. 우선 가위를 접었다 펴는 것부터 시작하는데, 가위를 한 번 접었다 펴는 것만으로 자를 수 있는 광고지처럼 조금 두꺼운 종이 등을 준비해 재미를 느낄 수 있도록 도와주세요. 빨대는 종이처럼 끝을 고정하기가 쉽지 않기 때문에 자를 때 조금 힘이 들지만 한 번에 하나씩 자를 수 있기 때문에 자른 것을 많이 모아 그릇에 담도록 하니 재미있어 하는 것 같습니다. [그림 3-1]

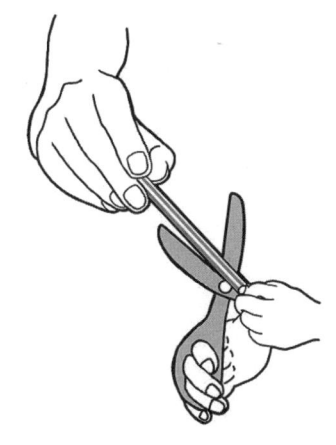

그림 3-1 가위 깊숙이 빨대를 넣어 자른다.

자른 모양이나 자른 종이를 실제로 만져보고 자신이 한 일의 결과를 확인할 수 있다는 것은 사례에서 볼 수 있듯이 즐거운 일입니다. 위험하지 않도록 지켜보면서 즐겁게 가위를 사용할 수 있는 기회를 만들어 주세요. 유아가 사용하기 편하고 안전한 가위 등도 다양하게 시판되고 있으니 시도해 보는 것도 좋습니다.

- 종이접기를 가위로 자르는 과제, 잘 자르지 못해서 1/4로 접은 것을 자르는 연습을 한다. (S, 3세 5개월)
- 가위를 전혀 사용하지 못한다. (R, 3세 6개월)
- 가위로 자른 종이를 소중한 듯 가지고 돌아간다. (N, 3세 8개월)
- 그린 그림을 잘라내는 작업, S는 가위로 적당히 자르고, 우연히 어떤 모양이 만들어진 것을 만지면서, '삼각형', '긴 사각형'이라고 한다. (S, 3세 9개월)
- 집에서 가위를 가지고 놀다가 종이를 크게 잘라내자 좋아한다. (R, 3세 10개월)
- 가위로 연 만들기. 완성된 것을 손으로 만져보게 하고 설명해준다. R이 할 수 있는 일이라서, "선생님 나 잘 했어요?"라고 묻고는 칭찬받으면 기뻐한다. "선생님 눈 그릴래요"라고 하더니 왼손 엄지손가락으로 눈의 위치를 스스로 정하고 얼굴을 그렸다. (R, 3세 11개월)
- 가위를 이용해 집에서도 연을 만들었다. (R, 3세 11개월)
- 종이를 들고 가위로 싹둑싹둑 자른다 (N, 5세 1개월)
- 가위 잡는 법을 가르치니 광고지를 자르거나 말아서 고무줄로 고정시킨다. (R, 5세 4개월)

가위의 경우, 3세 무렵에는 가위로 자르는 방법을 알게되는 단계이고, 5세 초반이 되어서야 비로소 싹둑싹둑 제대로 자르는 단계가 되었습니다. 모양을 따라 자르는 것은 어렵기 때문에 시간을 두고 차근차근 가르쳐 주는 것이 중요합니다.

'제4편 유치원'을 참고하세요.

⑨ 공작

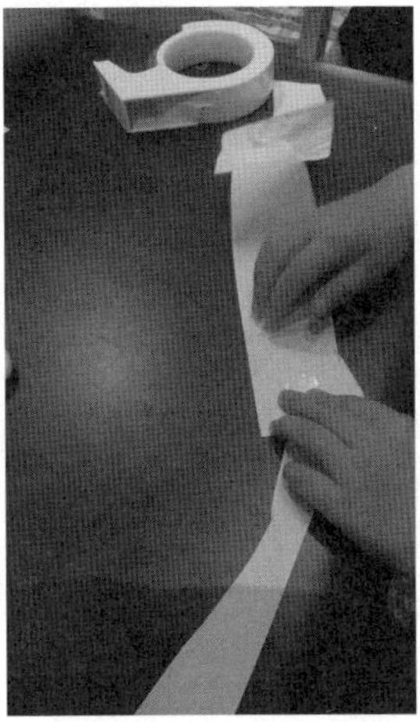

여러 사례에서 소개된 것처럼, 작업을 통해 입체적으로 만들어지고, 손으로 만져보고 과정을 확인할 수 있기 때문에 점점 더 즐거운 놀이가 됩니다. 처음에는 화장지나 신문지를 돌돌 말거나 찢고, 뜯어보도록 하는 것이 좋습니다. 셀로판테이프 하나만 가지고도 테이프가 꼬이지 않도록 자르는 데에도 고심이 필요하고, 어떤 것과 또 다른 것을 하나로 붙일 수 있다는 것을 발견할 수 있습니다.

하나의 작품이 완성되기까지 겹치기도 하고, 정렬하기도 하고, 가위를 사용하기도 하고, 풀을 사용하기도 합니다. 나이가 어릴 때는 함께 도와주어야 하는 경우가 많지만, 점차 혼자서 만들고 싶은 것의 이미지가 형성되는 것 같습니다. 처음에는 만져보면서 이미지를 떠올리도록 하고 과정이 간단한 것부터 시작하여 완성된 것을 실제로 만져보게 하면서 설명해주고 함께 만들어보세요.

사진 3-15 가위로 자른 것을 셀로판테이프로 이어붙인다.

다양한 작품들이 사례로 소개되어 있으니 참고하시기 바랍니다.

나무블록이나 레고블록 같이 실생활에 있는 것을 모방하여 입체적으로 만들어 보는 놀이는 크기와 모양에 대한 지식을 풍부하게 해줄 것입니다. [사진 3-15]

- 크리스마스에 쓸 고깔모자를 만든다. 다양한 모양과 색상의 종이접기 종이를 풀로 붙이며 즐거워한다. (R, 3세 5개월)
- 다람쥐 만들기에 집중한다. 선생님에게 칭찬을 받고는 자랑스러운 표정을 지으며 다 못마친 친구의 것도 도와준다. (R, 3세 5개월)
- 친구가 만든 것을 만져보고, "나도 이런거 만들어볼래"라고 말하면서 우유팩에 셀로판지를 붙인다. (N, 3세 7개월)
- 셀로판지를 깨끗하게 자를 수 있게 되었고, 비행기를 만든다며 붙인다.

자르는 것을 즐거워한다. (N, 3세 10개월)
- 우유팩과 고무줄을 이용해 통통 튀는 개구리를 만든다. 개구리의 얼굴 부분을 왼손으로 만지면서 크레파스로 예쁘게 색칠한다. 고무밴드를 끼워 높이 날리는 걸 좋아한다. 날리는 방법을 기억해 반복하며 소리 내어 웃는다. (R, 3세 11개월)
- 달팽이 만들기. 색종이를 길게 자른다. 돌돌 말아서 모양을 만들어 달팽이를 만든다. 선생님의 가르침에 따라 작업을 진행한다. 입체적으로 만들 수 있어서 손으로 만져보고는, 매우 좋아하며 '달팽이 노래'를 부른다. (R, 3세 11개월)
- 벽면 장식. 양면 테이프를 떼어내는 방법, 붙이는 위치 등 도움을 받으며 작업한다. (R, 3세 11개월)
- 벽면 장식을 받침대 위에 올라가서 뒤꿈치를 들며 붙인다. (R, 3세 11개월)
- 티슈 종이로 대롱대롱 인형 만들기. 손을 잡고 완성된 것을 만져보게 하면서 설명해주면 더욱 의욕적이 된다. (R, 3세 11개월)
- 인형 만들기. 티슈 종이와 화장지 심지를 사용한다. 둥글게 만드는 것은 금방 할 수 있고, 심지에 매직으로 색을 칠하고 얼굴을 "이건 눈, 이건 입" 하고 말하면서 조심스럽게 그려 넣는다. 완성된 것을 만져보고는 만족해한다. (R, 3세 11개월)
- 칠월칠석 소원종이에 "아빠랑 엄마가 사이좋기를, 싸우지 않기를, 이라고 적었어요"라고 설명한다. (N, 4세 0개월)
- 칠월칠석 장식 만들기. 색종이를 접어 가위로 자르는 작업. 모서리와 모서리를 맞춰서 접고 가위로 자르는 작업. "이건 딱딱해서 좀처럼 안잘려요" 하면서 열심히 자르고, 잘라낸 부분을 손으로 만져보면서 "꽃 모양으로 만들었어요"라고 외친다. (R, 4세 0개월)
- 사각형을 모서리를 맞춰 접어 삼각형으로 만드는 것이 잘 되지 않는다. 도와주면서 모양을 만들고, 접힌 부분에 손끝이나 손톱으로 꼭꼭 눌러 고정시킨 뒤 모양을 확인할 수 있도록 지도한다. (R, 4세 0개월)
- 한 장의 색종이로, 삼각형을 4장으로 자른 이등변 삼각형의 꼭지점에 붙여서 길게 만드는 작업, 붙이는 위치를 좀처럼 맞추기가 어려운 듯하다. 완성된 것이 길게 이어졌다며 좋아한다. (R, 4세 0개월)

- 색종이를 가늘고 길게 자른 뒤 하나로 이어 붙여 고리로 만드는 것을 설명을 듣더니 이해는 한 것 같지만 예쁜 모양으로 만들지는 못한다. 그래도 스스로는 이어 붙인 것에 만족한다.   (R, 4세 0개월)
- 우유병 뚜껑에 색종이를 얇게 잘라 비스듬히 붙여서 꽃처럼 만든다. 처음으로 모양 만들기가 가능해졌다.   (S, 4세 2개월)
- 연 만들기에 열중한다. 스카치테이프를 붙일 수 있다. (N, 4세 5개월)
- 도깨비 만들기. 삼각뿔에 선생님의 도움을 받아 눈알과 눈썹 등을 붙인다.   (R, 4세 7개월)
- 지갑 만들기. 다른 아이는 리본 테이프를 사용하지만, N은 노끈을 사용한다. "다음은 끈을 넣은 옆의 구멍에 끼워 넣어요"라고 설명하니 알아듣는다. 한 손으로 끈의 끝을 잡고 다른 손으로 통과할 구멍을 확인한 뒤 끈을 끼워넣을 때는 무릎 사이에 끼워 고정시킨 뒤 작업한다.
   (N, 4세 8개월)
- 잡동사니로 장난감 만들기도 좋아한다. 엄마는 재료 모으기가 힘들다고 말한다.   (N, 4세 10개월)
- 만들어달라고 조르던 실 전화기를 만들어 주니 좋아하며 가지고 논다.   (N, 4세 10개월)
- 고무공을 던져서 탁구공을 튕겨내는 놀이. (엄마: 상대가 있어야 하는 놀이가 많아서 힘들어요)   (N, 4세 10개월)
- 프라모델의 타이어만 사줬더니, 잡동사니로 장난감 구급차나 소방차를 만들고 거기에 붙여서 만족해한다.   (N, 4세 10개월)
- 대롱대롱 인형 만드는 법을 가르쳐 달라고 한다.   (N, 5세 3개월)

공작은 안보이는 아이들도 즐겁게 할 수 있는 놀이입니다. 교사는 아이들이 다루기 쉬운 재료를 사용하거나 비교적 간단한 작업으로 만들 수 있고, 결과물을 잘 알 수 있는 테마로 공작을 가르칩니다. 가정에서도 꼭 참고하여 함께 즐길 수 있기를 바랍니다.

어린이집에서 했던 것을 집에서도 해달라고 요청하는 경우가 많아 엄

제11장 놀이

> 마가 즐거운 비명을 지르고 있습니다.

⑩ 그림책·촉각그림책

그림이 보이지 않더라도, 엄마나 아빠가 그림책을 통해 아이와 마주보며 이야기를 나누는 것은 아이에게 큰 기쁨이 된다는 것이 밝혀졌습니다. 그림책의 이름도 기억해 좋아하는 그림책을 요청하기도 하고, 내용을 외워서 함께 말을 하거나, 교대로 말을 하기도 합니다.

'영아편'이나 '유아전기편'에서도 썼듯이 만지고, 당기고, 입에 물고 노는 천 그림책이나 장치 그림책, 소리의 반복이나 말의 재미가 있는 그림책, 아주 친숙한 음식이나 탈것 등을 소재로 한 단순한 내용의 그림책 등을 읽어주고 흥미를 유발하는 것이 중요합니다. 아이는 모르는 색깔의 이름이나 모양이 나와도 충분히 즐길 수 있습니다. 우선 책 읽어주기 시간을 정하고 매일 꾸준히 해나가면서 부모와 아이의 관계를 돈독히 합시다.

가정에서 그림책을 만들 때는 아이의 관심과 흥미에 맞춰서 만들어 보세요. 또한 그림책 표지에 표시를 해두면 아이가 만지는 것만으로도 '내 그림책'을 구분할 수 있게 됩니다. 함께 다음 페이지로 넘어가며 책장 넘기는 방법을 알려주세요. 아이는 책장 넘기는 것

사진 3-16 이야기 내용에 맞춰 동물 모양(검정색 부분)을 붙이고 만질 수 있도록 배치했다.

을 좋아합니다. 다음엔 넘긴 페이지에 각각의 모양이 뚜렷한 것, 혹은 매끈매끈, 뽀송뽀송, 거칠거칠한 등 감각의 차이를 알 수 있는 표시를 해 주면 좋습니다. 또 그림 모양에 오려낸 두꺼운 종이나 펠트 등을 붙여서 손으로 따라갈 수 있도록 하면 그림과 이야기의 내용이 연결될 수 있습니다. 사진 3-16은 엄마가 이야기

내용에 맞게 동물 모양을 붙이고 만져보도록 고안한 것입니다. [사진 3-16]

만져서 모양을 구별하는 것에 집착하지 말고, 처음에는 소소하게 한두 개 정도만 외우도록 합니다. 그리고 일단 익히면 점점 늘려가도록 합니다. 윤곽선 등 세부적인 촉감을 아직 잘 모르는 아이에게는 만지기만 해도 알 수 있는 느낌의 변화를 주어야 하고, 따라 그릴 모양도 아주 단순하게 만들어 주세요.

그림책에 나오는 동물이나 사물 등 간단한 봉제인형을 준비해 이야기를 들려주면서 봉제인형을 꺼내거나 움직여보는 것도 좋은 방법입니다. 점차 아이는 스스로 이야기를 만들어 보는 등 즐거워하고, 만지는 것에 대한 흥미와 관심도 높아져 만지는 방법도 능숙하게 익히게 됩니다. [사진 3-17, 3-18]

사진 1-17 그림책 '코끼리 친구의 산책', 점자판도 있다. / 사진 1-18 그림책에 등장하는 동물이나 물건 등의 인형을 준비한다.

- 칠월칠석 모임에 참가. 슬라이드로 '견우와 직녀', '하늘의 교통안전' 프로그램을 설명하니 조용히 듣고 있다.   (R, 3세 1개월)
- 누나가 책을 읽어주니 듣다가 잠이 든다.   (R, 3세 3개월)
- 종이 인형극. "소방차는 어떤 소리를 내며 왔나요?" 하는 질문에 가장 먼저 손을 들고는 "삐뽀 삐뽀 삐뽀"라고 대답한다.   (S, 3세 5개월)
- 그림책을 읽어주는데, 중간에 절반 정도의 아이들이 자리를 박차고 일어나 소란을 피우기 시작한다. '선생님, 시끄러워서 안들려요. 야단

- 치세요'라고 한다. (S, 3세 5개월)
- 촉각그림책에 관심이 없다. (N, 3세 7개월)
- 그림책의 이름을 차례로 말하면서 읽어달라고 한다. (N, 3세 8개월)
- '꼬마 도깨비 오니타' 동화책을 마음에 들어한다. (N, 3세 9개월)
- 도서관에서, 빌린 책을 카운터에서 반납한다. 선생님의 말에 따라 스스로 '흰곰의 핫케이크'를 고르고 있다. (R, 3세 11개월)
- '아기가 온 날' 그림책을 읽어주니 가만히 듣고 있다. (R, 3세 11개월)
- '용감무쌍 염소 삼형제'를 읽어주었다. (R, 3세 11개월)
- '첫 심부름'을 읽는다. 이야기에 빨려들 듯이 듣고 있다. '또 읽어줘요'라고 말한다. (R, 3세 11개월)
- '잘가, 삼각형' 그림책 읽기. 동그란 것, 네모난 것, 하얀 것, 빨간 것, 검은 것, 긴 것 등을 아이들에게 들려주며 읽는다. '두부는 사각형', '둥근 것은 공', '사과는 둥글다', '딸기는 빨강', '레몬은 노랗다' 등 다른 아이들은 거의 정확하게 구분하고 있다. "모두의 눈 색깔은?"이라는 질문에 R은 "빨강"이라고 대답해서 틀린 답을 고쳐준다. 그림책의 "어디에 써 있어요?"라는 물음에 해당 부분을 만지게 해주면 한층 더 만족해한다. (R, 4세 0개월)
- 촉각 그림책을 구해서 읽어주고 만져보게 했는데, "잘 모르겠어요"라고 한다. (R, 4세 3개월)
- 잠자기 전 아빠에게 책을 읽어달라고 한다.
  잠든 것 같아 그만 읽으려 하자, "안돼, 계속 읽어주세요. 제대로 읽지 않으면 엉엉 울거야" (R, 4세 5개월)
- 아빠가 일찍 귀가하면 함께 이불에 들어가 "이야기 해주세요"라고 하지만 대체로 아빠가 먼저 잠들어 버린다. (R, 4세 9개월)
- '엘머의 모험'을 좋아하게 되었고, 지금은 '엘머와 16마리의 용'을 읽고 있다. (N, 5세 6개월)

세 살 무렵부터 그림이 보이지 않아도 이야기만으로도 충분히 재미있어 한다는 것을 사례에서 확인할 수 있습니다. 이야기 내용에 점점 더 빠져들어 갑니다. N·R·S의 사례에서는 촉각그림책을 만들어 주지는 않았지만, 사서 보여준 촉각그림책에는 흥미를 느끼지 못하거나 잘 모르겠다는 등의 내용이 적혀 있었습니다.

시중에 판매되는 '촉각 그림책, 점자 그림책'은 투명 수지 잉크를 이용한 볼록 인쇄로 만져보고 형태를 알 수 있도록 되어 있습니다. 또한 매끈한, 통통한, 거친, 끈적끈적한 등 촉감의 차이도 표현되어 있지만, 평면으로 표현된 촉감을 만져보고 입체적인 형태를 파악하기란 쉽지 않습니다. 여러 번 만지다보면 만지는 방법도 조금씩 익숙해집니다.

또한, 점자를 읽을 수 있다면 점자를 단서로 그림책을 즐길 수 있지만, 유아가 점자를 만져보고 읽는 것은 쉽지 않으므로 "여기, 만져보고 읽을 수 있는 '점자'가 붙어 있어"라고 말해주

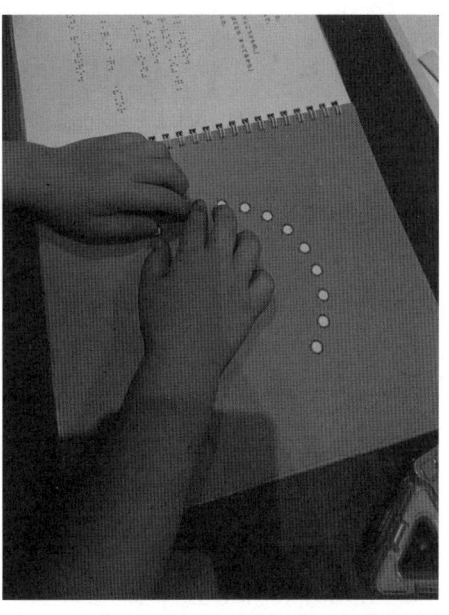

사진 3-19 『작은 동그라미의 모험』을 읽어주면 아이는 손으로 그림책을 만져보며 즐긴다.

면서 함께 읽고 이야기를 즐기도록 합시다.

일본에서 현재 시판 중인 촉각 그림책·점자 그림책은 현재 60가지 정도가 있습니다. 공립 도서관에도 있으니 문의해 보시기 바랍니다. '촉각그림책 이거 뭐야?', '만져보고 즐기는 점자 그림책', '작은 동그라미의 모험', '점자 그림책 배고픈 애벌레' 등은 유아가 만져봐도 이해하기 쉬울 것 같습니다.[3]

보이는 아이들에게 그림책은 그림에 의해 이야기 내용이 더 쉽고 재미있어

---

3) 『さわる絵本 これなあに』, 『ちびまるのぼうけん』, 『点字つきさわるえほん はらぺこあおむし』(이상 偕成社), 『さわってたのしむ点字つきえほん 1 かず』(ポプラ社)

진다는 의미가 있지만, 안보이는 아이들에게 그림책은 나이가 들수록 이야기 내용 자체의 재미가 더해집니다. 점점 더 복잡한 스토리성이 있는 그림책에도 도전해보고 싶을 것입니다.

또한, 자원봉사 단체인 '무쓰키회', '촉각그림책 연락협의회·오사카' 등이 만든 촉각그림책도 다수(무쓰키회 제작 790점)가 있습니다. 지역 공립도서관이나 점자도서관에서 신청하면 빌릴 수 있습니다.[4] [사진 3-19, 3-20, 3-21]

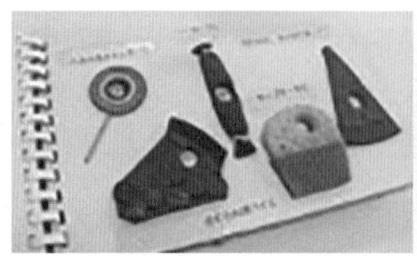 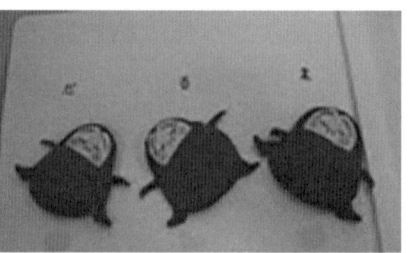

사진 3-20 손수 만든 촉각그림책『배고픈 애벌레』(무쓰키회 제작) / 사진 3-21 손수 만든 촉각그림책『무궁화 꽃이 피었습니다』(촉각그림책 모임 쓰미키 제작)

⑪ CD, TV, 노래, 손놀이노래, 악기 등

주로 듣고, 노래하고, 연주하며 즐기는 내용을 아래의 8가지로 나누어 정리했습니다. 가사를 외워서 노래 부르기, 악기 연주하기, 카세트테이프 레코더나 카세트 플레이어를 조작해서 듣기, 스테레오로 음악 듣기, 패미컴 하기, 손놀이노래 부르기, 영화 보기 등입니다.

> 가사를 외워서 노래하기
>
> - 어린이집에서 배운 노래를 집에서 불러준다 ♪ 반짝반짝 작은별 ♪ 그 밖에도 여러 가지. (R, 3세 0개월)
> - ♪큰 정원을 잘 가꾸어 작은 씨앗을… 중간 정도의 꽃이 피었습니다. 포~ ♪손을 내밀고 포~를 받아서~ ♪ 라고 노래한다.

---

[4] 한국에서 판매중인 촉각 그림책은 약 15종(예스24 기준), 점자그림책은 약 11종이 있으며, 국립장애인도서관을 통해 점자라벨로 제작된 아동용 도서는 2025년 현재 300여종에 이른다. 점자라벨도서에 대해서는 국립장애인도서관 자료개발과 (☎ 02-3483-8869)로 문의. 일본의 촉각그림책에 관한 정보는 '배리어프리 그림책' 홈페이지에서 다수 얻을 수 있다. https://www.bf-ehon.net/ 한국의 경우 여러 도서관이나 박물관에서 촉각책을 보유하고 있으며, 직접 만드는 작업으로는 나누미촉각연구소 등의 여러 민간 단체가 활동중이다. daryeang42@naver.com

- 무슨 노래냐고 물으니, "이거는 놀이 할때 부르는 노래야"라고 대답한다. (R, 3세 2개월)
- '덜렁대는 산타클로스'를 부른다. (R, 3세 5개월)
- 예쁜 노래를 흥얼거리길래, '무슨 노래야?'라고 물으니 '아니야, 이건 오카리나야'라고 대답한다. (R, 3세 7개월)
- ♪엄마♪ 노래를 잘 외워서 2절까지 정확하게 부른다. (R, 3세 10개월)
- ♪커다란 노래♪를 3절까지 불렀는데, 3절의 마지막 부분은 여운을 남기며 끝내더니, 스스로 박수를 친다. (R, 3세 11개월)
- 형제가 장난감에 붙은 마이크로 노래를 부른다. (R, 4세 0개월)
- ♪칠월칠석 노래♪를 제대로 부른다. (R, 4세 1개월)
- 광고 송을 외워서 부른다. (R, 4세 3개월)
- 호빵맨의 가사를 잘 외워서 부를 수 있다. (R, 4세 7개월)
- 선생님이 "N의 노래는 빛이 나요"라고 말한다. (R, 4세 8개월)
- ♪추억의 앨범♪을 잘 부른다. (R, 4세 9개월)
- ♪오리가 강을♪ ♪벚꽃이 피면 1학년♪ ♪봄 바람이 불어 온다♪를 자주 부른다. (R, 4세 11개월)

악기 연주하기

- 전자오르간 건반을 손가락으로 누른다. (R, 3세 1개월)
- 손으로 들 수 있는 작은 피아노를 마음에 들어한다. (R, 3세 1개월)
- 첫 번째 박자를 쉬고 리듬을 칠 수 있다. (S, 3세 5개월)
- 피아노에서 손가락을 번갈아 가며 움직인다. (R, 3세 7개월)
- 피아노로 도레미를 배운다. (R, 3세 7개월)
- 어제는 캐스터네츠, 오늘은 탬버린, 악기를 좋아한다. (N, 3세 8개월)
- 젓가락 상자를 피리처럼 입에 대고 목소리로 '비파의 노래'를 연주한다. (N, 3세 11개월)
- 전자오르간을 손가락으로 누른다.
  누나의 반주에 맞춰 노래를 부른다. (R, 4세 0개월)
- 피아노를 열심히 치며 언니와 합창을 한다. (R, 4세 1개월)
- 피아노로 만화주제가를 연주한다. (N, 4세 5개월)

- 집에서 제멋대로 피아노를 치는데, 그럴듯하게 들린다. (R, 4세 8개월)
- 피아노로 예쁜 멜로디를 연주해 준다. 매일 연주. (R, 4세 8개월)
- ♪사자의 노래♪를 피아노로 연주한다. (N, 4세 8개월)
- 만화주제가 음반을 틀어놓고 자신은 북을 친 다음 이 것을 녹음해서 듣는다. (N, 4세 8개월)
- 아빠의 생일에 엄마와 함께 피아노로 연주를 하며
  ♪루돌프 사슴코♪의 왼손 부분을 N은 두 손으로 연주하고, 엄마가 멜로디를 연주한다. (N, 4세 8개월)
- ♪오리의 노래♪(○선생님이 연주했던)를 왼손으로 반주 넣고 오른손으로 연주한다. (N, 4세 9개월)
- ♪산타클로스♪, ♪튤립♪, ♪대황하♪, N이 피아노로 ♪대황하♪의 전주와 후주를 고음부(오른쪽 건반)에서 연주하고, 엄마는 저음부(왼쪽 건반)에서 멜로디를 연주한다. (N, 4세 9개월)
- 피아노로 ♪엄마 죽지 마세요♪를 작사, 작곡한다. ♪이젠 바보라든지, 엄마 저리로 가 라든지, 안할게요. 제대로 말 잘 듣고 좋아해줄테니까, 엄마 죽지말아 주세요♪ 하고 노래한다. (N, 4세 9개월)
- 새 전자오르간(소형)을 사주었다(엄마: 한동안은 버튼 위치를 외우느라 '엄마 엄마'하고 부를 것 같아요). (N, 4세 11개월)
- 클래식을 연주한다. (N, 4세 11개월)
- 집에서 ♪착한 오리♪를 합주한다. (N, 4세 11개월)
- 전자오르간은 왼손으로 멜로디,
  오른손으로 드럼 부분을 연주한다. (N, 4세 11개월)
- 형과 함께 기타를 손으로 튕기며 논다. (N, 4세 11개월)
- 집에서 형, 누나와 병과 깡통으로 음악회를 열었다. (R, 5세 4개월)
- 입으로 여러 소리와 스스로 생각한 리듬을 표현한다. (R, 5세 4개월)
- 합숙 때 배운 노래가 마음에 드는지
  전자오르간으로 연주하며 논다. (N, 5세 4개월)
- 장난감 트럼펫을 사서 계속 불고 있다. (R, 5세 7개월)

카세트테이프 레코더 · CD 플레이어를 조작하여 듣기

- 카세트를 선물받았다. (R, 3세 5개월)
- 동영상을 직접 틀어놓고 수십 번씩 반복해서 듣고 있다. (R, 3세 6개월)
- 카세트와 비디오(홈 비디오)를 틀어놓고 듣는다. 촬영 당시의 가족들의 말을 기억하고 중얼거린다. (R, 3세 6개월)
- 생일 선물로 CD플레이어를 받아서 '기타로'('대황하'의 작곡가)의 음악을 직접 틀고는 '좋아요'라고 한다. (R, 3세 11개월)
- 26개 증기기차 노선의 소리를 녹음한 CD를 틀어두고 기차가 가까워지는 소리, 멀어지는 소리를 매일 듣는다. (N, 4세 0개월)
- CD를 조작한다. 라디오를 켜거나 마이크를 켜는 등 이리저리 만지며 가지고 논다. (R, 4세 0개월)
- 카세트로 '모모타로'[5] 이야기를 열심히 듣는다. (R, 4세 3개월)
- 그림동화 구연, 카세트로 녹음된 이야기 등을 배경음악을 틀어놓고 듣는다. (R, 4세 3개월)
- 라디오 카세트를 가지고 논다. (N, 4세 4개월)
- 애니메이션 음악이 수록된 CD를 샀다. 마음에 들어하며 듣는다. (N, 4세 5개월)
- 아침마다 이야기 카세트를 듣는 것이 일과. (R, 4세 6개월)
- 카세트테이프 레코더 조작을 가르쳤다. 배운 것을 기억해서 되감기해 들으며 웃는다. 30분 정도 혼자서 집을 볼 수 있다. (N, 4세 7개월)
- '독수리 오형제'의 주제가를 들으며 좋아한다. (R, 5세 2개월)
- CD 음악을 카세트에 녹음한다. (N, 5세 3개월)
- 카세트테이프에 TV애니메이션을 녹음한다. (R, 5세 5개월)

TV 보기(정확히는 TV의 소리를 듣는 것)

- 어린이 프로그램을 가만히 듣고 있다. (S, 3세 5개월)
- TV를 듣는다. "앗, '도라에몽' 시작했다". (R, 3세 10개월)

---

5) 모모타로(桃太郎)는 일본 전설 속 대중적인 영웅이다. 이름인 모모타로는 복숭아를 뜻하는 모모와 일본의 남자 아이 이름인 타로가 합쳐져 만들어진 이름으로, 복숭아 소년, 또는 복숭아 동자로 번역하여 부른다. 모모타로는 여러 책과 영화, 작품 등에서 주인공으로 등장한다.

제 11 장 놀이

- 저녁 식사 후, 좋아하는 TV프로그램을 듣는다. (R, 3세 11개월)
- TV애니메이션, 내용을 잘 듣고 있다. (R, 4세 0개월)
- 식사 후, 마음에 드는 TV를 열심히 듣고 있다. (R, 4세 1개월)
- 좋아하는 TV애니메이션을 즐겨 듣는다 '피구왕 통키'를 좋아해서 주제가를 큰 소리로 따라부른다. (R, 4세 2개월)
- 집에서 TV를 보고, 집도 잘 본다. (R, 4세 3개월)
- 어린이용 TV프로그램이 보고 싶어서 TV에 붙어있다. (R, 4세 3개월)
- TV프로 '마이짱'을 보느라 아침밥을 안먹는다. (R, 4세 5개월)
- 영화 '마릴린을 만나고 싶어'를 보고 눈물을 펑펑 쏟았다. (R, 5세 2개월)
- TV로 애니메이션을 본다. (R, 5세 2개월)
- 비디오로 애니메이션을 본다. (R, 5세 3개월)
- TV애니메이션 '호빵맨', '짱구는 못말려'를 좋아해서 신문 TV프로그램에 오늘은 어떤 내용이 방송되는지 봐달라고 한다. (R, 3세 0개월)
- 점심시간의 화제, "TV드라마 '건너는 세상은 도깨비 뿐'⁶⁾ 재미있네요" (R, 5세 3개월)
- 친구들이 드나들며 놀아준다. 비디오 애니메이션을 무엇보다 재미있게 본다. (R, 5세 3개월)
- '호빵맨 스페셜'을 기대하는 중. (R, 5세 5개월)
- 형이 보고 있는 '도라에몽'을 함께 가만히 듣고 있다. (N, 5세 5개월)
- TV애니메이션(호빵맨)에서 좋아하던 노래를 카세트로 틀어놓고 듣는다. (R, 5세 7개월)
- 비디오 조작을 할 수 있게 되면서 '도라에몽'을 즐겨 본다. (N, 5세 9개월)

---

6) '마릴린을 만나고 싶어'(マリリンに逢いたい). 1988년 공개된 일본영화. 오키나와 아카지마의 민박에서 기르고 있던 강아지 시로가 건너편 섬 마미지마에 있는 연인인 강아지 마릴린을 만나기 위해 바다를 헤엄쳐 건너간 실화를 바탕으로 제작되었다.
'건너는 세상은 도깨비 뿐'(渡る世間は鬼ばかり). 1990년 10월 일본 TBS를 통해 처음 공개된 가족드라마. 이후 시즌을 거듭하며 20년 이상 인기를 얻어온 장수 드라마이다.

스테레오 카세트로 음악 등을 듣기

- 새로운 스테레오 카세트로 증기기관차가 달리는 소리를 녹음한 CD를 듣는 것을 좋아한다. (N, 3세 6개월)
- 엄마가 흥얼거리는, 그룹 'Off Course'의 노래를 듣고는, N "오다카즈 짱의 노래", 엄마: "오다 카즈마사 씨 노래야, 들어볼래?", "N: 들어볼래"라고 한다. 화장실 볼일을 본 후 바지도 입지 않은채 'Off Course'의 'Yes-No'의 인트로 부분을 듣고 있다. 특히 비트가 강한 것을 좋아하는지 발로 리듬을 타고 있다. 새로운 스테레오 카세트가 생긴 후부터 음반을 자주 듣는다. (N, 3세 7개월)
- 'Off Course'의 노래는 N에게 문화적 충격일까? 리듬을 타면서 듣고 있다. (N, 3세 7개월)
- 오다 카즈마사의 곡을 들으면서 2, 4박째에 정확히 손뼉을 친다. (N, 3세 9개월)
- 이노우에 요스이의 노래를 좋아한다. ♪새하얀 도자기를 바라보며 지겹지도 않게♪ 라는 부분을 ♪새하얀 청소기를 돌렸다♪ 라고 가사를 제멋대로 바꾸어 노래한다. ♪열리지 않은 건널목♪ 이라는 노래를 좋아하고, 기차와 건널목이 나오는 것과 리듬과 비트를 좋아한다. 북으로 리듬을 칠 수 있다. 노래 가사를 두고 "들르다라는 게 무슨 말이에요?" "사랑한다는 게 무슨 말이에요?" "왜 건널목 저편에 있는 거에요?"라고 질문한다. (N, 3세 11개월)
- 이노우에 요스이에 이어 앨리스[7]의 ♪지금은 더이상 아무도♪의 리듬을 타고 완전히 드럼처럼 치고 있다. (N, 4세 0개월)

비디오 게임

- 동생이 비디오 게임을 하고 있자 차례를 기다린다. (R, 3세 0개월)
- 슈퍼패미컴을 선물 받았다. (N, 5세 1개월)

---

[7] 오다 카즈마사(小田和正)는 밴드 오프 코스(オフコース)의 리더. 이노우에 요스이(井上陽水), 앨리스(アリス) 모두 인기 음악가들이다.

- 비디오 게임을 너무 많이 해서 엄지손가락이 부었다. (R, 5세 7개월)

손놀이 노래

- 선생님에게 '노래를 불러요'에 나오는 곡을 몇 곡 부르다가 ♪ 머리, 어깨, 무릎, 발 ♪ 이 마음에 드는지 몇 번이고 반복해서 불러 달라고 한다. (R, 3세 11개월)
- 손놀이 노래로 무엇을 부르냐고 물었더니, ♪ 통통통통 수염 할아버지 ♪ 이라고 한다. 흉내가 완벽하진 않지만, 나름대로의 흉내를 내며 웃으며 즐거워한다. (R, 3세 11개월)
- 손놀이에 줄곧 흥미를 갖고 놀이에 참가한다. (R, 3세 11개월)

영화

- '도라에몽' 영화를 보는 중간중간 소리를 지르거나 앞의 의자를 발로 차는 등 재미없어 한다. 콘서트를 좋아한다. (N, 5세 0개월)

3세부터 5세 무렵까지 연령대별로 보이는 내용을 항목별로 분류하여 연령순으로 표시해 보았습니다. 생각보다 많은 양이 나왔습니다. 이 영역의 놀이가 많다는 것을 보여주는 것이겠지요.

특히 노래는 보이는 아이보다 가사든 멜로디든 더 정확하게 불러서 보육교사에게 칭찬을 받습니다. 리듬에 맞춰 북을 치거나, 좋아하는 곡을 흉내내어 혼자서 제멋대로 피아노를 치는 듯해도, 제대로 된 곡처럼 들려 듣는 사람들로부터 칭찬을 받습니다. 물론 그것이 아이 스스로에게도 즐거운 놀이가 되고 있습니다. 언니나 엄마와 함께 피아노를 치는 것도 즐겁습니다. 그리고 카세트테이프 조작법 등도 잘 익히고 있습니다.

소리에 대해서는 예민하고, 좋은 장비로 듣는 음악에 대해서는 '예쁘다'고 표현하거나 좋아하는 곡은 여러 번 듣는 등 잘 알아듣습니다. 부모님도 이를 다시 한 번 인식하고 전자 오르간을 사주거나 피아노 레슨을 시작하거나 콘서트에 데려가고 싶다는 등의 생각을 하고 있습니다.

    R이 좋아하는 놀이가 있는데, 바로 TV로 애니메이션을 소리로 듣는 것, CD로 이야기를 듣는 것입니다. 또 형제의 영향으로 비디오 게임기로 게임을 하기도 합니다. 화면은 보이지 않지만, 미묘한 소리만으로도 이야기 전개 과정을 알 수 있는 것 같습니다. 그런 지식들로 어린이집에서는 남자아이들과 공감대가 형성되어 수다가 끊이지 않는 상태였습니다. 아이마다 무엇에 관심을 갖고 무엇에 에너지를 쏟는지는 다릅니다. 가정에서는 이를 지켜보고 응원하는 모습을 엿볼 수 있었습니다.

⑫ 요리

가정에서 쉽게 할 수 있는 것은 쿠키 만들기일 것입니다. 모양을 만드는 것은 잘 못해도 아이가 직접 만든 쿠키의 모양을 손으로 확인하고, 완성된 쿠키를 먹어보고 맛보는 것은 즐거운 일입니다.

    햄버그 만들기, 곤약 찢기 등도 소개되어 있었습니다. 요리하는 시간에 여유를 가지고 아이들을 참여시키는 것은 즐겁고 좋은 시간이 될 것입니다.

- 경단 만들기. 밀가루 반죽으로 만들다 보니 점토로 만들때보다 훨씬 더 진지하게 임한다. (R, 3세 3개월)
- 스위트 포테이토 만들기. 손으로 둥글게 만든다. (R, 3세 4개월)
- 경단 만들기. 두 번째라서 제법 잘 만든다. (R, 3세 6개월)
- 케이크 만들기. 친구와 함께 '재미있다'라며 도전. 도중에 생크림을 핥고는 '맛있다'며 빙긋 웃는다. (R, 3세 6개월)
- 곤약 찢기를 가르쳐 주었더니 재미있어서 자꾸만 한다. (R, 3세 8개월)
- 햄버그를 만든다. "점토로도 만들 수 있다"고 했더니 "다음에 만들어 볼까요?"라고 한다. (N, 4세 7개월)
- 칼로 무를 자르는 연습을 한다. 손에 힘이 들어가지 않아 비스듬히 깎여 버렸다. (N, 4세 8개월)

- 고기 덩어리로 햄버그 모양 만들기 (R, 5세 3개월)
- 고구마를 알루미늄 호일에 싸서 군고구마 만들기 (R, 5세 4개월)
- 돼지찌개 만들기. 감자 씻기, 양파 껍질 벗기기를 한다. (R, 5세 5개월)
- 쿠키 만들기. 코코아를 넣고 길쭉하게 만든 다음 둥글게 말고, 경단 모양을 만든 뒤 다시 평평하게 한다. (R, 5세 7개월)
- 쿠키 만들기. 형과 함께 모양을 만들어서 구웠다. 오래전부터 N이 하고 싶어 하던 것을 드디어 실현했다. (N, 5세 8개월)

N과 R의 사례에서는 쿠키, 경단, 햄버그 등의 모양을 만드는 것뿐만 아니라 야채를 씻고, 손으로 껍질을 벗기고, 알루미늄 호일로 감싸고, 칼로 자르는 등 요리에 관련된 다양한 과정에서, 안보이는 아이가 거들도록 하기 위해 고민이 이루어지고 있습니다.

몸을 이용한 놀이

안보이는 아이들도 몸을 이용한 놀이를 통해, 조금씩 자신의 몸을 자유롭게 사용할 수 있게 됩니다. 그리고 그 운동 감각과 촉각, 청각, 평형감각 등을 연결하는 많은 경험을 통해 자신의 몸을 중심으로 전후, 상하, 좌우 등의 위치 관계를 이해하고, 안보이는 곳에 무엇이 있는지 이해하고, 단서를 활용한 이동을 조금씩 할 수 있게 됩니다.

몸을 움직이는 것을 좋아하는 아이와 싫어하는 아이가 있는데, 혼자 걷는 데 중요한 기초가 되기도 하므로 아이 개개인의 상태에 맞춰서 몸을 움직이는 것을 좋아하도록 격려해 주세요.

유아 후기는 대략 3세부터 6세까지를 다루고 있기 때문에 같은 몸을 이용한 놀이라도 연령에 따라 내용이 달라집니다. 사례의 연령을 참고하여 아이와 함께 즐겁게 놀아주세요.

몸을 이용해 실내에서 놀 수 있는 내용을 ①~⑤ 로 정리했습니다. 난이도 순이 아니니 아이가 흥미를 느끼는 것을 참고로 해주세요.

① 어른이나 나이 많은 사람과 놀기
② 역할놀이⁸⁾
③ 리트믹⁹⁾
④ 도약 상자
⑤ 가위바위보

① 어른이나 나이 많은 사람과 놀기

이 시기 가정에서는 누워서 이리저리 구르기, 재주넘기, 게걸음, 개구리 뜀뛰기, 토끼 뜀뛰기 등 다양한 걷기 놀이를 시도해 보세요. 가까운 어른은 온몸으로 부딪히거나 넘어져도 괜찮은 존재입니다. 꼭 함께 몸으로 놀아주세요. 여기서는 사례에 따라 '아빠'라고 표기하지만, 엄마나 할아버지, 이웃의 친한 사람이라도 상관없습니다.

이때, 아빠의 가랑이 사이로 기어들어가기, 아빠의 등을 타고 넘어가기, 프로레슬링 놀이, 손을 잡고 잡아당기기, 막대기나 끈을 잡고 서로 잡아당기기 등을 시도해 보세요. 또한, 가정 내에서는 아이가 작은 점프대나 트램펄린, 또는 침대 위에서 점프하는 놀이를 할 때 손을 잡고 도와주거나 위험하지 않도록 지켜봐 주는 것이 좋습니다.

- 아빠가 집에 있을때 온몸으로 부딪히는 등 닌자 놀이를 한다. (R, 3세 0개월)
- 아빠에게 부딪히며 '난폭하게 놀고 싶어'라고 한다.　　(R, 3세 1개월)
- 아빠에게 애교를 부리고, 뛰어다니고,
  물건을 던지고, 흥분합니다.　　　　　　　　　　　　(R, 3세 5개월)
- 형과 이불 위에서 프로레슬링 놀이를 합니다.　　　(R, 3세 5개월)
- 아빠, 형과 프로레슬링 놀이. '백드롭', '엄청난 기술(바디슬램)'을 거는 등 땀을 뻘뻘 흘리며 논다.　　　　　　　　　(N, 3세 6개월)

---

8) ごっこ遊び. 역할놀이란, 자신이나 다른 사람이 다른 누군가나 무언가가 되어 흉내를 내거나, 뭔가를 다른 것에 비유하거나 하면서 스토리를 전개해 가는 놀이를 말한다.
9) 리트믹(프랑스어: rythmique, 영어: eurhythmics). 리트믹이란, 즐겁게 음악과 만나면서 기본적인 음악 능력을 늘리고 동시에 신체적, 감각적, 지적으로도 앞으로 받을 모든 교육을 충분히 흡수하고 이를 발판으로 크게 자라기 위해 아이들이 개별적으로 지니고 있는 「잠재적인 기초 능력」의 발달을 촉진하는 교육.

제11장 놀이

- 아빠를 좋아해서, 암벽등반, 프로레슬링을 함께 한다. (N, 3세 7개월)
- 형과 전쟁 놀이 (R, 3세 7개월)
- 프로레슬링 놀이를 좋아해서 이불 위에 던지기, 발목 잡고 흔들기, 백드롭 등을 하며 논다. (N, 3세 9개월)
- 아빠와 프로레슬링 놀이 (N, 4세 0개월)
- 아빠의 기척이 느껴지면 엄청난 기세로 붙잡으러 달려가거나 품속으로 뛰어든다. (R, 5세 5개월)

> N과 R에게도 아빠에게 온몸으로 부딪히며 난동을 부리는 놀이가 얼마나 즐거운 일인지 알 수 있습니다. 어떤 식으로 달려들어도 가볍게 뿌리쳐지거나 던져지고, 다시 일어나서 뛰어들어도 아빠는 끄떡도 하지 않습니다. 이처럼 아이에게 아빠는 큰 존재입니다. 아빠도 아이가 성장하는 모습을 느낄 수 있는 좋은 기회이기도 합니다. "뿌리쳐도 계속 끈질기게 덤벼들어 힘들다"고 말하면서도 아빠의 즐거운 마음이 전해집니다.

② 역할놀이

보이는 아이는 한살이 지나면서부터 화장대 앞에서 브러쉬를 쓰는 동작, 연필을 들고 글씨를 쓰는 동작 등을 시작하며, 한살 반쯤 되면 엄마의 청소 흉내를 내고, 두살이 가까워지면 종이조각 등을 놀이용 그릇에 담아 가져와 '드세요'라고 말하고 '잘 먹었어'라고 말하면 만족스러워하는 등 엄마의 흉내를 낼 수 있게 됩니다. 이렇게 아주 가까운 엄마, 아빠의 동작을 흉내내는 것에서부터 주변 사람들로 흉내내는 대상이 점점 넓어집니다.

안보이는 아이가 '역할놀이'를 즐길 수 있게, 엄마의 움직임에 관심을 보일 수 있도록 말을 걸어주세요. 예를 들어, 식사를 준비할 때, 설거지를 할 때, 청소를 할 때, 엄마가 하는 일을 말이나 동작으로 알려주면서 놀이를 해보세요. 또한 함께 쇼핑을 가서 구입한 물건으로 '○○ 주세요', '감사합니다' 등 쇼핑하는 흉내를 내거나, 골판지나 탈의 바구니에 들어가 목욕하는 흉내를 내거나, '네, 드세요', '잘 먹겠습니다', '맛있네요'… 등 놀이용 그릇에 물건을 넣거나 꺼내는 동작을 가르치세요. 소꿉놀이 그릇에 물건을 넣거나 꺼내는 동작을 가르치면서 놀이를 해보세요.

안보이는 아이의 놀이를 조사한 결과, 처음에는 주로 말로 흉내를 내며 놀게 됩니다. '구슬을 굴릴 수 있는 시기'에는 누군가에게 물건을 건네주며 '고맙습니다'라고 말하게 되고, 'O 틀에 맞추기가 가능한 시기'의 놀이로는 혼자서 중얼거리면서 물건이나 장난감을 가지고 놀게 됩니다.

예를 들어, 장바구니를 만지며 '3000원입니다', '고맙습니다'라고 말하며 엄마와 함께 쇼핑할 때를 '재현'하거나, 엄마의 전화 말투를 흉내 내며 '응응, 그래, 그럼 또 봐'라고 말하며 수화기를 내려놓거나, 인형을 안고 드라이기를 틀어주는 등의 행동을 합니다.

아이가 다른 아이에게 관심을 보이는 시기는 한살 반 무렵으로, 다른 아이가 가지고 있는 장난감에 손을 뻗어 억지로 가져가려는 일방적인 행동으로 시작됩니다. 그리고 두살 무렵이 되면 다른 아이의 행동을 흉내 내기 시작하고, 3~4세 무렵이 되면 놀이의 절반은 '역할놀이'라고 할 정도로 친구들과 함께 하는 집단놀이를 잘하게 됩니다.

안보이는 아이도 '구슬을 굴릴 수 있는 시기'가 되면, 아이들의 목소리가 들리는 곳에 머물고 싶어 하는 등 다른 아이들에게 관심을 갖게 됩니다.

N·R·S의 사례를 통해 '역할놀이'의 양상 변화와 발달을 살펴봅시다. 사례는 이미 사용된 것이지만, '역할놀이'라는 주제로 다시 정리한 것입니다.

> '구슬을 굴릴 수 있는' 시기(모두 N의 경우)
> - 선생님이 접시에 나무블록을 담아 "과자야, 먹어봐"라고 말하면, N은 "나무블록 나무블록"이라고 지적한다. 선생님이 "나무블록 과자야"라고 말하자, N은 입에 넣고 씹는 흉내를 내며 "맛있어"라고 말한다.
> - 소꿉놀이로 마시는 흉내를 내거나 건배를 한다.
> - B블록을 조립해 자동차를 만들고는 "내가 자동차 만들었어요"라고 한다.
>
> 'O 틀을 맞출 수 있는' 시기

제 11 장 놀이

- 대형 나무블록을 4개 겹쳐서 자동차처럼 만들고는 "붕~붕~"하며 갖고 논다.
- 복도에서 큰 소리로 떠들고, 친구들과 함께 웃고 떠들며 "우와!"하고 외치고 뛰어다니며 웃는다.
- 홀에서 혼자 놀고 있을 때 숨바꼭질하자고 하면, 매우 좋아하며 방으로 돌아가 골판지에 숨으며, "다들 숨었니?"라고 한다.
- 같은 반 친구의 목소리를 듣고 홀에서 술래잡기, 집놀이를 할 때 "나도 끼워줘"라며 찾아오는 경우가 많아졌지만, 중간에 빠져버린다.
- 숨바꼭질. 선생님이 술래가 되어 "이제 됐니"라고 하면 정글짐 안으로 들어가 "이제 됐어요"라고 대답하고, 선생님이 "찾았다!"라고 하면 빙긋 웃는다. 함께 커튼 뒤에 숨는다든지 할때는 점점 더 신이 난다.
- 선생님, "이제 됐니? 찾으러 간다?"라는 말에 "아직 안돼요, 좀만 더 기다려요"라는 대답이 돌아온다.
- 스스로 긴 대사를 말하고, 선생님에게 똑같이 말하게 하는 놀이를 한다.
- 모래밭에서 "선생님 양갱 만들었어요. 잔뜩 만들었어요. 어서 드세요", "아빠 왔다, 아이스크림 사왔어"라고 말하며 논다.
- 정글짐에 올라가서 가끔씩 혼잣말처럼 "여기 봐, 주스 갖고 왔어", "여기 좀 봐봐, 모두들 뭐 하고 있어?" "○○도 하고 싶대"

'좌우 구멍을 구분하여 구슬을 넣을 수 있는' 시기

- 대형 골판지 박스에 친구와 함께 들어가서 꺄악꺄악 하고 신이나서 논다. 선생님이 "안녕하세요, ○○입니다"라며 상자를 두드리면 "N이에요"라고 말한다.
- 친구들과 어울려서 자주 논다. 좁은 사물함 안에서 함께 하는 숨바꼭질도 즐거워 보인다.
- 술래잡기. "기다려 기다려"라며 쫓아가면 N도 뛰어서 도망친다.
- "○○선생님 ○○선생님 우리 집에 불났어요. 다 타서 아무 것도 없어요"라고 말하며 선생님의 반응을 본다. "어, 큰일이네, 어떡하지?"라고 말하면 빙그레 웃으며 대만족.

'크고작은 ○ 모양을 맞출 수 있는' 시기

- 역할놀이를 하고 있는 가운데 들어와서 "여기, 약", "여기, 이불", "여기, 주사"라고 말하며 신기한 표정을 짓고 누워있다.

유아기 전반의 N은 처음에는 보육교사가 '나무블록'을 '과자'라면서 건네주면 여기에 장단을 맞춰 나무블록을 씹는 흉내를 내며 '맛있어요'라고 말한다. 술 마시는 흉내를 내기도 하고 친구들과 건배도 합니다.

그리고 그 후로 점점 더 말을 사용하고 몸을 움직여 '역할놀이'를 좋아하게 된 것 같습니다.

유아 후기의 N, R, S.

- 잘 놀아주는 어른 흉내를 낸다.   (N, 3세 4개월)
- 아빠 흉내를 낸다.   (N, 3세 4개월)
- 엄마: 혼자서 노는 경우가 많아서 귀찮아도 잘 대응하고 말을 많이 하도록 한다.   (N, 3세 4개월)
- 호빵맨 놀이. '자 내 얼굴을 드세요, 나는 괜찮아요. 배 고픈 사람을 도와 줄 거예요'.   (N, 3세 8개월)
- 이웃집 여자아이가 놀러 와서 여자아이는 선생님이 되고, S는 학생이 되어 한 시간 가까이 열중해서 논다.   (S, 3세 8개월)
- 동네 아이들 7~8명이 서로 번갈아 가며 놀러와서 유치원 놀이 등을 하며 논다.   (S, 3세 9개월)
- 긴 역할 놀이
  ○△ '난 아기할래'
  N '난 강아지' '멍멍, 산책하러 가고 싶어'
  ○△ '그럼 산책 가자' (갑자기 ○△가 교통사고를 당함)
  □ '삐뽀삐뽀, 나는 구급차 아저씨'
  N '내가 구급차 아저씨야' '삐뽀삐뽀'(쓰러진 ○△에게) '여기 잘 듣는 주사예요'

제11장 놀이

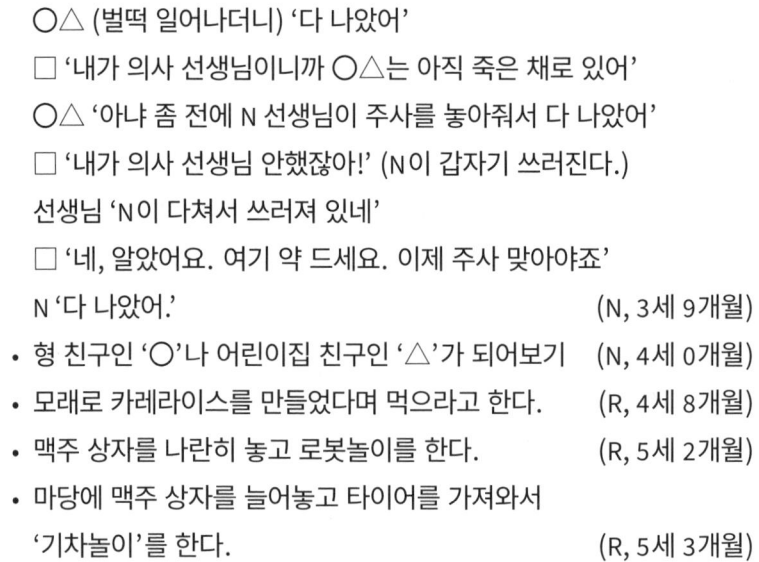

- ○△ (벌떡 일어나더니) '다 나았어'
- □ '내가 의사 선생님이니까 ○△는 아직 죽은 채로 있어'
- ○△ '아냐 좀 전에 N 선생님이 주사를 놓아줘서 다 나았어'
- □ '내가 의사 선생님 안했잖아!' (N이 갑자기 쓰러진다.)
- 선생님 'N이 다쳐서 쓰러져 있네'
- □ '네, 알았어요. 여기 약 드세요. 이제 주사 맞아야죠'
- N '다 나았어.' (N, 3세 9개월)
- 형 친구인 '○'나 어린이집 친구인 '△'가 되어보기 (N, 4세 0개월)
- 모래로 카레라이스를 만들었다며 먹으라고 한다. (R, 4세 8개월)
- 맥주 상자를 나란히 놓고 로봇놀이를 한다. (R, 5세 2개월)
- 마당에 맥주 상자를 늘어놓고 타이어를 가져와서 '기차놀이'를 한다. (R, 5세 3개월)

> N은 친한 사람을 잘 알고 있고, 말로 친구 등을 흉내 냅니다. 점점 더 긴 대사로 장면을 재현하거나 재미있는 이야기를 만들기도 하고, 역할을 연기하기도 합니다. S가 옆집 여자아이와 유치원 놀이에 열중하는 모습도 볼 수 있습니다.

다음은 T의 '역할 놀이' 과정을 소개합니다.

T는 2세 10개월까지만 해도 약간이지만 볼 수 있었기 때문에 집에서 가까운 공원에서 만난 아이들과 같은 놀이기구를 타고 놀기도 했습니다. 네 살 무렵에는 교류가 활발해져 다른 아이들의 '소꿉놀이' 친구들 틈에 스스로 끼어들게 되었습니다. 주변 아이들도 처음에는 '나도 끼워줘!'라고 말하는 T를 친구로 받아들이고 있었습니다.

하지만 얼마 지나지 않아 불만을 토로하는 아이가 생겼습니다. 그것은 T가 소꿉놀이 도구에 손을 대면 깨끗하게 정리된 놀이도구가 망가져 버리는 일이 잦아졌기 때문이었습니다. 그래서 T는 '아기' 역할로 놀이에 동참하게 되었습니다. 당시에는 집에 가면 엄마를 아기 역할로 하고, T가 엄마가 되어 놀았다고 합니다.

하지만 5살이 되면서 '소꿉놀이 세트가 망가지지 않도록 조심할 것'을 전제로 언니 역할로 승격되자 언니용 앞치마를 두르고 본인은 매우 기뻐하며 '잘하면 엄마가 될 거야!'라며 기대에 부풀어 있었다고 합니다.

③ 리트믹

실내에서 음악 등에 맞춰 몸을 움직이는 것은 즐거운 일입니다. 처음에는 손놀이 노래로 동작을 익히지만, 보고 따라할 수 없기 때문에 몇 번씩 손을 잡고 가르쳐야 합니다. 차츰 몸 전체를 사용하는 동작으로 변해가는데, 처음에는 손과 손끝을 곧게 펴는 자세를 익히면 이를 바탕으로 새로운 동작의 형태도 쉽게 익힐 수 있습니다.

집에서도 함께 리듬에 맞춰 뛰고, 점프하고, 몸의 위·아래·옆·앞 등에 손을 뻗고, 손을 잡고 달리고, 점프하며 즐거운 시간을 보내세요.

여기서는 안보이는 아이가 자신의 몸의 세세한 부분까지 이름을 알고, 몸의 각 부분을 자유롭게 움직일 수 있도록 하는 방법에 대해 써보려고 합니다.

<두 발로 뛰기>

토끼나 캥거루 흉내를 내며 작게 점프를 계속합니다. 도움이 필요하다면 아이의 양옆을 잡고 '점프, 점프'라고 말하면서 격려해줍니다.

<한발로 서기>

먼저 어른이 손을 잡아주고 아이는 한쪽 다리를 든 상태에서 균형을 유지하도록 가르친다. 그런 다음 좌우 다리를 번갈아 가며 들 수 있도록 합니다. 그것이 가능하게 되면, 아이가 물건을 잡고 한 발로 설 수 있도록 격려합니다.

<말의 신호로, 몸을 움직이기>

'시작', '멈춰'라는 말로 걷기 시작하거나 멈춰서며 놉니다. 놀이를 통해 '빨리', '천천히', '오른쪽', '왼쪽' 등의 단어의 의미를 익히도록 하는 것이 좋습니다. 실제로 말의 지시에 따라 점프하기, 손뼉 치기, 옆으로 돌아보기 등 몸을 움직이면서 동작과 말의 의미를 제대로 이해하고 몸의 기본 동작을 익힐 수 있게 됩니다.

제11장 놀이

게임처럼 놀이에 접목시켜 말의 의미를 이해하고 몸을 움직이는 경험을 많이 하게 해 주세요. 산책할 때도 의식적으로 '빨간불', '파란불'을 알려주고, 소리에 주의를 기울여 차가 멈췄거나 움직이기 시작했다는 것을 느끼며 걷는 것이 좋습니다.

<발은 움직이지 않고, 지시하는 신체 부위를 만지기 등>

모든 신체 부위(손, 발, 손가락 등)를 만지고, 지정된 신체 부위를 사용하여 지시된 동작(손 흔들기, 고개를 끄덕이는 듯 머리를 움직이기, 손가락을 폈다 접었다 하며 바위 보를 하기)을 합니다.

또한 신체 부위를 다양하게 움직이거나(팔을 머리 위로, 검지를 뺨에, 오른발을 한 발짝 옆으로 내밀기 등), 다양한 운동(점프, 발끝으로 서기, 쪼그리고 앉기 등)을 접목한 놀이를 생각해 보세요.

<뜀뛰기>

아이가 혼자 서서 오른발로 받치고 다른 한쪽 무릎을 구부리면서 들어 올리고, 그대로 살짝 뛰어오른 다음 들어 올린 발을 조금 앞으로 내밀어 두 발로 서게 합니다. 말로만 지시하는 것은 어렵기 때문에 말을 곁들여 아이가 몸을 움직일 수 있도록 도와주어야 합니다. 이런 동작이 '뜀뛰기'라고 알려주세요.

가급적이면 한 번씩 번갈아 가며 발을 번갈아 가며 합니다. 그리고 연속으로 할 수 있게 되면 완성입니다.

<갤럽 뛰기>

아이에게 한쪽 발을 앞으로 내밀고 서게 한 후, 뒷발을 앞발 뒤꿈치에 붙이도록 몸을 움직이되, 붙는 타이밍에 앞발을 한 발짝 앞으로 내딛습니다. 이를 연속적으로 움직이면 '갤럽 뛰기를 하는 것'이라고 가르칩니다.

말로만 설명해서는 갤럽 뛰기를 하기 어렵기 때문에 설명과 함께 실제로 아이의 발을 움직이면서 가르쳐야 합니다.[10]

---

[10] 영상으로 보는 편이 쉽다. google에서 'GALLOP - Munch Move'를 검색해보면 적당한 영상이 나온다.

<스킵 뛰기>

한쪽 발을 앞으로 뻗으면 다른 쪽 발로 뜀을 뜁니다. 그리고 뜀뛴 발이 한 발 앞으로 착지하면 반대쪽 발을 끌어올려 뜀뛰고, 이를 번갈아 가며 반복합니다. 말로만 설명해서는 스킵 뛰기가 어렵기 때문에 설명과 함께 곁들여 실제로 아이의 발을 움직이면서 가르쳐야 합니다.[11]

<자기 몸의 '오른쪽', '왼쪽'을 알기>

자신의 몸의 좌우 대칭인 것(손, 발, 눈, 눈썹, 귀)을 구별할 수 있도록, 몸의 오른쪽과 왼쪽을 구별할 수 있도록 게임 등을 통해 가르쳐 주세요.

그렇게 할 수 있게 되면 인형의 등을 자신의 배에 대고 앞을 향해 안고 자신과 같은 방향을 바라보는 인형 몸의 '오른쪽', '왼쪽'도 구분할 수 있게 되면 좋을 것입니다.

- 음악에 맞춘 체조. 아는 동작은 그대로, 나머지는 자유롭게 몸을 움직이며 즐거운 듯 논다. (S, 3세 5개월)
- 악기 합주, S 자신은 잘하지만 다른 아이는 엉터리다. (S, 3세 5개월)
- 의자 잡기 게임. 오르간 소리가 나면 너무 흥분해 의자에 앉지 못한다. (S, 3세 5개월)
- 수업시간에 가장 정확하게 캐스터네츠를 친다. (S, 3세 5개월)
- 동요를 부르고 몸짓도 잘한다. (S, 3세 5개월)
- 오르간 리듬에 맞춰 섰다 앉았다 걷기도 하고, 아빠 걷기, 아기 걷기 등 지시를 잘 듣고 움직인다. (S, 3세 9개월)
- 선생님이 두드린 수만큼 손을 두드리면(4박, 2박), 9명 중 3명(S 포함)이 정답을 맞힌다. 또한 오르간으로 3단계 높이의 음을 연주하고, 높은 소리는 머리, 중간 소리는 어깨, 낮은 소리는 무릎으로 구분하여 두드리기를 했을 때도 S는 정확히 해냈다. (S, 3세 9개월)
- 동물 흉내를 내며 걷는다. '동물 흉내 걷기 할 수 있는 사람?'이라고

---

11) 역시 영상이 더 쉽다. google에서 'skip jump'를 검색해보자.

제11장 놀이

물으면 S는 손을 들고 '토끼'라고 말하고 깡충깡충 뛰면서 조금씩 부딪히면서도 잘 돌아다닌다. (S, 3세 9개월)
- 한발 뛰기를 가르친다. 네번 할 수 있었다. (N, 3세 10개월)
- ♪주먹쥐고 손을펴서♪ 노래에 맞춰 비행기나 핸들을 잡는 모양으로 춤을 추는 동작을 한다. (R, 3세 10개월)
- ♪머리-어깨-무릎-발♪ 노래를 부르며 뒤쪽에서 손을 잡고 율동을 가이드해 주면 금방 외워서 함께 한다. (R, 3세 10개월)
- 국민 체조 흉내. 차렷, 쉬어, 앞으로 나란히를 한다. (R, 3세 10개월)
- 깡총깡총, 손을 잡고 한 발 뛰기를 한다. (R, 3세 10개월)
- 스킵 뛰기를 잘 할 수 있다. (R, 3세 10개월)
- 리트믹. 토끼 뛰기 동작에서 손을 뻗지 못한 것을 고쳐준다. 금붕어 노래에 맞춰 엎드려서 몸을 흔들어 주면 매우 좋아한다. 다른 아이들과 부딪힐 것 같아 행동이 소극적이지만, 선생님이 옆에 있으면 안심하고 뛰어놀 수 있다. (R, 4세 0개월)
- 유아 체조. 토끼가 되었다가 씨름선수, 군고구마가 되어 몸을 움직인다. 감이 좋고, 말에 맞춰 몸이 금방 따라간다. (R, 4세 0개월)
- ♪손뼉을 칩시다♪에 맞춰 춤추는 동작을 취한다. (R, 4세 0개월)
- 매트에서 앞구르기 (R, 4세 7개월)
- 집에서 댄스가수의 노래에 맞춰 춤을 추고 있다. (R, 4세 8개월)
- 리듬 놀이를 즐긴다. 장난을 치면 웃는다. (N, 5세 1개월)
- 엄마가 '이렇게 해봐'라며 형태를 가르쳐주니 '아, 거북이'라고 답한다. 아마도 리듬놀이에서 해본 것 같다. (N, 5세 1개월)
- 국민체조를 형이 손으로 잡고 가르쳐준다. (R, 5세 2개월)
- 한 손을 잡고 홀을 원을 그리며 마음껏 달린다. (R, 5세 2개월)
- 사방치기를 한다. (R, 5세 4개월)
- 엄마의 생일 파티. 형제 4명이서 백설공주 연극을 한다. (R, 5세 5개월)
- 피아노 멜로디에 맞춰 두 팔을 크게 벌리고 홀 안을 크게 원을 그리며 움직인다. (R, 5세 5개월)
- ♪무궁화 꽃이 피었습니다♪ 놀이방법을 알려주지만, 잡히면 친구와 새끼손가락을 고리걸고 줄을 서서 기다린다. '끊었다'고 말하고 도망

- 칠 때가 스릴이 있어 즐거워하며 달린다. (R, 5세 5개월)
- ♪거미가 줄을 타고 올라갑니다♪ 손놀이 노래를 외워서 다같이 즐겁게 부른다. (N, 5세 7개월)
- 문화회관에서 발표회를 가졌다. 춤추기를 제대로 한다. (S, 5세 7개월)
- 크리스마스 발표회 '티볼리노의 모험'에서 아빠 역할을 도움을 받으며 해낸다. (N, 5세 9개월)

> 유치원 등에서는 리트믹을 접할 기회가 많기 때문에 3명의 사례를 통해 그 모습을 알 수 있습니다. 3세 9개월까지는 S의 사례 뿐이지만 선생님의 지도를 잘 듣고 즐겁게 움직이고 있습니다.
>
> 그 후, N과 R도 묵찌빠 등을 할 수 있게 되었고, R은 어려운 스킵 뛰기도 할 수 있게 되었습니다. 3명 모두 리트믹을 즐기며 점점 몸을 잘 움직일 수 있게 되었다는 것을 알 수 있었습니다.

④ **뜀틀**

일반적인 뜀틀을 이용한 운동은 대에 손을 얹은 상태에서 몸을 들어올려 대를 뛰어넘는 것입니다. 이를 위해 손으로 몸의 무게를 지탱하는 놀이, 개구리 뛰기, 누군가가 아이의 양발을 잡고 아이는 양손을 번갈아 가며 손으로 걸어 이동하는 놀이(경운기 놀이) 등을 해보는 것이 좋습니다.

- 홀의 무대에서 뛰어내린다. (S, 3세 5개월)
- '겨우, 5단', '(뛰면) 금방 다리가 땅에 닿아버려'라고 말하면서 5단 뜀틀에서 뛰어내린다. 정글짐의 미끄럼틀에서는 같은 높이라 하더라도 뛰어내리지 않는다. (N, 3세 6개월).
- 정글짐에서 3단까지 오르고 돌아가는 길, '정글짐에 5미터 정도 올랐어요'라고 말한다. (N, 3세 7개월)
- 뜀틀(5단)에서 뛰어내린다. (S, 3세 9개월)

- 뜀틀(5단) 위에 서서 뛰어내린다. 뛰어내린 후에 '손가락이 조금 아팠어요'라고 말한다. (N, 4세 5개월)

N과 S의 사례에서 보이듯, 뜀틀에 손을 대고 뛰어오르는 일반적인 놀이 방법은 할 수 없을 것 같습니다. 하지만 N과 S가 5단 뜀틀 위에서 뛰어내리는 모습에는 놀라움을 금치 못합니다. 스스로를 격려하며 힘차게 뛰어내리는 등 자신감이 넘치지만, 비슷한 높이의 미끄럼틀에서는 뛰어내리지 않는 신중함도 가지고 있습니다.

같은 높이인 것에 대해서는 직접 만져보게 하고 설명해줘야 합니다. 설명해 주더라도 억지로 시킬 필요는 없습니다. 참고로, R의 보육일지에 뜀틀 위에서 뛰어내린 기록은 없었습니다.

⑤ 가위바위보

처음에는 가위바위보의 의미와 모양을 알려주는 것부터 시작합니다. 자신이 낸 모양을 서로 소리 내어 말하는 규칙을 정하면, 눈이 보이지 않아도 바로 승패를 알 수 있습니다.

- 가위바위보를 모르니 가르쳐 달라고 한다. (S, 3세 9개월)
- 가위바위보의 승패를 몰라 불만을 드러낸다. 입으로는 바위 또는 보라고 말하지만 상대방이 어떤 것을 냈을 때 이기고 지는지 아직은 잘 모른다. (N, 4세 6개월)
- 가위바위보의 형태와 의미를 가르쳐 주었더니 잘 기억했다가 형에게 이겨서 대단히 좋아한다.
  (엄마: 차분하게 대응하는 것이 중요) (N, 4세 7개월)
- '묵찌빠'의 찌(가위)의 일반적인 형태를 가르친다. 할 수 없는 것을 하기 싫어하지만 연습한다. (N, 5세 1개월)
- 가위바위보의 형태를 기억하기 (R, 5세 3개월)

- 처음부터 가위를 내고 있길래, '미리 내면 상대방에게 뭘 낼건지 알려주는 셈'이라고 가르친다. (R, 5세 3개월)

가위바위보의 모양을 기억하고, 서로 신호를 주고받으며 자신이 낸 모양을 말로 표현하는 규칙을 익히는 것은 그리 어려운 일이 아니며, 아이들의 생활 속에서 자주 일어나는 일입니다.

하지만 사례에서 보면, 5살이 되어도 쉽게 적응하지 못한다는 것을 알 수 있습니다. 가정에서는 자주 기회를 만들어 경험하게 해주세요. 반복하다 보면 할 수 있게 됩니다.

11.2 야외 놀이

실외 놀이기구는 고정되어 있고 사용법이 일정하기 때문에 처음에는 위험하지 않도록 잘 가르치고, 점차적으로 지켜봐야 합니다. 또한, 이런 놀이기구를 이용해 여러 명이 모여서 역할 분담을 하고 놀 수 있는 놀이기구도 있습니다.

놀이기구를 사용하지 않고도 몸을 이용한 놀이가 많습니다. N, R, S의 사례를 보면서 그 실체를 살펴보세요.

실외에서 놀 수 있는 놀이기구 등은 아래와 같이 ①~⑮ 까지 정리했습니다. 난이도 순으로 나열한 것이 아니므로 아이가 흥미를 느끼는 항목을 선택해 참고하시기 바랍니다.

① 걷기·달리기
② 경사면의 오르막과 내리막
③ 모래밭
④ 그네
⑤ 미끄럼틀
⑥ 정글짐
⑦ 철봉
⑧ 타잔 로프
⑨ 트램펄린
⑩ 세발자전거
⑪ 보조바퀴 자전거
⑫ 수영장
⑬ 공
⑭ 깡통신발·죽마
⑮ 줄넘기

① 걷기·달리기

달리기를 가르치려면 부딪히거나 걸려 넘어질 염려가 없는 평평한 곳에서 손을 잡고 아이의 움직임에 맞춰 손을 살짝 잡아당기며 달리는 것이 좋습니다.

점차 짧은 밧줄이나 스카프 끝을 잡는 것으로 바꿉니다. 마지막에는 아이가 달리는 앞쪽에서 소리를 지르며 격려합니다. 달리기 속도를 익히기 위해서는 신체적 능력과 아이의 자신감이 필요합니다.

그 다음에는 가능한 한 맨발로 발끝으로 뛰도록 합니다. 구호나 빠른 리듬의 음악에 맞춰 조금씩 멀리 달릴 수 있는 체력을 길러줍니다. 러닝 코스 등을 이용해 아이에게 짧은 밧줄 끝을 잡고 함께 뛰게 하거나, 음성 혹은 뭔가로 소리를 내며 앞에서 뛰고 아이가 따라 달리도록 합니다.

짧은 거리를 달리는 데 자신감이 생기면 달리는 거리를 늘려 나갑니다. 또한, 동반자와 함께 달릴 때는 팔을 자연스럽게 움직일 수 있도록 로프 길이를 조절합니다.

- 쇼핑. 자전거를 붙잡고 잘 걷는다.
  '산책가는 거 재밌어요.' (R, 3세 4개월)
- 하이킹. 왕복 1시간 정도 걸었다. (R, 3세 5개월)
- 손을 잡고 달리는 것을 좋아한다. (R, 3세 5개월)
- 넓은 운동장을 연의 실을 붙잡고 혼자서 달리며 즐거워한다. (S, 3세 5개월)
- 20미터 정도의 거리를 손을 잡고 마라톤을 한다. (S, 3세 5개월)
- 100미터 정도의 거리를 손을 잡지 않고, 앞에서 부르는 소리를 따라 겁먹지 않고 마라톤을 한다. (S, 3세 5개월)
- 울퉁불퉁한 길도 두려워하지 않고 달린다. 자동차 소리가 들리면 멈춰서고, 자동차가 지나가면 다시 달린다. (S, 3세 5개월)
- 손 잡고 도망치거나 쫓아다니며 놀기. (R, 3세 6개월)
- 고학년 아이들과 손을 잡고 인도교를 아무렇지 않게 오르내린다. (N, 3세 6개월)
- 소풍으로 멀리까지 산책. 이름을 부르면 뒤로 빙글 돌더니 달려와 선

생님께 안긴다. (N, 3세 7개월)
- 선생님과 ○○이와 손을 잡고 스킵 뛰기를 하면서 산책하기 (R, 3세 10개월)
- 손 잡고 마음껏 달리기 (R, 3세 10개월)
- '여긴 자동차 안 와요?'라고 물어서,
  선생님이 '울타리가 있어서 자동차가 들어올 수 없으니까 괜찮아'라고 하자 안심하고 달리기 시작 (R, 3세 10개월)
- 소풍. ○○이와 선생님과 손을 잡고 1시간 걷기 (R, 3세 10개월)
- 산책. 자동차가 다니지 않는 길은 혼자서 손을 앞으로 내밀고, 부딪힐 것 같을 때는 뒤에서 이야기해주면 빠른 걸음으로 피해간다. (R, 3세 11개월)
- 선생님과 ○○이와 셋이서 손을 잡고 있을 때는
  힘차게 뛰어다니며 산책한다. (R, 3세 11개월)
- 소리, 냄새, 촉감 등을 통해
  주변 상황을 주의 깊게 파악하고 행동한다. (R, 3세 11개월)
- 비오는 날, 비옷을 입고 외출한다. 익숙한 길에서 손을 잡아주면 달린다. (R, 3세 11개월)
- 인조잔디 위에서. '차가 오지 않으니 마음껏 뛰어봐'라는 말에 불안한 표정으로 조심스럽게 달린다. '함께 달려요'라고 하길래 한 손을 잡은 채 선생님 주변을 달리게 하니 마음껏 달린다. (R, 4세 0개월)
- 평소 다니는 산책길은 손을 잡지 않고 걷는다. R은 두 손을 얼굴 앞으로 내밀고 말소리나 주변 소리를 들으며 걷는다. 지리를 잘 알고 있어서 불안해하지 않는다. 단차나 부딪힐 것 같을때 말을 걸어주고, 포인트가 되는 나무나 울타리는 만져보게 하여 확인해주면 주변을 설명하면서 걷는다. 좌우를 헷갈려 할 때도 있지만, 신중하게 판단하고 안전한 곳에서는 살짝 뛰기도 하면서 끝까지 걷는다. 비가 내리는 가운데 비옷을 입고 거의 같은 길을 걷는다.
  '오늘은 비가 내리고 있으니까 손을 붙잡지 않으면 안되겠네요?'
  '앗, 여기는 어제 지나갔는데' (R, 4세 0개월)
- 홀에서 어린 아이들과 부딪히지 않도록 양손을 앞으로 내밀고 조심하고 있다. (R, 4세 1개월)

- '준비, 땅!'이라고 신호를 주면 혼자서 '토토토'라고 소리를 내면서 뛰어간다. 처음엔 작게 흔들리던 손이 점점 달리는 동안 크게 움직이게 된다. (R, 4세 3개월)
- 높은 산 중턱에서 정상을 향해 걷는다. (R, 4세 4개월)
- 직선 코스를 힘차게 달린다. (R, 4세 5개월)
- 산길을 즐거워 어쩔줄 모르는 모습으로 걷는다. (R, 4세 9개월)
- 술래잡기. 술래로부터 도망치거나 쫓아다니며 싸우기도 한다. (R, 5세 1개월)
- 집에서부터 어린이집까지 걸어서 간다. (N, 5세 3개월)
- 골인 지점을 향해 달리기. 처음에는 빠르지만, 점점 속도를 줄이고 조심스럽게 달린다. 골인 지점에서 친구와 머리를 부딪히자 '선생님 위험하다고 말 안했잖아요'라고 외친다. (R, 5세 4개월)
- 운동회 연습. 탬버린의 소리를 향해 발로 탐색하며 달린다. (R, 5세 6개월)
- 100미터 이상 혼자서 달리기 (R, 5세 7개월)
- 연날리기. 손을 잡고 달리면 바람을 타고 연이 날아오르는 것을 느낄 수 있다. (R, 5세 7개월)
- 산책 하기. 친구와 손을 잡고 스킵 뛰기를 한다. 가위바위보를 해서 지면 친구를 업어준다. (R, 5세 7개월)

S·N·R 모두 세 살 초반부터 걷는 힘이 강해져 일상 생활에서 손을 잡고 있으면 보이는 아이와 같은 속도로 걷거나 다른 아이와 함께 걸을 수 있게 되었습니다.

S가 익숙한 길에서는 겁을 먹지 않고 달렸다는 기록이 있습니다. 또, 어린이집에서 산책할 때 보육교사와 손을 잡으면 자연스럽게 뛰는 것이 습관화되어 있어 '달리고 싶은' 마음이 강한 아이입니다. 가끔은 제지 신호가 늦어 머리를 부딪히거나, 상처가 생겨 피가 나기도 하지만, 크게 두려워하지 않는 특성이 있습니다. '달리기'를 포함해서 자신의 몸을 잘 사용하는 것을 잘하는 것 같아요.

아이마다 개개인의 성향이 다르다는 것은 이미 언급한 바 있습니다. 기회를 만들고, 격려하고, 경험하게 하는 것은 중요하지만 강요는 금물입니다.

② **경사면 오르내리기**

처음에는 낮은 경사면에서 시도합니다. 기어서 올라가고, 손을 잡고 함께 내려갑니다. 여러 번 시도한 후 '안전하다'고 말해준 뒤 아래에서 기다렸다가 아이가 힘차게 내려오면 안아주며 멈춰 세웁니다.

사진 3-22 경사면을 오른다. / 사진 3-23 경사면을 뛰어 내려 온다.

사진 3-24 타이어를 타고 오른다. / 사진 3-25 급경사를 줄을 잡고 오른다.

큰 공원 등 경사면이 긴 곳에서는 올라갈 때는 걸어서, 내려갈 때는 골판지 등을 깔고 미끄러지면서 내려오게 하면 혼자서도 여러 번 반복해서 즐길 수 있습니다. 기회를 찾아 시도해 보세요. [사진 3-22, 3-23, 3-24, 3-25]

제11장 놀이

- 어린이집에서 공원놀이. 언덕을 오르는 것에 열중한다. (N, 3세 4개월)
- 둑에서 미끄럼을 타다 바지에 구멍이 나서 신경이 쓰인다. 뛰어서 둑을 올라간다. (N, 3세 8개월)
- 버기카를 밀고 언덕을 달려서 내려간다. (N, 4세 0개월)
- 골판지를 깔고 미끄러지듯 내려간다. (N, 4세 0개월)
- 키 높이 정도의 콘크리트 위에 올라가 선생님과 손을 잡고 뛰어내린다. (N, 4세 3개월)
- 공원에서 쇠사슬을 잡고 올라간다 (엄마: 갑자기 잘 될 때가 있어요.) (N, 4세 8개월)

> N의 기록은 3세 4개월부터 4세 8개월까지였고, 그 이후로는 기록이 없었습니다. 경사면을 오르는 것도, 내려오는 것도 즐거운 놀이가 되었습니다.

③ 모래밭

모래밭은 어릴 때부터 놀이 공간으로 활용할 수 있습니다. 엄마와 함께 컵에 모래를 담아 다른 큰 용기에 담아 가득 채우거나, 물을 넣어 조금 굳힌 후 작은 컵에 담아 거꾸로 뒤집어 모양을 만드는 등 다양한 놀이를 할 수 있습니다.

어릴 때부터 충분히 놀 수 있는 기회를 만들어 주고 싶은 법입니다.

- 작은 모래산 다지는 작업을 열심히 한다. (R, 3세 6개월)
- 모래로 카레라이스를 만들어 먹으라고 한다. (R, 4세 8개월)
- 정원에서 열심히 반짝반짝 빛나는 구슬을 만든다. (R, 5세 0개월)
- 모래밭에서 쿠키 만들기. 컵에 담아 굳힌 후 거꾸로 뒤집어 접시에 올려놓는다. (R, 5세 3개월)
- 모래밭에 산을 만들고 터널을 파는 과제. 산은 만들 수 있었지만 터널은 상상이 어려운가 보다. 산 주변에 고랑을 만들어 물을 흘려보낸다. 스스로 이야기를 만들고 기뻐한다. (R, 5세 3개월)

R은 3세 6개월과 4세 8개월의 기록, N은 5세 0개월과 5세 3개월의 기록입니다. R은 모래놀이로 산을 만들고, 모래로 카레라이스를 만들어 먹는 놀이를 모래밭에서 하고, N은 조금 어렵지만 반 아이들처럼 반짝반짝 구슬 만들기에 열중하고 있습니다. 또한, 산을 만들어 주변에 고랑을 만들고, 스스로 이야기를 만드는 등 창의적인 놀이로 발전하고 있습니다.

어느 것이나 모래밭에서의 놀이가, 안보이는 아이들도 충분히 즐길 수 있는 놀이임을 알 수 있습니다. 점차 다른 아이들과의 협업을 통해 보다 창의적인 놀이로 발전할 수 있을 것으로 기대됩니다.

'터널을 상상할 수 없다'는 기록도 아이들에게는 이런 기회를 통해 다시 한 번 가르치면 좋을 내용이라는 것을 알 수 있었습니다.

④ 그네

그네는 유아 전기부터 동네 공원에서 충분히 익숙해져 있는 경우가 많을 것입니다. 그네의 흔들림에 맞춰 두 다리를 펴고 구부리기를 반복하다 보면 점차 그 방법을 터득하게 됩니다.

사진 3-26 그네를 타는 모습 / 사진 3-27 체인을 비틀어 빙글빙글 돌며 그네를 즐기는 모습

이 방법을 충분히 즐길 수 있게 되었다면, 다음에는 서서 하는 것에 도전해 보세요. 양손으로 그네줄을 단단히 잡게 하고, 받침대는 엄마가 손으로 고정시켜 준 후 그 위에 서게 합니다. 엄마는 뒤에서 양손으로 아이의 등 부분을 받쳐주며 조금씩 흔들어 줍니다. 이때 아이의 무릎이 충분히 펴지도록 주의합니다. 불안하다면 그네줄을 잡고 있는 양손을 함께 잡고 도와주는 방식으로 바꿔보세요.

제11장 놀이

그네에 서있는 것이 어느정도 안정되면 그네의 흔들림에 맞춰 상체를 약간 앞으로 숙이면서 무릎을 구부리는 법을 가르칩니다. 이것이 서서 탈 때의 요령입니다.

하지만 허리가 안정되지 않고 무릎과 등을 뻗지 못하는 상태에서는 균형이 깨져 불안해지기 때문에 혼자 타는 것은 무리입니다. 아이의 상태에 맞게 진행하도록 합니다. [사진 3-26, 3-27]

- 그네를 밀어주는 도중에, 손을 놓고 내리려다가 야단맞았다. (R, 3세 5개월)
- 상자 그네에 타게 했는데, 크게 흔들리니 울어버린다. (S, 3세 5개월)
- 그네를 조금 탈 수 있게 된다. (R, 3세 6개월)
- 스스로 그네를 흔들어서 탄다. (R, 3세 6개월)
- 그네를 앞뒤로 크게 흔들며 '이거 봐봐. 많이 탔지?'라고 한다. (N, 3세 7개월)
- 땅을 차면서 그네타는 방법을 발견했다. (N, 3세 8개월)
- 상자 그네를 좋아하게 되어, '태워주세요, 태워주세요'라며 올라타고 흔들기를 좋아하게 되었다. (S, 3세 9개월)
- '그네 혼자서 타고 싶어', 앞뒤로 젓는 방법을 가르쳐 주었지만 잘 안 된다. (S, 3세 9개월)
- 타이어 그네를 탄다. (N, 3세 10개월)
- 그네. 앉히고 뒤에서 힘껏 밀어 주니 매우 좋아한다. (R, 3세 11개월)
- 공원의 그네를 '세게 밀어줘'라고 해서, 힘껏 밀어 주니 좋아하고, R이 친구들을 밀어 주기도 한다. (R, 4세 3개월)
- 혼자서 그네를 탈 수 있게 되었다. (오랜 시간이 걸렸다) (N, 4세 7개월)
- '너무 많이 밀면 무서워. 담에 해볼래.' (N, 4세 7개월)
- 서서 그네 타기를 할 수 없다.

사례에서는 혼자서 타는 데 시간이 오래 걸렸습니다. 그네를 타고 놀 기회가 적었거나, 혼자서 타는 것에 대한 도전의식이 부족했을 가능성이 있습니다. 그네에 앉아서 혼자 힘으로 발을 젓고 타는 것이 쉽지 않은 것 같았습니다.

하지만 그네를 좋아하는 아이들도 많을 것입니다. 기회를 찾아 연습해 보세요. 할 수 있게 되면 꽤 즐거운 놀이가 될 것입니다.

⑤ 미끄럼틀

미끄럼틀에서는 이미 상체의 균형을 잡으며 미끄럼을 타고 내려갈 수 있을 것입니다. 안전하게 혼자 계단을 올라갔다가 내려오기 위해서는 미끄럼틀의 구조를 잘 알고 있어야 합니다. 어린이공원에 있는 코끼리 미끄럼틀은 아이도 미끄럼틀을 타고 내려온 후, 그대로 손으로 따라가며 계단까지 돌아올 수 있어 혼자서도 반복해서 놀 수 있습니다. [사진 3-28, 3-29]

사진 3-28 코끼리 미끄럼틀을 타고 내려오는 모습. / 사진 3-29 코끼리 미끄럼틀을 내려오면 다시 타러 올라간다.

하지만 어린이 공원에 설치된 미끄럼틀은 미끄럼틀마다 형태가 다르기 때문에, 처음 미끄럼틀을 탈 때는 엄마가 뒤에서 함께 올라가서 직접 손으로 확인하며 놀이 방법을 알려주는 것이 중요합니다.

미끄럼틀의 높이는 떨어졌을 때를 생각하면 걱정이 되겠지만, 아이와 엄마가 모두 안심할 수 있을 때까지 여러 번 올라갔다가 내려와서 미끄럼틀이 끝나는 지점을 손으로 확인하며 찾는 방법을 알려주세요. 미끄럼을 타기 시작하면 엄마는 다시 돌아와서 미끄럼틀이 끝나는 지점에서 기다려 주세요. [사진 3-30, 3-31]

제 11 장 놀이

사진 3-30 높은 미끄럼틀의 계단을 오르는 모습. / 사진 3-31 엄마는 높은 미끄럼틀에서 안전하게 타도록 지켜본다.

따라서 미끄럼틀의 구조에 익숙해지기 위해서는 다른 아이들이 놀지 않을 때 미리 연습을 해 둘 필요가 있습니다. 아이가 익숙해져 안전하게 미끄럼을 탈 수 있게 되면 점차 다른 아이들과 함께 차례로 미끄럼을 탈 수 있는 기회를 만들어 주는 것도 중요하지만, 보이지 않기 때문에 움직임이 느려진다는 것을 이해시켜야 할 수도 있습니다. 또한, 미끄럼틀을 타고 내려온 후 계단까지 이동하기 어려운 구조의 미끄럼틀이 많기 때문에 어른이 이동을 도와주어야 합니다.

- 다른 아이들과 함께 미끄럼틀을 타면 '이제 타도 되니?'하면서 재촉한다.   (R, 3세 0개월)
- 조심스럽게 계단을 올라갔다가 미끄럼을 타고 내려온다. (S, 3세 5개월)
- 높고 긴 미끄럼틀을 타고는 놀라서 '이젠 안 탈래'라고 말한다. 며칠 지나면 스스로 미끄럼틀을 탈 수 있게 된다.   (N, 3세 10개월)
- 넓은 미끄럼틀을 마음에 들어 한다.   (R, 4세 9개월)

세 살 쯤부터 공원에서 당연하게 미끄럼틀 등 놀이기구를 타고 노는 모습이 보육일지에 기록되어 있었습니다. 사례 속에는 이전과는 다른 미끄럼틀을 처음 접하면서 보육교사가 예상하지 못한 결과가 적혀 있습니다.

처음 체험하는 미끄럼틀은 사전에 충분한 설명과 함께 타는 등 주의가 필요하다는 것을 알 수 있습니다.

④ 정글짐(양손으로 잡고 올라가기, 옆으로 이동하기)

정글짐은 처음 체험할 때는 불안하지만, 잡는 힘과 팔 힘이 생기면 즐거운 놀이기구가 될 수 있습니다. 한 단을 오르면 그 윗단에 한 손을 뻗어 바를 잡도록 유도해, 첫 번째 단과 마찬가지로 올라가게 합니다. 위험하지 않도록 지켜보면서 '손을 떼면 안 돼', '높이 올라갔네' 등의 말을 건네며 엄마보다 더 높이 올라간 것에 대해 칭찬하거나 놀라며 기뻐해 주세요.

먼저 엄마의 손이 닿는 높이까지 올라갈 수 있게 되면, 손을 잡고 안전하게 내려오는 방법을 알려주세요. 또 말로만 유도하고, 착지하면 함께 기뻐해 주세요. 맨 위까지 올라가서 안전하게 내려올 수 있을 때까지는 지켜봐 주어야 합니다.

점차적으로 맨 위에 앉아서 친구와 함께 운전자가 되는 등의 놀이를 즐기는 것으로 발전합니다.

- 공원에서 정글짐 꼭대기까지 올라간다. 선생님 칭찬을 듣고 올라가는 것을 매우 즐거워 한다. 내려오는 것도 스스로 할 수 있다. '내일도 올라가요'라며 만족해한다. (R, 3세 11개월)
- 혼자서 위로 올라가서 조심스럽게 내려온다. (R, 3세 11개월)
- 운동기구에 조심조심 올라간다. (R, 3세 11개월)
- 공원 정글짐 꼭대기까지 혼자 올라가서 '내가 제일 높이까지 올라갔어요'라며 즐거워한다. (R, 4세 0개월)
- 정글짐의 미끄럼틀에 사다리를 세워놓고 잘 올라간다. (지금까지는 싫어했다.) 운동회에서는 '내가 사다리 타는 거 봤니?'라면서 자랑스러워한다. (N, 4세 6개월)
- 처음엔 내려갈 수 없다고 화를 냈지만, 금방 요령을 터득해 오랫동안 정글짐에서 놀고 있다. (N, 4세 8개월)
- 공원 정글짐에 올라가서 원숭이처럼 가볍게 내려온다. (R, 4세 8개월)

제11장 놀이

> R의 기록에는 3세 11개월부터 정글짐을 즐기는 모습이 관찰되고 있으며, 4세 8개월에는 올라갔다가 가볍게 내려오는 모습을 볼 수 있다고 기록되어 있습니다. N도 방법을 터득한 후에는 안심하고 즐길 수 있는 놀이기구가 되었다고 합니다.

⑦ 철봉

철봉 놀이에는 여러 가지가 있습니다. 철봉에 익숙해지고 방법을 익히면 아이도 잘 할 수 있는 놀이가 됩니다. 아이의 흥미를 높이고 아이의 상태에 맞춰 무리하지 않게 진행하세요.

자신의 몸무게를 자신의 손과 팔로 지탱하는 경험은, 의식적으로 만들어야 합니다. 그런 점에서 철봉 놀이는 효과적입니다.

사진 3-32 철봉에 매달린다. / 사진 3-33 철봉에서 앞 돌기를 가르친다.

아이는 발이 땅에서 떨어지면 무서워하기 때문에 양손으로 철봉에 매달리는 것부터 시작해 철봉에 익숙해지도록 합니다. 철봉은 아이의 손으로 잡을 수 있는 굵기의 것이 좋으며, 잡을 수 없는 굵기의 철봉은 아이의 손 힘이 반감됩니다. 쉬운 것부터 순서대로 설명합니다. [사진 3-32, 3-33]

<양손으로 매달리기>

아이 키에 맞는 높이의 철봉이 없을 때는 엄마의 도움을 받아 양손으로 철봉을 잡게 합니다. 손등이 얼굴 쪽으로 향하도록(오버그립) 잡게 합니다. 아이가 잘 잡을 수 있다면 점차적으로 아이의 손에 체중을 실어주도록 합니다. 몇 초라도

스스로 붙잡고 매달릴 수 있게 되면, 손을 떼고 땅으로 내려오는 방법을 알려줍니다.

처음에는 아이의 몸을 가볍게 받쳐주고, '자, 내려와요, 잘했어!' 등의 말을 건네며 긴장감이나 두려움을 완화시켜 줍니다.

<통돼지구이 자세로 매달리기>

양손으로 매달릴 수 있게 되면 다음 단계는 양발을 철봉에 걸고 양손, 양발로 매달리는 자세입니다. 단계적으로는 당연히 한 발로 매달리는 것부터 익숙해집니다. 철봉을 싫어하는 아이들도 이 단계는 쉽게 도전할 수 있습니다.

<제비 자세>

양팔에 힘을 주고 반동을 주어 철봉을 타는 것은 힘든 일입니다. 처음에는 낮은 철봉에서 잠시 동안은 엄마가 안아서 철봉에 올려주세요. 철봉에 올라서면 양팔을 쭉 뻗어 배를 지렛대로 삼아 몸을 똑바로 펴도록 합니다.

<앞 돌기>

처음에는 '제비 자세'와 마찬가지로 엄마가 안아서 철봉에 올려줍니다. 그리고 상체를 아래쪽으로 회전시켜 줍니다. 익숙하지 않으면 아이가 목을 들어 올리며 뒤틀기 때문에 목은 회전하는 안쪽으로 구부릴 수 있도록 도와주고, 다른 한 손은 아이의 등에 대고 하반신을 회전시키도록 합니다.

- 누나가 공원에 데려가면, R은 철봉에서 통돼지구이 자세로 매달릴 수 있다며 보여준다. (R, 3세 0개월)
- 철봉에서 거꾸로 오르기를 잘 할 수 있다. 앞돌기는 아직 무서워한다. (R, 3세 4개월)
- 철봉에서 뒤돌기를 몇 번 지도하니 혼자서도 할 수 있게 되어 매우 기뻐한다. (R, 3세 11개월).
- 철봉 뒤돌기를 2회 연속으로 할 수 있다. (R, 3세 11개월).

제11장 놀이

> R은 막 세 살이 되었는데, '통돼지구이 자세'를 할 수 있다며 보여주어서 누나가 엄마에게 '깜짝 놀랐다'고 보고합니다. 그리고 세 살 무렵에서 거꾸로 오르기, 앞으로 돌기, 뒤로 돌기가 가능해졌습니다.
>
> N과 S의 기록은 없었습니다.

⑧ 타잔 로프

타잔 로프를 즐기기 위해서는 높은 철봉 등을 이용해 아이의 악력과 잠시 손을 떼지 않고 자신의 체중을 지탱할 수 있는지 등을 시험해 볼 필요가 있습니다.

'절대 밧줄에서 손을 떼지 말 것'을 가르친 후, 끝까지 잘 지켜봐 주세요.

> - 타잔 로프를 붙잡고 타고 있다.　　　　　　(R, 4세 2개월)
> - 타잔 로프를 곡예사처럼 탄다.　　　　　　(R, 5세 1개월)

> R에게는 특기라 할만한 놀이였습니다. 처음 시작하는 곳만 알려주면, 밧줄을 확실히 잘 잡고 있는 것만으로도 안전하게 즐길 수 있었습니다. 하지만 R이 즐길 수 있는 놀이라고 해도 누구나 다 똑같이 할 수 있다고는 할 수 없습니다. 절대 무리는 하지 않는 편이 좋습니다.

⑨ 트램펄린

처음에는 우선 점프하는 법을 배워야 합니다. 함께 손을 잡고 아이의 몸을 들어 올리면서 익히게 합니다. 침대 등의 쿠션을 이용해도 좋습니다.

혼자서 할 때는 트램펄린 밖으로 잘못 뛰어내려 떨어지지 않도록 옆에서 잘 지켜봐 주세요.

> - 트램펄린을 혼자서 뛰어오르기　　　　　　(N, 4세 4개월)

N만 기록이 남아있었습니다.

⑩ 세발자전거

이 단계면 대체로 세발자전거 경험은 가지고 있겠지만, 이 책에서는 아직 다루지 않았으므로 그 방법에 대해 언급해둡니다.

아이의 발이 페달에 닿고 세발자전거에 관심을 보이면 실제로 세발자전거에 태우고 양손으로 핸들을 잡게 합니다. 그리고 움직이는 세발자전거의 페달에서 두 발이 떨어지지 않도록 주의를 집중시킵니다. 발이 페달에서 떨어지지 않게 되면 발에 힘을 주게 하고 페달을 뒤로 젓는 것부터 가르칩니다. 전진은 발에 힘이 부족하면 어렵기 때문에, 발에 힘을 주어가며 세발자전거가 뒤로도 움직인 다는 것을 알 수 있도록 합니다.

페달 밟는 방법을 알게 되면 앞으로 나아갈 수 있게 됩니다. 다음으로 엄마가 세발자전거의 뒷부분을 잡아주며 천천히 전진시킵니다. 속도가 빠르면 발이 페달에서 떨어질 수 있으니 주의하면서 조금씩 스스로 밟을 수 있도록 합니다. 그 후, 연습 시간을 많이 가지면 점점 더 능숙해질 수 있습니다.

혼자 탈 수 있게 되면 방향을 알려주고, 핸들 조작을 가르쳐 주세요. 세발자전거는 장애물에 부딪혀도 앞바퀴가 먼저 닿으므로, 속도가 느린 단계에서는 얼굴에 직접 부딪히지 않습니다. 하지만 도랑 등에 빠질 수 있으므로 장소를 잘 선택해야 합니다.

- 세발자전거를 계속 탄다. 앞바퀴가 구멍에 끼어 멈춰도 스스로 다시 빼내서 타기 시작한다. (N, 3세 5개월)
- 땅이 콘크리트가 아닌 곳에서 세발자전거를 타는 방법을 익히기 위해 노력한다. (N, 3세 6개월)
- 집안에서 세발자전거를 타면서 '어서오세요, 어서오세요' 하며 가게 놀이를 한다. 청소하기 놀이도 한다 (R, 3세 7개월)

> N은 유아 전기로 이미 1시간 정도 동네 공원에서 세발자전거를 타고 놀고 있습니다. 보조바퀴 자전거를 사주기 전까지는 동네 공원 등에 놀러 갈 때도 세발자전거를 애용했습니다.
>
> 이미 세발자전거가 구멍에 빠지거나 울퉁불퉁한 흙이나 잔디밭 등 주행하기 어려운 지형에서도 스스로 주행할 수 있는 단계에 접어든 것 같습니다.

⑪ 보조바퀴 자전거

세발자전거를 타던 아이가 키가 커져서 타기 힘들어지면 보조바퀴 자전거를 사용하게 됩니다. 처음에는 혼자서 돌아다녀도 괜찮은 평평하고 넓은 곳에서 자유롭게 놀게 하는 것이 좋습니다. 브레이크 잡는 연습도 시켜주세요.

사진 3-34 보조바퀴가 달린 자전거를 타는 모습

점차적으로 부르는 목소리의 방향을 향해 똑바로 달리기, 오른쪽이나 왼쪽으로 핸들 돌리기 등을 가르쳐야 합니다. [사진 3-34]

- 형의 자전거를 세워둔 상태로 페달을 밟는다.   (N, 3세 9개월)
- 보조바퀴 자전거를 사서 탄다.
  힘들어서 헥헥거리면서 연습한다.   (N, 3세 9개월)
- 보조바퀴 자전거를 잘 타게 된다. '정지'라고 하면 브레이크를 잡고, '우회전'하면 오른쪽으로 돌아서 달린다.   (N, 3세 11개월)
- 형의 자전거를 탄다.   (R, 4세 8개월)

- 보조바퀴 자전거를 몇번이고 타면서 놀기 (N, 5세 1개월)
- 형이 뒤에서 잡아주는 상태로 보조바퀴 자전거를 타는 것을 매우 좋아한다. (R, 5세 2개월)

> 안전한 장소에서 누군가가 지켜보는 가운데, 보조바퀴 자전거를 타는 것을 N과 R 모두 좋아했습니다. 점점 능숙해지는 모습을 잘 알 수 있습니다.

⑫ 수영장

더운 날씨에는 가정용 접이식 수영장을 정원이나 베란다에 두고 물놀이를 시키거나, 빠지지 않을 정도의 물을 담아 목욕을 시키면 아이들이 즐거워합니다. 수영복으로 갈아입으면 특별한 이벤트가 됩니다. 물속에 물조리개나 물에 뜨는 오리 장난감 등을 넣고, 물조리개로 몸에 물을 뿌려주며 함께 놀아주세요. 더운 계절에는 자주 경험하게 하는 것이 좋습니다.

인근의 대형 수영장 등에도 데려가 보세요. 처음엔 특히 다른 아이들의 시끄러운 소리 등에 놀랄 수 있으니, 아이의 상태를 살피면서 조심스럽게 경험하게 해 주세요. 겁을 먹지 않도록 하는 것이 중요합니다. 수영장이 즐겁다는 것을 알려주면서 천천히 익숙해지게 하는 것이 중요합니다.

- '어린이집 안가'라고 하면서 눈물흘린다. '수영장 없어'라고 하면 울음을 그친다. (R, 3세 1개월)
- 수영장에 가기 싫어서 밥도 잘 먹지 않는다. 수영장이 없다는 것을 알고나서는 기운이 나는 모습. 매일 아침마다 가기 싫어하지만 울지는 않는다. (R, 3세 1개월)
- '수영장에 가자'고 하니 '응, 큰 곳으로 가?'라고 한다. (R, 3세 2개월)
- '수영장 못 갔네? 다음에 같이 수영 가!'라고 한다. (R, 3세 2개월)
- 수영장에서 오리걸음을 걷는다. (R, 3세 4개월)
- 수영장에 간다. '샤워도 있어요?' '선생님 함께 샤워해요'라며 걱정하

던 아이는 권유에 따라 샤워를 하기도 하고, 무릎까지 물에 들어가기도 하고, 미끄럼틀을 타서 물로 들어가기도 하고, 커다란 튜브에 ○○이와 함께 들어가 흔들리는 물에 몸을 맡기며 신나게 논다. (R, 4세 1개월)

수영장에 대한 기록은 3세부터 4세 초반까지만 있습니다. 그 이후로는 문제없이 즐길 수 있었을 것으로 보입니다.

어린이집의 작은 수영장에서 갑자기 찬물로 샤워를 한 것이 원인이 되어 '수영장'을 싫어하게 된 것 같습니다. 하지만 큰 수영장에서는 즐거운 경험을 하게 되어 그 뒤로는 수영장 놀이가 즐거워졌다고 합니다. 처음 경험하는 것에는, 샤워를 하는 수준의 일이라도 충분히 신중하게 접근하는 것이 중요하다는 것을 보여주는 사례였습니다.

⑬ 공 (굴리기, 던지기)

공은 재질과 크기가 다양합니다. 안보이는 아이가 사용하는 공은 공 안에 방울이 들어 있는 것이 좋습니다. 공을 굴리거나 던질 때 소리가 나기 때문에 공이 굴러가는 방향을 알 수 있습니다. 처음에는 공을 높이 들어 올린 자세로 던져도 공이 뒤로 가거나 옆으로 굴러가기도 합니다.

공을 잘 던지고, 굴리고, 받는 법을 익힐 수 있는 시기는 3세 이후가 되어야 합니다. 하지만 '공 굴리기 하자', '공을 통통 튀게하자!' '공, 기다려기다려' 등으로 말하면서 엄마가 손을 잡고 굴리기와 던지기를 가르쳐 주면 즐거워합니다.

공과 친해지는 단계에서는 방울이 들어있는 비닐 공으로 충분합니다. 아이가 양손으로 조작하기 편한 크기로 준비합니다. 어느 정도 공을 튕길 수 있게 되면 가죽 소재의 방울이 들어있는 공으로 바꾸는 것도 고려해볼 수 있습니다.

- 공 쫓기 놀이를 한다.   (R, 3세 3개월)
- 장애인스포츠센터에서 방울이 들어있는 공을 구해

굴리며 논다. (R, 4세 8개월)
- 테이블 위에서 시각장애인용 탁구공을 라켓으로 치며 즐긴다. (R, 4세 8개월)
- 공원에서 방울이 들어간 공을 던지거나 받아내는 놀이를 한다. 공이 옆을 지나가면 쫓아가서 찾는다. 곧 던지거나 잡는 것을 잘하게 된다. 뒤로 굴러도, 멈춰도 쫓아가서 잡을 수 있다. (R, 4세 9개월)
- '피구 하고 싶어' 방울이 들어간 공으로, 발로 차거나 오버패스 식으로 던지는 것, 공을 받을 때의 자세를 가르쳐 주며 가까이에서 던져 준다. 공을 받으면 '좋아! 점점 알 것 같아'라며 좋아한다. (N, 5세 3개월)
- 복도에 테이블을 세우고 형과 함께 방울이 달린 공을 차며 축구 놀이를 한다. (R, 5세 7개월)

공놀이의 사례는 R의 것이 대부분이지만, N도 가르쳐 주자 흥미를 갖게 된 것으로 기록되어 있습니다.

방울이 들어있는 공은 효과가 있는 것 같습니다. 공을 던지기도 하고 받기도 하고, 형과 함께 축구와 같은 공차기 놀이로까지 발전했습니다.

⑭ 깡통신발·죽마

깡통신발을 신고 걷는 것은, 손으로 끈을 잡아당기면서 깡통에서 발을 떼지 않고 걷는 복잡한 신체적 협응을 필요로 합니다. 죽마도 만만치 않은 과제입니다.

- 깡통신발로 걷기를 할 수 있다.
  'N 힘내라고 모두들 응원해 줘'   (N, 3세 6개월)
- 깡통신발을 신고 걷는다. '나는 눈이 안보이는데도 이렇게 열심히 하고 있어'   (N, 4세 5개월)
- 깡통신발 걷기. 손으로 치는 방향을 향해 걷는다.   (N, 4세 6개월)
- 죽마로 100걸음 걷기   (N, 5세 11개월)
- 죽마타기를 할 수 있게 된 것이 기뻤던지 하루 종일 우후후, 우후후 하며 노랫가사를 멋대로 넣은 노래를 부르며 걷는다. (N, 5세 11개월)

N의 엄마는 계속 연습해도 안되더니 '갑자기 잘 할 수 있게 되었다'고 했습니다. 어려운 일에 도전해서 할 수 있게 되는 것이 얼마나 기쁜 일인지, N의 사례는 그것을 잘 보여주고 있습니다.

    R과 S의 일지에서는 찾을 수 없었습니다.

⑮ 줄넘기

줄넘기는 처음에는 뒤에서 줄을 돌려서 앞쪽 땅에 붙이는 것과 그것을 뛰어넘는 것을 나누어 가르칩니다. 몇 번 성공하면 두 동작을 연결해서 할 수 있도록 말을 걸어주면서 잘 할 수 있도록 합니다. 또한, 초기에는 어른이 몸을 잡아주고 함께 일정한 템포로 점프하는 것만을 즐기다가 익숙해지면 어른이 줄을 돌려서 함께 뛰는 것도 재미있는 놀이가 됩니다. [사진 3-35]

사진 3-35 줄넘기를 하는 모습

- 선생님이 안은 채로 줄넘기   (S, 3세 5개월)
- '줄넘기 빌려줘'라고 하길래 빌려주니 들고 통통 하고 뛴다. (N, 3세 10개월)
- 줄넘기 줄을 길게 늘어뜨려 아래위로 흔들며 논다.   (R, 5세 2개월)
- 하루에 몇 번씩 밖에 나가더니 갑자기 줄넘기 연습을 시작했다. 뒤로 돌리기는 잘 안 되지만, 앞으로 넘겨 뛰어넘기는 4회 정도 계속 할 수 있게 되었다.   (N, 5세 6개월)
- 줄넘기. '모두들 같은 소리가 나도록(동시에) 뛸 수 있게 되었어요.'   (N, 5세 6개월)
- 큰 줄넘기. '시작'이라는 구령과 함께 뛰어오른다.   (R, 6세 8개월)

사례의 N도 어린이집에서 다른 아이들이 하는 모습을 보고 스스로 소리를 재현한 모양입니다. R은 휭~휭~ 하고 땅바닥을 스치는 줄넘기줄의 소리를 듣고 잘 뛰어 넘을 수 있었습니다.

제 *12* 장

언어

이해의 발달과 함께 언어가 점점 더 풍부해집니다. 문장이 길어지고, 단어의 수도 늘어납니다. 안보이는 아이들은 수다를 좋아하는 경향이 있는 것 같습니다. 많은 질문과 대화를 즐기며, 그 단어의 의미를 이해하고 사용하게 됩니다.

보이는 아이는 그림책, 과자, 역 이름 등 주변에서 보이는 글자에 관심을 갖기 시작합니다. 안보이는 아이들에게는 역의 매표기, 샴푸와 린스, 엘리베이터 등 다양한 곳에서 '점자'가 사용되고 있다는 것을 알려주고 손으로 만져보게 하면 점자에도 흥미를 갖게 됩니다.

억지로 점자 읽기와 쓰기를 가르치기보다는 자신의 소지품에 점자로 이름을 붙이거나, 좋아하는 그림책에 간단한 점자 스티커를 붙이는 등 점자라는 문자의 존재를 알려주는 것이 좋습니다.

12.1 점자

점자를 익히기 위해서는 위치, 방향, 순서 등을 파악하는 능력, 단어에 대한 이해 등이 필요합니다. 개인차가 크기 때문에 이러한 능력은 가정생활과 놀이를 통해 아이의 발달에 맞춰 익히도록 합니다.

- 리벳[p.343] 을 꽂아 모양과 소리 'ㄱ', 'ㅏ'를 익힌다.   (S, 3세 5개월)
- 라벨 테이프로 출력한 점자 자음 28자, 모음 21자를 읽을 수 있다. 점자 3자씩을 연속해서 읽고 무슨 글씨가 적혀있는지 대답한다. (S, 3세 8개월)
- 점자 입문시키고 싶어요. (아빠)   (N, 3세 9개월)
- 엄마가 점자 강습을 받고 있다.   (R, 4세 3개월)
- 점자에 관심을 갖고, 점자를 만져보고 '내 이름 N이야' (N, 4세 3개월)
- 점자로 이름을 입력해 준다. (엄마)   (N, 4세 6개월)
- 점자로 이름을 입력해 만든 금메달을 받고 좋아한다. (N, 4세 6개월)
- 점자로 찍은 글자가 자신의 이름임을 이해   (N, 4세 7개월)
- 점자 입력 방법을 연습한다.   (R, 5세 7개월)

> 점자와 관련한 사례를 보면 꽤 이른 시기에 점자를 도입한 것에 놀랄 수도 있겠습니다. N과 R의 경우 이 시기에 시작한 것으로 나타났고, 특히 R의 경우 취학 전에 엄마가 점자 입력을 가르치고 있었습니다. 하지만 절대 조급해할 필요는 없습니다.
>
> S의 경우는 예외라고 할 수 있는데, S는 점자에 대한 관심이 많아 점의 위치(위 좌우, 중간 좌우, 아래 좌우)를 구분할 수 있고, 자음 28자, 모음 21자 등 49개의 점자를 읽을 수 있는 정도였기 때문에 필자가 직접 나서서 세 살 반부터 점자 학습을 시작하였습니다. 언어능력이 높고, 위치 이해, 조작력이 높으면 어린이집, 유치원 생활에서 점자를 활용할 수 있는 효용성도 있습니다. 그런 경우라면 '제4편 유치원'을 참고하세요.

12.2 체험한 것을 전달하기

보이는 아이들의 데이터에 따르면, 경험한 것을 말할 수 있는 시기는 3세 6개월부터라고 한다(쓰모리식).

제12장 언어

- 롤러코스터를 탔다. '하늘에서 롤러코스터가 내려와서 좀 무서웠지만 안 울었어요' (N, 3세 8개월)
- 유치원에서 돌아오자마자 '오늘은 싸웠어요.' '나보다 큰 애를 울게했어요.' 등 유치원에서 다툰 이야기를 많이 한다. 때리려고 하면 피하기 때문에 꼬집어서 울게 만든다고 한다. (S, 3세 9개월)
- 휴일에 있었던 일을 이야기한다. 가장 먼저 손을 들고 '저 부터 할래요'라며 외출이나 쇼핑을 다녀온 일을 이야기한다. (R, 3세 11개월)
- 돌아오는 전철 안에서 '원숭이 똑똑한거 같았어. 해바라기씨 먹고 있었던 거야?'라고 계속 말을 건넨다. (R, 3세 11개월)
- 소풍을 간다. '어린이집에서 처음으로 전철 탔어요. 사람은 별로 없었어요. 오리가 제일 좋았어요. 염소도 만져 봤는데, '음메~'하고 울었어요. 사탕도 다섯개나 받았어요. 달콤했어요.'라며 보고 (N, 5세 0개월)

경험을 말로 표현하는 것은 N은 '○ 틀 맞추기가 가능한' 무렵에 이미 가능했습니다. 그런 의미에서 보면 발달 검사 등의 기준보다 훨씬 이른 시기에 말을 할 수 있게 된 셈이네요. S도, R도 언어에는 매우 능숙하다고 할 수 있습니다.

12.3 느낀 것, 생각한 것을 말로 표현하기

- 아침에 칭얼거리는 이유를 알게 되었다. '왜냐면, 왜냐면, 아빠가 화난 것처럼 '얼른 일어나!' 하고 화내거든. R짱은 무서워. 좀더 친절하게 깨워줘.' (R, 3세 5개월)
- 스쿨버스로 등원한다. '혼자서 왔어. 대단하지?' (S, 3세 5개월)
- 선생님께, '있잖아요, 포도반 방에서요. ○○이랑 △△이랑 □□이가 N짱 때렸어요.' '○○이가 이렇게 (누르는 흉내) 했어요.' 골판지 놀이에 '나도 끼워줘'라고 했다가 거절당한 모양이다. (N, 3세 6개월)

- 물린 자국이 눈에 띈다. '나는 벚꽃반(아기들 그룹)이니까 말하는 거 잘 모르겠어요.' (N, 3세 8개월)
- 크림스튜 밥을 '맛있다 맛있어', '선생님 맛있어요'라고 자신의 느낌을 바로 말로 표현할 수 있는 것은 대단하다. (선생님) (R, 3세 11개월)
- '선생님 손 따뜻해'라며 느낀 것을 바로 말로 표현한다. (R, 3세 11개월)
- 친구가 싸울 것 같으면 '함께 놀아도 되니까 부수면 안돼'라고 말하거나 양보한다. (R, 4세 4개월)
- '미안해', '고마워'라는 말이 금방 자연스레 나온다. (R, 4세 4개월)

R이 자신의 느낌을 솔직하게 말로 표현할 수 있다는 것은, 보육교사가 기록해 놓은 것처럼 매우 좋은 일입니다. 반면, N은 언어 발달에 전혀 문제가 없는데도 마음에 들지 않는 것이 있으면 물어뜯기도 합니다. 이를 비판하면 자신은 아직 어려서 모른다고 말로 변명하고, 말을 자기에게 유리하게 사용하는 등 말의 힘을 활용할 줄 아는 지혜로운 아이입니다.

12.4 모르는 것을 질문하기

아이의 질문에는 가능한 한 제대로 대답하는 것이 중요합니다. 색에 대해서는 아이가 잘 모르더라도 엄마가 생각하는 색에 대해 정중하게 설명해 주어야 합니다.

어린이집 등 생활 속에서 색에 대해 알 수 있는 기회가 많아지면서 자신만의 이미지를 만들어가게 될 것입니다.

- 수국 꽃잎을 만지게 하면 '선생님 이거 무슨 색?' (R, 3세 0개월)
- 참새가 날아왔다고 하면 '참새는 무슨 색깔?' (R, 3세 0개월)
- 삽을 집어 들고 '이거 뭐에요?' '난로에 석탄을 넣을 때 쓰는 삽, 석탄 알아요?' '몰라요' (S, 3세 5개월)
- 함께 걷다 보면 여러 가지 소리(콘크리트 믹서 트럭 돌아가는 소리,

제12장 언어

낫으로 풀을 베는 소리, 콘크리트 위에서 철을 두드리는 소리 등)가 들리는데, 그 소리가 무엇인지 알아듣는다. (S, 3세 8개월)
- '절반으로 하세요' '절반이라는게 뭐에요?' (S, 3세 9개월)
- 크레파스 가운데서 '빨간색은 어떤 거예요?'
  '노란색은 커요 작아요?' (S, 3세 10개월)
- 산책 중에 바람이 소리 내어 불면 '저건 무슨 소리?' (R, 3세 10개월)
- '여기는 자동차 안 와?' (R, 3세 10개월)
- 대피 훈련, N은 가만히 상황을 듣는다. 선생님이 '어린이집에 불이 나면 정원 철봉으로 도망가자'라고 말하자 N은 '왜 불이 났어?' '왜 소방차는 안 와?'라고 묻는다. 잘 설명해주면 함께 대피한다. (N, 3세 10개월)
- 공원에서 '선생님 어디에 뭐가 있어?'라고 물어서 하나하나 설명해주면 만져본다. (R, 3세 11개월)
- 소방차 사이렌에 '저건 무슨 소리? 안 무서워?'라고 묻는다. (R, 4세 0개월)
- '핑크색이란 어떤 색?' 선생님 '부드러운 색이야',
  '흐음, 부드러운 색?' (R, 4세 0개월)
- '친절한게 뭐야?' '싸움이란 거는 ○○이를 말하는 거?' 만질 수 없는 것, 추상적인 것에 대해 질문하거나 자문자답한다. (N, 4세 3개월)
- '빨간색이란 어떤 색?' '검정색은 어떤 색?' (N, 4세 4개월)
- '엄마, 색깔이란게 뭐야? 색깔이란건 딱딱해?' (N, 4세 8개월)
- 호텔에서. '화장실은 어디?' '내가 자는 침대는 어디?' (N, 5세 5개월)
- '얼음이 깨진다는 게 뭐야?' '부서진 것을 깨졌다고 말해' (R, 5세 6개월)

색에 대한 질문이나, 만져보지 못한 것, 모르는 것을 말로 질문하고 알고자 하는 태도와 관심이 N·R·S 모두 잘 발달되어 있는 것 같아요.

N의 질문 중에는 공원의 놀이기구 위치, 처음 묵는 호텔 방 안의 위치 등이 있습니다. 자신이 있는 곳을 이해하고 혼자서라도 이동하려는 모습을 볼 수 있습니다.

낯선 곳이라도 지금까지의 경험으로 상상하고, 모르는 것을 질문하는 것은 앞이 안보이는 아이에게는 매우 중요한 일입니다.

새로운 환경에 놓였을 때, 혹은 이미 경험한 곳이라도 단서가 적어 혼자서 이동하기 어려울 때는, 필요한 정보를 묻고 확인하며 도움을 요청하는 것이 중요합니다.

12.5 요일을 알 수 있고, '다'와 '까'가 붙는 단어를 말할 수 있다

보이는 아이들의 데이터에서 '여러 요일이 있다는 것을 안다'는 것은 4세 6개월, '다'가 붙는 말, '까'가 붙는 말을 말할 수 있다'는 5세 전후로 나타났습니다. (쓰모리식)

요일에 대해서는 손으로 만질 수 있는 달력 등을 준비해 다시 한 번 가르쳐야 할 것 같습니다. '제4편 유치원'에서는 통학 노트에 월별 달력이 표시되어 있고, 직접 스티커를 붙이는 등의 활동이 있습니다. 참고하세요. 그런 것을 준비해서 아이와 함께 일정을 이야기하고, 외출이나 생일날에 스티커를 붙이는 등의 활동을 하면 생활이 풍요로워질 수 있을 것 같습니다.

- 매일 소풍가는 날이 표시된 달력을 만지며 '여기가 소풍?'이라고 묻는다. (N, 3세 7개월)
- 엄마(아빠)의 이름을 말하면서 '누구야?' 하고 물으면, '음, 그건 엄마(아빠)'라고 대답한다. (S, 3세 8개월)
- 숫자 세가지를 거꾸로 말할 수 있다. '1, 2, 3 ··· 3, 2, 1 ··· 5, 6, 7 ··· 7, 6, 5' (S, 3세 8개월)
- 선생님이 '기억나나요?' 친구들 '네, 기억 나요' 선생님 'S도 기억해요?' '기억하고 있어요.' 선생님 '다들 기억하세요?' 친구들 '기억하고 있어요.' (S, 3세 8개월)
- 아침 인사, 점심 인사도 할 수 있다. (S, 3세 9개월)
- 여름 모자를 나눠주니 '밀짚모자 같아'라고 한다 (S, 3세 9개월)
- 유치원에서 키우는 새의 이름과 종류를 물으면, S만이 정확히 대답한

- 다.   (S, 3세 9개월)
- '몇 시가 좋아요?' '5시가 좋아'
  '5시는 뭐하는 시간일까요?' '몰라'   (S, 3세 10개월)
- 끝말 잇기 놀이를 한다.   (N, 4세 11개월)
- '사'가 붙는 단어 모으기, '의사, 간호사'라고 대답한다. (R, 5세 5개월)
- "일"이 붙는 말은?', '일요일, 생일'   (S, 6세 2개월)
- 크기나 길이를 물어볼 때는 '몇배 정도?'라고 확인한다. (S, 6세 2개월)

숫자 맞추기 놀이나 '사'가 붙는 단어 놀이 등은 N, R의 가정에서도 이루어지고 있습니다. 그러나 요일에 대한 이해가 어떠했는지에 대해서는 기록이 없었습니다.

'오늘은 내 생일이야', '내일은 쉬는 날이야' 등 다양한 시간에 대한 의식과 이해를 달력 등을 통해 알려주는 것이 좋습니다.

12.6 대화하기

- '있잖아, 선생님. 새에게도 영혼이 있다고 생각해?'
  'S는 있다고 생각해요?' '있다고 생각해'
  '그럼 S한테는 있어요?' '당연히 있어.'   (S, 3세 7개월)
- '시끄러운 아이는 제일 싫어!' '화를 내면 어떨까?' '어떻게?' '안돼! 하고'라며 책상을 두드린다. '제일 싫어라는 말은 하면 안 돼!' '왜?' '왜냐면, S가 통통 뛰어 돌아다니니까 제일 싫어라고 한다면 싫지?' '미안해, 저기 있잖아. 목청이 나빴던 거야'   (S, 3세 8개월)
- 한 마디 하면 두 마디가 돌아온다.   (S, 3세 8개월)
- 새 의자를 뒤로 당겼다 넘어뜨려서 손톱을 찧었다. '선생님 여기가 아파' '누가 그랬니?' '내가'   (S, 3세 8개월)
- 옆 반 선생님이 '어머, 너 머리 잘랐구나?'라고 말하자 '응, 머리 예뻐

졌지?'   (S, 3세 9개월)
- '저번에 다들 씨앗을 심었잖아요, 무슨 꽃씨일까요?' 다들 잊어버렸지만, S는 '해바라기'라고 대답한다.   (S, 3세 9개월)
- 친구 '있잖아, 나랑 같이 그네 탈래?' '선생님 밖에서 놀아도 돼요?' 선생님 '이제 돌아갈 시간이에요, 방으로 들어가요.' '거봐 역시 안된다고 하잖아' 친구 '미안해'   (S, 3세 10개월)
- 동생이 엄마에게 말하고 있으면 '엄마, 조금 이상한 이야기지만 ○○이가...'라고 말하면서 끼어들려고 한다.   (R, 3세 10개월)
- N '엄마의 아빠는 ○○○(지명) 할아버지야?'
  아빠 '그럼, △△△(지명) 할아버지는 누구의 아빠일까?'
  N '음, 여기 있는 사람' (아빠를 가리킨다.)
  아빠 '그럼, N의 아버지는 누구야?'
  N '여기 있어'   (N, 3세 10개월)
- 자전거나 자동차에는 타이어가 달려 있어서 그걸로 달리는데, 배에는 타이어가 없는데 어떻게 달리는 걸까? 혼자서 운전할 수 있는 것은 손잡이가 있지만 운전할 수 없는 것은 손잡이가 없고, 유모차는 손잡이가 없고, 배는 손잡이가 있는 거야? (엄마 : 이해하려는 능력이 엄청나게 빠르게 따라오고 있어요.)   (N, 3세 10개월)
- '풍선은 수박같은 모양을 하고 있네'   (N, 3세 11개월)
- 수다를 좋아하는 여자아이들과 적극적으로 이야기를 듣고 말을 걸고, 대화가 잘 통한다.   (R, 3세 11개월)
- 대화 상대는 아빠로 정해서 매일같이 질문 공세   (N, 4세 0개월)
- 어린아이가 넘어져 울면 달려가서 '○○야, 괜찮니? 울지마'라고 말을 건네며 손을 잡아 일으켜 세운다. 칭찬을 많이 하면 수줍은듯이 '후훗' 하고 웃는다.   (R, 4세 3개월)
- '나 내일 열심히 하지 않으면 안돼. 어떻게 예쁘게 하고 갈까?' 머리를 고무줄로 묶는다고 하길래, '남자애들은 고무줄 안 할걸?'이라고 하니 머리를 빗고 있다. (엄마) 여자애들이 머리를 묶으면 다들 귀엽다고 하니까 그걸 들었나 봐요. (선생님)   (R, 4세 6개월)
- 아빠 '아빠가 없어서 그리웠지?'

N '엄마가 있으니까 괜찮았어'
아빠 '아빠랑 엄마가 둘 다 없으면 외롭겠지?'
N '형이 있으니까 괜찮아'　　　　　　　　　(N, 4세 6개월)

- '○○ 선생님은 이상한 말을 했어. 가게 놀이할 때 '코끼리 씨'라고 말했다니까', '엄마 마음 속에는 화난 도깨비가 있나 봐, 나는 모른척 도깨비 아니면 뾰로통 도깨비가 있는 것 같아.'　(N, 3세 10개월)

- N '내가 할머니 집에 가버리면 아빠 울거야?'
아빠 '나는 안 울지만, 엄마는 울지도 몰라'
N '엄마, 울거야?'
엄마 '응, 울어버릴지도 몰라'
N '형은 울거야?'
형 '안 울어, 네가 없으면 어지럽힐 것도 없으니까' (N, 5세 0개월)

> N도, R도, S도 어른이나 가족과의 대화가 재미있어요. 또한, 친구들과의 말장난도 재미있습니다. 말을 잘 할 수 있게 되고, 말로 생각하고, 때로는 잘못을 지적받으며 성장하는 모습을 볼 수 있습니다.

제 *13* 장

기본적인 생활습관

13.1 식사

사탕이나 과자의 포장지를 벗기고 먹는 것, 바나나 껍질을 벗기는 것, 삶은 달걀의 껍질을 벗기는 것, 귤 껍질을 벗겨서 먹는 경험도 중요합니다. 안보이는 아이에게는 바로 먹을 수 있는 상태로 주는 경우가 많으므로, 다양한 기회를 포착하여 신중하게 가르쳐 주세요.

특히 사탕의 포장비닐은 처음에는 너무 단단하게 비틀어두지 않은 것을 선택하거나 비틀림 부분을 조금 풀어 양 끝을 양손으로 잡습니다. 그리고 양손으로 잡은 포장비닐을 당겼다가 접었다가 하는 동작을 반복하면 포장지가 느슨해집니다. 포장비닐이 풀리면 손끝으로 집어내면 되지만, 떨어뜨리지 않고 꺼내는 데는 실패의 경험이 필요합니다.

바나나 껍질을 벗기거나 삶은 달걀 껍질을 벗기거나 귤 껍질을 벗길 때는 먼저 손을 깨끗이 씻도록 합니다. 때로는 물수건 등을 준비하여 손을 닦는 방법도 가르쳐 주세요. 바나나 껍질을 벗기는 법을 익히기 위해서는 처음에는 반으로 자른 바나나를 주면서 자른 부분부터 껍질을 벗기는 법을 가르치는 것이 좋습니다. 어느 정도 익숙해지면 하나 그대로 주면서 윗부분을 접어서 껍질을 벗기는 방법을 알려주세요.

단단한 삶은 달걀의 껍질을 깨기 위해 테이블 등에 가볍게 두드려서 균열을 만든 후, 그 부분에서 삶은 달걀의 껍질을 벗기는 방법을 알려줍니다. 껍질을 벗긴 삶은 달걀은 그릇에 넣도록 합니다.

제13장 기본적인 생활습관

　귤 껍질을 벗기는 것은 어렵고, 아이는 손끝에 강한 힘을 가할 기회가 적기 때문에 귤 껍질에 구멍 내는 것이 어렵습니다. 엄마가 도와주면서 반복해서 시도해 보세요. 손가락을 세워서 구멍을 내게 되면, 1cm 정도의 크기로 껍질을 찢어내는 형태로 부분적으로 껍질을 벗길 수 있게 됩니다. 깨끗하게 잘 벗길 수 있을 때까지는 시간이 걸리겠지만, 더러워지더라도 스스로 할 수 있도록 해주세요.

　음료수가 담긴 병이나 페트병 등을 빈 컵에 옮겨 담는 것도 가르쳐 주세요. 하지만 그 전에 먼저 용기에 담긴 물건(처음에는 쌀이나 팥 등)을 다른 용기에 옮기는 경험, 핫케이크 만들기 등을 할 때 작은 계량컵 등에 담긴 우유 등을 용기에 옮겨 담도록 하는 등의 경험을 충분히 시켜주는 것이 좋습니다.

　식수병이나 페트병 등에서 컵에 옮겨 담을 때, '쪼로록', '졸졸졸' 등의 소리를 흉내내거나 컵을 귀에 가까이 대고 소리를 들려주어 관심을 유도합니다. 관심을 보이면 왼손으로 컵을 고정시키고 오른손으로 병이나 페트병을 들고 컵의 가장자리에 올려놓습니다. 그리고 병이나 페트병의 입구를 조금씩 컵 안으로 기울이도록 주의를 줍니다. 처음에는 잘 들어가지 않거나 컵에서 넘쳐흐르는 등 실패를 하기도 하지만, 곧 방법을 터득하게 될 것입니다.

　컵에 적당량의 물을 넣는 법을 가르치려면, 컵을 받치고 있는 왼손의 검지를 컵 안에 살짝 집어넣고 물이 손가락 끝에 닿으면 오른손의 붓는 동작을 멈추도록 가르치는 것도 좋습니다.

- 음료를 마신 후 빈 병을 정해진 장소에 정리하러 간다. (S, 3세 5개월)
- 식사 전에 혼자 손을 씻으러 간다. 스크램블 에그와 다진 고기 도시락을 숟가락으로 떠먹지만 먹는 속도가 늦다. (S, 3세 5개월)
- 주먹밥과 반찬이 담긴 도시락을 모두 손과 포크로 먹는다. (S, 3세 5개월)
- 주먹밥과 반찬이 든 도시락을 손으로 집어먹기 때문에 그러면 불결하다고 주의를 주니, 비엔나 소시지가 너무 길어서 포크로 먹으면 중간에 떨어질 것 같다고 말한다. (S, 3세 5개월)
- 가방을 가져와서 도시락을 조심스럽게 꺼내어 가방을 의자 등받이에 걸고 손수건을 펴고 도시락을 꺼낸다. (S, 3세 6개월)

- 도시락을 보자기로 싸서 정리한다. (S, 3세 7개월)
- '젓가락으로 먹고싶어'라고 말하길래 젓가락을 주니 서툰 젓가락질로 음식을 찔러서 입에 넣는다. 반찬을 반쯤 먹고 '역시 포크로 할래'라고 말하고는 나머지를 먹는다. (N, 3세 7개월)
- 컵은 정해진 곳에 치운다. 친구와 같은 방법으로 쌓아둔다. (S, 3세 9개월)
- 도시락 '오늘은 밥이에요' 숟가락으로 떠서 잘 먹는다. (S, 3세 9개월)
- 도시락 '오늘은 전부 먹을테야' 다 먹었네 하고 칭찬을 받으면 '기분이 좋아졌어.' (S, 3세 10개월)
- 포크, 숟가락을 세 손가락으로 잡아서 먹는다. (R, 3세 10개월)
- 젓가락으로 먹으려고 고전한다. 어쩔 수 없을 때는 '선생님 젓가락 손에 쥐여 주세요.' 식욕이 있어 더 달라고 해서 먹는다. 집에서는 거의 젓가락을 사용한다. 젓가락으로 집지는 못하지만, 찌르거나 반찬 밑으로 넣어 들거나 한다. 포크도 사용하여 왕성하게 먹는다. (R, 3세 10개월)
- 젓가락 쥐는 법. '선생님, 어떻게 쥐고 먹으면 돼요?' '쥐기 편한 방법으로 쥐어 봐요'라고 하니 젓가락을 주먹쥐듯 잡았지만, 자연스럽게 바른 젓가락 쥐는 법에 가까운 형태로 손가락이 움직인다. (R, 3세 10개월)
- 손으로 만지지 않은채 '이제 접시에 아무것도 없어?'하고 묻기에 '손으로 만져 봐요'라고 했더니, 접시 가운데에 손을 올려보고는 '아, 아직 남아있네'라고 하더니 깨끗이 비운다. (R, 3세 10개월).
- 스파게티, 감자샐러드, 우유 젤리를 나름대로의 젓가락질 방법으로 먹는다. 편식하지 않는다. '맛있어, 맛있어'를 외치며 식욕이 왕성하게 잘 먹는다. (R, 3세 11개월)
- 점심시간에 '젓가락 쥐여 주세요'라고 하길래 손가락 형태를 바로잡아 주니 젓가락질을 예쁘게 하게 되어서 칭찬해주면 기뻐하며 볶음국수를 3번이나 더 달라고 해서 먹는다. (R, 3세 11개월)
- 젓가락 잡는 법을 가르친다. 그대로 예쁜 젓가락질로 먹는다. 피망이나 닭간 등도 싫어하지 않고 먹는다. (R, 3세 11개월)
- 젓가락 잡는 방법. 먼저 올바른 잡는 방법을 가르쳐 주면 그대로 잘 할 수 있다. 생선구이는 아직 젓가락으로 먹을 수 없기 때문에 '젓가락질이

제13장 기본적인 생활습관

잘 안돼'라고 한다. 잘라서 먹는 방법을 가르친다. (R, 3세 11개월)
- 젓가락 잡는 방법. 방아쇠를 당기듯이 엄지와 집게손가락을 세우고 그 사이에 가위를 끼워 넣는 방식으로 들고 왼손으로 접시를 들고 긁어먹는 형태로 먹는다. (R, 4세 0개월)
- '선생님 이렇게 하면 될까요?'라고 직접 쥐면서 확인한다. (R, 4세 0개월)
- 거의 정확하게 쥐며 질문하지 않고 먹기 시작한다. 칭찬을 하면 '네, 잘 하죠?'라며 기뻐하는 모습이다. (R, 4세 0개월)
- 흰밥과 반찬이 있는 도시락으로 해달라고 부탁하고, 거의 흘리지 않고 숟가락으로 먹는다. 흘리지 않았는지 냅킨 위를 살피고, 흘린 것이 있으면 주워서 입에 넣는다. (S, 4세 1개월)
- 음식을 흘리는 일이 줄어들었다. 아직은 조금 더 포크를 계속 사용한다. (N, 4세 8개월)
- 과자 봉지 등을 잡아당겨서 뜯을 수 있다. 세로로 자르기 쉬운 부분을 따라 찢는다. (N, 5세 1개월)

R은 젓가락으로 밥을 먹는 것을 고집하며, 젓가락 잡는 법을 여러 번 가르쳐 달라고 합니다. 집에서도 젓가락을 사용하기로 했기 때문일 수도 있고, 보이는 아이들이 젓가락을 이용해 점심을 먹고 있기 때문일 수도 있습니다. 점점 능숙해지고, 칭찬을 받는 것에 만족해하는 것 같습니다.

하지만 안보이는 아이가 젓가락을 잘 사용하기까지는 시간이 걸립니다. 초등학교 저학년이라도 어려운 아이들도 적지 않습니다. 따라서 젓가락을 잘 사용하려고 하기보다는 필요에 따라 사용할 수 있는 기회를 늘리도록 노력하는 것으로 충분합니다.

R은 먹다 남은 음식이 있는지 신경을 써서 직접 만져보고 확인하며 깨끗하게 비우고 있습니다만 이것은 매우 중요한 대목입니다. S도 접시 밑에 냅킨을 깔아두고 흘린 것을 주워 먹고 있습니다.

13.2   배설

- 밤에 잘 때 이불에 오줌을 싼다(야뇨).   (R, 3세 3개월)
- 오후에 잠을 자다 오줌을 싼다.   (R, 3세 4개월)
- 바지에 오줌을 싼다.   (R, 3세 5개월)
- 똥을 누고 난 후 스스로 휴지로 닦아낸다.   (R, 3세 6개월)
- 바지에 오줌 싼 것을 말하지 않고 그대로 입고 있다. (R, 3세 7개월)
- 바지에 오줌을 싼다.   (R, 3세 7개월)
- 유치원 화장실로 이동하여 용변을 볼수 있다.   (S, 3세 7개월)
- 집 화장실에서 문을 잠그고 혼자서 조용히 똥을 눈다. (N, 4세 11개월)
- 밤에 자기전에 형과 함께 화장실에 가서 먼저 볼일을 본 N이 형이 안에 있는데도 문을 막고 가둬버린다.   (N, 4세 11개월)
- 드물게 '이불에 오줌 쌌어요'하며 일어난다.   (N, 5세 1개월)

> R은 잠자는 동안 오줌을 싸는 일이 세살쯤에 눈에 띄게 많습니다. 하지만 보이는 아이들도 흔히 보이는 현상입니다. 별다른 이유도 없고, 겉으로 보기에 멀쩡한데도 불구하고 야뇨가 계속 되면 하나의 신호로 받아들이고 다른 원인도 생각해보는 등 주의 깊게 지켜볼 필요가 있습니다.
>
> S는 유치원에서 화장실 위치를 알고 배변을 스스로 하고 있습니다.

13.3   옷을 입고 벗기

'제2편 유아전기'도 참고하세요.

　인형의 옷을 벗기고 입히는 놀이도 옷의 구조를 이해하고 옷을 입히고 벗기는 연습을 할 수 있는 좋은 연습이 됩니다.

① 바지나 스커트를 입는다

보이는 아이가 바지나 치마를 제대로 스스로 입을 수 있게 되는 시기는 4세 이후부터입니다. 아이가 앞뒤를 알 수 있도록 옷에 표시를 하는 것에 관해서는 유아전기 편에 언급한 적이 있습니다. 만약 아직 안 된다면, 입기 편한 바지 등을 기회를 봐서 시도해보는 것도 좋을 것 같아요.

아이는 할 수 있다는 자신감이 생기면 혼자서 하기를 원하게 됩니다. 아직 서툴러서 가르쳐주지 않으면 할 수 없을 것 같은 일이라도 도와주는 것을 싫어하게 됩니다. 다소 문제가 있더라도 칭찬을 해주면서 자립심을 키우도록 신경을 써주세요.

- 스스로 팬티와 파자마 바지를 입는다.   (N, 3세 5개월)
- 바지의 앞뒤를 확인한 뒤 입는다.   (N, 3세 6개월)
- 바지를 입기 전에 바지 앞부분의 표시를 확인한다. (R, 4세 0개월)

> N과 R은 앞뒤를 확인하며 바지를 입을 수 있습니다. 보이는 아이의 모습과 비교해도 발달이 전혀 뒤쳐지지 않았다는 뜻입니다.

② 스냅 버튼 조작과 상의 입고 벗기

단추를 벗기는 것은 보이는 아이는 3세부터, 약시인 아이는 3세 7개월부터 4세 정도가 되면 가능해 집니다.

스냅(똑딱이)을 푸는 것과 같은 동작으로는 단추를 풀 수 없습니다. 한 손으로 위쪽 앞부분을 살짝 옆으로 잡아당기면 단추 구멍이 넓어지므로 거기에 단추를 끼워넣듯이 하면서 쉽게 풀 수 있습니다. 처음에는 아이가 조작하기 쉬운 가슴 중앙 부근의 지름 1.5~2cm 정도의 원형 버튼부터 손을 잡고 가르쳐주세요. 아이의 등 쪽에서 가르칠 때는, 안았을 때 아이가 답답해하지 않도록 주의합니다.

또한, 단추 끼우기를 잘 할 수 있도록 빈 용기 뚜껑에 구멍을 뚫고 동전을 넣으면서 연습하는 것을 권장하는 사례도 있습니다. 상의의 윗부분과 아랫부분을 겹쳐서 입는다는 것을 이해시키는 것이 중요합니다. 우선 단추 대신 벨크로(찍찍이)를 붙여서 단추를 맞출 수 있도록 하는 것도 중요합니다.

일반적으로 사용되는 납작하고 작은 단추는 다루기 어렵기 때문에 처음에는 10원짜리 동전 크기의 구슬형 단추를 사용하는 것도 한 가지 방법입니다. [그림 3-2]

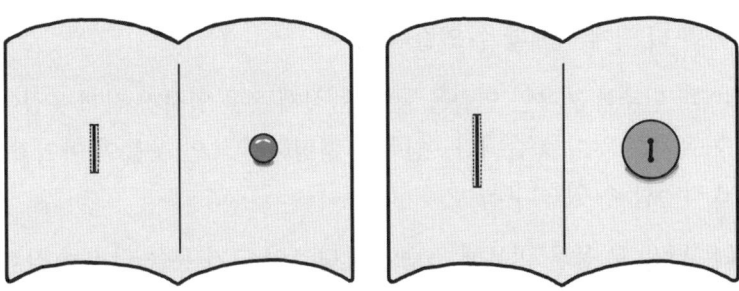

그림 3-2 단추 끼우기 연습용 천 (동그란 구슬형 단추 부착) / 그림 3-3 (평평한 단추 부착)

단추를 끼울 때는 미리 크게 만든 단추 구멍 부분을 구슬 단추 위에 올려놓고, 손가락으로 누르면서 단추를 집어넣으면 됩니다. 또한, 넓게 만든 단추 구멍 안에 엄지와 검지를 넣어 단추를 집은 후 당겨서 끼워 넣어도 됩니다.

구슬 단추로 잠그고 푸는 방법을 이해했다면 발이 달린 둥근 단추, 그 다음에는 평평한 큰 단추에서 작은 단추로 아이의 발달에 따라 바꿔가며 사용하도록 합니다. [그림 3-3] 단추 구멍은 크고 느슨한 느낌이 들도록 주의해야 합니다. 손끝으로 힘을 주어 당길 수

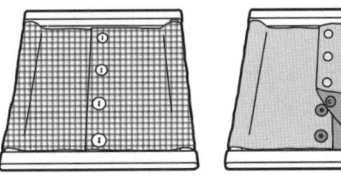

그림 3-4 옷입기 연습용 보조 기구

있게 되면 한 손의 검지와 엄지손가락을 단추 구멍에 넣고 한 손으로 단추를 세로로 잡고 단추 구멍 안의 검지와 엄지손가락으로 잘 집은 후 겉옷의 윗부분 앞부분을 잡아 당겨서 벗겨냅니다.

스냅을 끼우는 것은 단순히 힘을 주는 것뿐만 아니라 요철 부분을 맞춰야 하기 때문에 익숙해지기 전까지는 단추의 경우보다 더 어려울 것 같습니다. 처

음에는 손끝에 힘을 주는 것조차 어렵기 때문에 손바닥에 들어갈 정도의 크기의 펠트지나 몬테소리 교구의 옷틀[그림 3-4] 등을 책상 등 딱딱한 면을 이용해 미리 맞춰진 것을 위에서 누르는 작업만 시킵니다. 사람의 몸이나 인형 등을 모형으로 사용하면 부드러워서 눌러도 잘 들어가지 않으므로 주의해야 합니다.

　다음으로 양손으로 천을 잡고 오목한 부분과 볼록한 부분을 맞추는 것, 양 손가락을 같은 강도로 서로 누르는 것 등을 연습하게 합니다. 또한 스냅을 큰 것으로 바꾸어 오목한 부분과 볼록한 부분을 겹쳐서 눌렀을 때 '딸깍'하는 소리가 나도록 하면 더 쉽게 이해할 수 있습니다.

　스냅이나 단추를 끼우는 연습을 할 때는 실제 옷을 입히기 전에 옷걸이로 그 원리를 가르치는 것이 좋습니다. 앞쪽에 평평하게 놓인 옷틀이 아이가 더 잘 이해하고 작업할 수 있습니다.

　옷틀은 낡은 옷 등을 이용해 스냅이나 단추의 크기 등을 달리해 직접 만들 수 있습니다. 또한 처음에는 스냅이나 단추를 하나만 사용하고, 점차 그 수를 늘려가는 것이 좋습니다.

　스냅을 끼우거나 단추를 끼우는 동작을 익히는 데는 시간이 오래 걸리므로, 인형 놀이 등을 이용해 딱딱한 천에 단추나 스냅을 끼우고 끼우는 동작을 놀이처럼 익히면 좋습니다.

　또한 아이가 혼자서 옷을 입는 즐거움을 맛보게 하는 것도 중요합니다. 스냅이나 단추에 너무 집착하지 말고, 단추 대신 벨크로를 이용해 아이에게 혼자 옷을 입는 즐거움도 선사해 주세요. 보이는 아이라도 상의를 혼자 입을 수 있는 나이는 4~5세 정도입니다. 그러니 조급해하지 말고, 욕심내지 말고, 시간을 두고 인내심을 가지고 천천히 접근합시다.

　혼자서 옷을 입을 수 있으려면 앞과 뒤, 겉과 속의 구분, 겉옷의 각 부분(소매·깃·몸통·밑단 등)을 이해하고 구분할 수 있어야 합니다. 아이가 알기 쉬운 곳에 주머니, 단추, 리본 등의 표시를 하여 앞뒤 구분을 가르치도록 합니다.

　다음으로 상의의 각 부분을 가르칠 때는 상의를 평면에 펼쳐놓고, 옷깃, 소매, 밑단, 가슴의 패턴이 다른 부분이 있으면 그 부분도 만져보게 하면서 부분 부분을 하나하나 가르칩니다.

하지만 상의를 제대로 이해하는 데는 오랜 시간이 걸리기 때문에 그 전에 상의를 입는 방법을 조금씩 가르치도록 합니다.

앞이 트인 외투를 입는 방법은 상의 안쪽 상표 붙은 부분에 긴 천 테이프 등을 꿰매고 그 표시가 앞쪽을 향하게 하여 양손으로 잡은 뒤 외투 전체를 빙글 돌리며 양 어깨에 걸친 후에 한쪽씩 차례로 팔을 꿰도록 합니다. [그림 3-5]

그림 3-5 머리에 뒤집어 쓰듯 상의를 입는 모습 / 그림 3-6 칼라를 잡고 소매에 팔을 넣는 모습

이렇게 해서 상의를 안정적으로 입을 수 있게 되었다면, 다음에는 옷을 향해 옷깃을 잡고 왼팔을 먼저 소매구멍에 끼울 때는 오른손으로만 옷깃을 잡고 팔을 교차시켜 소매구멍에 끼운 다음, 왼쪽 어깨에 걸쳐진 상의의 옷깃을 오른쪽 어깨까지 당겨서 오른쪽 팔을 끼우는 방법을 익혀두면 좋을 것입니다. [그림 3-6]

하지만 안보이는 아이에게는 소매 구멍을 찾는 것, 좌우를 판단하는 것, 그리고 처음에 한쪽 팔을 소매 구멍에 잘 끼워 넣는 것 등이 어렵습니다. 따라서 먼저 책상이나 바닥에 상의를 놓아두고 옷의 모양을 제대로 파악할 수 있도록 도와야 합니다.

- 파자마 단추가 풀리지 않는다. (R, 3세 1개월)
- 스스로 옷을 입거나 벗으려고 한다. (R, 3세 3개월)
- '내가 할거야'라고 말한다. (N, 3세 6개월)
- 입는 것을 도와주려고 하면 화를 낸다. (N, 3세 6개월)
- 잠옷을 입는다. (N, 3세 6개월)
- 옷을 옷장에 넣고 잠옷으로 갈아입는다. (N, 3세 10개월)
- 잠옷 갈아입을때 옷을 뒤집어 벗어두기 때문에 다시 입을 때 곤란하다.

제13장 기본적인 생활습관

  상의를 잡고 팔을 빼면 옷이 뒤집어져서 앞뒤가 반대로 되는 경우가 많지만, 소매를 잡고 팔을 빼도록 가르치자 그렇게 하려고 스스로 노력한다. (R, 3세 11개월)
- 상의의 단추를 풀 수 있게 되었기 때문에 채우는 법을 가르치려고 하면 화를 낸다. 못 하는 것을 부끄러워하는 듯하다. 다들 할 수 있다는 것을 알고 있다. 하려고 해도 못 할 것 같다는 불안감이 있다. (N, 3세 11개월)
- 티셔츠를 거꾸로 뒤집지 않고 벗고, 잠옷을 앞뒤 틀리지 않게 입는 것이 자연스러워졌다. (R, 4세 0개월)
- 친구 ○○의 어깨 후크를 채워준다. (R, 4세 3개월)
- 겉과 속을 의식해 스스로 고쳐 입는 일이 많아졌다. (N, 4세 8개월)
- '간식 먹고나면 따뜻한 옷 입을래' 스스로 옷을 골라입는다. (N, 4세 8개월)
- 옷 갈아 입을 때 머리를 넣은 후 목 뒤쪽의 라벨을 만져보고 앞뒤를 확인하여 올바르게 입는다. (R, 5세 7개월)

> N도 R도 조금씩 파자마나 앞이 트인 겉옷을 입고 벗을 수 있게 됩니다. 앞뒤를 확인하거나 앞뒤의 차이도 주의해서 혼자 입을 수 있게 된 것을 사례를 통해 알 수 있습니다.

③ 양말 신기

'양말을 제대로 신는 것'은 보이는 아이들의 데이터에서는 4세 0개월~4세 11개월로 집계되고 있습니다.

양말을 벗을 때에도 목긴 양말은 잡아당기는 것만으로는 벗을 수 없습니다. 따라서 양말의 윗부분을 발목까지 내리도록 가르칩니다. 그리고 검지손가락을 발뒤꿈치에 넣고 발뒤꿈치를 들어 올려 양말을 발뒤꿈치에서 떼어내게 합니다. 그 다음에는 발가락 부분을 잡아당기면 벗을 수 있습니다.

안보이는 아이도 4세가 넘으면 양말을 제대로 신는 동작을 할 수 있게 됩니다. 발가락 부분은 도와서 신겨주고, 나머지는 스스로 잡아당겨서 올리도록 합니다. 스스로 양말에 발을 넣는 부분을 알고 발을 넣는 것이 어렵고, 발뒤꿈치

부분을 딱 맞게 맞추는 것도 어렵기 때문에, 아이의 상태에 따라 부분적인 도움을 줄여나가도록 합니다.

양말은 처음에 발뒤꿈치 부분을 찾아 제대로 맞추는 것이 쉽지 않습니다. 일단 신어본 후, 천이 남아있는 발뒤꿈치 부분을 찾기가 쉽기 때문에, 그곳을 잡고 발뒤꿈치 쪽으로 돌려서 신는 방법을 사용해도 좋습니다.

하지만 꽉 끼는 양말이나 목긴 양말 등은 발뒤꿈치 부분만 잡고 돌려도 양말 전체가 움직이지 않기 때문에 제대로 신는 데 시간이 걸립니다. 발뒤꿈치 부분을 알 수 있는 표시(발뒤꿈치 위쪽 부분에 얇은 천을 원형으로 꿰매는 등)를 하면 좋을 것 같습니다.

하지만 최종적으로 양말의 모양을 확인하고 발뒤꿈치에 맞게 신을 수 있도록 지도해야 함은 말할 필요도 없을 것입니다.

④ 그 밖의 옷 입고 벗기

유아기에 할 수 있어야 하는 바람직한 사항들을 아래와 같이 정리해 보았습니다. 보이는 아이들의 조사 결과이니 참고하시기 바랍니다.

하지만, N과 R의 보육일지에는 이 같은 기록이 없었습니다.

- 지퍼를 열기 : 4세 0개월~4세 11개월
- 지퍼를 잠그기 : 5세 0개월~
- 좌우를 바르게 신발을 신기 : 5세 0개월~
- 끈 묶기 : 5세 0개월~
- 옷 정리하기 : 5세 0개월~
- 몸가짐을 조심하기 : 5세 0개월~ (이상, 광D-K식)
- 끈을 나비매듭으로 묶기
  : 남아 6세 6개월~7세
  : 여아 5세 6개월~6세 6개월~7세
- 옷을 잘 개기
  : 남아 6세 6개월~7세
  : 여아 5세 6개월~6세 6개월~7세 (이상, 쓰모리식)

13.4 기타 기본 생활습관

기본생활습관과 관련된 기타에 대해 사례에 소개된 아이들의 보육일지 등에 적혀있던 내용을 ①~⑧ 로 정리했습니다. 이는 난이도가 높은 순서대로 나열한 것이 아닙니다.

사례에 대한 의견은 항목의 마지막에 정리해 놓았습니다.

① 양치질
② 정리정돈
③ 자신의 소지품과 장소의 이해
④ 어린이집 내 또는 집 안의 장소 이해
⑤ 당번
⑥ 거들기
⑦ 집 보기
⑧ 자립

① 양치질

보이는 아기는 숟가락을 잡을 수 있게 되면 칫솔을 입에 넣는 연습을 시작한다고 합니다. 보고 따라 하기 어려운 아이는 형제나 엄마가 칫솔질이나 양치질을 하는 모습을 설명해주고, 그 모습을 들려주어 양치질에 흥미를 가질 수 있도록 도와주세요. 칫솔을 입에 넣을 수 있게 되더라도 닦는 데는 시간이 걸리므로 엄마가 다시 닦아주는 등 도움을 주도록 합니다.

물을 머금고 가글가글하여 뱉을 수 있는 것은 3세부터 50퍼센트 정도가 가능하다고 합니다. 입에 넣은 물을 뱉어내는 연습 등을 시작으로 여러 가지를 시도하면서 조금씩 할 수 있도록 해 봅시다. [사진 3-36]

사진 3-36 입을 헹구는 모습

- 가글가글해서 뱉기를 할 수 있다. (N, 3세 4개월)
- 양치질을 열심히 한다. 다시 닦으면 물로 헹궈낸다. (R, 3세 7개월)
- 양치질, 옷입고 벗기가 자연스러워졌다. (N, 4세 4개월)

> N과 R은 어린이집에 다니고 있기 때문에, 보이는 아이들과 같은 시기에 양치질과 가글가글하여 입 헹구기 지도가 이루어지고 있는 것으로 보입니다. 가정에서도 마찬가지입니다. 그리고 두 아이 모두 4살 무렵에는 이런 것들을 할 수 있었음을 알 수 있습니다.

② **정리정돈**

집에서도 자신의 장난감이나 개인 소지품을 정해진 장소에 보관할 수 있도록 합니다. 그렇게 함으로써 아이는 자신이 놀이를 하고 싶을 때 도움 없이도 필요한 물건을 꺼낼 수 있게 됩니다.

- 선생님이나 친구와 함께 매트 정리를 할 수 있다.   (N, 3세 4개월)
- 식사 후 의자를 테이블 위에 올려놓는다.   (N, 3세 6개월)
- 식후에 식기를 정리하고, 의자를 테이블 위에 올려놓는다. (N, 4세 5개월)

> N은 식기를 정리하고, 의자를 테이블 위에 올려놓는 등의 일이 가능해졌습니다.

③ **자신의 소지품과 장소의 이해**

②나 ④와도 공통된 능력을 필요로 하는 내용입니다. 장소에 대한 이해가 전제되어 있으며, 3세 반부터 4세 무렵에는 장소에 대한 이해가 높아져 생활에 필요한 것들을 스스로 할 수 있게 되는 것을 알 수 있습니다.

- 수영 후, 팬티와 셔츠를 상자에서 직접 꺼내 갈아입는다. (N, 3세 5개월)
- 의류 상자에서 필요한 의류를 직접 꺼낸다.   (N, 3세 6개월)
- 소풍을 가고 싶어 한다. 배낭에 넣고 잘 잠가둔다.   (R, 4세 0개월)
- 수많은 신발 중에서 자신의 신발을 찾아낸다.   (R, 4세 9개월)

제 13 장 기본적인 생활습관

> N은 자신의 옷 상자에서 필요한 물건을 꺼낼 수 있었고, R은 수많은 신발 속에서 자신의 신발을 찾아낼 수 있었습니다.

④ 보육원이나 집 안의 장소에 대한 이해

아이들이 생활과 직결되는 집 안의 주요 장소를 알게 되었을 때, 아이와 함께 집 안을 구석구석 손으로 만져보면서 그것이 무엇이고 어떤 용도로 쓰이는지 설명해줄 수 있는 기회를 가져보는 것이 좋습니다.

예를 들어, 부모님 옷장 옆에 아이 옷장이 있다거나 아이와 관련된 물건은 그 위치 관계를 정확하게 알려주면 좋습니다. 또한 평소에 아이와 별 관계가 없는 벽장이나 선반 위에 무엇이 들어 있는지, 아빠나 형제의 책상, 컴퓨터, 책장, 싱크대 위나 아래, 찬장 등 높은 곳에 있는 물건들을 들어올려 만져보게 해보세요.

장소를 기억하는 것이 목적이 아니라, 평소 생활하는 장소를 구석구석 따라가다 보면 집의 전체의 크기와 구조를 알 수 있습니다.

천장은 안보이는 아이들에게는 접할 기회가 없는 곳입니다. 하지만 건물의 구조를 파악하는 데 있어서는 중요한 부분입니다. '얼마나 높은 곳인지'를 알기 위해 다양한 시도를 해보세요.

아빠의 어깨에 올라타서 아이가 양손을 높이 뻗어보기, 아이를 식탁 위에 세우고 양손을 높이 뻗어보기, 그래도 닿지 않으면 긴 막대기를 들고 손을 위로 뻗어 찔러보기 등 다양한 방법으로 아이와 함께 시도해 보세요. 또 '아빠라면 닿을 수 있을까?' 등 게임처럼 놀아주거나 공을 던져 천장에 부딪히는 소리를 들어보는 것도 재미있을 것 같네요.

집 밖에서도 만질 수 있는 곳은 만져보면서 한 바퀴 돌면 좋을 것 습니다.

- 친구를 찾으러 다른 방으로 간다.　　　　　　　　(N, 3세 6개월)
- 장난감 치우기를 좋아한다. 다른 반에 가져가서 정리한다. (N, 3세 6개월)
- 아파트 아래까지 형을 배웅하고 혼자서 돌아왔다.　(N, 3세 11개월)

- 보육실 장난감을 솔선해서 정리한다. 실내와 정원의 공간을 잘 파악하고 누구보다 능숙하게 몸을 움직여 정리한다.   (R, 4세 0개월)
- 산책 도중 언덕길로 접어들면 곧 '○○강'이 나온다고 설명. (N, 4세 8개월)
- 로비에서 신문을 건네받아 현관까지 가지고 간다.   (R, 5세 3개월)

> N과 R은 3세 6개월이 지날 무렵부터 어린이집 내, 집 주변 등 장소에 대한 이해의 폭이 넓어지고 있습니다. 그래서 할 수 있는 일이 많아지고, 혼자서도 자신감 있게 움직일 수 있게 됩니다.

⑤ 당번

어린이집이나 유치원에서 아이들이 할 수 있는 일을 조금씩 당번이라는 형태로 생활 속에 녹여내어 모두를 위해 일할 수 있도록 유도하고 있습니다. 테이블 닦기, 우유 나눠주기, 고학년은 복도 바닥 닦기, 이불 깔기 등이 있습니다.

안보이는 아이는 때로는 보이는 아이들의 도움을 받으면서 스스로 할 수 있는 일을 늘려나갑니다. [사진 3-37, 3-38]

사진 3-37 당번으로 행주를 짜는 모습 / 사진 3-38 당번으로 도시락을 나눠주는 모습

- 이불을 깔고 갠다.   (N, 3세 6개월)
- 당번을 자율적으로 한다.   (N, 4세 4개월)
- 전원의 잠옷 주머니가 들어있는 귤 상자를 가져와서 제자리에 놓아둔

제13장 기본적인 생활습관

다.   (R, 4세 9개월)
- '내가 쉬는 날 혹시 △△이도 쉬면 ○○이 혼자서 가재반 당번 하게 되어버리니까 내가 갈게.'   (N, 5세 5개월)

N의 5세 3개월의 기록에서는 당번에 대한 책임감이 느껴져 든든한 마음이 듭니다.

⑥ 거들기

⑤ 와도 연관성이 강한 항목입니다.

가족 등을 위해 스스로 할 수 있는 일을 요구하면 조금씩 스스로도 하려고 움직이게 됩니다. 어린이집이나 유치원에서도 여러 가지 일들을 할 수 있게 되어가는 중입니다.

가정에서도 적극적으로 도움을 줄 수 있는 기회를 만들고, 할 수 있는 일을 조금씩 늘려 칭찬하고 '감사합니다' 라고 말하며 감사하는 마음을 갖도록 합시다. [사진 3-39]

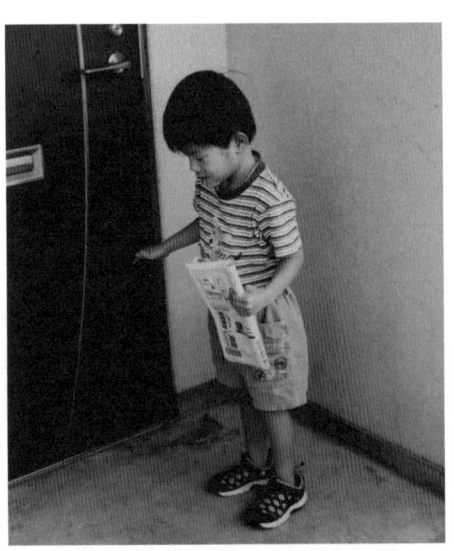

사진 3-39 아파트 우편함에서 신문을 가져오는 모습

- 엄마가 감기에 걸려서 N은 이틀간 이웃집에 맡겨지게 되었다. N은 주스가게 주인이 되어 맥주잔에 담긴 물을 컵에 부어서 건네준다.
  (N, 3세 6개월)
- 집 안의 가구 배치 재조정을 돕는다. 집 안의 구조를 파악하여 정해진 장소로 옮긴다. (R, 3세 6개월)
- 도움 주는 것을 좋아한다. 간식으로 과자를 나눠준다. (N, 3세 7개월)
- 쇼핑 짐을 들어준다. (R, 3세 10개월)
- 손가락으로 어깨와 머리를 주물러 주는 걸 잘한다. (R, 4세 0개월)
- 집에서 식사시간에 음식을 나른다. 전등을 끄는 등 도움을 준다. (R, 4세 5개월)
- 집에서 저녁을 먹을 때, 레스토랑처럼 테이블에 음식을 예쁘게 차려놓고 뒷정리까지 해 준다. 하지만 다음 날 아침에도 레스토랑처럼 식사하자고 해서 엄마가 난감해한다. (N, 4세 11개월)
- 컵에 손가락을 살짝 넣고 보리차 따르는 연습을 스스로 한다. (R, 5세 2개월)
- 형제들에게 얼음물을 만들어 나눠준다. (R, 5세 3개월)
- 방 정리와 화장실 청소를 돕는다. (R, 5세 5개월)
- 계단을 위에서 아래로 쓸어내린다. 쓰레기 모으는 건 아직 할 수 없다. (R, 5세 6개월)

> R은 집안 곳곳을 잘 알고 있어 전등 스위치 위치, 부엌에서 식탁까지 음식을 나르는 것, 5세 때는 화장실 청소까지 돕고 있습니다. N도 2층에서 계단을 청소하는 등 집안일을 도와주는 모습을 볼 수 있습니다.
>
> 자신의 것뿐만 아니라 형제들에게도 직접 얼음물을 만들어 주기도 합니다.

⑦ 집 보기

보이는 아이의 경우 부모가 없어도 안심하고 외출할 수 있습니다. 부모가 집 보기를 시키는 아이의 나이는 초등학생 이후가 많으며, 취학 전 아동은 10% 정도라는 조사 자료가 있습니다. 그 횟수는 월 1회 정도, 시간은 2시간 미만이고, 그 이유는 엄마의 쇼핑이나 직장 사정 때문이라고 합니다.

이때 주의할 점은 열쇠를 단단히 잠그고, 방문자 응대는 인터폰으로만 하며, 베란다에는 나오지 않는 등 방문자나 전화에 대한 규칙을 정해 놓는 것입니다. 또한, 물이나 불을 잘 잠그거나 끄기, 연락 수단 등을 준비해 두어야 합니다.

안보이는 아이의 경우에도 마찬가지로 주의가 필요합니다. 아이 스스로가 불안해하는 경우 혼자 두지 않는 것이 원칙입니다.

- 2시간 동의 두 살 위 형과 함께 집 보기.　　　　(N, 3세 8개월)
- 밤에 형과 둘이서 편의점에서 쇼핑을 한다. 갈 때는 손을 잡고, 돌아올 때는 형의 어깨에 손을 얹고 걷는다.　　　　(N, 4세 8개월)
- 형과 둘이서 저녁을 먹고, 목욕을 하고, 옷을 갈아입고, 놀고, 집 보기를 한다.　　　　(N, 5세 0개월)
- 혼자서 집을 본다. 엄마 전화를 받고 제대로 응대.　(N, 5세 1개월)
- 10시 40분부터 13시 40분까지 혼자서 집 보기(도시락 먹기, 전화 받기, 택배 받기, CD 음악 듣기 등)를 한다.　　　　(N, 5세 3개월)
- N이 감기 기운이 있어서 형과 둘이서 저녁까지 집 보기(N, 5세 5개월)

집 보기에 대한 기록은 N뿐이었습니다. 지금보다 훨씬 안전에 대한 걱정이 적었던 시절의 사례이기 때문에, 지금은 그때보다 더 조심해야 할지도 모르겠습니다. 하지만 사례에서 보면 처음에는 형과 함께, 형을 신뢰하고, 형이 필요한 도움을 주면서 실행에 옮기고 있습니다. 형제간의 관계가 형성되는 모습도 볼 수 있습니다.

5세 3개월 무렵에는 혼자서도 3시간이나 어른들과 같은 일을 하며 엄마의 귀가를 기다리고 있었습니다. 전화를 받고 응답하고, 형제가 함께 집을 지키거나 쇼핑을 하는 등 성장한 모습을 볼 수 있습니다.

⑧ 자립

이 항목도 앞서 쓴 항목과 떼어놓을 수 없습니다. 마찬가지의 내용이 적혀 있습니다.

가정에서는 아이가 도울 수 있는 일을 시킴으로써 아이가 할 수 있는 일을 늘려주세요. 예를 들어 찬장에서 젓가락과 숟가락을 꺼내 식탁으로 옮기기, 식사 후 식기를 싱크대까지 옮기기, 정해진 곳에서 자신의 속옷을 가져 오기, 신발을 신발장에 넣기, 쓰레기를 쓰레기통에 버리기, 더러운 옷을 빨래 바구니에 넣기 등입니다.

- 엄마가 외출했다가 들른 빵집에 형이랑 둘이서 마중을 나간다. (엄마: 형이랑 뭔가 상담했을까?) (N, 3세 7개월)
- 도시락을 정리하다가 김밥을 책상 밑에 떨어뜨린다. 친구인 ○○이 떨어뜨렸다고 알려 주면 책상 밑으로 들어가서 주워온다. 선생님이 '조금 더 앞쪽에 있어'라고 말로 설명하며 도와 준다. (S, 3세 10개월)
- (어른이 동행하지 않고) 삼형제가 친척집에 간다. (R, 5세 2개월)
- 소아과에서 형과 둘이서 귀가. 도중에 말을 듣지 않아 형에게 꾸중을 듣는다. (N, 5세 5개월)
- 다니고 있는 치과에서 의사 선생님과 수다를 떤다. (R, 5세 6개월)
- 치과 치료를 처음 경험했다. 설명을 잘 듣고, 움직이지 않고도 잘 치료할 수 있었다. 당연한 일이지만 이 모든 것 하나하나가 기쁘다. (엄마의 이야기) (N, 5세 10개월)
- 친구에게 전화 걸 수 있다는 말을 듣고 집에서 연습한다. (R, 6세 8개월)

N과 R의 사례에서 가정에서의 다양한 도움 등을 통해 아이가 자립할 수 있는 힘을 키워나가는 것을 알 수 있습니다. 치과 치료 시에도 말을 잘 듣고 울지도 않고 얌전히 치료를 받는 등 사회성의 발달도 엿볼 수 있었습니다.

제 *14* 장

안보이는 아이와 가족의 삶

> 안보이는 아이는 부모와 가족 안에서 크게 성장합니다. 가족이 사회와 어떻게 관계를 맺고 생활하느냐에 따라 안보이는 아이의 성장 환경은 달라집니다.
>
> N, R, S의 사례를 통해 최대한 그 모습을 알아가면서 여러 가지를 생각해보고자 합니다.

14.1 외출

앞서 언급한 바와 같이, 안보이는 아이에게 집 밖에서 다양한 경험을 하게 하는 것은 매우 중요한 일입니다. 부모는 아이의 상태를 지켜보면서 아이가 할 수 있는 일을 늘려나가야 합니다.

교통비 등이 필요 없는 인근에도 놀 수 있는 장소가 있습니다. 역이나 건널목 등에서 기차 소리를 듣거나, 공원에서 뛰어놀고, 큰 나무의 줄기를 함께 손을 잡고 살펴보기도 하고, 발밑의 차이를 알아차리고 낙엽이나 잡초를 만져보고, 자갈을 줍고, 놀이터의 그네나 미끄럼틀 같은 놀이기구를 타는 것도 즐거운 일입니다.

동네를 걷는 것만으로도 동네의 지형(언덕길·다리·자갈길·아스팔트), 냄새와 소리, 차의 크기에 따른 소리의 차이(트럭·버스·승용차·오토바이 소리),

신호등에서 멈추거나 출발하는 소리, 사람이 많은 곳과 조용한 골목길의 공기와 소리의 차이를 느낄 수 있습니다. 슈퍼 안에서는 화장실 소리, 계산대 소리, 생선 가게 냄새, 과자 진열대 등이 많이 있는 것을 점원에게 양해를 구하고 손으로 확인하는 등 아이에게 알려주고, 가르쳐주고 싶은 것이 많이 있습니다.

다양한 경험을 통해 아이들이 자립할 수 있는 힘을 키울 수 있습니다.

인근 공원 등

휴일 등을 맞아 집 근처 공원이나 스포츠센터 등으로 아이를 데리고 나들이를 가는 경우가 많은 것 같습니다. 아이가 졸라대는 경우도 많지만, 오히려 적극적으로 다양한 체험을 시키기 위해 아이와 함께 나들이를 하는 것 같습니다.

가족과 함께 행동함으로써 안심하고 새로운 것에 도전하고, 흥미와 관심을 넓혀가는 모습을 볼 수 있습니다.

보육일지 등에 적혀있던 내용을 ①~⑤ 로 정리했습니다.

① 수영장
② 어린이 공원·근린공원
③ 공항 등
④ 역·전철
⑤ 동물원 등

① 수영장

가정용 수영장, 어린이집이나 유치원 수영장이 아닌 인근의 대형 수영장을 말합니다. 물론 부모님이 동반하는 놀이입니다. 여름방학이나 주말 등을 이용해 가족과 함께 나들이 기회를 만들어 보세요.

안보이는 아이들도 처음에는 무서워하지만, 점차 익숙해져 물속에서 자유롭게 움직일 수 있게 됩니다.

- 수영장에서 처음엔 눈치만 보다가 물놀이 튜브를 붙잡고 들어가더니 기분이 좋아져 물놀이를 한다. '이제 돌아갈까' 하면 '좀더 수영할래'

제 14 장 안보이는 아이와 가족의 삶

- 라면서 물에서 나오지 않는다. (R, 3세 1개월)
- 가족과 함께 수영장으로. 미끄럼틀을 타고 내려가서 튜브를 붙잡고 물놀이를 즐긴다. (R, 4세 2개월)
- 아빠와 함께 수영장으로. 물놀이 튜브를 붙잡고 떠다닌다. 손을 잡아주면 발로 첨벙첨벙 물장구를 친다. (N, 5세 1개월)
- 흐르는 수영장(유수풀)에 발이 닿는 것을 확인하고 물 속에 들어가기도 하고 둥둥 떠다니며 즐거워한다. (N, 5세 3개월)

이제 막 세 살이 된 R은 처음엔 눈치를 보았지만, 튜브를 붙잡고 기뻐하며 물놀이를 즐겼습니다. 그리고 1년이 지나자 미끄럼틀을 타고 즐기는 모습을 볼 수 있었습니다. N도 5살이 되자 흐르는 풀장도 즐기는 모습을 볼 수 있었습니다.

② 어린이 공원·근린공원

특별한 날이 아니어도 가까운 어린이 공원이나 집이 아닌 다양한 장소에서의 일상적인 경험은 아이들의 삶을 더욱 풍요롭게 합니다. 사례에서도 많은 장소가 구체적으로 언급되어 있으니 참고하시기 바랍니다.

- 외식을 한다. 매우 좋아한다. (R, 3세 3개월)
- 엄마가 쇼핑가는 길에 자전거를 붙잡으면서 잘 걷는다. '산책하는 거 재미있어' (R, 3세 4개월)
- 아빠와 함께 동네 목욕탕에 간다. (N, 3세 8개월)
- 공원에서 비둘기를 쫓아다니거나 아이스크림을 먹음. (N, 3세 9개월)
- 엄마가 장보러 갈때 어디든 따라다닌다. (N, 3세 9개월)
- 외식. 회전초밥집에서 다 먹고나서 집에 돌아갈 때 '아저씨 잘 먹었습니다'하고 외친다. (R, 3세 9개월)
- 장보기에 따라 간다. '안녕하세요? 감자 3kg 주세요. 당근 1kg 주세

요'라고 한다. (N, 3세 9개월)
- 목욕탕에서 아빠와 옆집 형과 함께 유자탕에 들어간다. (N, 3세 9개월)
- 공원에서 기차 소리가 들리면,
  혼자 옆으로 가서 듣고 돌아온다. (N, 3세 10개월)
- 휴일에 세발자전거를 타고 산책. 나무 계단에서 아이스크림을 먹는
  것이 좋아하는 코스이다. (N, 3세 11개월)
- 공원의 놀이기구가 어떤게 있는지 알게되어 자신이 좋아하는 놀이기
  구의 위치를 물어보고 차례 차례 즐긴다. (R, 4세 0개월)
- 여름 축제에서 요요를 한다. (R, 5세 1개월)
- 현관에서 형과 함께 스케이트보드를 타는 연습을 한다. (R, 5세 5개월)

> N과 R의 공통점은 공원에서 놀기, 쇼핑을 따라다니는 것입니다. N은 아빠와 함께 목욕탕에 간 것, R은 외식, 형에게 스케이트보드 배우기, 야시장에서 구입한 요요 놀이 등 다양한 경험을 하고 있습니다. 가족과 함께 하는 것만으로도 다양한 체험을 할 수 있습니다.

③ 공항 등

비행기를 볼 기회가 없어도 장난감 비행기를 손에 들고 하늘을 나는 모습을 보며 놀아본 적이 있을 것입니다. 실제 크기를 손으로 만져보고 알 수는 없지만, 탑승할 기회가 있다면 좌석의 넓이만이라도 알려주면 좋을 것 같습니다.

이 시기에는 말로 설명하거나 소리를 들으면 그 크기와 하늘 높이 날아오르는 모습을 상상만 할 뿐이지만, 어른들도 함께 감동하는 모습을 보면 아이들도 즐거워할 것입니다.

- 하네다 공항에서 비행기 이착륙 소리를 듣는다. (N, 3세 9개월)
- 나리타 공항보다 하네다 공항이 비행기 소리를 더 가까운데서 들을 수
  있어서 좋아한다. (N, 3세 11개월)

제14장 안보이는 아이와 가족의 삶

- 하네다 공항 근처로 비행기를 보러 간다. (N, 4세 0개월)
- 도시철도를 타고 하네다 공항으로 간다. (N, 4세 5개월)
- 게이힌지마[하네다 공항 옆 공원]에서 비행기(프로펠러 비행기, 제트기) 소리를 듣고, 몇 번 정도 가더니 지형을 어느 정도 알게 되어서, '산책 다녀와도 돼?'나 '경사길을 내려가면 좋겠어'하며 둑길을 손을 잡고 뛰어내려간다. (N, 4세 8개월)
- 비행기 소리를 녹음하러 나간다. (N, 5세 8개월)

N만의 사례입니다. 처음에는 집에서 가까운 나리타 공항을 이용했지만, 출발과 도착 소리가 가까이 들리는 하네다 공항을 선택하게 된 것은 안보이는 N을 위해서일 것입니다. 3세 9개월에서 5세까지는 여러 가지 교통수단을 바꾸고, 장소를 바꾸는 등 다양한 노력을 기울입니다.

④ 역·기차

다양한 기차와 같은 놀이기구를 타는 것은 때로는 그 자체가 목적이 되기도 하고, 목적지까지 가는 수단으로 타는 경우도 있습니다. 보이는 아이들도 좋아합니다. 미리 아이와 잘 의논하고 정보를 제공해 흥미를 유발한 후 실행에 옮기도록 합시다.

안보이는 아이들도 레일 이음새를 지날 때 나는 소리의 변화 등을 통해 기차의 종류를 알아차리고, 다양한 방법으로 소리를 재현하는 모습에 놀라움을 금치 못하는 경우가 많습니다.

- 기차 소리를 듣는 것을 좋아하게 된다. (N, 3세 9개월)
- 지하철 아래까지 갔습니다(선생님). 집에 돌아와서 엄마에게 '지하철 위랑 아래에서 봤어. 굉장히 큰 소리가 났어'(N의 말을 엄마가 들은대로 옮김)라고 전한다. (N, 4세 6개월)
- 티켓을 사서 전철로 할머니집에 갔다. (R, 5세 4개월)

> 보이는 아이는 비행기와 달리는 모습을 보는 것이 너무 즐겁고, N은 비행
> 기 소리뿐만 아니라 기차 소리, 지하철 소리를 듣는 것을 좋아합니다.
>
> R은 표를 사서 기차를 타본 경험이 기록되어 있으니, 꽤 자주 기차를
> 타본 경험이 있을 듯 합니다.

⑤ 동물원 등

안보이는 아이를 데리고 가족과 함께 동물원에 가는 일은 흔치 않습니다. 동물 모습은 주로 눈으로 전해지기 때문입니다.

사례의 경우, 보이는 아이들과 함께 소풍 등으로 방문한 것으로 보입니다. 인형으로 알고 있는 동물이 실제로는 얼마나 큰지, 어떤 모습인지 말로 설명해 주는 것이 중요합니다.

또한, 우리나 울타리 안에 큰 동물이 있는 동물원이 아닌, 만지거나 안아볼 수 있는 동물이 있는 동물원을 선택하는 배려가 필요합니다.

- 아빠와 함께 동물원에 간다.   (R, 3세 1개월)
- 교통공원에서 카트에 선생님을 태우고 운전하는 체험을 한다. (R, 3세 6개월)
- 동물원 안에서 코끼리가 코로 문을 쿵쾅쿵쾅 두드리는 모습을 알려주면 신기해하며 계속해서 듣는다. 회전 정글짐을 무서워하지 않고 탄다 (반년 전만 해도 무서워서 울었다). 빙글빙글 도는 보트를 타고 돌다가 엄마가 말을 걸면 같은 장소에서 스스로 엄마를 부른다. 인형극도 잘 듣고 즐긴다.   (S, 3세 9개월)
- 교통공원에 가서 타이어 타기, 통나무 타기를 한다. (N, 3세 10개월)
- 기차를 타고 가서 산에서 소풍을 한다. 역의 계단도, 기차를 타고내리는 것도 신중하고 조심스러워 위험하지 않게 행동한다. (R, 3세 11개월)
- 소풍. 전철에서, 역에서 환승할 때, 계단을 오를 때, 선생님과 손을 잡고 조심스럽게 걷는다. 전철 안에서는 가만히 주변 상황에 귀를 기울인다. 많은 꽃이 피어 있었는데, 가능한 한 주변을 설명해주고, 손이

제14장 안보이는 아이와 가족의 삶

> 닿는 범위의 꽃은 만져보게 한다. '꽃이 많이 피었네'
> 연못의 잉어가 튀는 소리가 들리면 겁을 먹는다. '괜찮다'고 말해도
> 움츠러든다. (R, 4세 0개월)
> - 어드벤처 동물원에서 타잔 로프와 통나무 타기, 기니피그, 병아리, 염소, 닭을 만져본다. (N, 5세 1개월)
> - 산으로 소풍. 처음에는 케이블카를 겁냈지만, 지금은 너무 좋아한다. (N, 5세 1개월)
> - 기차 타고 바다로. 바닷물에 흘러온 해초를 줍는다. (N, 5세 5개월)

사례에서는 동물원뿐만 아니라 교통공원, 등산, 바다 등 다양한 곳으로 나들이를 다녀왔습니다. 그것이 ④에서 언급한 다양한 놀이기구를 타거나 처음 경험하는 리프트 등을 탈 수 있는 기회가 되었습니다.

장거리 나들이에서 레저 등을 즐기기

긴 휴가에는 가족과 함께 숙박을 동반한 레저를 즐깁니다. 기차를 타거나, 리프트를 타거나, 해변에서 놀거나, 산에 오르는 등 일상에서 벗어나 부모와 자녀가 함께 충분히 휴식을 취할 수 있는 시간은 눈에 안보이는 자녀의 경험을 넓혀준다는 의미에서도 소중한 시간입니다.

> - 해변에서 파도를 쫓아 뛰어다니고, 케이블카도 탄다. (N, 3세 4개월)
> - 파도소리가 들리면 바다에서 수영하고 싶어 한다. (N, 4세 0개월)
> - 조개잡이를 하러 가는데 빈 깡통을 여러 위치에서 여러 가지 방법으로 떨어뜨려서 굴러가는 소리를 듣는다. (N, 4세 0개월)
> - 패밀리랜드에 여행을 가서 튜브를 타고 떠다닌다. 다리를 쭉 뻗고 첨벙이며 물놀이를 한다. (N, 4세 4개월)
> - 수영장에서 튜브를 붙잡고 즐겁게 물놀이를 한다. (N, 4세 4개월)
> - 큰 줄이 달린 방울. 방울이 달린 지팡이를 산다. (N, 4세 4개월)

- 산 중턱에서 정상을 향해 등산한다. (N, 4세 4개월)
- 산 중턱에서 집까지 승용차로 드라이브를 한다. (N, 4세 8개월)
- 바다 여행을 간다. 바다에도 익숙해져서 물놀이 튜브를 타고 미소짓는다. (R, 5세 1개월)
- 패밀리랜드에서 수영을 한다. 파도 수영장을 마음에 들어한다. 물놀이장 폭포에서 흘러내리는 물이 차가워서 '앗, 차거!' (N, 5세 5개월)
- 호텔에서, '화장실은 어디?' 'N의 침대는 어떤 거?' (N, 5세 5개월)
- 산성 유적지까지 전철로. 가파른 계단을 오르락내리락. (N, 5세 5개월)
- 버스보다 기차 여행을 더 좋아한다. (N, 5세 7개월)

대부분 N의 사례입니다. N만을 위한 것이 아니라 형을 위해서이기도 해서 1년에 1~2회 정도 가족여행을 다녀오는 것 같습니다. 엄마가 친척 등의 일로 외출할 때도 동행해 가능한한 새로운 경험을 할 수 있도록 했습니다.

식물과의 만남

안보이는 아이는 공원에 나가도 어른이 알려주지 않으면 발밑에 있는 나무 열매나 피어있는 꽃 등을 알아차리기 어렵습니다. 다른 아이들이 열심히 줍는 모습을 듣고 자신도 쭈그리고 앉아 이것저것 찾아봅니다.

처음에는 손을 잡고 그 장소로 안내하거나 말로 가르치는 것이 중요합니다. [사진 3-40]

사진 3-40 안긴 채로 대나무 울타리를 만지는 모습

- 고구마 캐기 소풍. 처음엔 조심조심 흙을 만졌지만, 고구마를 발견하면 '선생님 찾았어요'라고 외친다. (R, 3세 1개월)

제14장 안보이는 아이와 가족의 삶

- 공원에서 도토리를 잘 줍는다. (R, 3세 3개월)
- 집 근처에서 솔방울, 은행잎, 낙엽 줍기(11월부터 12월까지)
- 소풍에서 주운 도토리 한 개를 소중히 가지고 돌아갑니다.
- 걸어서 공원에 간다. 솔방울과 은행, 낙엽을 줍는다. (R, 3세 8개월)
- ○○이(여아)와 손을 잡고 산책. 민들레 꽃을 따서 손에 들고 걷는다. (R, 3세 10개월)
- 클로버나 민들레를 따서 손에 쥔다. (R, 3세 10개월)
- 딸기 따기. 직접 따먹을 수 있어서 매우 좋아한다. (N, 3세 11개월)
- 딸기 따기. 손으로 탐색하면서 바구니 가득 땄다. (R, 3세 11개월)
- 딸기를 따는 모습을 알고 있어서 '이거는 따도 괜찮은 거예요?'라며 능숙하게 딸기를 따서 바구니에 담는다. 가득 찬 바구니를 '내가 가지고 갈래'하며 양손으로 조심스럽게 옮긴다. (R, 3세 11개월)
- 민들레, 클로버 꽃이 많이 피어 있어서 딴다. 민들레의 솜털을 불어서 날린다. (R, 4세 3개월)
- 산책하며 코스모스를 만지고 제비꽃 씨앗을 채취. (R, 4세 4개월)
- 밭에서 파를 뽑는다. (R, 4세 6개월)
- 할머니 지인의 병문안 차 시골로 간다. 벼를 뽑거나 풍선덩굴을 따기도 한다. (R, 5세 7개월)
- 공원에서 손으로 더듬어 오디를 줍고, 만족해 한다. (R, 5세 8개월)

> N과 R은 어린이집에서 산책이나 소풍을 갈 때면 도움을 받기도 하고, 직접 나무 열매나 꽃, 낙엽, 솔방울 등을 찾아 모으기도 합니다. 친척집에서는 파를 뽑거나 벼를 뽑는 등의 경험도 했습니다.

작은 동물이나 벌레 등과의 만남

안보이는 아이들 중에는 동물의 냄새를 싫어하거나 곤충 등을 무서워해 만지려고 하지 않는 경우가 많다고 합니다. 어린이집이나 유치원에서는 작은 동물이나 벌레를 접할 기회가 많습니다. 가정에서도 접할 수 있는 기회를 만들어 주는 것이 좋습니다.

하지만 실제로 경험해 보면, 예를 들어 작은 병아리처럼 어른이 보기에는 위험하지 않고 귀여운 존재라고 해도 손톱에 긁혀서 손바닥이 아플 수도 있습니다. 처음에는 어른이 손바닥에 올려놓고 푹신한 깃털만 만지도록 하는 등의 배려가 필요할 것입니다.

격려하면서 접촉의 폭을 넓혀주면 좋을 것 같아요. 부디 주변 사람들이 더럽다, 무섭다, 역겹다 등의 선입견을 주지 않도록 하는 것이 중요합니다.

- 여름방학. 다람쥐 공원이나 친척집에 가기도 한다. (R, 3세 2개월)
- 공원 옆집에 강아지가 있어, 강아지를 쓰다듬는다. (R, 3세 4개월)
- 동물원에 가서 기니피그와 토끼를 만져본다. (N, 3세 5개월)
- 달팽이를 좋아한다. 몇 번이고 꺼내서 만지작거리다 어디론가 굴러가 버리면 씩씩거리며 화를 낸다. (N, 3세 7개월)
- 누나 옆에 붙어서, 누나가 송사리에게 먹이주는 모습을 관찰. (R, 3세 7개월)
- 강에서 게를 찾느라 진흙투성이. 선생님이 잡은 게를 손바닥에 올려놓으니 꽉 붙잡았다가 집게발에 물리고 깜짝 놀라서, 그 뒤로는 작은 게를 만져보겠냐고 물으면 '이제 안 할래'라고 한다. (N, 3세 8개월)
- 비둘기에게 먹이를 주며, 먹고있는 비둘기의 등을 줄곧 만진다. (N, 3세 11개월)
- 가재를 돌본다. (N, 3세 11개월)
- 방목된 원숭이 동물원에서는 원숭이를 만지지 않도록 하고 있어서 R은 주변 상황을 가만히 귀를 기울여 지켜본다. 원숭이들이 R의 발밑에 앉으면 놀라지만, 이름을 부르면 대답하는 원숭이들의 목소리와 싸우며 쫓아다니는 소리 등을 들으며 흥미를 느낀다. '내 다리를 원숭이가 밟았어요.' 할머니가 놀러와서 '원숭이를 만나서 좋았니'라고 묻자 '그럼 이 다음에 데리고 가드릴게요. 그래도 만지면 안돼요'라며 엄마의 발을 밟는다. (원숭이 흉내) (N, 3세 11개월)
- 매미와 사슴벌레를 무서워한다. (N, 4세 3개월)
- △△가 갖고 온 가재를 조심조심 만진다. (R, 4세 3개월)
- 형이 메뚜기와 귀뚜라미를 가져오자 '울고 있네'라고 관심을 보이더니

제 14 장 안보이는 아이와 가족의 삶

  밤에는 형과 함께 자려고 한다. (R, 4세 3개월)
- 이동 동물원에서 염소, 양, 닭, 토끼, 햄스터에게 물릴까봐 무서워서 직접 만지지 않는다. (R, 4세 4개월)
- 형의 딱정벌레를 만져본다. 신체의 구조에 대해 배운다. (R, 5세 1개월)
- 형이 잡은 도마뱀을 벌레통에 넣으면 직접 꼬리를 들어 잡는다. 아기 도마뱀을 쫓아다닌다. 형과 함께 별꽃을 따러 간다. (N, 5세 1개월)
- '농발거미'에 대해 '무슨 소리를 내며 걸어?' '다리는 있어?' '왜 털이 있어?'라고 묻는다. (N, 5세 1개월)
- 금붕어를 예뻐해서 물을 갈아주고, 먹이를 주고, 때로는 손에 올려놓기도 한다. (N, 5세 1개월)
- '혼자서 벌레 잡으러 갈거야'라며 상자와 잠자리채를 가지고 간다. 엄마가 장소 표시를 알려준다. (N, 5세 1개월)
- 곤충 돌보기를 함께 한다. (N, 5세 2개월)
- 집에서 토끼를 만진다. (N, 5세 2개월)
- 형이 송사리와 사슴벌레를 돌보는 모습을 느낀다. 형이 곤충 애벌레를 사서 만지작거리게 한다. (N, 5세 2개월)
- 형과 함께 방울벌레에게 가지를 준다. (N, 5세 2개월)
- 손님이 강아지를 데리고 오자 함께 만져본다. (N, 5세 3개월)
- 형이 공원에서 왕귀뚜라미를 발견했다. 형에게 받아서 사과와 멸치를 주며 돌본다. (N, 5세 4개월)
- 어린이집에서 왕귀뚜라미를 받아 소중히 집으로 가져간다. (N, 5세 4개월)
- 큰 사마귀를 찾아내고 직접 잡아서 형에게 선물로 준다. (N, 5세 4개월)

N, R도 오히려 적극적으로 참여하려고 하는 모습을 볼 수 있었습니다. 그래도 겁을 먹지 않는 것은 아니었는데, N, R은 남자 형제의 영향도 크게 작용한 것으로 보입니다. 누나나 형이 소중히 여기고 열심히 돌보는 모습을 보고 자신도 경험해보고 싶다는 생각에 적극적으로 임하게 된 것 같습니다.

14.2 사람과의 관계

형제

형은 안보이는 아이와 함께 자라면서 부모의 양육 방식을 가까이에서 자연스럽게 배우게 됩니다. 부모에게도 보이는 아이를 항상 염두에 두고 육아를 하는 것이 매우 중요하다고 합니다. 형이나 누나가 있을 경우 안보이는 아기를 돌보는 데 집중하다 보면 자연히 소홀해지기 쉽고, 형이나 누나가 아기처럼 어리광을 부린다는 이야기도 들릴 정도입니다.

　엄마는 때로 안보이는 아기 돌보기를 뒤로 미루더라도, 다른 아이들이 엄마 부르는 목소리에 응답해야 합니다.

- 스포츠 센터에 가서 형과 함께 논다.　　　　　　　　(R, 3세 0개월)
- 형이 샴푸로 머리를 감겨줬는데, 비눗물이 눈에 들어가서 울었지만 금세 그친다.　　　　　　　　　　　　　　　　(R, 3세 0개월)
- 밤, 형제들과 함께 공원에서 불꽃놀이. '무서웠어.' (R, 3세 1개월)
- 누나의 친구가 놀러와서 함께 논다.　　　　　　　(R, 3세 3개월)
- 형제간의 싸움에서 지지 않는다. 나가떨어지더라도 울면서 물고 늘어진다.　　　　　　　　　　　　　　　　　　(R, 3세 4개월)
- 형의 야구 시합 관람. '형 야구 잘 하네'　　　　　(R, 3세 6개월)
- 2살 위인 형이 N을 잘 다루게 된다.　　　　　　(N, 3세 10개월)
- 형제가 함께 공원에 가서 자전거를 타고 기분 좋게 논다. (R, 4세 2개월)
- 형과 함께 미지근한 물에 목욕하는 것을 좋아한다.　(R, 4세 2개월)
- 주차장에서 형에게 스케이트보드를 배운다.　　　(R, 4세 3개월)
- 형의 친구 4명과 함께 논다. 가면라이더 블랙 노래에 맞춰 춤인지 싸움인지가 벌어졌는데, 그 속에 섞여 즐거워 보인다.　(N, 4세 5개월)
- 누나와 다퉜다. 체력은 R이 강하지만 대화에서 '앉아서 사과하라'는 말에 손을 잡고 '○○ 누나 정말 미안해요'라고 사과. (R, 4세 5개월)
- 형이 R에게 엄격한 규칙을 부과한다.　　　　　　(R, 4세 7개월)
- 집 복도에서 형과 함께 장난감 골프를 치며 논다. 공을 치는 방법을

제14장 안보이는 아이와 가족의 삶

가르쳐 준다. (R, 4세 9개월)
- 형이 '야, 오늘은 쌍둥이랑 같이 잘거야'라고 말하자 '응, 그래'라고 대답한다. (N, 5세 1개월)
- 누나 친구 집에 따라가서 같은 또래의 남자아이들과 비디오게임, 블록 놀이를 한다. (R, 5세 2개월)
- 삼형제가 친척집에 간다. (R, 5세 2개월)
- R의 운동회를 보러 간다. 남들과 다른 동작을 해도 누나와 형은 즐거워하며 보고 있다. (R, 5세 3개월)
- 형과의 관계가 돈독해진다. '이거 먹어도 돼?' '이거 써도 돼?'라고 형에게 묻는다. (N, 5세 5개월)
- 엄마가 '더 이상 필요 없어'라든지 '버릴거야'라고 말했기 때문인지, 엄마가 형을 꾸짖자 울면서 '난 ○○ 형이 필요해', '○○ 형 필요해'라고 말한다. (N, 5세 6개월)

N, R의 사례에서는 형이 자주 등장해 동생의 세계를 넓혀주는 역할을 해 왔습니다. 형은 동생이 어렸을 때 잘 돌봐주고 귀여워해주고 여러 가지를 가르쳐 주었고, N도 R도 잘 따르고 의지했지만, 점차 다투기도 합니다.

사진 3-41 형과의 산책 / 사진 3-42 형과 산책 도중 "이리로 와"

형은 동생이 응석부리는 것을 용납하지 않고, 사과를 시키거나 엄격한 규칙을 부과하는 등 점차 교육적인 태도를 취하게 됩니다.

하지만 한편으로는 동생이 안보이는 것의 의미를 조금씩 이해하게 되는 것 같아요. 자신의 친구 집에 데려가기도 하고, 부모님이 없어도 동생을 돌보며 오랜 시간을 보내는 등 형제애가 더욱 돈독해지는 것을 느낄 수 있습니다. [사진 3-41, 3-42]

친척

조부모를 비롯한 친척들은 안보이는 자녀의 양육자를 응원하는 마음이 강하다고 생각합니다. 필요할 때 도움을 요청하고, 의지하는 것은 안보이는 자녀의 향후 성장에 좋은 영향을 미칠 것입니다.

육아에 대해서도 그늘이 되어주고 햇볕이 되어주면서 지켜봐 주실 거라고 믿습니다. 부모님도 기존 친척들과의 친밀한 교류를 이어가도록 노력해야 합니다.

- 반나절 동안 맡겨져, 이모와 함께 버스를 타고 쇼핑하러 간다. (R, 3세 0개월)
- 형제가 캠프에 간 동안 이모 집에서 지낸다.   (R, 3세 2개월)
- 삼촌이나 이모 집에서 지낸다.   (R, 3세 2개월)
- 사촌이 태어나자 두 달 된 아기가 너무 예뻐서 계속 곁을 떠나지 않는다.   (R, 3세 6개월)
- 기차를 타고 할머니 댁으로 간다. 친척 분이 놀러오자 집에서 노래도 부르고, 카드 놀이도 함께하고, 집안에서 세발자전거 타기, 블록놀이, 형제와 공차기 등 다양한 놀이를 한다.   (R, 3세 7개월)
- 할아버지 집의 고타쓰(일본식 난로)를 신기해한다.   (R, 3세 7개월)
- 할아버지, 증조부의 집을 각각 방문한다.   (R, 3세 8개월)
- 기차로 할아버지 댁에 가서 10원, 50원, 100원, 500원짜리 동전이 들어있는 세뱃돈을 받고 좋아한다.   (R, 3세 9개월)
- 할머니 댁에 놀러 가, 큰 공원의 산책로에서 자전거를 타거나 걷는다.   (R, 3세 11개월)
- 할아버지 댁의 고타쓰에 '불구멍'이라고 이름을 붙이고는 마음에 들어한다.   (R, 3세 11개월)
- 할아버지, 할머니와 함께 불꽃놀이를 보러 간다. '하늘에다 쏘아 올리

제 14 장 안보이는 아이와 가족의 삶

- 는 거야?' (R, 4세 2개월)
- 가족과 함께 성묘하기. (R, 4세 6개월)
- 증조할머니 댁에서 떡만들기를 돕는다. 산타가 준 구급차를 갖고 놀고 싶어 마음이 들떠있다. (N, 4세 9개월)
- 네 남매가 엄마의 사촌집에 놀러간다. 1살짜리 아이와 시간을 보낸다. (R, 5세 2개월)
- 할머니의 지인 병문안을 위해 시골에 간다. 벼를 뽑거나 풍선 덩굴을 뜯기도 한다. (N, 5세 7개월)
- 증조할머니 댁에서 방울토마토를 많이 딴다. (N, 5세 7개월)

R은 형제가 많아서 어릴 때부터 친척집에 맡겨지는 경우가 많았다고 합니다. 친척들도 태어났을 때부터 가족의 육아를 응원해 주었을 것으로 짐작됩니다. N과 R 모두 '고타쓰를 신기해 했다'고 적혀 있었습니다.

또한 '10원, 50원, 100원, 500원짜리 동전이 들어있는 세뱃돈'을 준비하신 할아버지의 마음과 지혜를 느낄 수 있었습니다.

이웃 등

자기 집이 아닌 친척이나 이웃의 집 등을 방문해 오랜 시간을 보내는 것은 자기 집에서 얻을 수 없는 새로운 경험을 할 수 있습니다. 조부모님의 시골집은 고타쓰가 있는 것, 툇마루가 있는 것, 화장실 내부가 다른 것, 손을 씻는 수도꼭지가 다른 것, 좌식 테이블에서 식사하는 것 등 자기 집과는 다릅니다. 친구의 집에는 2층 침대가 있거나 큰 피아노가 있기도 하고, 2층집인 경우도 있습니다.

그 경험은 이후 겪게 되는 여러 가지 새로운 경험을 할 때, 그 전의 경험을 통해 상상하고 추측하고 행동하는 힘이 될 수 있다고 생각합니다.

- 지인의 집에서 이틀밤을 보낸다. 강아지의 발, 눈, 귀를 자세히 만져본다. 강아지가 먹는 모습을 흉내낸다. (R, 3세 2개월)

- 큰 누나나 형에게 귀여움을 받는다. (R, 3세 2개월)
- 아파트 윗집의 아이가 놀러와서 심술궂은 장난을 치고 때리자, '이제 돌아가, 지금 너네 집에 돌아가'라고 하더니 금세 서로 웃으며 놀고 있다. (R, 3세 3개월)
- 오후 늦게부터 저녁식사 때까지 아파트 내 남녀 아이들이 놀러와서 R과 놀고 있다. (R, 3세 3개월)
- 네 살배기 남자아이가 놀러와 이마를 깨물자, 스스로 얼음으로 식힌다. (R, 3세 3개월)
- 이웃집 여자아이가 놀러와서 여자아이는 선생님이 되고, S는 학생이 되어 세 시간 가까이 열중해서 논다. (S, 3세 8개월)
- 동네 아이들 7~8명이 서로 번갈아 가며 유치원 놀이 등을 하며 논다. (S, 3세 9개월)
- 옆집 여자아이가 놀러와서 옆집에 가서 놀게 되었다. 30분 정도 지나서 귀가. 둘이서 중앙공원까지 가서 그네를 탔다. 도중에 2번 정도 걸려 넘어졌지만, 횡단보도를 건너서 돌아와 데려다 주었다고 한다. (S, 3세 9개월)
- 동네목욕탕에서 아빠와 옆집 형과 함께 유자탕에 들어간다. (N, 3세 9개월)
- 아빠의 친구가 와서 묵는다. 달라붙어 떨어지지 않는다. (N, 3세 9개월)
- 형 친구 집에서 형과 함께 점심도 저녁도 얻어먹고 논다. (N, 3세 10개월)
- 친구 아빠에게 안긴 채로 타잔 로프를 타며 논다. (N, 3세 10개월)
- 길에서. 길을 가다가 친구인 ○○과 만나면 친구가 'S야!'라고 불러 준다. '네'라고 대답한다. 자전거 따릉소리가 부럽다며 아빠에게 졸라서 일주일 후 같은 것을 사서 자신의 자전거에 달았다. (S, 3세 10개월)
- 같은 아파트의 초등학생 집에 놀러가서 씨름을 하며 한바탕 소란을 피운다. (R, 4세 7개월)
- 연말연시 동안 옆집 개 산책을 부탁받고, 개에 익숙해진다. (N, 4세 9개월)
- 어린이집 하교길 마중을 친구 엄마가 대신나왔다. (N, 5세 2개월)
- 친구와 삼형제가 손을 잡고 둑길을 걷는다. (N, 5세 2개월)

제14장 안보이는 아이와 가족의 삶

S는 외동이지만 옆집 여자아이들과 자주 놀고 있습니다. N과 R은 둘다 형제가 있다는 것만으로도 더 넓은 범위의 아이들과 관계를 맺을 수 있습니다. 뿐만 아니라 같은 아파트 주민이나 이웃 주민들과도 친밀한 관계를 맺고 있는 것을 볼 수 있습니다.

일방적으로 돌보는 것이 아니라 서로를 집으로 초대하고 내 아이처럼 대하는 관계가 자연스럽게 형성되는 것이, 안보이는 자녀를 양육하는 부모들에게는 큰 힘이 될 것 같습니다.

제 15 장

배우기

> 아이에게 무언가를 가르치고 싶을 때, 먼저 아이를 데리고 찾아가 보세요. 대부분의 경우, 궁리 여하에 따라 할 수 있는 일이 많을 것입니다. 구체적인 문제점에 대한 대책을 지도자와 잘 상의해 보세요.

- 집에 피아노 선생님이 찾아와서 1~5 손가락의 운지법, 리듬의 빠르기와 느림을 가르쳐 준다. (R, 5세 5개월)
- 수영 단기학교에 다닌다. 물에 떠서 다리로 첨벙첨벙한다. 코치의 말을 잘 듣는다. (N, 5세 5개월)
- 갑자기 '비둘기노래(놀이곡)를 잘 치지 못해서 피아노 배우러 갈래'. 동네에서 개인 레슨을 받게 하려고 한다. (N, 5세 6개월)
- 피아노는 도레미파솔만 칠 수 있다. (N, 5세 7개월)
- 피아노 30분 레슨을 받고 피곤하다면서도 ♪개굴개굴 개구리♪ (개구리송)를 연주할 수 있게 되었다. 누나가 '어라, 누가 연주하는 거야? ○○인줄 알았더니?'라고 하자 '나도 좋은 음악 연주할 수 있겠지?'라고 한다. (R, 6세 3개월)
- 피아노를 양손으로 연주할 수 있게 되었다. (R, 6세 4개월)
- 오랜만에 피아노를 치고 선생님에게 칭찬을 받았다. 형이 집에 돌아

제15장 배우기

- 오자마자 '그래 그럼 선생님 오늘은 그만 할까요?' (R, 6세 5개월)
- 피아노. 부르크뮐러의 5번곡으로 넘어간다. 선생님 대신 ♪도시락의 노래♪를 연주한다. (S, 6세 7개월)
- 유도. 낙법과 인사를 배우다. 유도를 좋아하게 되어 넘어져도 아무렇지도 않다. (R, 6세 10개월)
- 혼자서 발차기 연습을 한다(말할 때는 얼굴이 반짝반짝 빛난다). 짝을 지어 상대가 쓰러지면 '호우'라고 소리를 내며 손뼉을 치고 기분이 좋아진다. (R, 6세 10개월)
- 엄마 '점점 어린이답게 되어 간다'. 조금은 협동심이 생겨서 본인은 만족스러워한다. (R, 6세 11개월)

S, N, R 모두 집에는 전자오르간, 피아노 등이 있어 흥미를 가지고 연주하는 일이 많았는데, 다섯 살이 지나고 나서야 피아노 개인 레슨을 받게 되었습니다.

그 외에는 N은 수영, 몸을 움직이는 것을 좋아하는 R은 유도에 열중하고 있는 것으로 나타났습니다.

제 *16* 장

'안보이는 것'에 대한 이해

이 문제는 안보이는 아이 자신에게도, 부모에게도 피할 수 없는 문제입니다. 보육일지를 읽으면서 구체적인 사례를 많이 접할 수 있었습니다. 그리고 그것들이 나이에 따라 변화하는 것도 알 수 있었습니다.

안보이는 아이가 다른 아이들과의 차이점, 안보이는 것을 인식하고 이해하게 되는 데는 많은 시간이 걸립니다. 보이는 아이들과 같은 시간과 장소를 공유하면서 점차 이해하게 됩니다.

보이는 아이들은 '볼 수 없다'는 것을 이해하기보다는 안보이는 ○○이 개인의 특징을 이해하게 됩니다. 조금만 노력하면 함께 할 수 있는 것, 똑같이 할 수 있는 것, ○○이가 자신보다 더 잘할 수 있는 것이 있다는 것을 알게 되고, 자연스럽게 함께 지내게 됩니다.

어른들은 아무래도 심각하게 받아들이기 마련입니다. 사례 속 아이들의 성장 과정을 함께 따라가면서 생각해 봅시다.

- 엄마에게 '나 앞을 못보는 거야?'라고 몇 번이나 물어본다.
  (엄마: 의식하기 시작한건가?
  보육교사: 어린이집에서는 아직 안 물어봐요.)　　　(N, 3세 4개월)
- N이 ○○이에게 부딪히자 ○○이 '싫어'라며 N을 밀어서 N은 놀란

표정이다. 선생님 'N은 일부러 그런 게 아니야. N은 눈이 안 보여서 부딪힌거야. 밀거나 하지 말고 말로 설명해 줘' N '나 안보이는 거 아니에요'   (N, 3세 4개월)

- 친구 '선생님, N은 왜 눈이 안 보이게 된 거예요?' 선생님 '병 때문이야.' 친구 '불쌍하네, 왜 그런 병이 있는 걸까?' 선생님 '그런 병은 그냥 사라졌으면 좋겠는데 말야.' N은 가만히 듣고 있다.   (N, 3세 6개월)
- 엄마와 형이 말하는 것(안보이는 동생이 이해할 수 없는 외부의 상황)을 그대로 따라 흉내 내어 말하는 것에 형이 항의한다. 'N은 흉내만 내는 거 같아.'   (N, 3세 7개월)
- '앗, ○○가 보였어'라고 말한다.   (N, 3세 7개월)
- 진달래를 눈앞에 가져와서 '뭐가 보여요?' '뭐가 보이니?'라고 되묻자 '나무가 보여요'라고 대답한다.   (S, 3세 9개월)
- 유리문에 붙은 물방울을 만져보고 '오늘 뭔가 내렸어요?'라고 묻는다. 설명해주니 '이 물방울이 어디서 온 걸까?' (엄마: 이해했는지는 모르겠지만, 삶의 국면에서 이렇게 여러 가지 상황을 접하면서 새로운 발견을 해나가는구나 싶었다)   (N, 3세 10개월)
- 숨바꼭질을 하다가 금방 들키자 '어떻게 된거야. 너무 빨리 찾잖아!'라며 화를 낸다.   (N, 3세 11개월)
- 내가 할 수 없는 것을 다른 아이들이 할 수 있는지 신경 쓴다. '악기가 높은데 있어서 손이 안 닿아. 너희들은 손이 닿니?' (N, 3세 11개월)
- 휴일, 하루 종일 혼자서 보육원 놀이를 30분에서 1시간 정도 계속한다. '지금 모두들 뭐하고 있을까?' '산책?' '흐음'
'지금 모두들 뭐하고 있을까?' '급식 먹을 시간인가?' '아냐, 파자마로 갈아입는 시간일 걸?'   (R, 4세 4개월)
- 형과 다투면 '눈이 안 보인다니까'라고 한다. 엄마는 '눈이 보이지 않아도 입이 있으니 이야기하면 돼'라고 조언한다.   (N, 4세 5개월)
- 신문을 만져보고 '이거 어떻게 읽는 거야?'   (N, 4세 8개월)
- '나도 어른이 되면··· 그래도 나 신호등이 빨간색인지 어떤지 모를거야.' 엄마 '그런가.' '그래도 횡단보도에 서있을때 다가오던 자동차가 멈춰서면 그게 빨간신호등이 켜졌다는 거겠지?'   (N, 4세 9개월)

- '눈이 안 보이니까, 선생님은 내가 있는 곳으로
  와 주셔서 좋아요.' (S, 4세 9개월)
- '왜냐면 나는 어떤게 누구 건지 알기 힘드니까
  선생님 정리해 주세요.' (S, 4세 9개월)
- 형과 산책하고 돌아오는 길에, 형이 엄마에게 '엄마, N은 길을 잘 모르니까 어디에서 꺾어야 하는지 알려주세요'라고 말한다. (N, 4세 10개월)
- 편의점 안에서 엄마가 '앗, 신호등 파란불이야, 어서 나가자'라고 말하자, '엄마는 보이는 거야?'라고 말한다. 엄마가 '응, 유리문이라서 잘 보여'라고 대답하니 '유리문은 뭐야?'라고 묻는다. (N, 4세 10개월)
- N '○○이는 눈이 보여요?' 엄마 '보이지'
  N '기분 나쁘네, 나만 눈이 안보이는데 다들 볼 수 있다니 너무 싫다, 그래도 마음의…' (엄마: 당연한 것을 자연스럽게 생각해내는 N이 좋은 아이라고 생각했다) (N, 4세 11개월)
- 모두와 함께 놀고 싶지만, 끼어들지 못하고 조용히 있는 경우가 많아졌다. (N, 5세 1개월)
- 어린이집은 좋아하지만, 집이 더 좋은 상황 (N, 5세 1개월)
- 놀이터 수평사다리에서 방향을 알 수 없게 되자 '으음, 나도 눈이 보이면 좋을텐데'라며 아쉬워한다. (N, 5세 1개월)
- '나 눈 보이는 거지?' 엄마 '아니, 안 보여요.' (N, 5세 1개월)
- 호일을 뭉쳐 반짝거리는 구슬 3개를 만든 뒤, 자신에게도 할 수 있는게 있다며 좋아한다. '나 어린이집이 정말 좋아, 왜냐면 종이접기 잘할 수 있거든.' (N, 5세 1개월)
- 도시락 후식으로 '귤'과 '바나나'를 넣어달라고 한다.
  얼마간 남의 도움을 받지 않아도 혼자서 먹을 수 있는 것을 원하는 모양이다. (N, 5세 1개월)
- 엄마가 '별똥별이다'라고 하자 별똥별과 별에 대해 생각하고 있다. 번개에 대해서도 관심이 있다. (N, 5세 1개월)
- '혼자서 곤충 채집 갈거야'라며 바구니와 그물망을 가지고 간다. (엄마: 장소 표시를 알려준다) (N, 5세 1개월)
- 할 수 없다고 생각하는 경우가 많아서 '해보지 않으면 재미있는지 없

제 16 장 '안보이는 것'에 대한 이해

　는지 모를 걸'이라고 했더니, 가위바위보에서 가위 모양이나 모래밭에서 산과 터널 만들기에 참여한다. 옷을 뒤집어 입었다고 주의를 주면 스스로 고쳐 입는다.　　　　　　　　　　　　　　　(N, 5세 1개월)

- 이웃 마을에서 불꽃놀이가 있는 날. 가끔 집 밖으로 나가보지만 불꽃놀이가 시작하려는 기미가 보이지 않자, 엄마 '불꽃놀이 하는지 보고 와.' N '싫어.' 엄마 '무서워하지 마, 전깃불을 켜고 울타리 안에서 보면 되니까.' N '싫어, 나는 안 보이니까 알 수가 없는 걸.' 엄마 '괜찮아, 쾅!하고 쏘아올리는 소리를 듣고 알 수 있으니까 소리를 들어봐.'　　　　　　　　　　　　　　　(N, 5세 5개월)
- 게임에서 금방 붙잡혀버리자 '아, 난 게임 오버네. 선생님 뭔가 좋은 방법 생각해봐요'라고 한다.　　　　　　　　　　(R, 5세 5개월)
- 새로운 컵에 '매직으로 다른 친구들과 마찬가지로 이름을 적어주세요, 이제 점자는 필요없어요.'　　　　　　　　　　　(N, 5세 6개월)
- '친구들과 똑같아'라고 한다. 안보이는 것을 알면서도 자신도 할 수 있다는 의식의 표현인가? (엄마)　　　　　　　　(N, 5세 6개월)
- 최근 들어 답답해하거나 안타까워하는 일이 많아지고 있다. (N, 5세 7개월)
- '삼각 수건 매는 법 알려주세요.' '앞치마 끈은 앞으로 묶으면 돼요?' '앞치마 개는 건 합격하면 좋겠다.' 엄마 '합격은 누가 정하는 거니?' '아냐, 내가 혼자서 그렇게 정한 거야.' 다른 아이들처럼 할 수 있게 되고 싶다는 마음이 강해진다. (엄마)　　　　　(N, 5세 8개월)
- '오이 따는 것이 싫어요, 무서운 걸. 내가 따면 줄기까지 다 꺾어버린단 말야.' '앞치마 끈 없는 게 좋아.' 격려하기도 하고 위로하기도 하고 연습도 하고 (엄마)　　　　　　　　　　　　(N, 5세 8개월)
- 보이지 않기 때문에 할 수 없는 일이 있고, 답답해서 눈물을 글썽일 때가 있다.　　　　　　　　　　　　　　　(N, 5세 8개월)
- 집에 가면 놀기보다 '저건 어떻게 하면 돼? 가르쳐 주세요'만 되풀이해서 말한다.　　　　　　　　　　　　　(N, 5세 8개월)
- 줄팽이 감기가 잘 안되어 집에서 아침부터 울상을 짓고, 어린이집에서는 주변 아이들의 상황을 가만히 듣는다.　　　　(N, 5세 10개월)
- 아침부터 팽이 돌리기에 대해 이런저런 이야기를 나누며 어제보다는

기분이 나쁘지 않다. 아침 식탁에서, 아빠 '그건 맹학교 아이들도 못할지도 몰라.' N '그럼 내가 가르쳐줄까?' 엄마 '그래, 네가 가르쳐주면 되겠다.' N '벌써 줄팽이는 감을 수 있게 되었거든? 근데 던지는 게 어렵단 말야. 그래도 가끔은 돌아갈 때도 있어. 이렇게 해서 줄을 감아서···' 아빠 '가르쳐 달라고 해서 배우면 어때?' (N, 5세 10개월)

- 전혀 울지 않고 기분이 좋다. '줄팽이 줄팽이'라며 들떠 있다.
  N에게 있어서는 불가능한 것을 할 수 없는 동안은 절망감 속에 있는 것 같아요. (엄마) (N, 5세 10개월)

- 집을 나서기 전에 큰 소리로 운 것은 처음이다.
  '어제 재미있었던 건 팽이 시험 뿐이었어. 나머지 중에서 재미있는 건 하나도 없었어.' (N, 5세 10개월)

- 팽이 돌리기. 다섯 번 돌려서 '팽이 선생님'이 되었다.
  모두들 기뻐하고, ○○ 선생님도 불러서 시상식을 했다. N의 기뻐하는 모습에 감동했다. '팽이 선생님'이 될 수 있을지 어떨지 하는 부담감을 이겨낸 것 같아요. (엄마) 형도 시험에 합격해 둘이 함께 축하를 받는다. (N, 5세 10개월)

- 형과 다툼. 형 '넌 눈이 안 보이잖아.' '앗! N, 하나님한테 부탁하자. 하나님 눈이 보이게 해주세요.' 그 후에도, 둘은 지지 않겠다며 시종 다투고 있다. (N, 5세 11개월).

- 모두와 함께 연습하고, 모두와 함께 할 수 있게 되는 것이 기쁘다는 확신을 가지게 되었어요. (선생님) (N, 5세 11개월)

- ○○이가 안대를 썼다고 설명해주니 '한 쪽이 안보이는 거네? 나와 마찬가지네. 그래도 나는 둘 다 안 보이지만.' 여러 가지를 느끼는 나이인 것 같아요. (엄마) (N, 6세 0개월)

- 모두와 잘 어울리면서도 항상 한 발짝씩
  물러서는 모습이 엿보인다. (N, 6세 8개월)

- 옷을 보자기로 싸서 모이는 규칙이 도입됐다. '보자기는 잘 못 싸니까 나 혼자만 늦게 홀에 도착할 거 같아'라고 불안해한다. (N, 6세 8개월)

- 두 조로 나뉘어 릴레이를 하는데 3번째로 혼자 달리게 됐다. 반환점에서 말을 걸어주고, 가끔씩 손뼉을 쳐서 위치를 알려주는 정도로만

제 16 장 '안보이는 것'에 대한 이해

> 달린다. 팀은 졌지만, 'R이 장애인이라서 졌어'라든지 'R은 혼자서 달렸으니까 대단해'라는 말이 전혀 나오지 않았고 완전히 평범하게 받아들이고 있어요. (보육교사)
> 장애로 인한 핸디캡은 보완이 필요하지만, '장애는 개성이다'라는 것은 서로를 접할 수 있는 장이 있으면 자연스럽게 갖춰질 수 있는 것 같아요. 그게 이상적이죠. (엄마)　　　　　　(N, 6세 8개월)
> - '실뜨기 하고 있는 건가?' 실뜨기는 잘 할 수 없다고 생각하는 모양이어서 팽이 돌리는 친구들 틈에 끼어 놀게 됐다.　　　(R, 6세 9개월)

S, N, R의 기록에는 각각 '안보이는 것'에 대한 내용이 담겨있지만, 대체로 N에 대해 더 많은 것을 알 수 있었습니다. 엄마의 출산휴가 후 어린이집에 가게 된 N은 보이는 아이들 속에서 보낸 시간이 길고, R은 두 살 10개월에 2세아 반에 입학한 차이 때문일 수도 있습니다. S는 세 살 5개월에 유치원에 입학한 것이 차이점일 수도 있습니다.

　N은 자신이 생각한 것을 말로 표현할 수 있기 때문에 그 과정을 잘 보여주고 있습니다. 틀림없이 그동안 'N은 눈이 안보인다'는 것이 뜬금없이 화제가 되면서 엄마에게 '자신이 안보이는지'에 대해 물어봤을 거라고 상상이 됩니다. 엄마는 '의식하기 시작한 것일까?'라고 적고 있습니다만 그때 어떻게 대답했는지는 언급하지 않았습니다.

　이후 어린이집에서 특정한 아이가 보육교사에게 질문하고 대답하는 것을 듣고, 다른 아이들과 다른 것을 스스로 조금 부정하거나, 가만히 듣고 있는 모습 등이 관찰됩니다. 가정에서는 보이지 않아서 모르는 것도 그대로 흉내 내어 말하는 N에게 형이 '흉내내지 말라'고 말하는데, 이는 '보이지 않으면 이해할 수 없는 것'이 있음을 무언의 메시지로 전달한 것일 수도 있습니다.

　그 후 다양한 상황에서 많은 질문을 통해 '안보이는 것', '보이는 것', 자신과 같은 점과 다른 점을 이해하게 됩니다. 그때마다 엄마는 담담하게 '안보이는 것'을 알려주고, 격려하고 위로하고, 잘 할 수 있도록 연습을 시켜주는 등 도움을 줍니다.

아이가 커가면서 보이는 아이들과의 활동에 자신감이 없어지고 소극적으로 변해갑니다. 그럼에도 불구하고 노력을 해서 같은 일을 할 수 있다는 것이 N에게 큰 기쁨이 되는 것으로 기록되어 있습니다.

R은 구체적인 상황에서 자신이 모르는 것을 보이는 사람들에게 물어보거나 도움을 요청했습니다. 색에 대한 것, 공원의 놀이기구 위치, 그리고 보육교사에게는 'R이 부딪히기 전에 제대로 알려달라'고 요구하거나 '게임 참여 방법을 생각해보자'고 제안하기도 합니다. '내가 볼 수 없다'는 말을 하지는 않지만, 현실적으로 대응하고 나름대로의 해결을 하고 있는 것 같기도 합니다.

그래도 어린이집 고학년 그룹의 후반에는 '실뜨기'에는 참여하지 않지만 '팽이 돌리기'라면 참여할 수 있다고 판단하거나, 집단 내에서 상황을 파악하기 위해 항상 한 발짝씩 물러서는 모습을 볼 수 있습니다.

R은 남자아이들의 몸을 이용한 놀이 중에서도 축구 등 공을 이용한 집단놀이 외에는 씨름도 잘하고, 달리기 등 몸 움직이기를 싫어하지 않는 점, 그리고 TV 내용이나 비디오 게임에 대해서도 잘 알고 수다에 꽃을 피우는 등 어린이집 생활에서 안보이는 데 대한 스트레스가 크지 않았던 것으로 추정됩니다.

비교적 기록이 적은 편이지만, 보이는 것과 안보이는 것에 대해서는 처음에는 보이는 것처럼 친구에게 대응하기도 하지만, 자신이 보이지 않아 할 수 없는 것에 대해 보이는 사람이나 친구들이 도와줘도 괜찮다고 말하기도 합니다.

하지만 그것이 그대로 받아들여지지 않을 때도 있는 등 대등한 관계로 발전해 나갑니다. 유치원 생활을 함께 보내며 관계가 깊어졌기 때문에 가능한 일입니다. 주변 어른들은 천천히 아이의 모습을 지켜보는 것이 중요할 것 같습니다.

제16장 '안보이는 것'에 대한 이해

> **칼럼 : 이들의 생활을 통해 생각할 수 있는 것**
>
> '제2편 유아전기'에서 S의 사례를 통해 쓴 내용은 '제3편 유아후기'에서 R과 S의 사례를 추가해서도 그대로 중요한 것을 보여주게 되었습니다. 이웃과 친척, 부모, 형제자매, 친구들과의 교류가 안보이는 아이의 생활 경험을 풍성하게 키워주고 있었습니다.
>
> S는 외동이라 해당되지 않지만, N과 R은 손위 형제가 있습니다. 형제들은 좋은 길잡이입니다. 점차 엄격하게 대응하면서도 애정을 갖고 함께 성장하는 것을 기뻐하는 부모와 같은 존재입니다. N, R, S의 발달을 보면 언어 발달이 순조롭게 이루어지고 있습니다. 또한 음악을 좋아하고 잘한다는 공통점이 있습니다.
>
> 하지만 유아기 후반에는 각자의 성격 등에 따라 흥미와 관심사가 뚜렷하게 달라지는데, R이 할 수 있는 것을 N도 쉽게 할 수 있는 것은 아닙니다. S가 잘하는 것을 R과 N은 아직은 잘하지 못하는 경우도 있습니다. 남자아이와 여자아이의 차이도 그다지 두드러지지 않았습니다. 또 보이는 아이와 같은 것을 같은 시기에 할 수 있는 것도 아닙니다.
>
> 하나하나의 일들을 보면, 못 하는 것을 할 수 있도록 해야 한다고 생각하기 쉽지만, N·R·S의 생활 전체를 놓고 생각해보면 그때그때의 흥미와 관심이 있고, 그것을 향해 나아가는 모습이 보입니다. 부모는 아이의 현재를 소중히 여기며 육아를 하고 있다는 것을 알 수 있었습니다.
>
> '안보이는' 것을 의식하기 시작하면 아이 스스로가 일상생활의 다양한 장면에서 이해의 폭이 넓어지게 됩니다. 그리고 그 때마다 부모가 적절하게 대응하는 모습도 볼 수 있었습니다.
>
> 육아는 가족들이 각자 자기들만의 방식으로 무리하지 않고 자연스럽게 진행하는 것이 가장 좋은 방법입니다.

IV. 유치원 편

지금까지 안보이는 아이의 영아기, 유아 전기, 유아 후기에 대한 육아에 대해 정리했다면, 이번 장에서는 유치원, 어린이집 등의 생활과 가정의 역할이라는 주제로 생각해보고자 합니다.

안보이는 아이가 취학 전 유아기를, 유치원 등에 입학하여 보이는 아이들과 함께 생활하는 것이 일반화되어 가고 있습니다. 하지만 유치원 등에 보낸다고 생각해도 어떻게 해야 할지 막막할 때가 있을 것입니다.

본 편의 '1. 유치원 입학 준비'에서는 유치원에 입학할 경우 어떤 유치원을 선택해야 하는지, 유치원과의 취학 협의, 취학 전의 생활에 대해 썼습니다. '2. 취학 후의 여러 가지 문제와 대응' 이후에는 취학 후의 과제와 가정의 대응과 역할에 대해 썼습니다. 이는 어린이집 등에 입학하는 아이들에게도 공통적으로 해당되는 내용입니다.

본 편은 특별한 사정(치료가 필요한 건강상의 문제가 있어 병원에 입원하는 등)이 아닌 이상, 일반적으로 매일 유치원 등에서 교육을 받고 싶어하는 아이들을 대상으로 작성되었습니다.

'제3편 유아 후기'에서는 매일 유치원 등에서 생활하는, 안보이는 아이들의 사례를 통해 한 명 한 명이 교사와 부모의 보살핌 속에서 다양한 문제를 극복하고 성장해 나가는 기록이 소개되어 있습니다. 유치원 등에 입학한 아이들은 유치원 생활을 원활하게 하고 발달과 성장을 할 수 있도록 지원받아야 합니다. 교사는

제16장 '안보이는 것'에 대한 이해

일상적인 교육과 보육 속에서 안보이는 아이들이 보이는 아이들과 함께 생활할 수 있도록, 그리고 유치원 등의 과제를 수행하도록 이끌기 위한 방법과 고민을 해 나갈 필요가 있습니다.

한편, 부모는 가능한 한 유치원 등에서 아이의 상태를 관찰하고, 교사와 충분히 소통하면서 가정에서 보충할 수 있는 내용이 무엇인지 생각해 보는 것도 중요합니다. 유치원 지도로는 부족한 부분을, 가정에서는 시간을 들여 아이에게 가르칠 수 있기 때문입니다. 몇 가지 예상할 수 있는 사항들에 대해 알아보았습니다.

부모는 자신의 아이뿐만 아니라 유치원 생활 전체에서 아이의 모습을 객관적으로 바라볼 수 있어야 합니다. 안보이는 아이·보이는 아이·교사 등이 오랜 시간 함께 하는 시간을 통해, 점차 모두가 공존하는 집단이 자연스럽게 만들어집니다. 그 속에서 안보이는 아이·보이는 아이·교사 모두가 성장하는 모습을 많이 관찰할 수 있었습니다. 부모는 그런 과정을 객관적으로 바라보며 기뻐하고, 가정에서 할 수 있는 도움을 주는 것이 중요합니다. 부모도 함께 성장하는 시간이 될 수 있도록 해야 합니다.

'제3편 유아 후기'에서는 유치원 등에 다니는, 안보이는 아동들의 사례를 통해 발달의 모습을 보여주고 있습니다. 본 장에서 다룰 내용과도 깊은 연관성이 있으므로 함께 읽어보시기 바랍니다.

또한 부록으로 실제 안보이는 아이를 수용한 유치원, 보육원에서 보육을 담당한 교사의 체험 보고를 수록하였으니 참고하시기 바랍니다.[1]

---

1) '시각장애아 치료훈련에 관한 연구보고서', 1978년, 후생성 심신장애연구에서 발췌

제 *17* 장

입학 준비

17.1 유치원, 어린이집 생활을 경험하는 것의 의미

3세가 지나면 아이는 가정이나 엄마와의 생활만으로는 만족할 수 없게 되고, 점차 그곳에서 벗어나 어린이 공원이나 집 근처에서 형제자매가 아닌 다른 아이들과 함께 노는 것을 선호하게 됩니다. 이 시기의 아이는 특별히 구분하지 않고 그 자리에 우연히 있는 누구와도 쉽게, 또 아무렇지 않게 어울려 놀게 됩니다. 그리고 서로 부딪히거나 밀거나 꼬집는 등의 행동을 자주 합니다.

'밀면 어떻게 될까', '두드리면 어떻게 될까', '머리카락을 잡아당기면 울까', 그리고 실제로 시도해보고, 혹은 다른 아이들이 하는 것을 보면서 자신과 같은 아이의 특징 같은 것을 알게 됩니다. 그리고 점차 어떻게 놀아야 할지 알게 됩니다. 이런 경험이 결국 아이를 자기중심성에서 벗어나게 해준다고 합니다.

아이들이 생활하고 있는 어떤 모임 속에서 사람들의 관계나 규칙을 이해하고, 방해받지 않고 생활할 수 있는 능력(사회성)을 길러주어 자아실현을 목표로 생활할 수 있도록 이끌어주는 것이 중요하다고 생각합니다.

세 살을 넘기면 아이는 사회성이 눈에 띄게 발달합니다. 사회성은 소중하게 키워야 합니다. 유아의 정신 발달에 있어 사회생활은 필수불가결한 요소입니다. "사회생활을 통해 비로소 올바른 길로 인도된다고 해도 과언이 아니다"라고 말하는 사람도 있을 정도입니다. 그런 의미에서 아이들이 서로 부딪히고, 놀고, 성장할 수 있는 적절한 환경을 마련하는 것은 매우 중요한 일입니다.

제17장 입학 준비

하지만 최근에는 학령기 이전의 여러 연령대의 아이들이 모여서 노는 모습은 거의 찾아보기 힘듭니다. 특히 도시 생활에서는 이웃과의 교류도 적고, 아이들 간의 유대감도 기대하기 힘들어졌습니다. 이런 상황에서 가정이나 엄마와 떨어져 아이들의 집단이 형성되는 유치원이나 어린이집 등의 역할은 매우 중요합니다.

또한, 표기의 번거로움을 피하기 위해 아래에서 특별히 명시한 경우를 제외하고는 다음과 같이 용어를 통일하였습니다. 유치원·어린이집은 '유치원 등', 보육교사는 '교사'로 표기합니다.

이러한 유치원 등에서의 집단생활의 의미는 안보이는 아동에게도 마찬가지입니다. 다른 아이들과 접촉할 기회가 적은 경우에는 더욱 큰 의미가 있을 것입니다.

제도적으로 안보이는 유아를 위한 교육기관은 맹학교 유치부로 규정되어 있습니다. 그러나 맹학교 유치부가 설치되지 않은 지자체도 있고(2025년 7월 현재 한국내 11개 광역단체에 설치),[1] 설치되어 있더라도 그 위치가 가정에서 멀리 떨어져 있는 경우가 많아 아이의 체력이나 가정 형편 등의 문제로 통학에 어려움을 겪는 경우도 있습니다.

이러한 통학상의 어려움뿐만 아니라, 보이는 아이들과의 생활과 놀이를 통해 아이가 다양한 자극을 받고 성장하기를 바라며, 인근의 유치원 등에 입학하는 사례가 많아졌습니다.

하지만 안보이는 아이가 보이는 아이들의 집단에서 잘 적응하고 생활할 수 있을지에 대한 걱정과 의구심이 있습니다. 안보이는 아이에게는 그에 맞는 교육방법이 있어야 하고, 능력을 충분히 키워서 미래에 자립할 수 있는 기술을 익히게 하는 것이 중요하기 때문에, 유아기부터 특수교육기관에서 교육을 받는 것이 좋다는 의견도 있습니다.

물론 안보이는 아이를 교육할 때는 보이는 아이와 다른 특별한 지도 방법이 필요한 경우가 많기 때문에, 이런 생각도 부정할 수 없는 것이 사실입니다. 하지만 보이지 않더라도 아이는 아이라는 사실은 변하지 않습니다. 다른 부분보다

---

[1] 교육부 장애자녀부모지원시스템 '온맘' 장애영역별 교육기관 현황 참고 https://nise.go.kr/onmam/front/M0000156/agency/list.do

같은 부분이 압도적으로 많다는 것도 인식해야 합니다. 또한, 특별한 지도가 필요하다고 해서 특별한 곳에서 받아야 하는 것은 아닙니다. 부모들이 안보이는 아이를 유치원 등에 입학시키고자 하는 마음은 소중히 여겨야 합니다.

우리의 바람은 다양한 능력과 성격을 가진 아이들이 함께 생활하며 서로 영향을 주고받고, 서로 돕고, 이해하며, 한 사람 한 사람이 소중히 여겨지는 교육의 장을 만드는 것입니다. 나아가 세상 전체가 그러하기를 바랍니다.

유치원 등에서 생활할 때, 안보이는 아이에게 필요한 합리적 배려[2]가 제공되어야 합니다. 이는 예를 들어 유치원 등에 적응하지 못하고 울기만 하는 아이를, 집단에 잘 적응시키기 위한 배려와 같은 차원으로 당연히 이루어져야 한다고 생각합니다.

실제로 자녀를 유치원 등에 입학시키려고 알아보면 여러 가지 모순과 고민에 부딪히게 됩니다. 또한 실제로 유치원 등에서 생활하는 동안에도 예상치 못한 상황이 나타날 수 있습니다. 그것은 기쁜 발견일 수도 있고, 힘든 경험일 수도 있습니다. 하지만 아이들에게 유치원을 비롯한 일상의 집단생활은 다른 무엇과도 바꿀 수 없는 사회성을 쌓는 장소이자 즐거운 공간입니다.

아이를 유치원 등에 입학시킬지 말지를 고민하는 것은, 부모에게는 다시 한 번 안보이는 아이를 어떻게 받아들이고 사회와 어떻게 관계를 맺으며 살아갈지, 아이 스스로가 사회 속에서 어떻게 살아가기를 바라는지 부모의 마음을 확인하는 기회가 될 수 있습니다.

중요한 것은 가정과 이해심 많은 가족의 보호 아래에서 아이를 내보내는 것입니다. 아이가 사회의 일원으로 살아갈 수 있는 첫걸음을 내딛게 하는 것입니다. 아이뿐만 아니라 부모도 함께 힘차게 밖으로 나가는 마음을 갖는 것이 중요하지 않을까 생각합니다.

---

[2] [일본의 경우] '합리적 배려'란? 2016년 9월부터 시행된 '장애를 이유로 한 차별금지 및 권리구제 등에 관한 법률'(장애인차별금지법)에는 다음과 같이 명시되어 있습니다. "사업자는 그 사업을 수행함에 있어 장애인으로부터 실제로 사회적 장벽의 제거가 필요하다는 의사표시가 있는 경우로서 그 이행에 따른 부담이 과중하지 아니한 경우에는 장애인의 권익을 침해하지 아니하도록 해당 장애인의 성별, 연령 및 장애의 상태에 따라 사회적 장벽의 제거의 실시에 관하여 필요하고 합리적인 배려를 하여야 한다." (제33조 3항 2021년 개정 「합리적 배려 제공 의무」) [역주] 한국에서는 '정당한 편의'(Reasonable Accommodation)라는 용어가 사용되고 있다.

17.2 안 보이는 자녀의 유치원 등 취학 시 발생이 예상되는 문제

안 보이는 아이의 유치원 등 입학을 생각할 때 걱정되는 문제는 다음과 같은 점으로 요약할 수 있습니다.

① 수용을 위한 환경 정비

　ⓐ 안 보이는 유아를 위한 시설
　ⓑ 전문지식을 갖춘 직원 배치
　ⓒ 보조인력 등 배치 등 여건 정비

② 안 보이는 유아의 발달 문제

　ⓐ 아이들 집단에 적응하지 못함(왕따, 열등감 등)
　ⓑ 부상이나 건강을 해치는 등의 문제

먼저 ①에 대한 걱정인데, 지금까지 안 보이는 아동이 입학한 유치원 등은 반드시 안 보이는 아동을 위한 환경이 조성된 유치원은 아니었습니다. 물론, 일부에서는 안 보이는 아동을 받아들인다는 이유로 그 학급에 베테랑 교사를 배치하거나 복수담임제를 채택한 곳도 있었습니다. 하지만 그런 시스템을 갖추지 못한 곳도 많았고, 그런 유치원 등에서 안 보이는 아이들이 잘 지내지 못했느냐 하면 결코 그렇지 않았습니다.

다만, 한국에서는 2008년부터 장애인차별금지법[3]이 시행중이고, 안 보이는 아동에 대한 합리적 배려는 당연히 이루어져야 합니다. 아이의 상태에 따라 필요한 개별적 배려를 유치원 등과 충분히 논의하고 고민하면서 여건을 정비해 나가야 합니다.

다음으로 ②의 유치원 등에서의 생활로 인해, 안 보이는 아이의 발달에 문제가 생기는 것 아니냐는 우려에 대해서는 다음과 같이 생각하시면 될 것 같습니다. 첫째, 부상이나 건강을 해칠 것이라는 걱정인데, 안 보이는 아이 쪽이 보이는 아이보다 부상이 더 많다는 통계는 없습니다. 또한 집단에 잘 적응하지 못해 정서적 불안정 등의 문제가 생길 것이라는 우려에 대해서는, 아이에 따라 생활에 적응하지 못하는 부분이 있을 경우, 가정과 유치원 등에서 생활에 대한

---

[3] 장애인차별금지 및 권리구제 등에 관한 법률(2008년 4월 11일 법률 제8974호로 정식 시행, 현행 법령은 법률 제18334호[2023.1.28.시행])

세심한 관찰을 통해 극복할 수 있는 것으로 나타났습니다. 부록에 실린 유치원 등 교사들의 체험수기에도 긍정적인 의견이 많다는 점에서 알 수 있듯이, 각각의 아이들이 일정한 성과를 거둔 것으로 생각됩니다.

안보이는 아동이 입학한 유치원 등의 교사들을 대상으로 한 설문조사 결과, 장애유아를 수용한 경험이 있는 여러 시설에서 "안보이는 아동의 교육이 처음 생각보다 어렵지 않았다"고 답했습니다.

안보이는 아동이 졸업한 이후에도 새롭게 안보이는 아동을 받아들이는 유치원 등이 많다는 점도, 안보이는 아동의 유치원 등 취학이 확대될 가능성을 보여주는 것 같습니다.

17.3 유치원 등의 선택과 개척

유치원 등에 아이를 입학시키고 싶은데, 어떤 곳을 선택하면 좋을까요? 국공립 어린이집의 경우, 부모가 원해도 지역의 행정적 사정(예를 들어 '결원 상황'이나 '장애아 보육을 실시하고 있는 곳에 대한 조치'가 더 중요하게 고려되어 결정되는 경우가 많습니다. 유치원의 경우 부모에게 선택의 자유가 있습니다.

이 때, 선택 기준의 첫 번째는 '집에서 가깝다'는 점이라고 생각합니다. '집에서 가깝다'는 것은 거리가 가깝다는 의미와 함께, 집 근처 동네 아이들이 많이 다니는 유치원을 선택한다는 의미도 있습니다. 유치원을 마치고 집에 돌아와서도 공통된 유치원 놀이 등을 동네 아이들과 공유하면서, 교우관계를 더욱 돈독히 할 수 있기 때문입니다. 아무리 집 가까이에 이웃이 있어도, 유치원이 다르면 함께 놀기가 쉽지 않습니다. 동네 유치원에 입학하지 못해 멀리 떨어진 유치원에 다니게 된 아이가 '유치원 친구들과 집에 가서도 같이 놀고 싶다'고 말해 엄마를 곤란하게 한 사례가 있습니다.

다니는 유치원이 달라서 자신이 사는 지역에서 놀 친구를 사귀지 못했던 아이가, 지역 초등학교에 입학한 후 동네 아이들과 잘 어울려 놀게 된 사례도 있습니다. 이는 집과 가까운 유치원을 다니게 하는 것이 얼마나 중요한지 실감할 수 있는 사례입니다.

엄마들은 '장애를 가진 아이를 이해해주는 곳에 입학시키고 싶다', '장애를 가진 아이를 받아주는 유치원에 입학시키고 싶다'는 생각을 많이 하는 것 같습

제17장 입학 준비

니다.

하지만 그렇다고 전철이나 버스 등으로 1시간 이상 시간을 들여 통학하는 것은 바람직하지 않습니다. 아직 어린 아이의 몸에 피로를 남기게 되고, 비바람이 불면 등원에 겁먹기 쉽습니다. 유치원을 쉬면 아이의 적응에 영향을 미치는 경우가 많습니다. 며칠을 쉬고 출석한 후에는 원래처럼 적응하기까지 시간이 걸리는 것이 보통이므로, 매일 쉬지 않고 다닐 수 있는 유치원을 선택하는 것이 이 점에서도 중요합니다.

현재 안보이는 아이를 받아들이고 있는 곳도 처음에는 한 엄마가 문을 두드려서 받아들이기 시작했다고 합니다. 지금까지 받아준 적 없는 유치원이 무조건 무모하다고 할 수는 없습니다.

다음으로, 일반적으로 평판이 좋은 유치원은 안보이는 아이에게도 좋은 곳이라고 생각해도 무방할 것입니다. 하지만 '좋다'고 하는 이유를 잘 물어보는 것도 중요합니다. 단순히 건물이 멋지다거나, 놀이도구나 교재가 많다거나, 문자를 빨리 가르친다거나 하는 경우가 있기 때문입니다.

엄마의 교육방침과 일치하더라도, 평판이 좋고 경쟁이 치열한 유치원이라면 당연히 거절당할 거라 생각하고 협상조차 하지 않은 사례도 있습니다. 또, 별로 마음이 내키지 않지만 교회 계열이면 거절당하지 않을 거라는 생각에 한정된 곳과만 협상을 하거나, 규모가 작은 유치원이 더 안전할 거라는 선입견으로 다른 중요한 부분을 고려하지 않고 선택하는 경우도 많습니다.

가장 중요한 것은 실제로 유치원 등을 방문해 아이들의 활동 모습을 잘 보고 이야기를 들어보고 내 아이에게 맞는지 생각해보는 것입니다.

장애인차별금지법 시행으로 사회적으로도 장애유아에 대한 이해와 관심이 점차 깊어지고 있는 것 같습니다. 유치원 등에서도 장애유아를 수용하고 포용적 사회[4]를 실현하기 위한 다양한 노력이 진행되고 있습니다.

하지만 유치원 등의 교사가 지식으로 알고 있다고 해도, 실제로 자기 유치원에 아이를 데려와서 직접 보육을 하겠다고 결심하는 것은 쉽지 않은 일이라고 생각합니다. 그 불안과 걱정을 극복하고 '생각해보자', '해볼까'로 변화시키는

---

[4] '포용적 사회'란? '사회를 구성하는 사람들의 다양성(성별, 국적, 종교의 차이, 장애 유무 등)에 관계없이 서로를 인정하고 공생하는 사회'를 말합니다.

것은 엄마의 힘입니다.

'내 아이'에 대한 엄마 애정의 깊이에 많은 사람들의 마음이 움직입니다. 따라서 전화로만 부탁하는 것보다 아이를 직접 데리고 가 만나서 부모의 마음을 잘 전달하고 이해시키려고 노력하는 것이 중요합니다.

용기를 내어 유치원을 방문했다가 거절당하면 정말 실망스럽습니다. 하지만 쉽게 물러서지 말고 거절하는 이유를 잘 들어보세요. 그리고 만약 걱정이나 불안, 혹은 보육에 대한 구체적인 고민이 있다면, 안보이는 아이가 일반 유치원 등에 실제로 입학한 사례가 많다는 점 등을 열심히 이야기해 보세요.

그리고 그에 더해 전문적인 지식이 필요하다면, 시각장애 교육 전문기관에 문의하여 전문 인력을 파견받도록 하는 것이 좋습니다. 전국의 맹학교에서는 취학 전 조기교육 상담을 진행하고 있습니다. 특수교육 코디네이터[5]가 그런 상담에 대응하고 있으니 연락을 취하면 좋을 것 같습니다.

또한 유치원 등에서 아이의 적응에 대한 불안감이 큰 경우, 입학을 결정하기 전에 예를 들어 자유보육 시간만 참여하게 하거나 일정 기간 동안 다른 원아들과 똑같이 보육에 참여하게 하는 체험 입학을 실시하여 실제로 아이가 생활하는 모습을 지켜보는 것도 좋은 방법입니다. 이런 과정을 거쳐 입학을 허가받은 아이들도 있습니다.

또한 이러한 전문기관과 연계가 어려운 지역에 거주하시는 분은 장애자녀 부모 지원 종합시스템 '온맘'을 참고하시거나 동 사이트에 실린 '시각장애 양육 길라잡이' 책자 및 동 책자 p.132의 각 지역별 시각장애 특수학교 연락처를 참고하여 상담을 받아보는 것도 좋은 방법입니다.

---

[5] 특수교육 코디네이터란 아동의 장애에 대한 교직원의 이해를 높이고 아동 개개인의 요구에 맞는 교육을 실시하기 위해 각 유치원, 초등학교 등 특수학교 내에서 중심이 되어 교내 연수의 기획 및 운영, 교육 상담 창구 등의 역할을 담당하는 사람입니다. 특수교육 코디네이터는 교사가 겸직하고 있습니다.

17.4 유치원 입학에 대한 논의

아이의 입학이 결정되면 '안보이는 것'에 대한 이해를 높이고, 엄마와 유치원 등과의 협력 체제를 구축하기 위해 구체적인 논의의 기회를 갖도록 합니다.

아이를 일반학급이나 특수학급 혹은 특수학교에 입학시키기로 결정했다면 해당 학교의 선생님과 사전에 상담을 갖는 것이 좋습니다. 상담을 위해서는 사전에 상담 시간을 정한 후 아이와 함께 선생님을 만나는 것이 좋습니다. 경우에 따라서는 해당 교육기관이 영유아에게 적합한지에 대한 조언도 들을 수 있습니다.

또한 가급적이면 아이를 잘 아는 전문기관에 동행하여 '시각장애', '지도상 유의사항', '안과적 고려사항', '아이의 성장과정·능력·성격' 등에 대해 유치원 등의 교사와 충분히 논의할 수 있도록 하는 것이 좋습니다.

또한 실제 유치원 등의 생활에서 엄마의 동행이 필요한지, 필요하다면 어떤 형태로 할 것인지에 대해서도 이야기해 두는 것이 좋습니다.

안보이는 아이는 유치원 안팎 등 장소의 이해나 배변의 자립, 일상적으로 행해지는 유아 체조 등의 습득에도 시간이 걸릴 수 있습니다. 이러한 것들은 가능한 한 빠른 시기에 숙달하는 것이 이후 생활을 원활하게 하는 데 도움이 됩니다.

또한 교사는 안보이는 아이를 어떻게 이해하고 어떻게 대해야 할지 고민과 걱정이 있을 수 있습니다. 이럴 때 교사는 엄마가 아이를 대하는 태도를 실제로 보면서 불안과 고민을 해소하고 지도의 실마리를 찾을 수 있습니다.

이런 점 때문에 아이의 상태나 보육 상황에 따라 다르지만, 입학 초기에 엄마에게 보조교사 역할을 맡겨 동행하게 하는 경우가 있습니다. 이럴 경우, 엄마는 어디까지나 교사를 보조하는 것임을 아이들도 이해할 수 있도록 최대한 다음과 같은 태도를 취하는 것이 중요합니다.

- 교사의 손이 부족할 때만 교사의 요청에 따라 도움을 줄 것
- 용무가 없을 때는 가능한 한 소리를 내지 않고 아이와 멀리 떨어진 곳에서 견학할 것
- 보육 중 다른 아이들이 엄마에게 말을 걸거나 지시를 받으려고 해도, 교사가 허락하지 않는 한 상대하지 않을 것

17.5 유치원 전의 생활

엄마는 아이에게 유치원 등이 얼마나 즐거운 곳인지 이야기하고 들려주며 기대와 의욕을 키워주는 것이 필요합니다.

또한, 취학 전에 유치원 등을 방문하여 담임 선생님을 만나고, 원아들이 유치원 정원에서 놀고, 원내와 자신의 방을 견학하는 것은 아이들이 의욕적으로 유치원 등의 생활을 시작할 수 있는 좋은 동기부여가 될 것입니다.

또한, 눈이 보이지 않기 때문에 실제로 유치원 등의 생활을 할 때 이해하기가 어렵거나 시간이 너무 오래 걸리는 경우가 있습니다. 입학 전에 미리 준비해 두는 것이 바람직합니다.

하나는 필요한 소지품이나 의류 등의 개선이나 고안입니다. 특히 정해진 소지품이나 의복의 조작이 어려운 경우가 많은데, 이에 대해서는 교사의 충분한 양해를 구한 후 개선하거나 아이에 맞게 고안하는 것이 필요합니다.

또 다른 하나는 아이들에게 유치원 등 내외의 장소를 이해시키는 것을 목적으로 하는 방문입니다.

아래에서는 이 두 가지 점에 대해 순서대로 설명합니다.

소지품이나 의류 등의 개선과 고안

먼저, 반드시 알아두어야 할 사항에 대해 설명하겠습니다.

① 소지품에 표시하기

다른 아이들과 같은 소지품에는 자신의 물건임을 알 수 있는 표시를 해두면 좋습니다. 그리고 표시를 한 후에는 잘 만져보게 하고 설명해 주세요.

보이는 아이들은 비슷한 소지품 중에도 약간의 얼룩이나 색의 흐림, 모양의 차이, 글자는 읽을 수 없어도 자신의 이름 모양을 찾아내는 등 자신의 소지품을 정확하게 확인할 수 있습니다.

자신의 것과 다른 아이의 것을 쉽게 구분할 수 있도록 하는 것이 중요합니다. 이를 위해 다음과 같은 방법이 효과적입니다.

- 점자 테이프, 이름 테이프 등으로 점자를 붙인다.

제17장 입학 준비

- 수건이나 옷과 같이 부드럽고 표시를 해도 확인이 어려운 물건은, 조금만 흔들어 보면 바로 알 수 있는 방울 등을 달아주세요. 또는 걸 수 있는 부분에 실로 굵게 뜬 고리나 금속성 고리(조작이 용이함) 등을 부착합니다.
- 실내화를 신발장에 넣었을 때 바깥쪽으로 나오는 발뒤꿈치 윗부분에 단추를 달아둡니다.

② 통학 노트의 고안

아이들의 변화를 간략하게 기록하거나 가정과 교사와의 연락, 출결 상황을 기재하기 위해 새 도구 상자 등과 함께 통학 노트를 배부하는 경우가 많습니다. 통학노트의 출결상황은 매일 스티커를 붙이거나 도장을 찍어서 기록합니다. 스티커를 붙일 때는 만져보고 확인할 수 있기 때문에 다른 아이들과 마찬가지로 그 수를 세어보고 늘어나는 것을 즐길 수 있습니다.

하지만 도장의 경우 만져봐도 알 수 없습니다. 또한, 아이가 직접 스티커를 붙이도록 되어 있는 경우, 어느 부분에 스티커를 붙이면 좋을지 몰라 통학노트의 고안이 필요할 것 같습니다.

그 중 한 가지 예를 들어보겠습니다.

레이즈 라이터[p.167]를 이용해 얇은 투명 용지에 통학 노트와 같은 것을 복사하여 페이지마다 제본 부분만 접착제로 붙입니다. 도장을 찍는 대신, 레이즈 라이터를 용지 사이에 끼워 넣고 간단한 '○'과 같은 표시를 손으로 그리게 합니다. 그 위에 다른 아이들과 마찬가지로 본체에도 도장을 찍게 하는 것이 좋습니다. 또한, 테두리에 라인테이프 등을 붙이면 위치를 쉽게 알 수 있습니다.

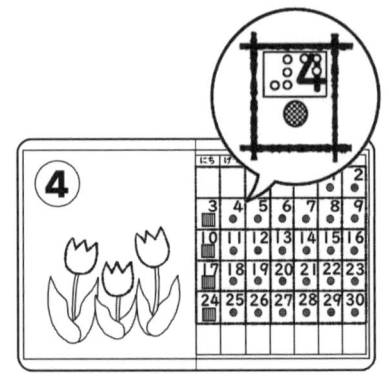

그림 4-1 통원 노트의 개편 예시

날짜가 일목요연하게 정렬되어 있는 경우, 레이즈 라이터로 손으로 쓰고, 휴일 부분은 알기 쉽게 표시하고, 숫자는 테이프 등에 점자를 찍어서 붙입니다.

[그림 4-1]

또, 날짜가 가지런히 정렬되어 있지 않아 순서를 알아보기 어려울 경우, 아이가 스티커 붙이는 위치를 알 수 있도록 미리 하루치만 힌트가 되는 스티커를 붙여 둡니다. 이 힌트 스티커는 나중에 아이가 실제로 붙일 스티커로 가려질 수 있도록 작은 크기로 합니다.

아이의 발달 상태나 다니는 유치원의 통학기록지 양식에 맞는 방법으로 준비하면 좋습니다.

③ 유치원 모자

유치원 등에서 사용하는 모자는 비교적 모양이 딱딱하고 착용하기 편한 모자가 많은 것 같습니다. 앞뒤 구분이 어려운 경우, 유치원 배지를 다는 위치로 구분하게 하거나 리본 등 눈에 잘 띄는 표시를 해두면 좋습니다.

④ 통학 가방

도시락이나 통학노트 외에 편지 등을 넣거나 꺼내는 통학 가방은 유치원 등에서 정한 경우를 제외하고는 자립 정도에 따라 조작이 가능한 것을 준비합니다.

조작의 간단한 순서를 정리하면 다음과 같습니다.

- 바구니 가방

입구가 넓고 모양이 고정되어 있어 비교적 쉽게 꺼내고 넣을 수 있습니다.

- 천으로 만든 가방

유치원 등에서는 통학용 가방 외에 천으로 된 가방을 준비하도록 지시하는 경우가 많습니다. 동일한 가방이 지정되어 있는 경우를 제외하고는 아이가 다루기 편한 가방을 준비하는 것이 좋습니다. 천으로 된 가방은 입구를 찾기가 의외로 어렵습니다. 설령 찾을 수 있더라도 물건을 넣을 때는 한 손으로 가방을 잡고 입구를 벌리고 다른 손으로 넣는 동작이 필요하기 때문에 가능한 한 빳빳한 천으로 된 것이 좋습니다.

제 17 장 입학 준비

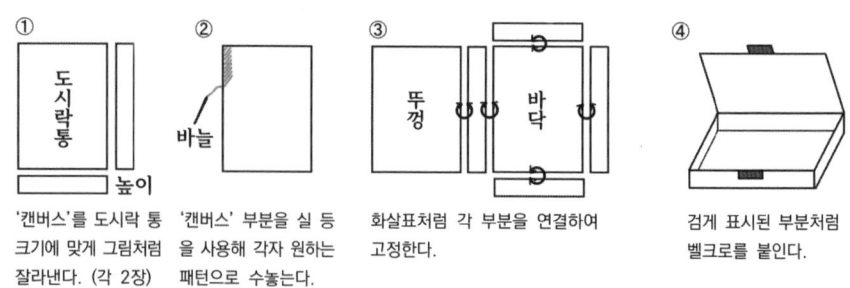

그림 4-2 망사 재질 캔버스로 도시락 가방 만들기

⑤ 도시락 가방

자립 정도에 따라 조작이 가능한 것을 준비합니다.

조작의 간단한 순서를 정리하면 다음과 같다.

- 망사 재질 캔버스로 만든 수제 제품 [그림 4-2]

재료는 여름용 가방 등을 만들 때 사용하는 망사 재질 캔버스(약 3.5밀리미터)입니다. 적당한 크기로 자르면 됩니다. 실은 털실이 아니더라도 흡습성이 있는 실이면 적당히 단단하고 입구가 커서 쉽게 알아볼 수 있습니다. 도시락을 넣고 뺄 때에도 손가락이 도시락통과 내용물 사이에 들어가서 조작이 편합니다.

- 냅킨

도시락 밑에 깔 냅킨은 도시락 싸는 천으로도 사용됩니다. 냅킨은 너무 얇으면 주름 없이 책상에 깔기 어렵습니다. 그 경우 숟가락 등을 잡으려고 하면 냅킨까지 당길 수 있기 때문에, 두꺼운 타월 소재의 냅킨을 선택하는

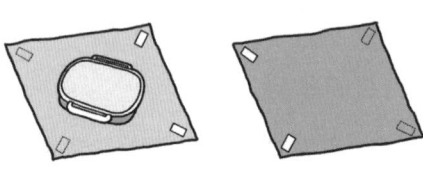

그림 4-3 도시락용 냅킨

것이 좋습니다. 천의 네 귀퉁이에는 벨크로를 붙여 도시락을 사방에서 가볍게 감쌀 수 있도록 합니다. [그림 4-3]

⑥ 천으로 만든 가방

통학 가방 항목에서 언급했듯이, 천 가방의 경우 좌우 손의 협응 동작이 복잡하고 조작이 어렵습니다. 천 가방의 경우 그림 4-4의 (b)보다 (a)가 입구가 넓고, 덮개 부분에 도시락을 올려놓고 밀면서 넣을 수 있어 조작이 쉽습니다. (b)는 조금 어려울 것입니다. [그림 4-4]

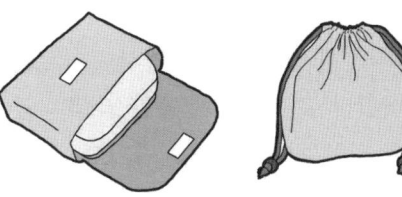

그림 4-4 도시락용 천으로 만든 가방 2종

⑦ 젓가락통

시중에 판매되는 유아용 젓가락통은 대부분 크기가 크고, 숟가락이나 포크를 넣는 방향이 일정하지 않으면 뚜껑이 닫히지 않는 경우가 많고, 뚜껑을 닫는 방법도 까다로운 경우가 많습니다. 내부 칸막이가 없고 뚜껑을 쉽게 열고 닫을 수 있는 제품을 고르는 것이 중요합니다.

⑧ 원복과 놀이복

원에서 정한 원복이나 놀이복을 아이의 발달 상태에 맞게 개선합니다.

- 머리를 넣어야 하는 옷
  앞뒤 구분이 없는 것이 입고 벗기가 가장 쉽습니다. 앞뒤 구분이 있는 것은 앞가슴에 큰 주머니나 아플리케[천 덧대기], 자수 등을 달아주는 것이 좋습니다.
- 앞이 트인 옷
  조작이 쉽다고 생각되는 순서대로 나열해 보겠습니다.
  벨크로(찍찍이)로 고정 / 대형 스냅 단추 / 구슬형 단추 / 큰 단추 / 작은 스냅 단추 / 작은 단추

이 외에도 레이즈 라이터 등을 구입해 사용법을 가르치는 것, 식사나 배설 등 아직 미흡한 부분에 대해서는 연습을 시키는 등 가정에서 부모가 해야 할 일은 다양합니다.

하지만 실제로는 취학 후 실제로 유치원 등에서 생활하면서 가정이나 유치원 등의 일상적인 노력이 쌓이면서 점차적으로 개선되고 몸에 익혀지는 경우가 많습니다.

따라서 입학 전부터 억지로 가르치려고 하거나 '이걸 못하면 유치원 등에 못 들어간다'고 아이에게 말할 필요는 없습니다. 확실하게 자립할 수 있는 단계의 것을 원활하게 자신감을 가지고 할 수 있도록 하는 것이 중요합니다.

(유치원) 입학 전 방문

유치원 입학 전 방문은 안보이는 아이에게는 유치원 등의 분위기를 파악하는 것뿐만 아니라, 어디에 무엇이 있는지, 어떻게 가는지 이해하는 데 중요한 역할을 합니다. 또한 이러한 능력의 습득에는 시간이 걸립니다. 개인차가 있지만 1~2회 정도의 간단한 방문으로는, 실제로 활용할 수 있는 능력을 갖추기 어렵습니다.

따라서 취원 전 방문은 유치원 등의 사정이 허락하는 한 적극적으로 실시하는 것이 바람직합니다. 방문 시에는 실제 유치원 등의 생활에서 당장 필요한 표 4-1의 항목 '가~마'에 대해 확인하면 좋을 것입니다. [표 4-1]

학부모와 교사와 협력하여 매일매일의 활동을 예상하고 준비해 보세요.

다음은 보호자가 시각특수학교에 의뢰하여 코디네이터가 취원 전 필요한 조언을 해준 사례를 소개합니다.

> U(남아, 뇌종양 후유증, 전맹)
>
> 유치원 입학을 앞둔 남자아이가 병에 걸려 장기간 입원 치료를 받아야 했습니다. 병은 나았지만 후유증으로 시력을 잃었습니다. '유치원에 가고 싶다!' 라는 아이의 강한 의지에 엄마는 유치원과 상담하였고, 시각특수학교에 상담을 의뢰했습니다. 언니도 다니던 유치원이라 대략적인 배치는 알고 있는 듯했습니다.
>
> 하지만 눈이 보이던 때의 기억에 의존하는 것은 어렵기 때문에 아침 등원부터 선생님, 엄마와 함께 원에서의 생활 흐름을 확인했습니다.
>
> '아침에 이 신발장에서 신발을 벗으면 그 신발을 손에 들고… 신발장의

위치는 가장자리 쪽이 알기 쉬울까요?' 등 아이가 불편해할 수 있는 부분과 어떻게 배려하면 가까운 장래에 그가 혼자서 할 수 있을지 양 측면을 구체적으로 생각했습니다.

구분	순서	가이드의 내용	이동방법의 결정
가	1 2	유치원 입구 근처 입구 위치 확인	입구 근처 ⇔ 입구
나	1 2 3 4	현관 일주 신발장 전체 자기 신발장 위치 확인 입구 ⇔ 자기 신발장	입구 ⇔ 자기 신발장
다	1 2 3	복도 일주 신발장 ⇔ 방 입구 (입구 근처) (복도 벽면) 방 입구⇔화장실 입구(입구 근처) (복도 벽면)	신발장 ⇔ 방 입구 방 입구 ⇔ 화장실 입구
라	1 2 3 4	화장실 일주 화장실 입구에 가까운 변기의 위치와 사용 방법 확인 세면장 위치 확인 화장실 입구 → 변기 → 세면장 → 화장실 입구	화장실 입구 → 변기 → 세면장 → 화장실 입구 (순환)
마	1	실내 일주 (벽면) <2회 실시>	
	1 2	책상 위치 관계 일주 자기 책상 위치 확인	방 입구 ⇔ 자기 책상
	1	방 입구 ⇔ 자기 책상	
	1 2 3	사물함 전체 자기 사물함 위치 확인 자기 책상 ⇔ 자기 사물함	자기 책상 ⇔ 자기 사물함
	1	자기 책상 ⇔ 음료대	자기 책상 ⇔ 음료대
	1 2 3	유치원 뜰 입구 근처 유치원 뜰 입구 위치 확인 자기 책상 ⇔ 유치원 뜰 입구	자기 책상 ⇔ 유치원 뜰 입구

표 4-1 유치원 입학 전 지도

제17장 입학 준비

① 지도시의 유의점

연습 상황에서는 실제 유치원 생활에서 활용할 수 있는 옆 반의 노래소리, 손 씻는 소리, 원아들의 놀이 소리 등이 들리지 않기 때문에 이를 언어 설명으로 보완하면서 진행합니다.

　원칙적으로, 이동할 때의 자세는 한 손을 잡고 걷는(한 손으로 보조해서 함께 걷는) 방식으로 하며, 옆으로 걷는(게처럼 옆으로 움직이는) 것은 피합니다.

　지도 순서의 '가~마'는 상황에 따라 어디서부터 시작해도 무방합니다.

　단, 각 영역 내에서의 순서는 바꾸지 않도록 합니다. 표 4-1의 '가이드의 내용'에 적힌 대로 손으로 만져보고 관찰하는 가이드와 말로 설명하는 것을 한 차례 진행한 후, 오른쪽 칸의 이동을 아이 혼자서 진행하게 합니다. 길을 헤매는 등 잘 못 할 때는 그때그때 필요한 안내를 하고, 한 번에 원활하게 할 수 있으면 다음 장면으로 넘어갑니다. 하지만 3~5회(아이의 지루함을 고려해) 반복해도 이해하지 못하면 다음 장면으로 넘어가도록 합니다.

　한 번 종료하고 시간을 두고 다시 시작하는 경우, 다시 한 번 복습을 통해 이해도를 높입니다.

② 가이드 방법의 구체적 예시

안보이는 아이의 유치원 내부 위치 파악과 이동을 지도할 때는, 아이가 경험을 살려 혼자서 할 수 있도록 최대한 많은 단서를 제공하는 것이 좋습니다. 청각이나 후각도 활용하게 하되, 촉각을 이용한 단서를 활용하는 것이 가장 확실합니다.

　그림 4-5를 모델로 하여, 아이의 방(D)에서 현관, 화장실까지 왕복 이동이 가능하도록 지도하는 방법을 예시합니다. [그림 4-5]

　처음에는 복도를 한바퀴 돌아 봅니다. 벽면을 손으로 만져보게 하고, '여기는 ○○의 방', '이건 ○○이야'와 같이 말로 설명도 덧붙입니다. 그렇게 함으로써 A와 B의 방 입구가 나란히 붙어 있다는 것, 다음의 입구 C에는 커튼이 길게 걸려 있다는 것, B와 C의 입구 사이에는 넓은 벽면이 있고 졸업한 아이들이 공동 제작한 큰 그림이 아이들의 머리 높이로 걸려 있다는 것, 맨 끝의 방인 F는 놀이방이라는 것 등을 이미지화합니다.

다음으로 가장 효율적이고 확실한 코스를 선택합니다. 방에서 화장실이나 현관까지의 이동은 창가 쪽으로 직진하게 하고, 창가에 닿으면 좌회전하게 하고, 몸이나 오른손으로 만지도록 하면서 창가를 따라 걷게 합니다(생활에 익숙해지면 방에서 나와서 좌회전 후 창가를 따라가지 않더라도, 화장실 냄새나 물소리를 의지하여 직진하도록 합니다).

현관이나 화장실에서 방으로 이동할 때는 방 쪽 벽면을 이용합니다. 아이의 방을 표시할 수 있는 표식이 창가 쪽에는 없기 때문입니다. 어떤 표시를

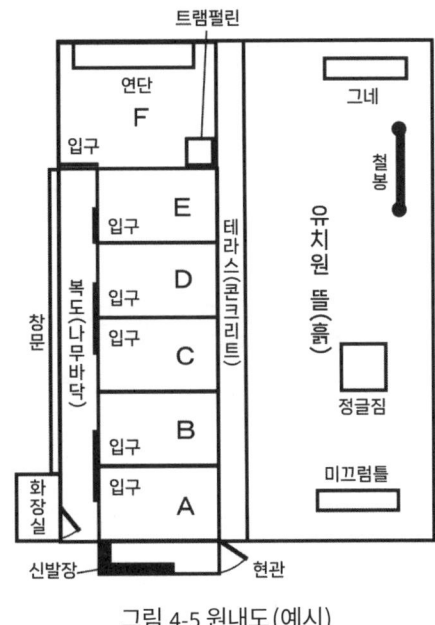

그림 4-5 원내도(예시)

할 수도 있겠지만, 창가 쪽은 변화가 적고 단서가 될 만한 것이 없기 때문에 표시를 놓쳤을 경우, 일단 화장실 등 아이가 명확히 아는 곳으로 돌아가거나, F 놀이방에 부딪힌 뒤에야 다시 시작할 수 있습니다. 오히려 비효율적이 될 수 있습니다.

따라서 복도를 한 바퀴 돌 때처럼, 현관에서 방 입구까지 벽을 만져보면서 안내와 말로 설명하며 걷게 합니다. 유치원 등에서의 생활에 익숙해져 벽면의 변화 순서가 확실해지면 복도 중앙을 걷고 걷는 거리와 주변 소리로 자신의 방에 가까워졌다는 것을 예측하고, 방 쪽 벽면을 살짝 만져 자신의 위치를 확인하는 방식으로 효율적인 이동이 가능해집니다.

제 *18* 장

유치원 입학 후의 여러 가지 문제와 대응

18.1 담임선생님이나 다른 학부모와의 관계를 원활하게 하기 위해

교사와 엄마가 서로를 신뢰하며 아이를 대하지 않으면 진정한 교육의 효과를 기대할 수 없다고 합니다. 하지만 아이가 장애가 있는 경우, 엄마와 교사 사이에 서로 다른 개인적인 생각이 자리잡아 원활한 관계가 형성되지 않는 경우가 있습니다.

'손이 많이 가는 아이를 부탁하는 거니까'라는 생각에 엄마가 무조건 고개를 숙이고만 있어서는 안 됩니다. 반대로 '충분한 돌봄을 받는 권리이므로 당연하다'며 유치원 등의 여러 조건을 고려하지 않고 요구만 하는 것도, 엄마와 교사의 관계를 원만하게 하는 데는 도움이 되지 않습니다.

유치원 등에서는 아이의 적응을 위해, 유치원 등에서 일어난 아이에게 좋지 않은 사건 등을 숨김없이 엄마에게 알려주기도 하고, 집에서 해줬으면 하는 간단한 요구사항을 알려주기도 합니다. 또는 아이에 대한 가정에서의 대응 방식을 바꾸라고 조언할 수도 있습니다. 아이에 대한 엄마의 양육태도 등에, 오랜 경력의 교사가 보기에 문제가 있다고 느끼는 경우도 있습니다. 가능한 한 겸손하게 귀를 기울이는 것도 중요합니다.

교사들도 특히 처음엔 안보이는 아이를 어떻게 대해야 할지 고민하고 망설이는 경우가 많습니다. 이럴 때 엄마는 교사를 격려하고 동기를 부여하는 것도 중요합니다.

일상의 사소한 일에 일희일비하지 않고, 긴 안목으로 여유를 가지고 아이와 교사를 바라보는 것이 중요합니다. 선생님들의 노고에 감사하는 마음을 갖는 것도 중요합니다.

엄마 입장에서는 아이가 못 본다는 사실을 새삼 느끼게 되는 경우가 많아 힘들어질 수도 있습니다. 하지만 그런 일이 있을 때마다 우울해지면 교사는 '아무 말도 할 수 없는' 심정이 되고, 모처럼 마련된 교사와 엄마의 협력 체계가 무너질 수 있습니다.

엄마가 느끼는 것, 생각하는 것을 최대한 솔직하게 전달하는 것이 중요합니다. 그래서 '편지 노트'를 써보는 것은 어떨까요? 집에 돌아온 아이의 모습, 엄마의 생각과 느낌 등을 부담 없이 선생님에게 편지처럼 쓰는 것도, 선생님과 엄마의 삼각관계를 잘 이어나갈 수 있는 통로가 될 수 있을 것입니다.

또한, 다른 보호자가 안보이는 아이와 그 엄마를 이해하고 친밀하게 지낼 수 있다는 것은 매우 중요한 일입니다. 장애아 보육을 오랫동안 해온 어린이집에서는 이를 전제로 입소자를 모집하기 때문에 문제가 없고, 다른 보호자들도 그 의미를 인정하는 경우가 적지 않은 것 같습니다. 하지만 처음 장애아를 받아들인 곳에서는 누군가가 대표로, 혹은 개인적으로 전화나 SNS 등을 통해 '그 때문에 내 아이가 불이익을 당하는 것 아니냐'는 지적을 하는 사람도 있다고 합니다.

실제 원 생활이 시작되면, 분명히 불쾌한 태도를 보이는 사람이 있을 수 있습니다. 그럴 때에도 당황하거나 반대로 화를 내지 않는 것이 좋다고 생각합니다. 그중에는 반드시 미소를 지어주거나 말을 걸어주는 분들도 있을 것입니다. 처음부터 다른 엄마들을 피하려 하지 말고, 다양한 기회를 포착해 가능한 한 엄마들 틈에 끼어들도록 노력합시다. 반대하던 엄마가, 아이가 집에 와서 안보이는 친구에 대해 하는 이야기를 듣고, 함께 시간을 보내는 것의 의미를 인정하게 되는 경우가 많습니다.

18.2 어린이들의 친구 관계

입학식이 무사히 끝나고 실제 유치원 생활이 시작된 후 얼마동안, 엄마는 집에 있어도 아이가 유치원에 있는 시간엔 여러 가지 걱정으로 마음을 놓기 어려운 경우가 많다고 합니다. 특히 '눈' 때문에 친구들이 못되게 굴지 않을까 하는 걱정은 꽤나 강한 것 같습니다. 그렇다고 해서 돌아온 아이를 붙잡고 '괴롭힌 아이는 없었어?' 등 꼬치꼬치 캐묻는 식의 질문을 해서는 안 됩니다.

아이는 엄마의 관심사가 그 일이라는 것을 알게 되면, 잊었던 일까지도 떠올리게 됩니다. 설령 아이가 '누가 머리를 잡아당겼다'고 말하더라도 엄마는 너무 걱정하지 않는 편이 좋습니다. 아이가 안보이는 것에 대해 고통스러워하고, 그런 아이를 수년간 소중히 여겼던 엄마는 힘들어할 것입니다.

하지만 이런 상황이 언제까지나 지속되지는 않습니다. 게다가 아이는 어른들이 생각하는 것과 동일하게 생각하고 있지 않습니다. 또한 안보이는 아이들도 크게 상처받지 않는 경우가 많습니다. '유치원 가지 말까?'라고 물어보면 대부분의 아이는 '싫어, 갈래'라고 말합니다. 다소 서툴고 싫어하더라도 한두 달은 격려하며 쉬지 않고 다니게 하는 것이 좋습니다.

우리의 경험에 따르면, 안보이는 아이와 보이는 아이는 생활 속 다양한 접촉을 통해 공통의 이해를 가진 구체적인 것들을 발견하고, '어떤 상황에서 어떻게 행동해야 하는지'에 대한 구체적인 방법을 습득하여, 좋은 친구 관계를 형성할 수 있었습니다. 이는 미국의 여러 문헌에서도 밝혀진 바 있습니다. 로웬펠드의 책 《Our Blind Children》[1]에서 보이는 아이가 안보이는 아이에게 "너는 그림은 못 그리지만, 정글짐도 할 수 있고, 기차놀이도 함께 할 수 있다"며 동료로 받아들이는 대화가 실려 있습니다. 또한, 보이는 아이가 '손을 빼고 움직이기', '만지게 하기', '건네주기' 등의 방법을 익히면서 친구 관계가 형성된다는 것을 간결하게 서술하고 있습니다.

보이는 아이들과 안보이는 아이들을 함께 교육하고 있는 사람들의 보고에 따르면, 처음에는 호기심 어린 눈으로 바라보거나, 어른들이 보기엔 무례한 질문으로 교사들을 당황하게 만들었던 아이들이 생활을 공유하면서 정말 적절한 도움을 주거나 친구처럼 행동하게 되는 것으로 기록되어 있습니다.

이처럼 아이들 간의 교우관계 형성을 위해서는 같은 경험을 하는 것, 즉 함께 있는 것이 가장 중요하기 때문에 엄마는 가능하면 집에 친구를 불러주는 등의 방법으로 아이와 다른 아이들이 더 잘 어울릴 수 있는 기회를 마련해주어야 합니다.

---

1) Berthold Lowenfeld, *Our Blind Children: Growing and Learning with Them*, 1956.

다음으로는 집이나 놀이터 등에서 안보이는 아이와 보이는 아이가 함께 놀때 엄마가 어떻게 해야 하는지에 대해 이야기해 보겠습니다.

① **저연령 어린이의 놀이**

저연령(3세아) 아이들의 교우관계는 같은 장소에 있다는 것으로 결정된다고 합니다. 이 시기에는 다른 아이의 놀이에 함부로 끼어들거나 다른 아이를 옆으로 밀쳐서 다치게 하는 경우도 있습니다.

하지만 이는 고의적으로 하는 것이 아니라, 그런 상황이 다른 아이에게 어떤 의미를 갖는지 이해하지 못하기 때문에 발생하는 것입니다. 따라서 이런 일이 발생하더라도 '저 아이는 난폭하니까 놀게 하지 말아야지'라고 생각하지 말아주세요.

② **4세를 넘긴 아이들의 놀이**

네 살이 지나면 그간의 경험을 통해 특정 아이들과의 교제가 다른 아이들과의 교제 보다 더 즐겁다는 것을 알게 되고, 점차 특정 몇 명과 친밀하게 지내게 됩니다.

이 시기의 아이들은 아직 의견 차이를 적절하게 처리하는 방법을 배우지 못했기 때문에 어느 정도 다툼이 일어나기 쉽습니다. 또한 이런 다툼은 사회적 접촉이 많고 친밀한 사이일수록 더 많이 일어납니다. 옆에서 보면 마치 괴롭힘처럼 느껴질 수 있지만, 엄마는 함부로 말리지 말고 지켜볼 필요가 있습니다. 다툼이 너무 격렬할 때는 조금 진정된 후에 아이의 말을 잘 들어주는 것도 중요합니다.

반복되는 이야기지만, 이 시기의 아이들 간의 다툼이나 갈등은 서로 자기주장을 내세우고, 의견 차이를 겪으며 부딪히는 것이기 때문에 대인관계 등에 대해 배울 수 있는 좋은 기회입니다.

> **S('제3편 유아 후기'에도 등장한 아이)**
>
> 세 살짜리 전맹 여자아이이다. 같은 반에 친한 여자아이가 있는데, 항상 이 둘 또는 둘에 누군가가 끼어들어 소그룹으로 놀 때가 많다. 집도 이웃이고, 유치원을 다녀온 뒤에도 둘의 집을 방문해서 놀 정도로 사이가 좋다.

> 두 사람의 놀이 방식은 양측 모두 특별히 '보이는 것과 안보이는 것'을 의식하고 있는 것 같지 않다. 놀이 속에서 필요하면 도움을 주고 받는 것이 자연스럽게 이루어지고 있다. 둘이 함께 노는 것이 서로에게 즐거운 일인 것 같았다.
>
> 어느 날 유치원에서 점심을 먹고 난 후의 일이다. 원장 선생님과 다른 아이들 몇 명이 창가에 놓인 새장 속 문조[참새목의 새]에게 도시락을 먹고 남은 음식을 먹이고 있었다. 바나나를 먹는 문조의 행동이 이상해서 모두들 크게 웃었다.
>
> S는 옆자리에 앉은 친한 여자아이에게 '어떤 식으로 하는지 보고 와서 말해줘'라고 말한다. 하지만 여자아이는 일어나지 않은 채 자신의 놀이를 계속하고 있었고, S가 다시 '얘, 가서 봐봐'라고 말했지만, 여자아이는 '싫어'라고 대답하며 자리에서 일어나지 않았다.
>
> S는 '나는 눈이 보이지 않으니 문조새가 바나나를 먹는 모습을 보고 설명해주면 되지 않겠느냐'고 말했고, 상대방도 '난 지금 보고 싶지 않으니까'라며 지지않고 맞선다.
>
> 결국 서로 머리채를 잡아당기며 울 정도로 큰 다툼이 벌어졌다고 한다. 하지만 그날 저녁에는 둘 다 아무렇지도 않게 서로에게 말을 걸고, 서로를 다독이며 다시 친해지게 되었다.

성인의 놀이가 일의 피로를 풀기 위한 휴식 수단이라면 유아의 놀이는 삶 그 자체입니다. 유아의 교우관계도 놀이 속의 인간관계에 다름아닙니다. 앞서 말했듯이 유아는 놀이를 진행하며 충돌하고, 싸우고, 경쟁하고, 협력하는 경험을 통해 사회성을 발달시켜 나갑니다. 친구들과 함께 노는 것이 즐겁다고 느끼며 생각하는, 적극적으로 함께 어울리고자 하는 아이로 키우세요.

친구와 함께 놀기 위해서는 다른 아이의 물건과 자신의 물건을 구분할 수 있고, 자신의 물건을 빌려주거나 다른 아이의 물건을 빌릴 수 있는 능력, 차례를 기다릴 수 있는 능력 등을 먼저 익히게 해야 합니다.

또한 가정에 형이나 누나가 있는 경우, 안보이는 동생이 '불쌍하다'며 형제 중 가장 제멋대로인 존재로 두는 경우가 많습니다. 그런 상태에서 오랫동안 자란 아이들 중에는 아이들끼리 있어도 항상 자기 마음대로 하고 싶은 욕구를 억누르지 못하는 아이들이 있습니다.

유치원에서 견학을 갔을 때의 일입니다. 아이들끼리 줄을 지어 산책을 하는 도중, 아이와 함께 손을 잡고 있는 여자아이가 줄에서 떨어지는 것을 싫어해 서두르자고 해도 그 아이는 '괜찮아, 그렇게 서두르지 않아도 돼'라며 느긋하게 손을 잡아당기며 걷고 있었습니다. 또 자신이 관심 있는 곳에 쭈그리고 앉아 언제까지나 풀이나 흙을 만지작거리며, 다른 아이들이 힘들어해도 아랑곳하지 않는 모습도 보였습니다. 이런 상태를 방치하면 원만한 교우관계가 형성되기 어려울 뿐만 아니라, 종종 거부하는 태도까지 생길 수 있습니다.

엄마가 그런 상황을 보았을 때, 다른 아이에게 무리한 부탁을 하거나 반대로 자신의 아이를 함부로 꾸짖어서는 안 됩니다. 엄마는 그 자리에서 아이에게 주변 상황을 잘 설명해주고, 어떻게 해야 하는지 알려주어야 합니다.

③ 규칙 변경

형제와 놀 때 함께 안보이는 아이도 참여할 수 있도록 규칙 변경 방법을 함께 고민해주고, 마음껏 힘을 내서 노는 즐거움도 알려주세요. 항상 아이를 아기처럼 대하면 유치원 등에 입학해서도 그렇게 놀기를 원할 것입니다.

④ 말만으로 하는 놀이

아이가 말만 가지고 노는 것을 좋아하지 않나요? '방귀, 똥'이라고 말하며 즐거워하는 시기는 누구에게나 있지만, 언제까지나 그런 말을 하거나 기차 소리나 이상한 소리를 좋아하는 경향이 강한 아이에게는, 실제로 손과 몸을 사용하는 놀이로 유도하여 놀이 방법과 그 즐거움을 알려주세요.

유치원 등의 친구들도 말만으로 하는 놀이에, 처음에는 함께 웃고 떠들다가도 성장하면서 지루해져 이런 놀이에 응해주지 않는 경우가 많습니다.

⑤ 아이들끼리 놀기

외동으로 태어나 동네에서 또래 친구들과의 접촉이 적었던 아이 중에는, 아이들끼리 놀 때 끼어들지 않으려는 아이가 있습니다. 말도 잘하고, 어른 상대로 노는 것을 좋아하는 아이인데 또래 아이들과는 잘 놀지 못하는 것입니다. 성격도 한몫할 수 있습니다.

하지만 또래 친구들 중에는 '안보이는 것'을 잘 커버하며 놀아주는 경우가 적고, 오랫동안 어른들 속에서만 자란 아이들에게는 자신의 이야기를 잘 들어주고 잘 놀아주는, 어른들의 '보호' 속에서 노는 습관이 몸에 배어있기 때문일 수도 있습니다. 적극적으로 다른 아이들과 함께 할 기회를 늘려, 함께 노는 즐거움을 느끼게 해 주세요. 시간적 여유가 있더라도, 엄마가 상대가 되어 놀아주는 횟수를 의식적으로 조금씩 줄여보는 것도 좋은 방법이라고 생각합니다.

18.3 자녀의 발달을 돕기 위한 가정에서의 배려

아이가 유치원 등의 생활에 익숙해지고 초기의 여러 걱정이 해소되는 시기가 되면, 엄마도 긴장감에서 벗어나게 됩니다. 반면 아이를 바라보는 시선도 조금 느슨해져 가정에서의 세심한 배려가 부족해지기 쉽습니다.

부모라면 누구나 자녀가 날로 발전하기를 바라는 것이 당연합니다. 철봉에 매달릴 수 있게 되면 1초라도 더 오래 매달려 있기를 바라고, 그렇게 할 수 있다면 앞뒤로 돌아다니거나 발판 위에 올라서기를 바랍니다. 부모 입장에서는 그런 아이의 변화는 무엇보다 기쁜 일입니다. 유아기 시절에 비해 부모와 떨어져 생활하는 시간이 많기 때문에 부모는 그런 아이의 성장한 모습을 보고 깜짝 놀라기도 합니다.

안보이는 아이의 경우도, 유치원 등에서 생활한 후 자신의 성장을 기쁘게 받아들입니다. 아이들과의 생활은 안보이는 아이에게 강한 자극이 되어, 여러 가지에 대한 관심도 넓어집니다.

이런 식으로 아이에게 변화가 생길 때는, 가정에서도 아이가 직접 다양한 생활 경험을 해볼 수 있게 해 주고, 그 경험을 통해 새로운 지식이 잘 자리잡도록 해 주는 것이 중요합니다. 처음에 했던 걱정이 점차 줄어들고 아이가 잘 다녀오는 것을 안심하고 기다릴 수 있게 되더라도, 엄마가 '유치원에 데려다주는 것이 내 역할'이라는 식으로만 한정되지 않도록 주의가 필요합니다.

필자들이 안보이는 아동이 입학한 유치원 등을 견학하러 가면, 일단 유치원 생활을 할 수 있도록 입학 초기에 개선하거나 고안한 소지품을 몇 년이 넘도록 그대로 사용하고 있는 것이 보였습니다. 그 외에도 주먹밥 같은 것만 계속 먹는다거나, 졸업을 앞두고 있는데도 여전히 엉덩이까지 내놓고 소변을 보는 남자아이 등 입학 당시와 같은 단계에 머물러 있는 아이도 있습니다. 그 밖에도 유치원 이외의 생활 경험이 부족하여 과제를 충분히 이해하지 못하거나, 친구들과의 관계가 원활하지 않은 경우도 있습니다.

아이가 유아기에 충실한 삶을 살며 순조롭게 심신 발달을 할 수 있도록, 엄마는 따뜻한 애정과 세심한 배려로 아이의 성장을 도와주어야 합니다.

기본 생활습관 확립

유치원 교육요령에는, '기본생활습관'은 '가정에서의 생활경험을 고려하여 유아의 자립심을 기르고, 유아가 다른 유아들과 관계를 맺으며 주체적인 활동을 전개하는 가운데 생활에 필요한 습관을 익히도록 하는 것'이라고 명시되어 있으며, 어린이집 보육지침에도 '3세아 이상의 보육'에 같은 취지의 내용이 기술되어 있습니다. 그러나 3세 이후 유치원에서의 생활은 신변의 자립이 어느 정도 이루어졌다는 것을 전제로 하고 있는 것 같습니다.

따라서 안보이는 아이의 경우에도 취학 전 지도를 통해 그 확립을 도모하는 것이 바람직하지만, 훈육의 시작이 늦어지거나 보고 모방할 수 없는 등의 이유로 자립이 늦어지는 경우가 많아 충분히 확립되지 않은 채로 입학하는 경우가 많습니다.

유치원 등에서의 생활에서 기본적인 생활습관과 관련된 활동을 가능한 한 빨리 자립적으로 할 수 있게 되는 것은, 아이가 생활 전반을 자발적이고 능동적으로 보내는 데 큰 영향을 미칩니다. 따라서 가정에서도 다음과 같은 점을 고려하여 아이가 기본 생활습관을 확립할 수 있도록 도와주는 것이 좋습니다. 이를 위해서는 자립의 단계에 따라 쉬운 것부터 어려운 것까지 단계적으로 진행하며, 자립 정도에 맞는 소지품 등을 고안하는 것이 중요한 포인트가 됩니다.

① 식사(도시락)의 자립

먼저 유치원 등의 생활에서 당장 자립이 필요한 '도시락'에 대한 고려 사항을 기술합니다.

제18장 유치원 입학 후의 여러 가지 문제와 대응

> V(4세 남아, 전맹)
>
> 네 살에 유치원에 입학한 전맹 남자아이, 명랑하고 활동적이지만 손놀림이 서툴고, 특히 식사 자립에 있어서는 지체 현상이 두드러졌다. 엄마의 말에 따르면, V의 식사 지연은 이유식 때부터 시작되었는데, 섭취량이 적고 음식에 대한 선호도도 편식이 있어서 먹는 것에 대한 관심이 없었다고 한다. 취학 전까지의 엄마의 관심은 조금이라도 더 많이 먹이는 것이 우선이었고, 식사예절이나 편식 교정은 부차적인 것이었다고 한다.
>
> 입학 초기에는 도시락 반찬의 종류가 몇 가지 안 되는 데다, 식사 방법도 반찬이나 밥이 손에 닿는 것을 싫어해 손끝으로 집어먹는 것조차 할 수 없는 상태였다. 어떤 방법이든 혼자서 식사하는 것은 V의 독립성을 키우는 데도 중요하다고 판단해 이를 위한 배려와 노력을 기울였다.
>
> 거의 1년이 지날 무렵에는 숟가락과 포크를 사용하며 흘리지 않고 먹을 수 있게 되었다. 또 반에서 몇몇 친구들과 친해지면서 친구들의 도시락 내용물에도 관심을 가지게 되면서 편식이 조금씩 사라졌다.
>
> 또한, 자신의 도시락을 스스로 챙길 수 있게 되면서 수업 당번에도 적극적으로 참여하는 태도를 보이게 되었다.

위 사례와 유사한 아이가 유치원 생활에서 자립적으로 식사할 수 있도록 도시락은 다음과 같은 점을 고려하여 만들어야 합니다.

처음엔 손으로 집어서 먹어도 좋으니 어쨌든 혼자서 흘리지 않고 먹을 수 있는, 손에 쥐었을때 너무 끈적거리지 않는 것을 먹을 수 있는 양만큼만 넣도록 주의가 필요합니다. [표 4-2]

안보이는 아이들은 상대적으로 편식하는 아이들이 많다고 하는데, 그런 아이들이 다른 아이들과 마찬가지로 다 먹었다는 만족감을 느끼고 먹는 것에 대한 의욕을 가질 수 있도록 하기 위해서도 이런 주의가 필요합니다.

또한, 흘리지 않고 먹는 것도 중요합니다. 흘렸을 때 어디를 엎질렀는지 금방 찾을 수 없기 때문에 깨끗하게 뒷정리를 하기가 어렵기 때문입니다. 특히 냅킨을 펴는 등 조작이 어려운 단계에서는 차라리 냅킨을 사용하지 않아도 되도록 흘리지 않고 먹을 수 있는 방법을 고안합니다. 도시락 뚜껑은 알루미늄 호일이나 랩처럼 부드러운 것은 피하고, 손으로 만져도 뚜껑이 움직이지 않아 어디에 무엇이 들어있는지 쉽게 확인할 수 있는 것을 사용하는 것이 좋습니다.

표 4-2 자립 초기의 도시락

메뉴 예시

- 한입 크기의 주먹밥 (김으로 감싼 밥은 잘 씹히지 않기 때문에, 주먹밥을 단단히 만들거나, 표면을 살짝 구우면 손에 잘 묻지 않아 먹기 편하다.)
- 샌드위치 (내용물은 씹기 편한 것으로 채우기)
- 비엔나 소시지
- 메추리알 장조림
- 사과 (껍질을 벗기고 씨를 제거한 후 먹기 좋은 크기로 자른 것)

유의사항

- 손으로 쥐고 먹어도 괜찮으니 혼자서 흘리지 않도록 좋아하는 음식을 먹을 수 있는 양만큼만 넣는다.
- 포장을 풀거나 뜯어야 하는 경우 푸는 방법이나 구분선이 명확하여 이해하기 쉽고 조작하기 쉽도록 한다.
- 음식을 만지는 것을 싫어하는 경우 손에 닿아도 끈적거리지 않는 것을 넣는다.

집에서 숟가락과 포크를 사용할 수 있게 되면 자립 단계에 따라 표 4-3과 같은 도시락을 준비합니다. [표 4-3] 이 단계에서도 랩과 같이 찢어지기 쉬운 포장지는 숟가락으로 밥을 뜰때 찢어져 밥과 함께 먹게 될 수 있으므로 피하는 것이 좋습니다.

점심시간에 사용하는 소지품이 너무 많은 것은 바람직하지 않습니다. 깜빡 잊어버리거나 좁은 공간에서 손을 움직이다가 차 등을 흘릴 수 있기 때문입니다.

특히 자신의 물건을 스스로 정리할 수 있는 능력이 아직은 미숙한 단계에서, 점심시간에 사용하는 물건은 컵과 도시락(도시락 가방) 정도로 최소한으로 제한

숟가락만으로 식사할 수 있는 메뉴 예시	숟가락과 포크를 구분하여 식사하는 메뉴 예시
• 비빔밥 또는 볶음밥 • 과일(별도 용기)	• 흰 쌀밥과 반찬 • 과일(별도 용기)

표 4-3 그 후의 도시락

합니다. 또한, 숟가락만 잘 사용할 수 있는 상태에서 큰 젓가락통에 젓가락이나 포크까지 넣는 것은 피하는 것이 좋습니다.

숟가락과 포크 사용법, 식사 등 자립과 관련된 가정에서의 지원에 대해서는 유아전기, 후기편에 기술되어 있으니 참고하시기 바랍니다.

② 배설의 자립 (화장실 구조의 이해, 남자아이의 배뇨, 배변에 편리한 의복의 고안)

유치원 등 화장실의 구조 및 화장지나 수세식 변기의 위치, 사용법을 학습하고 지도하는 것은 유치원 등에서만 가능합니다. 이러한 지도는 입학 전에 모의적으로 할 수 있지만, 모의라는 것을 이해하지 못하는 아이에게는 실제로 용변을 보고 싶을 때를 포착하여 반복하는 것이 효과적이므로, 유치원 등의 인력에 여유가 없는 경우에는 자립할 때까지 엄마가 동행하는 등의 방법도 생각해 볼 수 있습니다.

한편, 가정에서는 배설에 편리한 옷을 고안하는 것은 물론, 배설과 관련된 기본적인 것들, 즉 배설의 올바른 자세, 화장지 사용법, 손 씻는 법, 배설에 필요한 의복 조작 등을 할 수 있도록 도와주세요. 또한 교사와 엄마가 기회를 포착하여 아이 스스로 자립에 대한 의욕을 높일 수 있도록 격려하고 독려하는 것이 매우 중요할 것으로 생각됩니다.

또한 배변의 자립에 관한 지도는 유아기밖에 그 기회가 없고, 특히 안보이는 아이들의 경우 실패 여부를 확인하기 어렵고, 실패 후 뒷처리를 충분히 할 수 없다는 점을 고려하면, 더럽히지 않고 사용할 수 있도록 하는 것은 매우 중요한 문제입니다. 확실하게 할 수 있을 때까지 가정과 유치원 등에서 세세한 관찰과 지도가 이루어지는 것이 바람직하다고 생각합니다.

* 화장실 구조에 대한 이해

일반적으로 화장실의 변기나 손 씻는 곳의 배치, 문 사용법 등은 통일된 규칙이 없고, 유치원 별로 제각각인 경우가 많습니다. 화장실 입구 부근에 마련된 의자에 앉아서 아이들이 차례를 기다리는 방식을 취하는 곳도 있습니다. 그런 점에서도 실제 유치원 화장실을 이용한 지도가 중요하다고 할 수 있습니다.

먼저 화장실 입구의 위치, 화장실 내 개인실과 남자아이용 소변기의 위치, 손 씻는 곳의 위치 관계를 파악해야 합니다. 이는 단기간에 익히기 어려운 내용이기 때문에 시간적 여유가 있을 때 아이와 함께 말을 걸면서 확인하도록 합니다. 이때 입구를 들어서서 직선적으로 따라갈 수 있는 동선을 만들어 주세요.

유치원 등에서의 생활에서는 활동의 구분, 식사 전이나 낮잠 전 등 생활 리듬에 맞춰 변기에 앉는 시간을 마련하여 배변 리듬을 만드는 것이 목적입니다. 여러 친구와 함께 화장실을 이용할 때는 이동에 시간이 걸리므로 주변에서 서두르지 않도록 안내 등을 해주어야 합니다. 아이가 안심하고 화장실을 이용할 수 있는 것이 최우선입니다.

같은 유치원 등에서도 1, 2세 아이반은 화장실에 문이 없거나 변기가 나란히 놓여 있는 등 개방적인 공간이지만, 3세 이상 반이 되면 아이들의 프라이버시를 배려한 개인실로 되어 있는 것 같습니다. [사진 4-1, 4-2]

사진 4-1 유치원 등의 화장실 구조 / 사진 4-2 화장실 개인실 내의 구조

개인실 내 변기 방향은 바깥쪽을 향해 배변을 하는 경우가 많은 것 같습니다. 이는 배변 지도의 목적 때문입니다. 일반 가정집이나 외출 시 개인실에서는 변기 방향이 일정하지 않기 때문에 아이에게 다양한 패턴이 있다는 것을 함께 가르쳐야 합니다. 바깥쪽을 바라보고 변기에 앉게 되므로 개인실 내에서 방향

전환을 해야 합니다. 개인실 내 변기의 위치, 벽과 변기의 위치, 높이를 직접 만져보고 확인하게 합니다.

예를 들어, 처음에 한쪽 벽을 따라 개인실에 들어가서 다른 한 손으로 변기의 위치를 확인한 후, 벽에 대고 있던 손을 떼고 변기 앞에 섭니다. 그 자리에서 몸의 방향을 180도 돌려야 하는데, 어려운 경우에는 변기에 손을 댄 채로 몸을 돌리거나, 돌아선 후 벽을 따라가던 손으로 벽을 확인(바깥쪽을 향하게 됨)하는 등의 단계를 밟는 것도 중요합니다.

양변기의 위치를 확인했다면, 옷(바지나 바지)을 무릎까지 내리고 변기에 앉습니다. 이때 너무 많이 내려서 바닥에 닿지 않도록 주의해야 합니다. 여자아이는 치마가 변기 안에 들어가지 않도록 치마를 들어 올린 후 앉을 수 있도록 말해주는 것도 필요합니다.

또한 1990년대 초등학교에서는 아직 쪼그리고 앉는 변기가 많았기 때문에 빠른 적응을 돕기 위해 일부러 동일한 변기를 사용하게 하는 유치원도 적지 않았지만, 지금은 모두 수세식 양변기로 바뀌었습니다. 따라서 당시 쪼그리고 앉는 변기를 사용하던 유치원에서는, 아이들이 변기 사용에 익숙해지기까지 많은 시간이 걸렸습니다.

개별 화장실을 이용할 때에는 화장실에 들어갈 때 문이 열려 있는 경우가 많아 문을 닫는 것에 대한 인식이 부족한 것으로 보입니다. 화장실에 들어가서 변기에 엉덩이를 대고 바깥쪽을 바라본 상태에서 변기에 앉기 전에 문을 닫는 것도 함께 지도가 필요합니다.

또한, 다른 친구들이 화장실을 사용하고 있는지 확인하거나 문을 두드리는 등의 방법으로 확인하는 것도 함께 알려주세요. 이는 필요도가 낮은 가정에서도 장려하고 습관화하면 좋을 것 같습니다.

빨리 숙달하고 안정시키기 위해 초기에는 항상 정해진 장소의 정해진 변기를 사용하게 하는 것도 한 가지 방법입니다.

안보이는 아이에게는 손으로 만지는 것이 가장 정확한 확인 수단이지만, 초반에 충분히 만져보게 한 후에는 다른 아이들도 화장실 안에서 손으로 만져야 하는 부분 외에는 손으로 만지지 말고 가급적이면 발로 위치를 확인하게 하는 것이 좋습니다.

하지만 안보이는 아이는 어쩔 수 없이 만져보고 확인해야 하는 경우가 많습니다. 화장실을 깨끗하게 유지하는 것도 중요하지만, 사용법이 미숙한 유아에게 이를 기대할 수는 없습니다. 따라서 비누뿐만 아니라 가급적이면 어린이집 화장실에 손 소독제를 비치하여 손 소독도 교육시킬 필요가 있습니다. 물 내리는 방법, 휴지 사용법 등은 화장실 구조를 가르칠 때 손 씻을 수 있는 기구가 어디에 있는지, 어떻게 사용하는지 함께 지도하면 좋을 것 같아요.

화장지 사용법도 보이든 보이지 않든 어린 나이에는 힘듭니다. 한 손으로 롤을 잡고 한 손으로 화장지를 떼내는 것은 생각보다 어려운 일입니다. 처음에는 길게 만들어 두었다가 양손으로 뜯어내게 해도 좋을 것 같아요. 그리고 잘라낸 종이는 조금 쌓아두고, 여자아이의 경우 반드시 앞쪽에서 뒤쪽으로 닦아내도록 주의시키는 것은 두말할 나위도 없습니다.

* 남자아이의 배뇨에 대해

남자아이가 서서 소변을 볼 때, 변기나 몸을 더럽히지 않고 소변을 보거나 엉덩이까지 바지를 내리지 않고 소변을 보는 기술을 익히는 데 많은 문제가 있습니다.

먼저, 더럽히지 않고 소변을 보는 기술입니다. 바지를 벗고 소변을 본다고 해도 추가적인 조치 없이 바로 소변을 본다면, 자신의 몸을 더럽히거나 변기를 더럽힐 수 있습니다. 남자아이들에게 공통적으로 나타나는 현상인데, 이를 방지하기 위해서는 반드시 성기 끝을 잡아당겨서 오줌줄기가 소변기 안을 향하도록 방향을 잡고 소변을 보아야 합니다. 배뇨시 양다리를 약간 벌리고 서서 손으로 성기를 잡아당긴 후 소변을 보거나, 배를 내밀어 소변을 보면 소변기나 옷을 더럽히지 않고 소변을 볼 수 있습니다.

유치원 등에 비치된 소변기는 바닥까지 길게 내려온 형태이기 때문에, 몸의 위치만 잘 잡으면 실패 없이 소변을 볼 수 있습니다.

하지만 벽걸이형 소변기는 안보이는 아이들이 사용하기가 쉽지 않습니다. 변기의 위치 확인이 어렵고, 게다가 소변으로 인해 더러워졌을 가능성이 높은 볼록한 부분이 첫 번째 단서인 경우가 많기 때문입니다. 따라서 손으로 확인하는 것은 가급적 피하는 것이 좋습니다.

벽걸이형에 국한된 것은 아니지만, 여러 개의 소변기가 줄지어 있는 경우에는

제 18장 유치원 입학 후의 여러 가지 문제와 대응

가능한 한 가장자리에 있는 것을 이용하고, 벽면을 단서로 삼아 변기를 찾으면 손으로 만지는 일이 적습니다. 벽걸이형의 경우 특히 변기 정면을 향하고 있는지 확인하기 어렵기 때문에 벽면을 이용해서 벽면과 직각 방향으로 서서 게걸음으로 변기 방향으로 나아가면서 볼록한 부분의 둥근 끝부분을 허벅지 쪽에서 찾게 하는 것이 좋습니다.

이렇게 변기와 평행하게, 둥근 끝부분에 서서 볼록한 부분 위에 성기가 위치해 있는 지를 다리 근처에서 확인하고(유아용 변기라면 당연히 그렇게 되어 있을 것입니다) 소변을 보도록 합니다.

또한, 소변기가 설치되어 있지 않은 경우, 쪼그려 앉는 변기든 양변기든 엄마나 선생님 등 보호자가 함께 있는 특별한 경우를 제외하고는 여자아이처럼 쪼그리고 앉아서 성기를 아래로 향하게 하여 소변을 보는 것이 가장 확실한 방법입니다. 이는 배뇨할 때 상황에 따라 개인차가 있고, 안보이는 아이가 이러한 변기 앞에 일어선 채로, 변기 크기에 맞게 방향을 정하여 소변을 흘리지 않고 배뇨하는 것이 매우 어렵기 때문입니다.

여러 가지 이유로 서서 소변을 보는 자립에 큰 어려움이 예상되는 경우, 서 있는 것만을 고집하지 말고, 먼저 앉은 자세로 소변을 보는 자립을 확보하는 것이 중요합니다.

다음으로 바지를 엉덩이까지 내리지 않고 소변을 보는 기술인데, 일반적으로 남자아이들은 일찍부터 서서 소변을 보게 됩니다. 소변기가 설치된 어린이집 등에서는 2세 전반이 되면 속옷을 다 벗지 않고 화장실에서 바지 등을 발밑까지 내리고 서서 소변을 보는 훈련을 시작한다고 합니다. 훈육 시기에도 크게 영향을 받지만, 유치원에 입학하는 4세 아이들도 월령에 따라 바지를 내리지 않고 배뇨를 하고 있고, 5세 아이들도 대부분 그런 자세로 소변의 자립이 가능한 것 같습니다.

아이는 앉아서 소변을 보는 것이 실패의 위험이 적지만(가정에서는 서양식 변기 뿐인 경우가 많아 소변이 튀지 않도록 앉혀서 배변지도를 한다), 익숙한 장소나 변기에서는 서서 소변을 보는 데 큰 문제가 없습니다. 또한 주변 남자아이들이 모두 서서 소변을 보는 상황에서 혼자만 앉아서 소변을 보는 것은 다른 아이들에게 '자신보다 어린 아이'라는 인상을 심어주기 쉽습니다. 처음에는 바지나 바지를 발밑까지 내리고(무릎까지 내리는 것은 옷을 더럽히기 쉽고, 배뇨 시 무릎을 접는 자세를 취하는 데에도 좋지 않습니다.) 소변을 보게 하고, 일단은 서서 하는 것에 익숙해지게 합니다.

바지를 내리지 않고 지퍼만 내린 채 바지 가랑이 부분을 통해 성기를 꺼내어 소변을 보게 하는 훈련의 전 단계로, 짧은 반바지 등의 경우에는 바지 밑단을 통해 성기를 꺼낸 채로 소변을 보게 하기도 합니다. 이 경우 바지 밑단으로 성기를 충분히 꺼내고 소변기쪽에 붙여서, 변기에 똑바로 소변을 볼 수 있도록 주의를 기울여야 합니다.

바지 가랑이 부분에서 성기를 꺼내는 방법은 다소 어렵지만, 그 어려움이라 하는 것도 보이는 아이들과 별 차이가 없기 때문에 순서를 실제로 연습해보게 하면서 가르치는 방법밖에 없습니다. 바지 지퍼를 내리고 그 속의 팬티를 내려 성기를 꺼내는 것이 어렵다면 가정에서는 팬티에서 빼내는 연습을 시키고, 그것이 가능해지면 바지와 팬티로 단계적으로 가르치는 것이 효과적입니다.

＊ 배변에 편리한 의류의 고안

아이의 배변 자립 정도에 따라 배변에 편리한 의복을 고안하여 입히는 것은 배변 자립의 확립에 있어서 중요한 역할을 합니다. 단추나 지퍼 등의 조작이 어려운 단계에서는 배변이 쉽도록 허리에 고무줄이 있는 옷을 입히도록 합니다. 상의가 너무 길면 소변에 의한 오염의 위험이 있으므로 주의해야 합니다.

여자아이의 경우 너무 긴 치마나 주름이 많은 치마, 멜빵 바지 등도 같은 걱정거리입니다.

남자아이가 바지를 내리지 않고 소변을 보는 경우 가급적 가랑이 전체가 지퍼로 넓게 열리는 바지를 준비합니다. 가랑이의 일부만 열리는 것은 조작이 매우 어렵습니다. 사이즈 4~5호까지는 가랑이 전체가 지퍼로 되어 있는 남아용 바지가 시중에서 판매되고 있습니다.

③ 옷 입고 벗기의 자립성

옷의 입고 벗기에 관해서는 '제2편 유아 전기', '제3편 유아 후기'를 참고하세요.

일반적으로 유치원 등의 생활에서 필요한 의복의 입고벗기는 주로 유치원복이나 작업복(놀이복) 등이 대상입니다. 그러나 신체검사나 수영장 지도시에도 속옷이나 치마, 바지를 입고 벗고, 개는 등의 동작을 익혀야 합니다.

안보이는 아이에게는 이러한 동작이 쉽지 않습니다. 그 이유는 옷의 형태를 파악하기 어렵고, 형태를 파악하더라도 소매구멍에 팔을 잘 끼워넣는 등의 동작이 쉽지 않기 때문입니다. 하지만 이런 어려움이 있더라도 스스로 옷을 입고 벗는 것은 가능하며 이를 위한 지도 방법과 자립을 돕는 의복의 고안이 중요합니다.

단추가 달린 겉옷 등 조작이 어려운 옷을 제외하면, 보통 옷입기와 벗기는 유치원 입학 전에 대체로 어려움 없이 가능합니다. 그러나 유치원 입학 후의 탈의는 다시 그 옷을 입어야 하므로 이를 고려해야 합니다. 아이는 앞과 뒤의 구분이 어렵기 때문에 뒤집어지지 않도록 탈의에 신경을 써야 합니다.

이를 위해 양말은 발끝부터 잡아당겨 벗고, 바지나 치마 등은 허리까지 내린 뒤, 옷이 뒤집어지지 않게 밑단을 잡아당긴 후 발을 빼는 것이 좋습니다. 앞이 트인 상의를 벗을 때는 팔을 몸에 붙이면서 벗고, 긴 소매의 경우 소매를 잡아당겨서 벗는 것이 좋습니다.

목이 둥근 옷이나 셔츠 등 착용하는 옷을 벗을 때는 팔을 먼저 빼고 소매를 잡아당겨서 벗는 것이 좋습니다. [그림 4-7]

그림 4-7 소매를 잡아당겨서 벗는 모습

이처럼 최대한 뒤집어지지 않도록 옷을 벗어야 하고, 간단한 옷의 경우 뒤집힌 옷을 앞면으로 돌려놓는 방법도 알려주어야 합니다. 앞뒤를 구별하는 방법은 먼저 옷을 똑바로 평평하게 놓고 옷의 가장자리를 만져본 뒤, 주로 바느질 선의 유무로 구별하도록 합니다.

'제3편 유아 후기'의 반복이지만, 만져보기만으로 앞뒤 구분이 어렵다고 판단되는 의복에는, 작은 셔츠 단추나 펠트 등 만져보면 쉽게 알 수 있는 천을 작게 오려서 꿰매는 등 최소한의 표시를 해두도록 합니다.

머리부터 입는 스웨터나 셔츠 등은 뒷면 밑단에 작은 단추 등을 달아두면 단서가 될 수 있습니다. 같은 형태의 속옷과 티셔츠를 구별하고, 앞뒤를 판단하는 데 있어 셔츠에 부착한 이름표를 단서로 삼은 사례도 있습니다. 남자아이의 팬티는 앞뒤의 차이에 주의하도록 합니다. 이처럼 착용하는 의복의 상황에 따라 유연하게 대응하는 것이 중요합니다.

새로 구입해야 할 때는 가급적 앞가슴에 주머니가 있거나 자수 장식이 있는 등 만져보고 구별하기 쉬운 것을 고르는 것이 좋습니다.

일반적으로 유아기에 조작이 어려운 옷으로 뒷부분이 열리거나 끈으로 묶어야 하는 옷이 있습니다. 이런 옷은 안보이는 아이에게도 어려움이 있기 때문에 유치원에서는 입히지 않는 것이 좋습니다. 멜빵 바지 등도 제대로 입히기 어렵습니다. 하지만 최근에는 등 부분 끈의 좌우 구분이 명확하고 조작이 쉬운 멜빵도 시중에 판매되고 있습니다.

당연히 불가능할 것 같은 일이라도 이런 도구를 찾아내는 것으로 아이의 의복의 입고 벗기를 스스로 할 수 있도록 도와주는 경우가 있습니다.

④ 가정생활에서 경험하게 하고 싶은 것

'제3편 유아 후기'의 '14. 안보이는 아이와 가족의 삶'[p.252] 에는 가정에서 가족, 친척, 이웃과의 교류와 경험의 실제 사례가 담겨 있습니다. 자신의 가족에 맞춘 생활 내용과 방법도 고안해 보세요.

여기서는 몇 가지 유의사항을 적어보겠습니다.

아이들의 이동은 유치원 등 통학은 물론이고, 쇼핑이나 외출 시에도 가급적 전철이나 버스 등의 교통수단을 이용하거나 걸어서 이동했으면 합니다.

자가용을 이용하면 안보이는 아이는 창밖을 바라보며 새로운 것을 발견하고 즐길 수 없기 때문에 지루할 뿐만 아니라 실제적인 경험은 아무것도 하지 못한 채로 끝나게 됩니다.

길을 걷다가도 아이가 스스로 길가의 나무의 새싹이 부풀어 오르거나 튤립이 피는 것을 알아차리지 못하지만, 함께 손을 잡고 걷다 보면 실제로 만져보고 알려주고 싶은 것, 아이가 모르는 것이 많다는 것을 알게 될 것입니다.

그냥 지나치면 경험하지 못하는 것일 경우, 일부러라도 멈춰서서 가르쳐 주세요. 전할 수 없는 것들도 많기 때문에, 만질 수 있는 것이라면 무엇이든 만져보게 할 정도의 마음을 갖는 것이 중요합니다. 그렇게 생각하면 아이에게 많은 것을 가르쳐야 하고, 아이도 그만큼 배우게 됩니다. 그리고 하나의 직접적인 경험은 그것으로 끝나지 않고 다른 새로운 경험에 도움이 될 것입니다.

또한 안보이는 아이는 다른 사람이 하는 일이나 사물을 보고 자연스럽게 받아들이고 익숙해지는 것이 어렵기 때문에, 가까운 사람(예: 가족)의 인상에 영향을 받아, 직접 경험하기 전에 고정관념을 가지게 되는 경우가 많습니다.

예를 들어, 벌레를 싫어하는 엄마가 항상 파리 한 마리, 나방 한 마리 때문에 난리를 치는 경우, 아이는 집안에서 파리 날갯짓 소리만 들어도 무서워하거나 벌레를 절대 만지지도 않는 아이로 자랄 수 있습니다.

말을 능숙하게 사용하게 되고, 경험의 부족을 말로만 보충하려고 하는 아이들이 있습니다. 자신이 경험하지 않은 일이라도 엄마나 친한 친구가 말하거나 경험한 것을 그대로 믿고 말하기도 합니다. 처음엔 괜찮지만, 점점 그 자리에 맞지 않거나 말만으로는 부족함을 보충할 수 없게 됩니다. 직접 경험은 반복되어야 하며, 안보이는 아이에게 이는 정말 중요한 일입니다.

유치원 등의 과제 달성을 위한 지원

안보이는 아동이 유치원 등의 생활에서 필요한 과제를 달성하는 데 있어, 특히 가정의 도움이 필요하다고 생각되는 것은 '표현'에 관한 영역입니다. 유치원 교육요강에서는 '표현' 영역의 목표를 '느낀 것, 생각한 것 등을 소리나 움직임 등으로 표현하고, 자유롭게 쓰고, 만들 수 있다' 등으로 정하고 있습니다.

하지만 특히 조형 활동의 '목표'처럼 '자유롭게 쓰고, 만드는 것'은 안보이는 아이들에게 그리 쉬운 일이 아닙니다. 안보이는 것이 가장 큰 원인이지만, 그 외에 경험이 적은 것도 한 몫을 합니다. 이 때문에 많은 아이들이 유치원 등에 입학할 시기가 되어도 그림을 그리거나 물건을 만드는 등 조형 활동을 위한 기술을 익히지 못하는 경우가 많습니다.

조형 활동은 점차 과제가 복잡해짐에 따라 다양한 도구를 사용하게 되고, 친구들과 협동해야 하는 큰 작품 등을 포함하게 됩니다. 하지만 초기에는 누구나 즐겁게 참여할 수 있도록 그림이나 점토, 종이접기 등을 혼자서 할 수 있도록 하는 경우가 많습니다. 또한 이러한 조형 활동은 단순히 계획된 활동 시간에만 이루어지는 것이 아니라, 자유놀이 시간 등에도 많은 아이들이 각자 자신의 화첩에 좋아하는 탈것을 그리거나, 점토로 물건을 만들거나, 포장지로 비행기를 접거나, 블록으로 공룡 만들기에 열중하는 모습을 볼 수 있습니다.

또한 유치원 등에 따라서 점심식사 후 일정 시간 동안 그림 그리기나 점토 놀이를 하도록 지시하는 경우도 있는데, 비교적 자주 하는 활동인 것 같습니다.

기초적인 기술 습득은 나중에 복잡하고 다양한 활동을 할 때 기초가 됩니다. 가정에서도 여유로운 시간 속에서 즐겁게 조형 활동을 할 수 있도록 도와주세요.

여기에서는 '제3편 유아 후기'와 중복되는 내용도 포함되어 있으니, 그 부분도 참고하시기 바랍니다.

① 그림

그림을 그리기는 아이들에게 쉬운 일이 아닙니다. 안보이는 아이의 경험은 주로 촉각적인 것이기 때문에 입체적이지만, 그림은 평면적인 표현이기 때문입니다.

일반적으로 아이들은 1세 전후부터 연필이나 크레파스를 들고 그림을 그리기 시작하며, 오랜 경험을 통해 점차 형태를 갖춘 그림을 그리게 됩니다.

하지만 안보이는 아이들의 경우, 유치원 등에 입학하기 전까지는 이런 경험을 하지 못하는 경우가 대부분입니다. 막상 그리려고 해도 크레파스 잡는 법, 힘 주는 법부터 하나하나 지도하게 됩니다.

A4용지나 도화지에 크레파스로 선을 긋다 보면, 그린 흔적이 손에 닿아 끈적끈적하기 때문에 자신이 그린 것을 알 수 있습니다. 하지만 선의 궤적의 재미를 충분히 느끼기 어렵고, 색의 차이에서 오는 아름다움을 알 수 없습니다. 그래서 안보이는 아이들에게는 놀이로 성립하기 어렵습니다.

안보이는 아이들을 위해 그린 흔적이 만져져 알기 쉽도록 고안, 개발된 메쉬망판과 레이즈 라이터[p.167]에 대해서는 '제3편 유아 후기'에서 다루었으니 참고하세요.

제 18 장 유치원 입학 후의 여러 가지 문제와 대응

* 모양을 그리기까지

처음에는 바느질 판을 사용하다가 숙달되면 레이즈 라이터로 넘어갑니다. 레이즈 라이터를 사용할 때는 고무판 위에 물을 묻혀 단단하게 짠 스펀지 등으로 톡톡 두드린 후 얇은 투명 시트를 올려놓으면 판에 잘 밀착되어 그리기 쉬워집니다.

지도 순서는 다음과 같습니다.

A4용지를 메쉬망판 위에 올려놓고 충분히 그리게 하고, 크레파스를 올바르게 잡는 법, 힘을 가하는 법 등을 연습합니다.

수직선, 수평선, 물결선 등을 그려놓고 그 위에 손가락으로 따라 그리게 하거나 어떤 선이 그려져 있었는지 맞혀보게 합니다. 그리는 것뿐만 아니라 그린 것을 만져보고 충분히 알 수 있도록 하는 것이 중요하며, 그리는 의욕으로 이어집니다. 스스로 '이런 선이 그려져 있어요'라고 말하게 하거나, 이미지를 공책이나 책상 위에 손가락으로 그려보게 합니다.

직접 손을 잡고 어떻게 손을 움직이면 어떤 선을 그릴 수 있는지 지도합니다. 다소 구부러져도 하나 하나 선을 그리는 것, 그리고 그린 흔적을 하나 하나 따라가며 확인하는 것이 중요합니다. 세로, 가로, 대각선 선을 그립니다.

'모양 그리기' 지도는 동그라미를 그리는 것부터 시작합니다. 동그라미에 가까운 것은 이미 손그림 단계에서 자연스럽게 그리는 경우가 많지만, 이 단계에서는 의식적으로 그리게 합니다. 처음에는 대개 팔을 빙글빙글 돌리면서 여러 겹의 긴 원을 그리는 경우가 많습니다.

하지만 아이가 동그라미를 그리기 위해서는 팔을 둥글게 움직여야 한다는 것을 알고, 더 나아가 동그란 선을 만져보고 '동그라미다'라고 판단할 수 있게 되는 것은, 모양을 그리도록 유도하는 전제로서 중요한 일입니다. 동그라미가 그려진 것을 함께 기뻐하고 격려하는 것이 좋습니다.

그 다음에는 얇은 원형 블록이나 링의 안쪽 등을 손으로 잡고 따라가면서 만들어진 원을 만져보게 하는 등 아이가 점차 한 겹으로 닫힌 도형을 알아차릴 수 있도록 유도합니다.

* 한 겹의 닫힌 형태를 그리기

아이는 어디서부터 그림을 그리기 시작했는지, 그 출발점을 시야에 넣으면서 그릴 수 없습니다. 따라서 처음 시작한 점으로 돌아가는 닫힌 형태를 제대로 그리는 것은 매우 어려운 일입니다. 이를 위해서는 왼손이 종이를 잡는 것뿐만 아니라 그리기 시작점을 확인하는 등 중요한 역할을 해야 합니다. 원을 그릴 때는 어디서부터 그리기 시작했는지 왼손가락으로 항상 확인하게 하고, 왼손이 지시한 점으로 돌아가도록 그리게 합니다.

* 점과 점을 연결하기

점과 점을 연결하는 것도 다양한 모양을 예쁘게 그리기 위한 기본입니다. 왼손가락으로 첫 번째 점을 확인하고 크레파스를 대고, 또 다른 점을 왼손으로 눌러서 한 번에 똑바로 선을 그리도록 합니다. 가로선을 그릴 때는 오른쪽에서 왼쪽으로 선을 그리는 것이 왼손으로 점을 확인하기 쉽습니다.

* 삼각형이나 사각형 그리기

왼손가락으로 길이를 측정하고, 비교하고, 점을 확인하는 등 합리적인 왼손 사용법을 익히게 합니다.

* '그림' 그리기 지도

입체적인 것을 평면적으로 표현하는 것도, 블록과 같이 형태 이미지가 쉬운 것이라면 점차 그릴 수 있게 됩니다. 하지만 자신의 주변 사물이나 경험한 것을 표현하기에는 어려움이 많은 것 같습니다. 실제로 만질 수 있는 물건은 아주 단순한 형태부터 그리는 방법을 지도해 나가면 상당히 복잡한 것까지 그릴 수 있게 되고, 이를 바탕으로 상상력을 발휘해야 하는 그림으로 발전할 수 있는 가능성이 생깁니다.

> W(여아, 5세, 전맹)
>
> 다른 아이들이 그림을 그리는 것을 보고 들으면서 점차 자신도 그림을 그리고 싶다는 욕심이 생겼다고 합니다. 엄마가 얼굴을 만져주며 그리는 방법을

알려주자 점점 능숙해져 매일 그리게 되었고, 처음에는 얼굴의 윤곽과 눈, 코, 입만 그렸는데 머리카락과 귀도 그리고 안경도 그릴 수 있게 되었습니다. 그리고 그 후에는 튤립, 접시와 과자, 테이블 등도 엄마의 약간의 조언을 받으면서 나름대로 그릴 수 있게 되었습니다.

한 번은 해바라기 꽃을 직접 만져보고 엄마가 레이즈 라이터로 그림을 그려주자, 잘 만져본 후 '큰 동그라미 주위에 작은 꽃잎이 많이 붙어 있네요'라며 빠르게 그려서 엄마를 놀라게 했다고 합니다.

이 아이뿐만 아니라, 유치원에서 비행기를 그리라는 말을 들은 아이가 집에 있는 모형 비행기의 모양을 떠올리며 레이즈 라이터로 똑같이 그리거나, 소풍에서 꺾은 꽃을 잘 만져보고 자신이 그린 튤립과의 차이점을 확인하여 거의 정확하게 그리는 사례도 있다고 합니다.

안보이는 아이는 그림을 그릴 수 없다고 처음부터 단정 짓고 지도하지 않는 것은, 아이의 가능성을 제한하는 것이나 다름없습니다. '점토 놀이뿐만 아니라 그림도 그려보고 싶었다'는 안보이는 아이들의 목소리도 있습니다.

사물이나 풍경을 평면적으로 표현하는 방법은 안보이는 아동에게는 어려운 일이고, '꽃'이라고 하면 항상 같은 모양을 그리는 경우가 많을지도 모릅니다. 하지만 입체적인 것을 평면적으로 표현하는 방법을 아는 것은 안보이는 아이들의 표현의 폭을 넓힐 뿐만 아니라 새로운 표현의 가능성을 실현하는 것이라고 생각합니다.

② **점토**

점토 제작은 자신이 만든 모양을 손으로 만져보고 알 수 있기 때문에, 안보이는 아이도 제작에 특별한 어려움이 없습니다. 유치원 등의 생활을 견학하다 보면, 자유시간에 안보이는 아이들이 만들어낸 것은 놀라울 정도로 사실적이며, 안보이는 아이의 경험을 뛰어넘어 삶의 넓이를 다시 한 번 느낄 수 있을 정도로 다양하고 상상력이 풍부합니다.

안보이는 아이들이 만든 작품을 충분히 서로 만져보고 관찰할 수 있는 기회를 제공하여, 섬세하고 상상력 있는 제작에 대한 동기를 부여합니다. 안보이는 아이가 만지고 관찰한 것을 표현하는 방법은 특징적인 부분을 강조하거나 확대하는 등 다양하므로, 사실적이지 않다고 해서 '미숙하다'고 단정 짓지 않는 배려가 중요합니다.

또한, 점토와 같이 끈적끈적한 것을 손에 쥐는 것을 싫어하거나 유치원 등에서 사용하는 기름 점토의 냄새를 싫어하는 아이들도 있습니다. 그 결과 점토를 가지고 놀 기회가 줄고, 점토를 뜯거나 말거나 펴는 등의 활동을 하지 못하는 경우가 많은 것 같습니다.

하지만 점토 제작은 안보이는 아이들도 유치원 조형 활동에서 쉽게 접할 수 있는 활동입니다. 오일 클레이도 무취의 것, 나무 향이 나는 것, 항균성이 있는 것 등이 시판되고 있으므로 이를 사용하면 좋습니다. 또한 가벼운 재료로 만들어진 점토가 시중에 판매되고 있지만, 아이가 어느 정도 무게감을 느끼는 것이 좋으므로 너무 가벼운 것은 부적합한 것 같습니다. 처음에는 친숙하고 쉬운 '만두 만들기'부터 시작해 '접시', '뱀' 등 기본적인 지도를 통해 제작 의욕을 키울 수 있도록 하는 것이 좋습니다.

가정에서는 쿠키나 도넛 등을 만들 때 반죽하는 단계부터 아이와 함께 반죽을 하고, 다양한 모양을 만들어서 굽는 등의 경험을 하게 하는 것이 중요합니다.

또한, 점토에 대한 자세한 내용은 '제3편 유아 후기'[p.163] 을 참고하세요.

③ 종이접기

안보이는 아이 중에는 종이접기를 좋아하는 아이도 있고, 반대로 잘 못하는 아이도 있습니다. 먼저 종이를 접으면 여러 가지 모양이 만들어지는 재미에 눈을 뜨게 하는 놀이를 함께 해보세요.

기본적인 접기 방법을 익히면 유치원 등에서 다른 아이들과 함께 참여할 수 있습니다. 집에서 정중하게, 천천히 시간을 들여 기본적인 접는 방법을 익힐 수 있도록 합시다.

종이접기에 대해서는 '제3편 유아 후기'[p.168] 도 참고하시기 바랍니다.

제 18장 유치원 입학 후의 여러 가지 문제와 대응

* 직사각형 접는 방법

두꺼운 종이로 가로세로 10cm 정도의 사각 종이를 준비해 올바른 접는 방법을 지도합니다.

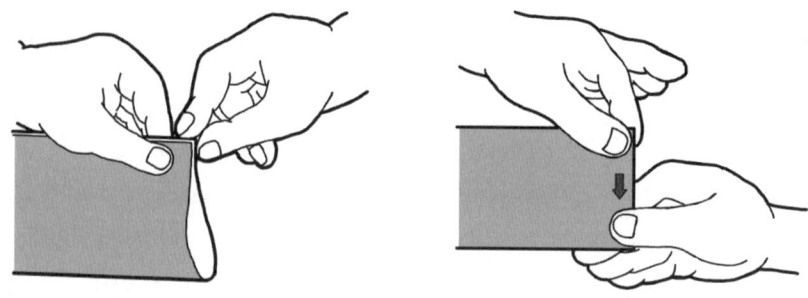

그림 4-8 모서리를 맞춘다 / 그림 4-9 주름을 잡는다.

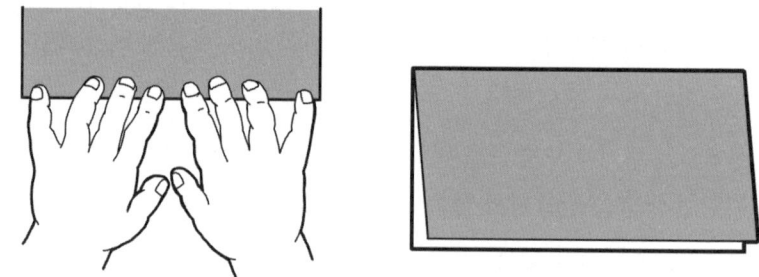

그림 4-10 접힌 부분을 손가락으로 꾹꾹 눌러서 주름이 확실히 잡히도록 한다 / 그림 4-11 주름 잡힌 부분을 위로 한다.

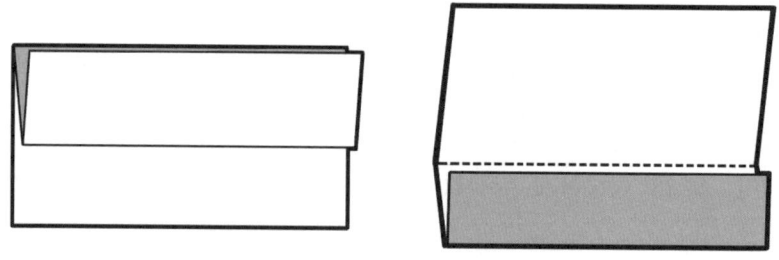

그림 4-12 주름이 잡히지 않은 아랫쪽을 접어 위쪽 주름에 맞춘다 / 그림 4-13 다시 반대로 접어 주름잡힌 부분을 안쪽으로 접는다.

■ 모서리와 모서리를 맞춘다

종이의 한쪽 끝을 한 손 검지와 엄지손가락으로 문질러서 모서리가 겹쳐서

하나가 되게 합니다. 확인은 오른손 검지와 엄지손가락으로 합니다. [그림 4-8]
- ■ 주름을 잡는다
  모서리가 깔끔하게 겹치면 종이접기를 그대로 모서리가 어긋나지 않게 잡고 오른손 검지, 엄지손가락을 겹친 모서리에서 미끄러뜨리며 꾹꾹 눌러 접습니다. [그림 4-9]
- ■ 반대편 모서리와 모서리를 맞대고 똑같이 주름을 잡는다
- ■ 두 모서리의 아래쪽 모서리를 각각 한 손 중지와 약지로 누르고 검지로 가운데로 밀어 넣어 대략적인 주름을 잡은 후, 왼손으로 주름을 누르고 오른손 검지로 꾹꾹 눌러서 강한 주름을 잡는다 [그림 4-10]

* 주름 안팎에 맞게 접는 방법

접은 후의 주름 밖[그림 4-11]과 안쪽은 촉각적으로 잘 보이지 않기 때문에 그 선에 맞춰서 접는 것은 매우 어려운 일입니다.

- ■ 종이접기를 열지 않고 반드시 바깥 주름이 맞추도록 한다. [그림 4-12] 안 주름에 맞출 때는 반드시 바깥 주름이 지게 다시 접은 후, 선에 맞출 수 있도록 한다. [그림 4-13]

④ 가위

안보이는 아이들은 일반적으로 가위를 사용하는 시기가 늦어, 가위질을 잘 하지 못하는 경우가 많습니다. 가정에서도 가위 사용 시간을 늘려서 자르는 즐거움을 경험하게 해주세요. 가위를 잘 못 쓸 때는 '위험하다'는 이유로 잘 잘리지 않는 가위를 주기도 하는데, 안보이는 아이는 특히 처음에 종이와 직각으로 가위를 사용하는 것이 어렵습니다. 따라서 이런 가위로는 가위날 사이에 종이가 끼어 전혀 자르지 못하거나 찢어져서, 서걱서걱 자르는 즐거움을 맛볼 수 없습니다. 차라리 최대한 잘 자를 수 있는 가위를 사용하는 것이 좋습니다.

처음 연습하는 단계에서는 얇은 종이보다 광고지처럼 두꺼운 종이가 자르기 쉽고, 자르는 느낌이 잘 전달되어 아이들의 흥미를 끌 수 있습니다.

또한, 가위에 대한 내용은 '제3편 유아 후기'[p.173] 을 참고하시기 바랍니다.

- 가위날 사이에 종이를 끼워주고, 아이는 한 손으로 가위를 잡고 자르는 연습을 하게 한다.

  유아용 가위 중에는 스프링으로 가위날이 자동으로 펼쳐지는 것도 있으니 처음에는 그런 것을 사용해도 좋을 것 같습니다.

  먼저 잘린 것을 확인하게 하는 것이 좋습니다. 자신의 움직임과 잘리는 소리의 감촉에 기뻐하고, 대개는 몰입하게 되므로 충분히 시켜보세요.

- 한 손으로 가위날을 펴는 연습을 한다

  종이를 끼워주고 마찬가지로 자르게 합니다. 엄지손가락은 구멍에, 새끼손가락을 제외한 나머지 손가락은 다른 구멍에 넣으면 펴기 쉽습니다.

- 직접 종이를 들고 자른다

  처음에는 한 번의 손놀림으로 자를 수 있을 정도로 폭이 좁고, 손에 들고 자르는 부분이 기울어지지 않는 크기의 종이를 준비합니다. 1~2cm 정도 바깥쪽으로 나오도록 잡고, 열린 가위날 사이에 넣은 것을 종이를 잡은 채로 가위날에 닿게 하여 확인하게 한 후 자르게 합니다. 자른 것을 눈처럼 만들어서 놀게 하면 즐거워합니다.

  이 때, 실제로 손가락을 가위에 살짝 끼워보면서 어떻게 하면 위험한지 알려주고, 눈앞에 사람이 있는 경우 가위를 내밀거나 휘두르지 않도록 충분히 주의를 주는 것이 중요합니다.

- '서걱서걱' 자르는 연습

  큰 종이를 들고 가위날의 중간까지 자르면 다시 가위날을 넓히면서 가위날 안쪽까지 종이가 들어가도록 이동시켜 '서걱서걱'하고 자르는 연습을 합니다.

  처음에는 중간까지 자르면 바로 종이를 안쪽으로 넣는 방법을 알려주며 요령을 익히게 합니다. '서걱'하고 끝까지 자르면 다시 같은 곳에 가위날을 넣기가 어렵다는 것, 다시 넣게되면 자른 자리가 들쭉날쭉해져서 지저분해진다는 것도 알려줍니다.

  가위날의 밑부분에 종이를 끼워 넣은 채로 자를 수있게 되면, 그 다음에는 끈 모양의 긴 종이를 2개의 끈으로 만들거나, 네모난 종이를 바깥쪽에서 둥글게 '서걱서걱' 조금씩 잘라내어 긴 끈을 만드는 놀이를 해봅니다. [사진 4-3]

■ 일정한 선을 따라 자르는 연습

유치원 등의 제작 현장에서 자주 하는 작업입니다. 똑바로 자르는 것부터 둥글게 자르는 것, 둘레를 자르지 않고 잘라내는 작업 등이 있습니다.

만져보면 잘라낼 부분을 알 수 있도록 고안해야 합니다. 룰렛으로 점선을 긋거나, 주름을 잡거나, 혹은 레이즈 라이터 등으로 긋고 볼록한 선을 만드는 등의 궁리가 필요합니다. 좀 더 알기 쉽도록 룰렛으로 표시를 하기 전에 그 부분에 셀로판지를 붙이거나, 잘라낼 부분에 두꺼운 종이를 붙이고 그 벽을 따라 가위를 움직이도록 하는 방법도 있습니다.

똑바로 자를 때는 자르는 부분을 구부려서 왼손으로 종이를 잡아당겨 가위날에 밀착되도록 작업하면 선상에서 깔끔하게 자를 수 있습니다. [사진 4-4] 곡선이나, 구부릴 수 없는 경우에는 왼손으로 선을 확인하고 가위날 끝이 선상에 있는지 확인하면서 책상 위나 무릎 위 등에서 작업하게 합니다. [사진 4-5]

'선을 따라 자르기'는 아이에게는 어려운 작업입니다. 정확하게 자르지 않더라도 만져보면 알 수 있는 선 등을 단서로 삼아, 자신의 이미지대로 모양을 자르는 재미를 느낄 수 있도록 해 주세요. 가정에서도 잘한 것을 칭찬해주고, 즐겁게 자르는 경험을 많이 쌓아주세요.

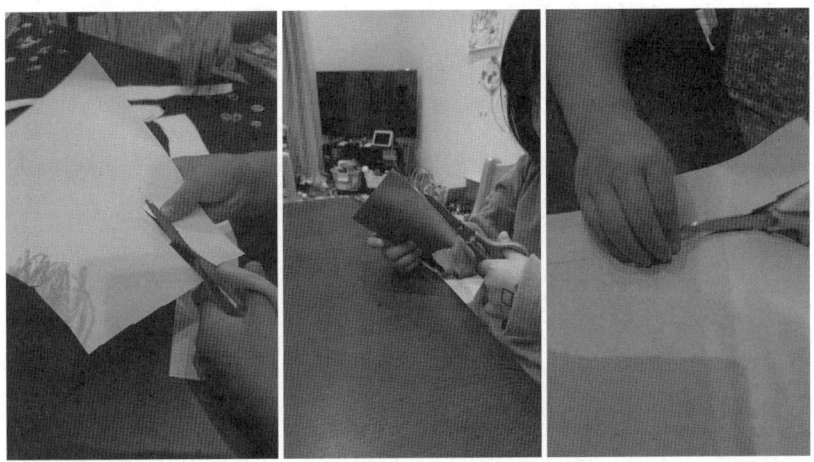

사진 4-3 서걱서걱 하고 잘라 나간다 / 사진 4-4 자를 부분을 접어서 자른다 / 사진 4-5 책상 위에서 왼손으로 자를 부분을 확인하고, 가위날과 충분히 맞춰서 자른다.

⑤ 그림책

유아기에 그림책을 보는 것은 정서를 풍부하게 하고, 지식을 주는 등의 측면에서 중요하다고 알려져 있습니다. 현재 시각장애인을 위한 수제 그림책은 각지의 동호회 활동을 통해 상당수가 만들어지고 있으며, 이러한 활동으로 점차 시각장애인이 이해하기 쉽고 즐길 수 있는 그림책이 늘어나는 중입니다. 또한 촉감이나 장치를 즐길 수 있는 시판 그림책도 많아지고 있습니다.

하지만 가능한 한 내 아이를 위해 아이가 좋아하는 재료로, 아이의 발달단계에 맞춰 직접 그림책을 만드는 것도 중요합니다. 완성된 그림책을 아이와 함께 즐긴 후, 유치원 등의 책꽂이에 꽂아두어도 좋습니다.

자유놀이 시간에 아이는 책장에서 자신의 그림책을 꺼내어 집에서 읽었던 내용을 떠올리며 즐길 수 있습니다. 다른 아이들도 직접 만든 그림책이 마음에 들어 함께 볼 것이 틀림없습니다. 그렇게 되면 안보이는 아이와 다른 아이들을 이어주는 놀이가 하나 더 늘어나게 될 것입니다.

이렇게 아이에 맞춰 쉽고 아이가 좋아하는 것부터 조금씩 모양이 복잡하고 평면적인 것까지 한 권씩 만들어가며 아이와 엄마가 함께 즐기는 것이 중요합니다. 시간적 여유가 없다면 자원봉사자의 도움을 받는 것도 좋고, 힘들다고 느껴지면 오랜 실천 경험을 가진 서클 사람들의 조언을 구하는 것도 좋은 방법입니다. 어쨌든 그림책을 충분히 즐기기 위해서는 무엇보다 먼저 아이 스스로가 실생활 경험이 풍부해야 합니다.

마지막으로, 그림책을 만들 때 기본적으로 지켜야 할 사항들을 정리해 보겠습니다.

- 모양은 실제로 손으로 만지거나 쥐고 있는 느낌에서 최대한 벗어나지 않도록 하는 것이 좋겠죠(갑자기 얇은 천을 붙이지 말고, 컵·책상·의자 등은 페이지를 펼치면 일어서도록, 문·창문·커튼도 열고 닫을 수 있도록, 꼬리·귀·잎·꽃잎·나비 날개·바퀴 등도 움직일 수 있도록 한다).
- 간결하고 이해하기 쉬운 그림을 선택합니다. 내용에 맞게 생략된 형태로 표현하는 것도 중요합니다.
- 가능한 한 실물에 가까운 재질을 선택합니다.
- 특히 직접 만져보고 형태를 체험할 수 없는 것들은, 고정된 이미지나 만든

사람의 이미지를 그대로 전달할 위험이 있기 때문에 충분히 주의해야 합니다. 이를 방지하기 위해서는 글이나 읽어주는 사람의 설명으로 보완하거나, 그런 소재가 나오는 다른 그림책을 주는 등 아이 스스로 자유롭게 이미지를 확장할 수 있도록 도와주는 것이 좋습니다.
- 그림책에는 원근법 등 시각적 이미지가 많이 포함되어 있습니다. 하지만 특히 초기에는 화면의 위아래를 그대로 현실의 위아래로 취급하는 것이 더 이해하기 쉬울 것입니다.

또한, 그림책에 대한 내용은 '제3편 유아 후기'[p.178] 도 참고하시기 바랍니다.

18.4 일상적으로 반복되는 활동을 달성하는 데 도움이 되는 지원

아침 조회, 인사하기, 노래 부르기, 귀가 노래 등 매일 반복되는 활동은 매일 반복되는 교사의 지도를 통해 점차 확실하게 할 수 있게 됩니다. 하지만 부족할 때는 교사와 상의하여 가정에서도 보충하는 연습을 하는 것도 중요합니다.

① 몸짓을 수반하는 노래와 인사말

먼저 교사가 손을 잡고, 발을 잡고, 말로 보충해 주면서 할 수 있을 때까지 반복해서 가르쳐야 합니다. 유아 후기 편에서도 언급했듯이 자신의 몸을 올바른 형태로 움직일 수 있는 것은 일상생활 동작이나 운동뿐만 아니라 효율적인 보행을 위해서도 중요한 일입니다.

안보이는 아이가 보이는 아이와 다르게 움직이는 경우, '안보이는 아이가 즐기는 자유로운 움직임'으로 보려는 관점도 중요합니다. 다만, 안보이는 아이에게는 다른 아이들이 어떤 움직임을 하는지 알려주어야 합니다. 다른 아이들이 무엇을 하고 있는지에 주의를 기울이는 것은 성장하면서 매우 중요해집니다. 또한, 주변 아이들도 '보이지 않기 때문에 할 수 없다'고 생각할 수 있습니다. 만약 교사가 시간을 내어 가르칠 시간이 없을 때는 엄마가 기억해 두었다가 집에서 가르치면 됩니다.

예를 들어, 이야기하는 선생님이나 대답하는 친구에게 얼굴을 돌리기, 자신의 이름을 부르면 대답하고 팔을 똑바로 들어 올리기, 친구와 악수하고 고개를 끄덕이기 등이 있습니다. 안보이는 아이에게는 이러한 행동이 매우 어렵습니다.

집에서 연습을 해서 할 수 있게 되면, 아이는 주변 아이들의 움직임과 같은 리듬과 소리를 내며 스스로 움직이고 있다는 것을 알아차리고 기뻐합니다. 아이가 '이렇게 하면 돼?'라고 묻는다면 '그럼 잘 하고 있어, 인사는 턱을 조금 더 당기고 머리와 몸을 함께 굽히면 돼'라고 격려해 주세요.

② 체조나 리트믹 등의 동작

①과 동일하게 대응해 주세요. '제3편 유아 후기'에서는 기본적인 동작을 소개하고 있습니다. 시간을 내어 아이의 눈높이에 맞춰 하나씩 익히게 해주세요. 특히 아이에게 어려운 것은 라디오 체조의 '팔을 흔들고 다리를 굽혔다 펴는 운동'처럼 양팔의 움직임과 양다리의 움직임을 협응시키는 동작입니다. 또 에어로빅처럼 곡의 리듬에 맞춰 온몸을 움직이는 동작도 어렵습니다. 한 가지를 익히면 다음 동작을 새로 익힐 때 큰 도움이 됩니다.

('제3편 유아 후기'에 등장했던) R이 어린이집 고학년반에서 배운 리트믹의 녹화 영상을 볼 기회가 있었습니다. 놀이방에서 피아노 반주에 맞춰 다른 아이들과 함께 큰 원을 그리며 갤럽 뛰기, 스킵 뛰기, 손을 크게 움직이며 뛰다가 엎드리다가 하며 즐겁게 임하고 있었습니다.

R은 선생님의 반복적인 지도를 통해 실력이 늘었지만, 오랜 시간을 들인 결과로 보입니다. 하나하나 기초적인 몸동작을 익히고, 이를 바탕으로 다음 어려운 동작을 익히기를 반복한 결과라고 생각합니다.

18.5 행사 등의 활동을 달성하기 위한 지원

유치원 등에서 진행되는 연간 행사는 앞서 예시한 바와 같이 매우 많으며, 행사 전에는 그 준비를 위한 연습에 많은 시간을 할애하는 경우가 많은 것 같습니다. 많은 행사들은 평소 보육과는 다른 배려가 필요하며, 교사와 엄마의 협력 체제가 필요할 것으로 보입니다.

① 원외 보육 (소풍)

원외 보육에는 유치원 주변 산책, 공원 놀이, 대중교통을 이용한 소풍 등이 있습니다.

4월	개학식, 입학식
5월	엄마의 날 보육참관, 소풍, 소운동회
6월	아빠의 날 보육참관, 칫솔질 대회
7월	칠월칠석 축제(작은 음악회), 여름방학 보육(1박 보육)
8월	불꽃놀이
9월	운동회 예행연습, 부모와 자녀의 대운동회
10월	고구마 캐기(졸업 소풍)
11월	문화제, 바자회
12월	크리스마스 모임 연주 발표회, 떡메치기 체험
1월	인형축제 예행연습
2월	인형축제, 졸업식

표 4-4 어느 유치원의 고학년 연간 행사 예시

소풍은 교사가 치밀한 계획과 사전 답사, 사전 준비를 통해 진행하기 때문에 걱정되는 점 등을 사전에 유치원과 충분히 공유하는 것이 중요합니다. 또한 어떤 교통수단을 이용할지, 몇 시간 동안 이동하는지, 소풍 장소와 목적, 어디서 무엇을 할 것인지 등에 대해 아이에게 설명하고 아이와 함께 시뮬레이션을 해보는 것도 좋습니다.

안보이는 아이에게는 처음 가는 곳에서 무엇을 해야 하는지 이해하는 데 시간이 걸립니다. 가정에서도 사전에 활동 내용을 충분히 확인해 두는 것이 좋습니다.

초등학교 저학년 무렵에 소풍을 가는 경우, 특히 갓 입학한 어린아이의 경우 위험을 피하기 위해 엄마의 동행을 요청하는 경우가 많다고 합니다. 동물원 나들이에 동행한 엄마들의 소감으로는, 보이는 아이들이 동물을 보고 환호성을 질러도 직접적으로 즐길 수 없다는 것을 실감했다고 합니다. 하지만 코끼리가 문에 코를 여러 번 부딪히는 소리를 설명해줘서 재미있게 즐길 수 있었다는 기록이 있었습니다.

가을 고구마 캐기 체험은 엄마의 동행 없이도 충분히 즐길 수 있는 것 같습니다. 아이에게 일정과 목적지에 대한 알기 쉬운 설명, 준비물이나 도시락에 대한 설명, 화장실 등에 대한 설명과 함께 엄마가 동행하지 않을 예정이고, 곤란한 일이 생기면 선생님에게 말하기 등을 충분히 이야기해 주세요. 또한 교사가 모르는 아이의 특성이나 응급상황 발생 시 가정과의 연락 방법, 주치의와의 연락 등 유치원과 보호자 간에 충분히 이야기하고 서로 이해하는 것이 중요합니다.

고학년이 되면 교사는 안보이는 아이를 충분히 이해할 수 있고, 돌발 상황에도 대처할 수 있는 자신감이 생겨서 엄마나 보호자의 동행 없이도 실시할 수 있게 됩니다. 이미 오랜 시간 유치원 등에서 생활하면서 교사와 아이들과의 신뢰 관계가 깊어지고 있는 것입니다.

엄마는 아이에게 '어려운 일이 생기면 선생님께 큰 소리로 알려야 해'라고 주의를 주되, '즐거운 일 많이 하고 돌아와서 엄마한테도 알려줘'와 같이 아이가 불안해하지 않도록 격려해 주세요. 사례에서 보듯이 엄마의 걱정을 뒤로하고 오히려 엄마가 동행하지 않았기 때문에 자유로운 즐거움을 만끽할 수 있었던 것 같습니다. 엄마들은 아이가 집에 돌아와서 보고하는 것을 기대하며 기다리도록 합시다.

> **유치원 교사의 기록**
>
> Y(남아, 4세, 전맹)에게는 엄마가 동행하지 않는 첫 소풍. 보조교사가 한 명 더 합류. 버스가 출발할 때, Y의 엄마의 불안한 표정. 목적지에 도착해서 애벌레 달리기, 포크댄스 후 반별 점심식사.
>
> Y는 '소풍이 재미있어요'라고 되풀이해서 말한다. 자유놀이에서는 친구들과 손을 잡고 넓은 들판에서 마음껏 뛰놀며 기쁨을 온몸으로 표현하며 '즐거웠어요, 선생님 정말 재밌었어요'를 연신 외친다.

② **생활 발표회**

생활 발표회는 아이들이 평소 활동하면서 할 수 있게 된 것을 발표하는 자리입니다. 아이들이 잘하는 것을 가족이나 손님들 앞에서 발표함으로써 아이들에게 '할 수 있다'는 자신감과 즐거움을 줄 수 있습니다.

무대에서 떨어질 위험을 방지하기 위해 무대 가장자리에 발로 만져보면 알 수 있는 두꺼운 거친 테이프를 붙이기도 합니다. 무대 위에서의 위치나 무대 위 움직임에 대해서는, 도구를 실제와 같이 배치한 무대에서 여러 번 연습을 하는 등 세심한 배려가 필요합니다.

아이는 친구들의 움직임을 보고 따라 할 수 없기 때문에 노래에 맞춰 춤추는 동작뿐만 아니라 연극에서 손가락으로 가리키기, 올려다보기, 놀람, 웃음, 울음, 마주보기, 손 흔들기 등의 동작을 하나하나 가르쳐야 합니다. 또한 대사를 멀리 있는 사람에게도 들릴 수 있도록 말하는 것 등도 시간을 들여 충분히 연습하는 것이 바람직합니다.

시간 관계상 교사의 지도가 충분히 이루어지지 않는 경우, 엄마의 협조가 필요할 수 있습니다. 집에서 아이와 함께 해보는 것도 아이의 자신감 향상에 도움이 됩니다.

③ 운동회

운동회도 당일 관중들에게 보여주기 위한 것이 아니라 아이들의 성장을 위한 학습으로 하는 것입니다. 야외에서 의욕적으로 몸을 움직이는 즐거움과 성취감을 맛 보이는 중요한 행사입니다. 매일의 연습을 통해 친구들과 함께 활동하며 팀을 응원하고, 친구들과 소통할 수 있는 소중한 기회이기도 합니다.

안보이는 아이에게, 넓고 위치를 파악할 단서가 적은 운동장 등에서 친구들처럼 뛰거나 연기를 하는 것은 매우 어려운 일입니다. 알기 쉬운 표식이나 일정한 소리로 유도하는 것도 중요합니다. 교사가 도와주거나 친구들과 함께 움직이는 장면도 있을 것입니다. 운동회 참가 종목에 따라서는 안보이는 아이도 함께 참여할 수 있도록 배려해야 합니다.

운동회 당일에 대비해 많은 연습을 하고, 아이들의 단결력도 강해집니다. 당일에는 엄마를 비롯한 가족들이 모두 함께 지켜보며 응원하는 것이 좋습니다. 참가 종목에 따라 사전에 가정에서 함께 연습하고 격려하는 것도 중요할 것입니다.

제 19장

전문적인 교육 내용

맹학교가 아닌 유치원 등에서 보육과 교육을 받는, 안보이는 아동은 전문적인 교육이 부족하지 않을까 걱정하는 경우가 있습니다. 안보이는 아동이 취학 전까지 습득하는 것이 바람직한 교육 내용에는 어떤 것들이 있을까요?

한국 교육부는 3~5세 연령별 누리과정의 주요 구성 방향을 다음과 같이 제시하고 있습니다. '가. 질서, 배려, 협력 등 기본생활습관과 바른 인성을 기르는 데 중점을 두어 구성한다. 나. 자율성과 창의성을 기르는 데 중점을 두고, 전인발달을 이루도록 구성한다. 다. 사람과 자연을 존중하고, 우리 문화를 이해하는 데 중점을 두어 구성한다. 라. 만 3 5세아의 발달 특성을 고려하여 연령별로 구성한다. 마. 신체운동·건강, 의사소통, 사회관계, 예술경험, 자연탐구의 5개영역을 중심으로 구성한다.'

이는 보이거나 안보이거나, 어떤 아이든 자신의 가족이나 지역, 소속된 집단 안에서 자아를 실현하며 살아가는 데 필요한 과정으로 볼 수 있습니다.

맹학교 유치원에서는 안보이는 아이들 개개인의 힘을 키우는 것을 목표로 하고 있습니다. 이를 위해 유치원 입학 이전부터 실시해 온 조기교육 상담과 연계하여 전문적인 지식과 기술을 가지고 아동이 보유한 시각, 청각, 촉각 등의 감각을 충분히 활용하여 주변 상황을 파악할 수 있도록, 주변의 구체적인 사물이나 신체 움직임과 언어를 연결하여 기초적인 개념을 형성 하는 역할을 수행합니다.

이 책에서는 안보이는 아동의 영유아기 발달을 주로 사례를 통해 밝혀 왔습니다. 유치원 등의 생활에 대해서도 안보이는 아이들이 청각과 촉각 등을 활용하여 자립해 나가는 과정을 필자들도 생생하게 알 수 있었습니다. 이를 통해 아이들이 안보이는 것에서 파생되는 여러 가지 어려움을 하나하나 극복해 나가고 있다는 점과, 몸을 움직이며 주변 환경을 알아가고, 친구들과의 집단생활 속에서 자립심과 협동심 등을 키워나가고 있다는 것을 알 수 있었습니다.

특히 유치원 등 일상 생활에서 손이나 손가락으로 만진 물건을 알아보는 능력도 길러지고 있습니다. 이는 안보이는 아이들에게는 매우 중요한 일입니다. 손이나 손가락으로 만지고, 따라가는 등의 동작을 연속적으로 수행하면서 얻은 정보를 연결하여 사물의 이미지를 만들어 냅니다. 그 이미지를 말로 표현함으로써, 말만 들어도 경험한 것을 떠올릴 수 있게 됩니다. 그리고 말로 다른 사람에게 전달할 수 있고, 자신의 이미지와 다른 사람의 이미지를 비교하거나 수정함으로써 더욱 정확하고 세밀한 촉각적 관찰을 할 수 있게 됩니다.

이상과 같이 유치원 등에서 유아기를 보낸, 안보이는 아동들은 유치원 교사의 다양한 배려와 지도, 부모의 양육방법 등을 통해 순조로운 발달을 이룰 수 있었다고 생각합니다.

다음은 맹학교의 안보이는 아동을 위한 전문적인 교육 내용을 개략적으로 소개합니다.

주로 취학 후 배워야 하는 맹학교의 전문적인 교육 내용을 미리 알아두면 부모가 안심할 수 있습니다. 취학 전이라도 필요하다면 아이의 상태에 따라 집에서 보충할 수 있습니다.

또한, 맹학교가 아닌 지역 초등학교에 입학할 때 합리적 배려를 요청할 때도 참고할 수 있습니다.

【시각장애 아동을 위한 전문적인 교육 내용】

맹학교에서는 시각장애에 따른 학습상, 생활상의 여러 가지 어려움을 극복하고 자립할 수 있도록, '자립활동'이라는 특별한 지도내용을 마련하고 있습니다. 건강유지, 심리적 안정, 인간관계 형성, 환경 파악, 신체 움직임, 의사소통의 여섯 가지로 구분하여 정리된 내용이 제시되어 있습니다.

① 손가락을 이용한 촉각으로 관찰하는 방법

제 19장 전문적인 교육 내용

② 주변 사물의 위치, 방향, 크기 등 환경 이해, 입체와 평면의 이해
③ 수량 개념의 이해, 주판으로 계산하기
④ 운동 동작이나 보행에 관한 것
⑤ 점자의 습득
⑥ 기본 생활습관 및 생활동작의 습득
⑦ ICT[1] 활용
⑧ 시각적 인지력 향상
⑨ 자기 장애에 대한 이해와 환경 조정

위와 같은 지도를 바탕으로 초등학교와 동일한 국어, 수학, 과학, 사회 등 각 교과목의 내용을 시각장애에 맞게 고안된 교재 교구를 사용하여 학습합니다. 그리고 스스로 자발적이고 주체적으로 깊이 있게 학습하여 미래에 살아갈 수 있는 힘을 키웁니다.

이러한 교육 내용은 이 책이 지금까지 '제1편 영아', '제2편 유아전기', '제3편 유아후기'에서 설명한 내용을 기초로 하여 그 위에 쌓아가는 것입니다.

'만지고 관찰하는 힘'은 보행, 점자, ICT 학습, 각 교과 학습 등 다른 모든 학습의 기초가 됩니다. 지금까지 자신의 손과 손가락, 온몸을 이용해 생활해 온 아이들에게 충분히 길러진 능력이라고 생각합니다.

최근에는 유아기부터 ICT 활용이 활발하게 이루어지고 있습니다. 자신이 관심 있는 것을 찾아보고, 자신의 생각을 전달하고 많은 사람들과 소통하면서 자신의 세계를 넓혀갈 수 있는 가능성이 열리고 있습니다. 시각장애를 가진 아이들에게 많은 사람들과 소통하는 것은 매우 중요한 일입니다.

또한 유아기에 글자를 쓰거나 읽을 수 있는 아이들도 많이 볼 수 있습니다. 안보이는 아동이 점자를 배울 수 있는 시기는 만 6세 전후라고 하니, 문자 학습에 대한 준비가 되어 있는 아이는 상급반 때부터 점자를 도입하는 것이 좋습니다. 유치원 등의 생활에서 점자를 읽음으로써 얻을 수 있는 효용은 의외로 많습니다. 예를 들어, 그림책에 만져보고 알 수 있도록 천 등을 붙이는 등의 노력을 기울여

---

1) ICT란? ICT는 Information and Communication Technology의 약자로 정보 통신 기술을 의미하며, ICT 교육은 이 정보 통신 기술을 학교 등의 수업이나 활동 등에 활용하는 활동을 말합니다. 칠판이나 교과서, 노트와 함께 프로젝터, 컴퓨터, 태블릿 등의 정보기기를 활용하거나 프로그래밍 능력을 기르는 교육입니다.

도 충분히 시각적인 느낌을 전달하지 못하는 경우, 점자로 설명을 덧붙이는 등 보완할 수 있는 것입니다.

여기서는 보행 학습, ICT 학습, 점자 입문기 학습에 대한 내용을 다루었습니다. 주로 유아기에 할 수 있는 내용을 중심으로 다루고 있지만, 점자 등에 관해서는 초등학교 취학 후에 할 수 있는 내용도 포함되어 있으니 참고하시기 바랍니다. 어디까지나 아이의 발달을 고려하여 진행하는 것이 중요합니다.

19.1 보행학습

시각장애인이 흰지팡이를 이용해 혼자서 도로를 안전하고 효율적으로 목적지까지 걸을 수 있게 되는 것이 보행학습의 목표입니다. 이러한 흰지팡이 등을 이용한 보행학습은 초등학생이 되면서 본격적으로 이루어집니다.

유아 단계에서는 주로 흰지팡이를 이용한 보행학습을 효과적으로 수행하기 위해 학습을 준비하는 데 목적이 있습니다.

아이는 자신의 몸을 움직일 수 있게 되고, 배밀이, 네발기기, 붙잡고 걷기, 혼자 걷기 등의 과정을 거치면서 집 안의 상황을 파악하고 자유롭게 걸을 수 있게 됩니다. 나이가 많아질수록 그 장소는 집 주변, 공원, 유치원 등으로 확대됩니다. 그때그때의 아이들의 모습과 육아에 대한 고려사항은 '제1편 영아'에서 '제2편 유아전기', '제3편 유아후기'에서도 다루고 있으니 참고하세요.

엄마와 함께 길을 걸을 때, 언덕길이나 계단, 울퉁불퉁한 길이나 가드레일 아래, 넓은 건물 등 차이에 따라 발로 만지는 느낌이나 소리가 다른 것을 알게 하거나, 길 주변에 있는 물건 등을 만져보게 합니다.

유아 후기에는 어른의 손이나 손가락을 잡고 걷는 가이드 보행법을 익히고, 익숙한 장소의 주변 상황이나 길을 설명해 주면서 걸을 수 있도록 도와주는 것이 중요합니다.

실내에서는 벽면에 변화가 적은 작은 방을 이용해 방 구석구석에 아이가 좋아하는 장난감 등을 표식(랜드마크)으로 걸어놓고 돌아다니게 합니다. 그리고 이 네 귀퉁이의 랜드마크 장난감을 순서대로 기억하게 합니다. 또 큰 직사각형 책상을 이용하여 책상의 네 귀퉁이마다 아이가 좋아하는 장난감 등을 놓아두고,

책상의 능선에 몸을 직각으로 세워서 전진하게 합니다. 그리고 이 네 귀퉁이에 있는 장난감들을 순서대로 기억하게 합니다. 완전히 익혔다면, 이번에는 반대로 걷게 하고, 역방향으로 걸어가면서 말로 무슨 일이 있었는지 말하게 해보세요.

예를 들어 '탬버린→공→방울→인형', 그리고 탬버린을 기점으로 '공은 어느 방향에 있고, 방울과 인형은?'이라고 손으로 방향을 가리킨 후, 실제로 손을 뻗으면 장난감을 만질 수 있도록 도와줍니다. 또한 기점을 반대로 바꾸어 방향이 회전한 것을 알 수 있도록 놀이를 고안해보는 것도 좋은 방법이라고 생각합니다.

또한, 집이나 유치원 등 집 안이나 유치원 안의 물건의 위치 등을 알고, 이를 단서로 목적지까지 걸어갈 수 있게 되면 화이트보드나 자석, 막대형 자석 등을 이용해 간단한 지도를 만들어 보는 것도 좋습니다. 유아기에도 집이나 유치원 등 실제 생활하는 장소를 그림으로 정리할 수 있는 능력을 기르는 것은 중요하며, 그것이 생활 장면에서 효율적이고 안전한 보행에 도움이 될 것입니다. [사진 4-6]

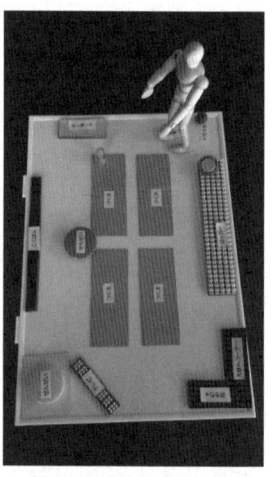

사진 4-6 유치원 교실 입구에서 자신의 책상까지 가는 등의 경로를 손가락으로 따라가거나 인형을 움직여 확인한다.

19.2 ICT 학습

시각장애인에게 있어 스스로 자유롭게 정보를 수집하고 발신할 수 있는 사회의 실현은 중요한 과제입니다. 요즘은 모든 기종의 스마트폰이나 컴퓨터에도 음성 낭독 기능이나 문자 확대, 흑백 반전 기능 등이 기본으로 탑재되어 있습니다. 이를 활용해 생활과 업무를 하는 시각장애인들이 많이 있습니다.

현재 전국의 초·중학생에게 1인 1대의 정보단말기(태블릿 또는 노트북)를 보급하는 시책이 추진되고 있는데, 맹학교에서도 ICT 학습의 의의가 매우 커서 초등학교부터 본격적으로 학습이 이루어지기 시작했습니다.

ICT를 활용하기 위해서는 지식-기술-경험이 필수적이며, 본격적인 지도가 시작되기 이전인 어린 시절부터 ICT 기기에 대한 동기부여를 충분히 해 주는 것이 중요합니다. 그 내용은 아이들 개개인의 발달단계에 따라 기기와 친숙해지고 기기를 활용하면서 ICT 교육의 학습을 준비시키는 것입니다.

그래서 유아기 후반부터 취학 전까지 어떤 ICT 기기와 친숙해지는지에 초점을 맞춰 글을 써보려고 합니다.

이미 나이가 많은 형제자매들은 태블릿 등을 이용해 유튜브 등에서 게임이나 애니메이션 등을 즐기고 있을지도 모릅니다. 또 스마트폰을 통해 음성으로 날씨를 확인하거나, 좋아하는 노래를 찾거나, 관심 있는 다양한 정보를 수집하고 있을지도 모릅니다. 그렇다면 조작법을 함께 알려줄 수 있습니다. 태블릿의 장점은 터치하면 바로 반응하고, 실패해도 다시 할 수 있기 때문에 부담 없이 여러 가지를 시도해 볼 수 있다는 점입니다. 게임을 즐기기 위해 인터넷 조작을 배웠다는 분들도 많이 있습니다.

안보이는 아이들이 즐길 수 있는 앱도 있습니다. 동물의 울음소리나 탈것의 소리 맞추기 앱, 그림 그리기 앱, 악기 놀이 앱, 이야기 앱, 음성 게임 앱 등이 있습니다. 무료 앱도 있습니다. 태블릿 화면에 단서가 되는 스티커를 붙이는 등의 작은 고안을 통해 보이는 아이와 함께 즐겁게 놀 수 있습니다.

또한, 태블릿의 카메라 기능을 활용해 사물의 색상·이름을 알려주거나 밝기를 알려주는 앱도 있습니다. 함께 놀거나 사용하면서 즐기면서 기기에 익숙해지는 것도 좋은 방법입니다. [사진 4-7, 4-8, 4-9]

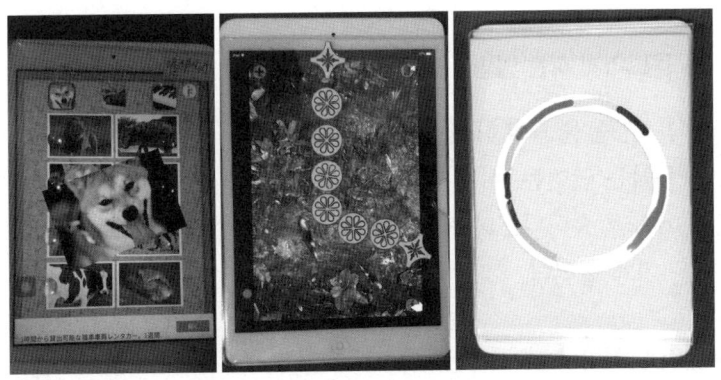

사진 4-7 울음소리에 터치 / 사진 4-8 'Poket Pond' / 사진 4-9 '소리가 나는 그림 그리기' iPad 화면에 스티커를 붙인 소프트 카드 상자나 스펀지 시트를 올려놓는 아이디어

취학하면 반드시 사용하는 기기를 알아봅시다. 유아기부터 사용할 수 있고 취학 후에도 사용할 수 있는 기기, 문자 입력을 위한 키보드, 화면의 조작 결과를

음성으로 들을 수 있는 화면 낭독 소프트웨어, 화면의 글자를 점자로 표현하는 핀 디스플레이 등 ICT 기기는 나날이 발전하고 있습니다. 각지에서 열리는 시각장애인을 위한 보조기기 전시회 등을 적극적으로 찾아보세요.

성인 시각장애인이 인터넷을 능숙하게 사용할 수 있도록 도와주는 지도자는 많지만, 안보이는 아이들을 지도할 수 있는 사람은 많지 않은 것 같습니다. 여름방학 등 방학기간을 이용해 아이 스스로 학습할 수 있는 기회를 가질 수 있는지, 맹학교나 복지상담기관에 문의해 보시기 바랍니다. 아이가 어려움을 겪을 때 바로 조작법을 알려줄 수 있도록 가족들이 함께 사용법을 숙지하는 것도 중요합니다.

19.3 점자 학습

점자 학습에 앞서

어린아이의 경우 말을 하나의 덩어리로 느끼고, 단어가 '소리' 하나하나의 조합으로 이루어진다는 것을 모르는 경우가 많습니다.

처음에는 우리가 일상적으로 사용하는 말이 '소리'(박자)의 조합으로 이루어진다는 사실을 깨닫게 하는 것이 중요합니다.

이를 위한 방법으로는 다음과 같은 것들이 있습니다.

① '소리'를 돋보이게 하는 방법

단어의 한 음 한 음을 구분하여 천천히 발음합니다. 이어서 아이에게 말하게 합니다. 사용하는 단어는 (바람개비, 부엉이, 바나나, 어부바, 바퀴 등) 콧소리가 섞인 단어가 좋습니다. 위와 같은 단어를 말하게 하면서 함께 손뼉을 치게 하거나 북을 치게 합니다.

② 게임 '단어 맞히기'

단어를 소리로 분해하고, 소리를 조합하여 말로 만드는 힘을 기르는 것이 목적입니다.

아이가 생활 속에서 친근한 것 중에서 2음절로 구성된 단어를 고릅니다.

예를 들면 의자를 천천히 구분해서 '의·자'라고 발음하고 무엇을 말한 것인지 맞히게 합니다. 2음절이 가능해지면 3음절로 확장해봅니다. 다음으로 실물을 만져보게 하고 엄마가 '냉장'이라고 말하면서 아이가 나머지 '고'를 말하게 하여 정답 '냉장고'를 맞추게 합니다.

③ 게임 '한음 뽑아내기'(무릎치기)

단어의 한 음만 뽑아 다른 단어에도 같은 소리가 있다는 것을 깨닫게 합니다.

2음절 단어 중에서 같은 음이 들어간 단어(예를들면 '이름', '이빨' 등)를 두 개 고릅니다. 그리고 한 음, 한 음을 명확하게 발음하게 하면서 '이'를 발음할때 만은 무릎을 치고 다른 음에서는 손뼉을 치도록 지시합니다. 다음으로 '이'가 단어의 여러 부분에 나오는 단어(예: '나이', '이어폰', '타이어' 등)에서도 '이' 소리가 날 때 확실히 무릎을 칠 수 있도록 합니다.

그렇게 할 수 있게 되면 주변 물건의 이름이나 자신의 이름으로도 엄마가 지시하는 음을 뽑아낼 수 있는지 시험해 봅시다.

이 단계에서는 가능한한 받침이 없는 단어만 사용하는 것이 학습을 원활하게 진행할 수 있습니다.

④ 기타

'아'가 붙는 말 모으기'나 '끝말 잇기 놀이'와 같이 목욕을 함께 할 때 등 여유로운 시간에 해보는 것도 좋습니다.

만져보고 읽는 힘을 확인한다

점자는 만져서 읽는 글자입니다. 점자를 손끝으로 읽으려면 손가락으로 사물을 만져보고 어떤 물건인지, 사물의 모양·크기·길이·무게·굵기·부드러움 등을 파악할 수 있어야 합니다. 또한 만져보고 사물이 어느 위치에 있는지 이해하는 능력도 필요합니다. 떠오른 직선이나 곡선 등을 손가락으로 따라가는 힘도 중요합니다.

이미 아이들은 영아기, 유아기를 거치면서 일상생활 속에서 이런 힘을 길러왔다고 생각합니다. 그것들을 확인해보세요.

다음으로 상중하, 좌우 등의 개념을 익혔는지 확인합니다. 신체 부위(머리는 위, 발은 아래 등)를 이용한 놀이나 테이블, 상자 등의 위아래에 장난감을 놓는 놀이를 합니다. 단이 있는 미니어처 상자 등을 이용해 위, 중간, 아래 단에 물건을 넣거나 빼는 놀이를 합니다. 미니어처 박스를 넘어뜨려 몸의 반대편이 위, 앞쪽이 아래가 된다는 것을 느끼게 합니다. 평면의 사진 프레임 등으로도 상중하의 위치를 확인합니다. 좌우도 같은 방법으로 합니다. 좌우가 서로 다른 것은 쉽게 착각할 수 있는 부분입니다. '찻잔을 든 손' 등을 가르칠 때는 왼손잡이인 경우도 있으니 주의해야 합니다.

어른이 제시한 물건을 만져보고 선택지에서 같은 물건을 고를 수 있는지, 견본 도형을 만져보고 같은 모양을 만들 수 있는지에 대해서도 확인합니다. 뒷면에 자석을 붙인 수화판이나 작은 나무조각이나 블록으로 간단한 모양을 만들고, 그것을 견본으로 삼아 위치를 확인하면서 똑같이 재현하는 능력은 점자를 학습할 때 매우 중요해집니다. 틀이나 작은 화이트보드는 견본용과 재현용으로 나누어 준비하면 좋습니다.

점자란 무엇일까요?

점자는 종이에 볼록하게 점을 찍어, 손끝의 촉각으로 읽을 수 있도록 만든 특수 문자입니다. 시각장애인이 지식과 정보를 얻을 수 있는 가장 중요한 수단이자, 세상과 소통할 수 있는 통로이며 세상을 바라보는 하나의 창입니다.

① 63가지 점형

우리말 점자는 하나의 칸을 여섯 개의 점(세로 3줄, 가로 2줄)으로 구성해, 이를 조합함으로써 총 63가지 점형을 만들 수 있습니다.

이 점자는 프랑스의 루이 브라유가 고안한 6점식 점자 체계에 기반하고 있습니다. 6점식 점자는 전 세계 대부분의 나라가 자국어 점자 체계를 만들 때 채택하고 있는 공통적인 방식입니다. 1993년, 국제영어점자위원회에서도 통일 영어 점자를 규정하면서 이 방식을 기본 원칙으로 삼았습니다.

② 점의 번호는 이렇게 매깁니다

점자 한 칸에 있는 여섯 개의 점에는 번호가 매겨져 있습니다. 왼쪽 위에서 아래 방향으로 1점, 2점, 3점, 그리고 오른쪽 위에서 아래 방향으로는 4점, 5점, 6점으로 정해져 있습니다.

점자는 점의 수와 위치에 따라 모양이 달라지므로, 점의 위치는 점자를 구별하는 데 있어 매우 중요한 요소입니다.

③ 약자와 약어의 활용

우리말 점자는 글자나 부호를 반복해서 쓰지 않도록 '표준 점자' 규칙을 정해 사용합니다.

점자의 구성은 63가지로 제한되어 있기 때문에 모든 글자와 부호를 나타내기에는 한계가 있어, 자칫하면 읽기 어렵고 복잡해질 수 있습니다.

이런 점을 보완하기 위해 한글 점자에는 '약자'와 '약어' 개념을 적용하였습니다.

④ 외국어 점자 등은 '세계 기준'에 따릅니다

영어 점자, 컴퓨터 점자, 서양 음악 점자 등 한글 이외의 점자는 세계적으로 사용되는 표기법을 그대로 따르는 것을 원칙으로 합니다. 이미 외국에서 널리 사용되고 있는 점자 체계를 한국 점자에서 따로 다시 규정하지 않고, 그대로 받아들여 사용하는 것이죠.

이렇게 하면 해외 점자 규정이 바뀌었을 때, 한국 점자도 별도의 개정 없이 즉시 그 내용을 반영할 수 있다는 장점이 있습니다. 단, 외국어 점자와 한글 점자를 함께 사용할 때 생기는 문제들은 한국 점자 규정에서 따로 정하여 해결하고 있습니다.

⑤ 한글은 '모아쓰기', 한글 점자는 '풀어쓰기'

한글은 초성(첫소리), 중성(모음), 종성(받침)을 결합하여 하나의 글자를 구성하는 '모아쓰기' 방식을 기본으로 하고 있습니다.

반면 한글 점자는 '풀어쓰기' 방식을 사용합니다. 이 방식에 따르면 하나의 음소(소리 단위)가 점자 한 칸을 차지하게 되며, 왼쪽에서 오른쪽으로 써 내려 갑니다. 하지만 풀어쓰기 방식은 모아쓰기보다 음절 단위 구별이 쉽지 않다는 단점이 있습니다. 이를 보완하기 위해 한글 점자에서는 음절의 중심인 모음을 표현할 때 반드시 상단 점이나 하단 점, 또는 왼쪽(123점)과 오른쪽(456점) 열의 점 중에서 하나 이상을 포함하도록 하고 있습니다.

또한, 첫소리 글자는 오른쪽 열의 점 중에서, 받침 글자는 왼쪽 열의 점 중에서 각각 하나 이상을 반드시 포함하도록 하여 음절 구성의 구조를 명확히 합니다. 결과적으로, 하나의 음절은 가운데 칸에 있는 모음을 중심으로 첫소리 글자와 받침 글자가 결합하여 구성됩니다.

이처럼 한글 점자는 풀어쓰기 방식 속에서 모아쓰기 구조를 구현하고 있으며, 이는 한글 점자의 매우 독특한 표기법으로, 한글 점자의 기본 원리를 이루는 중요한 특징이라 할 수 있습니다.

모형을 통해 점자를 직접 만져보고 읽는 학습

점자를 만져보고 읽는 학습 방법에는 여러 가지가 있습니다. 아래는 점자 읽기를 도입하는 방법 중 하나로 점자 모형을 활용한 예시를 소개합니다(유아 후기편에서 소개한 S와 몇 명의 지도사례를 바탕으로 작성했습니다).

① 좌중우, 상중하의 학습

3개의 구멍이 뚫린 막대기 꽂기 교구로 좌중우, 상중하를 학습합니다. 처음에는 교구를 옆으로 놓고 막대기를 구멍 전체에 꽂아둔 후, 위치와 좌중우 명칭의 연결을 왼쪽부터 차례로 손을 잡고 손이 판에서 떨어지지 않도록 이어서 안내합니다.

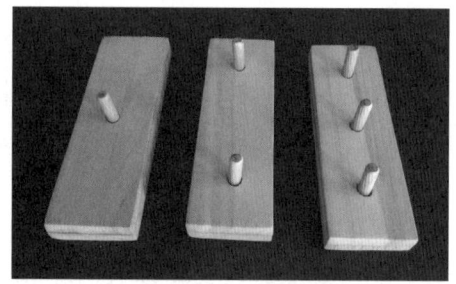

사진 4-10 막대기 꽂기 교구

2~3회 반복한 후, 가운데 막대기에 손을 대고 지시한 좌우 위치의 막대기를 잡게 합니다. 확실하게 할 수 있게 되면

막대를 꽂지 않은 교구로 지시하여 3점의 구멍을 똑같이 순서대로 만져보게 하여 위치와 좌중우 명칭을 연결합니다.

다음에는 1점에만 막대기를 대고 어느 위치에 대고 있는지 대답하게 합니다. 각 위치에 무작위로 몇 번 반복합니다. 정착이 되면 지시한 위치에 막대기를 넣도록 합니다. 각 위치를 무작위로 여러 번 반복합니다. 교구를 세로로 세워서 제시. 마찬가지로 상-중-하를 학습하게 합니다. [사진 4-10]

② 6점 학습

6점의 위치(상좌, 상우, 중좌, 중우, 하좌, 하우)를 학습합니다.

먼저 모든 점들에 리벳을 붙이고 왼손으로 왼쪽 리벳을, 오른손으로 오른쪽 리벳을 누르고 양손을 동시에 상중하로 움직여 리벳의 위치와 '위 왼쪽', '위 오른쪽' 등의 명칭과의 관계를 파악합니다. 다음으로 '위'라고 지시하고 바로 빼려고 하면 양손이 각각 좌우의 리벳을 누를 때까지 기다렸다가 '위쪽을 잡아'라고 지시하고 양쪽을 모두 빼도록 합니다. 다시 한 번 '위쪽'을 지시하고 확실하게 잡을 수 있게 되면 다른 위치에 대해서도 시도합니다.

그런 다음 '위'라고 지시하고 좌우의 손이 각각 리벳을 누른 후 조금 기다렸다가 '위 왼쪽, 왼쪽만 빼주세요'라고 말하면서 왼쪽만 빼내게 합니다. '위쪽 오른쪽', '위쪽 왼쪽' 등의 지시로 원활하게 빼낼 수 있도록 하기 위해서는 위와 같이 '위, 중간, 아래'의 위치를 먼저 지시하고, 누른 것을 확인한 후 '오른쪽, 왼쪽'을 지시하는 것이 좋습니다.

사진 4-11 6점 리벳 꽂기

뽑을 수 있게 되면, 각 지점마다 무작위로 '왼쪽 위', '오른쪽 위' 등 위치의 이름을 말하게 합니다. [사진 4-11]

제 19 장 전문적인 교육 내용

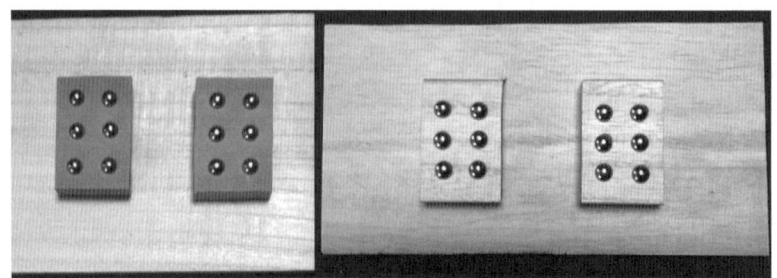

4밀리 리벳 / 3밀리 리벳

2밀리 리벳

1.5밀리 리벳
사진 4-12 6점 리벳 점자

③ 실물에 가까운 점자 판별로의 이행

리벳의 점자가 점차 작아져 실물에 가까운 점자 구분으로 전환됩니다. [사진 4-12]

사진과 같이 4밀리 리벳부터 시작하여 2밀리 리벳, 또는 1.5밀리 리벳까지 순차적으로 진행합니다.

각각 지시에 따라 '떼기, 붙이기, 위치의 이름을 말하게 하기' 등을 무작위로 진행합니다. 1점뿐만 아니라 동시에 2점과 3점을 지시하거나, 아이에게 만들게 하고 교사가 대답하고 대답이 바른지 어떤지를 아이가 말하게 하는 등 아이가 좋아할 만한 놀이로 진행하면 좋습니다. 오른손뿐만 아니라 왼손가락으로도 위치를 알 수 있도록 합니다.

④ 6개의 위치를 '1점', '2점', '3점' 등의 명칭으로 대체한다

6점의 '왼쪽 위, 왼쪽 가운데, 왼쪽 아래…'와 같은 위치의 명칭을 '1점', '2점', '3점' 등의 명칭으로 대체합니다.

왼쪽 위쪽에서 아래쪽으로 아이의 오른손 검지 안쪽을 리벳에 닿게 하면서 위치에 맞춰 '1점', '2점', '3점'이라는 명칭을 알려줍니다. 다음으로 오른쪽으로 이동하여 '4점', '5점', '6점'을 똑같이 가르칩니다. 몇 번 반복해서 가르치고, 리벳을'떼고, 붙이고, 이름(1점, 2점, 3점…)을 말하게 함으로써 정착을 유도합니다.

⑤ 말과 점자의 대응

말과 점자의 대응을 지도합니다. 점자 읽기를 지도합니다. 읽게 한 후, 리벳으로 만들게 하여 같은지 확인하게 합니다.

처음에는 자음부터 지도합니다. 어떤 글자부터 어떤 순서로 지도해야 하는지에 대한 정설은 없으므로, 글자의 형태가 간단하고 지도를 받는 아이에게 친숙하며, 다른 쉬운 글자와 결합하여 말을 구성할 수 있는 글자부터 시작하는 것이 좋습니다.

'4'의 점을 가리키며 'ㄱ'이라는 '점자'임을 알려줍니다. '말해봐'라고 말하면서 '기역'이라고 말하게 합니다. 실제로 리벳으로 "'ㄱ'을 만들어 봐"라고 지시하고 만들게 합니다. 다시 한 번 '무슨 글자?'라고 물어보고 '기역'이라고 말하게 합니다.

'1점'에 리벳을 붙이고 'ㄴ'이라는 점자임을 가르쳐 줍니다. 'ㄱ'와 같은 순서로 지도합니다.

'ㄱ'을 다시 제시하여 어떤 글자였는지 말하게 합니다. 'ㄱ'을 원활하게 말할 수 있다면 문제가 없지만, 만약 'ㄱ'을 말하지 못한다면 '구름', '생각', '강아지' 등의 단어 중에서 'ㄱ'을 뽑는 게임을 통해 'ㄱ'이 제시된 점자임을 확인합니다.

'ㄱ'과 'ㄴ'의 점자를 나란히 제시하여 순서대로 말하게 하고, 발성에 시간이 너무 오래 걸리면 부드럽게 발성할 수 있을 때까지 반복한 후, 왼쪽부터 차례로 만져보게 한 후 바로 무슨 글자인지 말하게 하고, 소리를 이어 말하지 못하면 함께 손을 잡고 읽으며 '나'였다는 것을 알려줍니다(1점과 4점을 동시에 찍으면

'나'라는 글자가 됨). '나가 뭐야?'라고 질문하거나 '오늘은 나랑 놀까?'와 같은 수다를 떨면서 자신이 알고 있는 것과 글자의 연관성을 깨닫게 해줍니다. 알아차렸다면 '나'가 쓰여 있구나라고 함께 기뻐해 주세요. 그리고 '그럼, 나라는 글자를 만들어 봐'라고 말하면서 실제로 아이에게 점자를 만들어 보게 합니다.

다음으로 '다'를 가르칩니다. '가다'라는 글자에서 '다'를 뽑게 하는 '무릎치기'를 시킨 후, '바다' 중에서 마찬가지로 '다'를 뽑게 합니다. '그럼 바다를 만들어 보자'고 제안하고, "'다'는 알았으니 '바'를 가르쳐 줄게"라고 말하며 '바'를 제시합니다. 실제로 '바'를 만들게 하고 '바'라고 발성하게 한 후, '바다'가 만들어졌다며 함께 기뻐해줍시다.

'나'와 '바'를 제시하고, 무슨 점자인지 말하게 합니다. 조합에 따라 다른 의미의 단어가 되는 재미와 실제로 단어를 만드는 즐거움을 느낄 수 있습니다.

위와 같은 방법으로 다른 문자에 대해서도 지도합니다.

받침이 있는 낱말 점자로 표현하기

앞선 학습에서는 점자를 이용해 초성을 이용해 단어를 만들어가는 법을 배웠습니다. 본격적인 점자 교육에 앞서 우리말 점자는 받침이 있는 경우가 대부분이어서 이 부분에 대한 이해가 필요합니다. 한글 점자에서 받침이 있는 낱말을 표현하는 방식은 초성, 중성, 종성을 각각 점자 한 칸에 풀어쓰는 구조를 따릅니다. 이처럼 한글의 모아쓰기와는 달리, 점자에서는 각 음소를 독립적으로 표현하고 있는데, 시각장애인이 손끝으로 글자를 읽을 때 각 음소를 개별적으로 인식하기 쉬운 구조입니다.

① 받침 표현의 기본 원리

한글 점자는 6개의 점으로 구성된 한 칸에 초성, 중성, 종성을 각각 따로 배치하여 표현합니다. 이때 받침(종성)은 초성(첫소리)과는 다른 점 배열을 사용하여 구분합니다. 이로써 초성과 종성이 같은 동일한 자음을 사용할 경우에도 혼동을 피할 수 있도록 설계되어 있습니다.

예를 들어, 초성 'ㄱ'은 특정한 점 배열을 사용하고, 종성 'ㄱ'은 그와 다른 점 배열을 사용하여 두 위치의 'ㄱ'을 명확히 구분합니다. 이러한 방식은 점자의 구조적 특성을 고려하여 설계된 것으로, 초성과 종성의 위치에 따라 점 배열을 다르게 함으로써 시각장애인이 손끝으로 글자를 읽을 때 혼동을 줄이고 정확성을 높입니다.

받침(종성) 자음의 점자 배열

받침 자음	점자 배열	받침 자음	점자 배열
ㄱ	1점	ㅇ	2-3-5-6점
ㄴ	2-5점	ㅈ	1-3점
ㄷ	3-5점	ㅊ	2-3점
ㄹ	2점	ㅋ	2-3-5점
ㅁ	2-6점	ㅌ	2-3-6점
ㅂ	1-2점	ㅍ	2-5-6점
ㅅ	3점	ㅎ	3-5-6점

② 받침이 있는 낱말의 점자 표현 예시

- '안': 'ㅇ'은 초성일 경우 생략되므로, 'ㅏ'와 'ㄴ'을 각각 한 칸씩 씁니다.
- '약': 'ㅑ'와 'ㄱ'을 각각 한 칸씩 씁니다.
- '달': 'ㄷ'과 'ㅏ'를 한 칸에 쓰고, 'ㄹ'을 다음 칸에 씁니다.

③ 겹받침 및 쌍받침 표현 방식

겹받침과 쌍받침은 각 자음을 따로 점자로 표현합니다. 예를 들어:

- 'ㄳ': 'ㄱ' 점자 + 'ㅅ' 점자
- 'ㄵ': 'ㄴ' 점자 + 'ㅈ' 점자
- 'ㄻ': 'ㄹ' 점자 + 'ㅁ' 점자
- '읽': 'ㄹ' 점자 + 'ㄱ' 점자
- '꽃': 된소리 기호 없이 'ㄱ'을 두 번 써서 받침 'ㄲ' 표현
- '있': 'ㅅ'을 두 번 써서 받침 'ㅆ' 표현

④ 복합 낱말 예시 – '밝다'

'밝다'는 다음과 같이 점자로 구성됩니다:

- 첫 번째 칸: 'ㅂ' (초성)
- 두 번째 칸: 'ㅏ' (중성)
- 세 번째 칸: 'ㄹ' (받침 첫 자음)
- 네 번째 칸: 'ㄱ' (받침 두 번째 자음)
- 다섯 번째 칸: 'ㄷ' (초성)
- 여섯 번째 칸: 'ㅏ' (중성)

한글 점자는 음소를 하나하나 분리하여 풀어쓰는 체계를 바탕으로 하며, 각 위치(초성, 중성, 종성)에 따라 다른 점 배열을 사용하여 오독의 가능성을 줄입니다. 겹받침, 된소리도 이러한 규칙에 따라 조합하여 표기할 수 있으며, 이는 시각장애인이 보다 명확하게 점자를 읽고 쓸 수 있도록 돕는 체계적이고 과학적인 문자 체계입니다. 더 자세한 내용은 국립국어원이나 한국시각장애인연합회에서 제공하는 자료를 참고하시면 도움이 될 것입니다.[2]

---

2) 한글 점자 관련 부분은 국립국어원의 한글 점자 규정 해설과 한국시각장애인연합회의 관련 자료를 참고하여 역자가 작성하였다.

부록 편 : 시각장애 유아를 받아들인 어린이집, 유치원의 체험수기

부록으로 수록된 체험보고는 1978년도 후생성 심신장애 연구로 발표된 '시각장애아 치료훈련에 관한 연구보고서'의 일부입니다. 지금은 쉽게 구할 수 없는 자료이지만, 당시 교사의 경험은 생생한 기록으로 남아있습니다.

1972년도부터 1978년도까지 도쿄도 심신장애인복지센터의 상담과 지도를 거쳐 어린이집이나 유치원에 입학한 아이들 중 29명이 졸업하고 12명이 다니는 중이었습니다. 그 중 체험보고서를 작성해 주신 곳은 어린이집이 한 곳, 유치원이 네 곳입니다. 유치원에서는 졸업 예정인 2년차 어린이가 3명, 1년차가 2명입니다. 아유미유치원은 과거에 1명을 받아들였고, 다음 해에도 1명을 받아들이기로 되어 있었습니다. 40여 년 전의 경험담은 지금도 많은 시사점을 남기고 있어 읽어볼 만한 가치가 있다고 생각합니다. 참고하시기 바랍니다.

각 어린이집과 유치원의 체험수기 내용은 당시 제보자의 의사를 존중하여 원문을 그대로 게재합니다. 체험 보고서 전체 내용의 개요를 정리합니다.

대상 어린이들의 상황

어린이의 시력

대상 아이 하나의 시력은 1명이 한쪽 눈 0.01, 반대쪽은 0.0이었습니다. 다른 아이들은 광각 또는 전맹이었습니다.

성별

남자아이가 2명, 여자아이는 3명이었습니다. 아유미 유치원의 과거 1명은 여자아이로 시력은 광각입니다.

학급 편성 및 담임 수

학급 구성은 현재 관점으로 본다면 유아 수가 조금 많을 수도 있습니다. 복수 담임제나 필요에 따라 프리랜서 교사가 보조하거나, 시설에 따라서는 엄마가 보조하는 등의 체제입니다. 엄마의 보조는 입학 직후 약 한 달 정도 이후부터는 줄어들었습니다.

- 미나미코이와 보육원 : 27명, 신입교사 3명, 고학년 34명
- 아유미유치원 : 45명, 교사 2명
- 사프란유치원 : 32명, 교사 1명(필요에 따라 프리랜서 교사가 지원)
- 도키와유치원 : 35명, 교사 1명, 엄마 보조자 1달 만에 점차 감소
- 와코유치원 : 불명, 교사 1명, 엄마 보조자(기간은 불명, 단기간)

보고에 대한 감상

위의 상황 속에서의 실천을 경험담으로 정리한 내용은 매우 다양했습니다.

- ① 안보이는 아이와 보이는 아이의 변화
- ② 함께 배우기 위한 과제 마련
- ③ 안보이는 아동 자신의 삶과 보육-교육 과제의 달성 상황
- ④ 지도방법의 고안

등입니다.

각 보고의 관점은 다소 차이가 있지만, 여기서는 안보이는 아이와 보이는 아이의 변화에 대해 정리해 보겠습니다.

안보이는 아이가 유치원 등에 입학하고 그 안에서 성장할 수 있도록 어떤 배려가 이루어졌는지에 대해 생각해봅시다.

유치원은 하나의 사회입니다. 그 안에서 아이들은 다양한 경험을 통해 성장하는 존재입니다. 아이들의 성장을 믿고 지원하는 것이 매우 중요합니다. 그리고 보고서에는 그 내용이 담겨 있습니다.

기본적인 것은 '안보이는 아이가 스스로 경험하는 것을 소중히 여기고, 주변에서는 지켜보다가 못 할 때 도와주는 것'입니다. 이런 기본적인 생각은 유치원 입학 1년차든, 2년차든 변하지 않는 것 같습니다.

아이들은 함께 같은 경험을 하면서 그 방법을 배우기 때문에, 어른이 먼저 도와주어 아이가 배울 기회를 빼앗아서는 안 된다는 것입니다. 물론 처음 하는 일이라면 손을 잡고 가르치거나 말로 정보를 전달할 필요가 있습니다. 혼자 할 수 있도록 도와주는 것은 필요하지만, 못한다고 단정 짓고 언제까지나 손을 놓고 있는 상황은 피해야 합니다. 현재 부모의 요청에 의해 제공되고 있는 합리적 배려가 이러한 관점에서 이루어지고 있는지에 대해서는 전문가의 관찰과 적절한 조언이 필요합니다.

실습 보고서에는 다양한 내용이 담겨 있습니다. 중복되는 부분이 있지만, 교사의 소감으로 읽으시기 바랍니다.

- 안보이는 아이들에 대해 '자신이 힘들 때 도움을 요청하는 것은 부끄러운 일이 아니며, 자신의 의견을 말하는 것은 중요한 일이고, 어른과 친구들을 믿었으면 좋겠다'는 생각을 가지고 있습니다.
- 아이는 보이지 않아서 할 수 없는 것과 할 수 있기 위해 시간이 걸리는 것을 구체적으로 알게 되고, 필요한 도움을 스스로 요구하게 됩니다.
- 안보이는 아이 스스로의 호소와 노력을 소중하게 키우고, 상대방에게 말로 자신의 마음을 전하고, 사과하고, 감정을 솔직하게 말로 표현하고, 상대방의 마음을 알아주는 것이, 사람으로서 풍부한 인격 형성의 밑거름이 될 것이라고 2년간의 실천을 되돌아보며 결론을 내리고 있습니다.
- '안보이는 아이 스스로 노력하는 것, 주변에서 할 수 없는 것에 손을 내

미는 것'을 기본으로 생활한 결과, 보이는 아이가 눈이 되어 정보를 말로 전달하려고 노력하는 천문대에서의 에피소드를 소개합니다.
- 안보이는 아이가 노력하여 예를 들어, 줄넘기나 뜀틀을 성공했을 때 박수를 받으면, 아이는 자신감을 갖게 되고, 안보이는 아이의 기쁨은 학급 전체의 기쁨이 된다고 보고하고 있습니다.
- 안보이는 아이가 유치원을 빠지고 싶어 하지 않고, 집에 돌아온 뒤나 유치원이 쉬는 날에도 밖에서 친구들과 어울리는 것을 좋아했습니다. 하지만 초등학교에 들어가서는 집에서 먼 학교와 집을 오가는 생활만 하게 되어 이를 아쉽게 생각하고 있습니다.
- 보이는 아이들에게는 안보이는 아이의 모습을 통해 끝까지 포기하지 않고 노력하는 것의 중요성을 배우고, 진정한 친절과 배려를 배울 수 있는 기회가 되고 있습니다.
- 보이는 아이들은 함께 생활하면서 결과적으로 안보이는 아이들이 할 수 있는 것과 할 수 없는 것을 알게 되지만, 할 수 없는 것을 도와주는 것이 동등한 위치를 무너뜨리는 것이 아님을 교사는 깨닫고 이를 보고서에서 전달하고 있습니다.
- '안보이는 아이들에 대한 보육 경험은, 모든 아이의 심신 성장을 세심하게 배려하고 그에 따라 적절하게 성장시키는 것'으로 이어짐을 깨달았다고 합니다.

회고

안보이는 아이들이 보이는 아이들과 함께 만들어온 공생의 삶이, 어른이 되어 경험하는 현재 사회에서 어떻게 살아가고 있을까요? 법은 만들어졌지만, 체감할 수 있는 것은 많지 않은 현실입니다.

안보이는 아이의 유아기는 한 번 뿐이어서 다시 시작할 수 없습니다. 유치원 등에서 노력해서 여러 가지를 할 수 있게 되고, 아이들과 함께 즐겁게 지내는 좋은 경험이 누구에게나 실현될 수 있도록 응원하고 싶습니다.

(※ 이후로는 실습 보고로 제출된 원문을 되도록 그대로 사용함)

미나미코이와 보육원의 경우

들어가며

장애아 보육이라는 단어가 최근 몇 년 동안 자주 쓰이면서 우리 보육에 종사하는 사람들에게는 귀에 익은 단어가 되었습니다. 이 말이 가진 의미가 얼마나 중요한지 진정으로 알게 된 것은, 지난 2년간의 보육 경험을 통해서였습니다. 하지만 동시에 '장애아'라는 말을 쓰고 싶지 않다는 생각에 자주 직면하게 되었습니다.

저와 Y의 만남은 제가 공립어린이집에 근무한 후 첫 전근을 경험한 1977년 4월의 일입니다.

Y의 오른쪽 눈은 의안이고 왼쪽 눈은 시력이 0.01에 불과한, 이른바 시각장애를 가진 아이입니다. Y가 소속된 벚꽃반은 담임보육교사 2명, 4세아 19명, 5세아 8명 등 총 27명의 집단입니다. 이 큰 집단에서 Y는 모두와 함께 생활하고 있었습니다. 주의 깊게 보지 않으면 Y가 장애아동인지 깜빡할 정도입니다. Y는 이 어린이집에 1977년 1월에 들어왔지만 그 전에도 사립 어린이집에서 집단생활을 해본 경험이 있습니다. 그런 경험이 작용해 이런 큰 집단에 들어와도 다른 아이들과 비슷한 집단생활을 할 수 있지 않나 싶었습니다.

벚꽃반을 맡게 된 ○○ 보육교사와 저는, Y에 대해서는 특별한 보육을 하지 않고 다른 아이들과 같은 경험을 하게 해주고 싶다는 생각으로 보육을 진행해왔습니다. 정말 우리들의 생각대로 Y는 어떤 일에도 긍정적인 태도를 보여주었습니다.

담임교사 2명에게 있어서는 처음 겪는 장애아 보육이었는데, 둘다 거의 그런 것을 의식하지 않고 매일 보육을 진행했습니다. 벚꽃반의 1년이 지나고 벚꽃반과 수국반이 합쳐져 34명의 고학년반이 생겼습니다. 그 때 수국반에서 △△ 보육교사가, 벚꽃반에서 제가 담임으로 옮겨와서 고학년반(사과반)을 맡게 되었습니다. 이때도 전년도와 같은 자세로 Y를 돌보기로 했습니다. 이렇게 약 2년 동안 전 직원의 협조를 받아 큰 문제 없이 잘 지내왔지만, 그때그때마다 일어나는 Y에 관한 여러 가지 일들은, 모두 우리 담임보육교사들에게 새로운 일들이었습니다. Y와 함께 여러 가지 이야기를 나누고, 때로는 반 아이들과 상의하고, 또 원장님을 비롯한 전 교직원에게 상담을 받기도 하면서 그때그때의 상황에 대처해 왔습니다.

아래는 2년 동안 Y와 지내온 아이들과 우리들의 기록 중 일부입니다.

일상 생활 속에서

클래스 집단 내에서

우리가 반을 맡았을 때, 이미 다른 아이들은 Y의 눈이 안 좋다는 것을 알고 있었습니다. 그래서 Y에 대해서는 잘 보살펴주고, 실수 등을 참아주었습니다. 예를 들어, Y가 할 수 있는 일이라도 주변 아이들이 다 해버려서 Y는 아무것도 경험하지 못한 채로 끝나버리는 경우가 있었습니다.

또 순서를 기다릴 때에도 'Y는 눈이 보이지 않으니 먼저 해도 된다'며 뒤늦게 와도 앞쪽에 들어가 버립니다. 처음에는 집단에 익숙해진다는 의미에서 아이들의 친절함에 맡겨도 좋겠지만, 이대로 Y를 집단 속에 위치시키는 것은 Y에게도, 다른 아이들에게도 도움이 되지 않을 것 같다는 생각이 들었습니다.

우리가 Y와 그 집단을 지도하면서 가장 고민하고 늘 벽에 부딪히는 것도 바로 이 부분입니다. 시각장애를 가진 Y가 학급 집단의 일원이 됨으로써 다른 아이들도 무언가를 얻었으면 하는 것입니다. 아이들이 Y를 대하는 마음은 온화함과 친절함으로 가득 차 있다고 생각합니다. 나아가 어려울지 모르지만, Y와 제대로 관계를 맺으면서 진정한 '부드러움'과 '친절'이 무엇인지 배웠으면 좋겠다고 생각했습니다. 이를 아이들에게 이해시키는 것은 매우 어려운 일이었습니다. 지금도 충분히 이해하지 못하고 있는 것 같습니다.

'모든 것을 대신 다 해주는 것이 맞나?', '앞을 볼 수 없다고 해서 규칙을 지키지 않아도 되는 건가?' 등의 논의가 시작되었고, '모든 것을 다 해 주면 이후 Y가 스스로 할 수 있을까?', '규칙을 모르는 아이로 변해버리는 것은 아닐까?'라는 등 아이들 사이에서도 다양한 의견이 나왔습니다.

　원래 Y는 솔직하고 성실한 성격이라 어떤 일이든 스스로 해결하려는 자세가 있기 때문에, 친구들이 도와주지 않아도 스스로 할 수 있는 일은 점점 잘 해낼 수 있는 아이입니다. 조금 시간이 걸리겠지만, Y가 스스로 여러 가지를 경험하는 것, 주변 아이들은 그것을 지켜보는 것, 그리고 Y가 정말 힘들어할 때 기분 좋게 도와줄 수 있는 것이 중요하다고 알려줍니다. 비록 도움의 손길을 내밀어야 할 지점과 Y에게 맡겨야 할 것의 구분은 종종 아이들이 판단하기 어려웠지만, 그때그때의 문제에 부딪히면서 Y를 대하는 마음가짐도 조금씩 자라고 있는 것 같습니다.

　예를 들어, 놀다가 위험한 곳에 데려가면 구체적으로 어떤 일이 벌어지는지 아이들은 보육교사가 설명하지 않아도 잘 알고, 아이들끼리도 서로 조심하게 되었습니다.

　고학년이 된 지 얼마 지나지 않아 왼쪽 눈의 이물질 제거 수술을 위해 1주일간 쉬게 된 Y은 불안한 기색도 보이지 않습니다. 시력과는 직접적인 관련이 없는 수술이지만, Y도 아이들도 눈이 보일 거라고 생각하는 눈치였습니다. Y가 일주일 후 등원할 때 'Y가 왔어요' 'Y, 안녕'이라고 인사를 건네자 Y는 조금 부끄러워하기는 했지만 매우 기뻐하는 표정이었습니다. 아이들은 Y가 무사히 수술을 마치고 나온 것만으로도 다행이라고 생각했습니다. 고학년이 되어도 이전과 별반 다르지 않은 생활이었지만, 어쨌든 34명이나 되는 집단입니다. 방 안에 6개의 테이블을 놓고 모두 앉으면 꽉 찼고, Y도 자신의 자리를 찾기 위해 친구들과 부딪히기도 하고, 찾아 헤매기도 합니다. 보육교사가 고민하며 '찾기 쉬운 곳으로 자리를 옮겨 줄까?'라고 묻자, Y는 '이대로도 괜찮아요'라고 단호하게 말합니다. 마찬가지로 TV를 볼 때도 예전에는 특별히 앞자리에 앉히곤 했는데, 요즘은 '괜찮다'며 거부합니다. 자신만 남들과 다른 것을 싫어하는 것입니다. 이 무렵부터 엄마에게 '내 눈이 보이게 될까?'라는 질문을 자주 하게 되었습니다. 집단 속에서 생활하는 모습은 이전과 다르지 않았지만, 그녀의 의식 속에 '앞을 볼 수 없다'는 것이 어떤 것인지 구체적으로 알게 된 것 같고, 내면의 변화가 일어난 것 같습니다.

Y의 취학을 위해 초등학교 저시력반과 맹학교를 견학하러 갑니다. 어느 학교에 입학하는 것이 가장 좋을지 여러 곳에서 면접과 검사 등을 받습니다. 부모는 약시 학급을 희망하지만, 그에 대한 검사가 좋지 않으면 매우 실망합니다. 그것이 바로 Y에게는 직접적으로 느껴지는 것입니다. 그녀는 밝고 열심히 하는 아이지만 매우 예민합니다. 왠지 모르게 기운 없이 등원하는 날이 많아졌습니다. 친구들과 싸워도 맞받아치거나 할 말은 할 수 있는데, 뭔가 소극적으로 변해버렸습니다. 그녀가 속한 반 아이들은 자주 다투고, 울기도 합니다. 친구의 마음을 충분히 헤아려 줄 수 있을 만큼 성장하지 못한 어린아이들이 모인 그룹이었습니다. 그녀에 대해서도 아주 솔직하게 잘 보살펴 주는 반면, 동시에 하고 싶은 말도 분명하게 합니다. 또한, 그 외에도 여러 가지 문제를 일으키는 그룹이기도 했습니다.

　　지금까지의 반 친구들과도 충분히 잘 지낼 수 있었지만, 너무 많이 변한 모습을 보고 과감하게 그룹을 바꿔보았습니다. 이 그룹은 지금까지와는 정반대로 잘 알아듣는 차분한 그룹입니다. 엄마와도 자주 이야기를 나눕니다. 엄마도 아이가 가지고 있는 장애를 극복했으면 좋겠다고 생각합니다. Y는 밝은 웃음을 짓는 아이로 돌아왔습니다. 우리 담임은 자신이 힘들 때 주변 사람들에게 물어보거나 도움을 요청하는 것이 하나도 부끄럽지 않다는 것, 자신의 생각을 분명하게 말할 수 있는 것이 중요하다는 것, 그리고 Y의 주변에는 많은 친구들과 어른들이 있다는 것을 알았으면 좋겠다고 생각했습니다.

기본 생활습관

일상생활에서 필요한 것은 거의 혼자서 할 수 있었습니다. 역시 다른 아이들에 비해 느리고 시간이 걸렸지만, 혼자서 모든 것을 처리할 수 있는 것의 소중함을 알았으면 좋겠다는 생각에, 특별한 때를 제외하고는 보육교사의 도움을 받지 않았습니다.

○ 옷 입고 벗기

약간 시력이 있는 왼쪽 눈과 손놀림으로 옷의 앞뒤, 단추, 옷깃을 살피면서 옷을 입거나 벗고, 옷의 뒷정리를 꼼꼼하게 하고 있었습니다. 시력 좋은 아이들이 대충대충 처리하는 것과는 대조적이었습니다. 우리는 옷의 앞뒤가 잘 안보이는 것에는 가끔씩 매직으로 이름을 명확하게 다시 써주기도 하고, 흰 윗옷은 다른 아이들과 혼동하기 쉽기 때문에 꽃이나 나비 그림을 그려주기도 했습니다.

○ 식사

혼자 먹는데, 작은 음식은 식기와 입 사이로 흘리는 경우가 많았지만, 성장하면서 조금씩 나아지고 있습니다. 또 급식은 식품이 가공되어 있기 때문에 음식의 이름을 모르고 먹을 때도 있습니다.

　가끔 보육교사가 옆에 앉아서 음식 이름에 대해 제대로 이야기하면서 먹도록 할 필요가 있었습니다.

○ 배설

자립은 하지만 변기 위치 때문에 엉덩이를 잘못 두어서 실수하기도 했는데, 배변 때마다 보육교사나 친구들이 따라다니는 것은 아이에게 별로 달갑지 않다고 판단해 가끔 보육교사가 지켜보는 정도로만 해왔습니다. 하지만 성장과 함께 회복되었습니다.

○ 낮잠

보육원 생활에서 빼놓을 수 없는 낮잠 시간에는, 모두 홀에 모여서 잠을 잡니다. 안은 희미하게 어두워져 있는데, Y에게는 아주 싫은 시간입니다. 너무 어두워서 자기 이불을 찾기가 힘들기 때문입니다. 하지만 반드시 반 아이들 사이에서 '여기야'라는 목소리가 들려옵니다.

놀이

어떤 아이라도 놀 수는 있지만, 놀이의 종류가 한정되어 있습니다.

　일제 보육시간에 보육교사가 일부러 함께 하는 술래잡기나 기타 간단한 게임은 규칙 등을 잘 이해하고 함께 즐기지만, 자유놀이 시간에 원아들이 원예실에 나가서 하는 꼬리잡기 등 뛰어다니며 하는 놀이는 전혀 하지 않습니다. 보모나 친구들이 손을 잡고 함께 해도 금방 빠져나갑니다. 술래가 되어 상대방을 찾아도, 자신이 술래에게 잡히지 않으려고 해도 그녀의 시야는 한정적입니다.

따라서 이런 종류의 놀이는 아이 스스로도 제대로 즐길 수 없고, 친구들이 손을 잡아줘도 그 재미를 충분히 느끼지 못합니다.

    그네, 철봉, 징검다리, 정글짐 등에서 마음이 맞는 친구들과 함께 보내는 경우가 많습니다. 입학한 지 얼마 되지 않았을 때는 위험하다는 자각이 없어, 보육교사의 걱정을 뒤로 한 채 원내에 있는 고정식 놀이기구는 뭐든지 다 타는 아이였다고 합니다. 하지만 지금은 그네도 혼자 탈 수 있고, 징검다리, 정글짐도 한 발 한 발 조심조심 올라갈 수 있어 안심하고 지켜볼 수 있다고 합니다. 요즘은 위험한 놀이를 하는 아이를 주의해야 할 때도 있습니다. 블록이나 퍼즐, 종이접기 같은 놀이도 합니다. 왼쪽 눈 바로 옆까지 장난감을 가져와 손끝으로 만지작거리며 여러 가지를 만듭니다. 도중에 모르는 것이 생기면 '모르겠어~'라고 소리를 냅니다. 그러면 곧바로 '내가 해줄게'라는 목소리가 주변 아이들 사이에서 터져 나옵니다. 놀이 중 가장 많이 하는 것이 소꿉놀이인데, Y는 여자아이들 그룹으로 들어가서 잘 놉니다. 놀이 속에는 각자의 역할이 있고 그것을 수행함으로써 놀이가 더 재미있어지는데, 놀이를 지켜보면서 알게 된 것이지만, Y의 역할은 항상 강아지입니다. 어른의 시각으로 보면, 놀이가 아무래도 수동적이 되기 쉬운 Y이기에 모두의 눈치를 보며 강아지 역할만 맡는 것이 아닌가 싶었습니다. 그래서 '강아지 역할은 항상 누가 하는 거야?'라고 물었더니, 아이들에게 역할이 정해져 있다는 의식이 없어서인지 금방 대답이 나오지 않았고 Y의 이름은 여러 이름들 중 하나로 언급되었습니다. 그녀에게도 무심코 '강아지 역할 재미있니?'라고 물었더니 웃으며 즐거워하며 고개를 끄덕였습니다. 아이들은 특별히 Y를 차별하는 것이 아니었습니다. 우연히 그런 놀이가 전개되고 있었던 것입니다.

    학급 전체가 성장함에 따라 놀이도 매우 활발해지고 있습니다. 비장애아들은 자신의 놀이에 몰두하고 있습니다. 자칫하면 Y의 존재를 잊어버리기 쉽습니다. 아무래도 바깥 활동이 많아지니까요. 가끔씩 Y가 혼자 있는 모습을 보면 어떻게든 도와줘야겠다는 생각이 듭니다. 아이들은 게임을 좋아하고, 정원에 석회로 선을 긋고 신발 찾기 게임이나 소용돌이 게임을 즐깁니다. 예전에는 정원 게임에 억지로 끌어들이지 않았는데, Y의 성장으로 미루어 보아 게임의 규칙은 이해할 수 있고, 이 게임이 전체적으로 어떤 형태인지만 이해시키면 됩니다. 저는 종이와 두꺼운 매직을 꺼내어 게임을 하는 쪽에서 그 내용을 그림으로 설명합니다. 아이는 매직으로 쓰여진 것을 왼쪽 눈 가까이에 대고 쳐다보았습니다.

잘 이해한 것입니다. 이제 동료인 아이들에게 Y를 맡겨두고, 날씨가 좋은 날은 석회로 그은 선도 Y에게 잘 보입니다. 처음 참가하는 게임이라면 주변 아이들이 손짓, 발짓, 몸동작을 가르쳐주고, 모두가 한발로 뛰어야 하지만 Y는 잘 할 수 있을 때까지 두 발로 뛰어도 되는 것으로 합니다. 이후 이 게임에는 스스로 잘 참여하게 되었습니다.

체육 놀이

Y의 경우 사물을 잘 보지 못하기 때문에 극단적으로 말하자면, 몸으로 확인하면서 움직이기 때문에 움직임이 둔해질 수밖에 없습니다. 체육적인 놀이는 기피하기 쉽습니다. 하지만 이를 방치하면 더욱 움직임이 둔해지고 신체적 균형이 깨져 비만이 될 것 같은 느낌입니다. 모두가 함께 진행되는 보육 활동에서 그녀도 다른 아이들과 마찬가지로 뜀틀, 철봉, 달리기, 마라톤, 줄넘기 등에 참여하게 했는데, Y는 모든 일에 긍정적으로 임했습니다.

유치원 밖에서 하는 마라톤은 반드시 추월 금지로 그녀를 샌드위치처럼 끼워 넣는 식이었습니다. 속도도 충분히 배려합니다. 가끔 도로에 떨어져 있는 물건에 걸려 넘어질 뻔하지만, 주변 아이들도 조심합니다. 철봉은 몸이 공중에 뜨기 때문에 처음 도전할 때는 불안해하고 긴장해서 앞으로 돌기도 못했지만, 이것도 스스로 도전해서 할 수 있게 되었습니다. 줄넘기는 가정에서도 쉽게 할 수 있는 운동이기 때문에 벚꽃반 때부터 시작하였습니다. 혼자 뛰기는 어려워서, 둘이서 줄을 잡고 돌리면 한 명이 뛰는 것부터 시작합니다. Y의 호흡에 맞춰서 보육교사가 줄을 돌립니다. 몇 번 반복하다 보면 리듬을 잡아 20회 이상 연속으로 뛸 수 있게 됩니다. 혼자서 뛰는 것은 아직은 서툴지만 졸업할 때쯤이면 잘 할 것입니다.

운동회 때 6단 높이의 뜀틀을 넘은 것은 그녀에게 매우 기쁜 일이었습니다. Y는 뜀틀 수업을 하면 반드시 연습에 참여하였습니다. 보육교사가 뜀틀이 잘 보이도록 위에 빨간 비닐을 덮어주려고 하면 그마저도 거부하고 그냥 연습을 거듭하면서 발구름과 손 위치 등을 감각적으로 익혀나갔습니다. 지금도 '나 운동회 때 6단 뜀틀도 넘었었죠?'라고 자랑스럽게 이야기할 때가 있습니다.

제작 놀이

제작 놀이에 들어갈 때는 보육교사가 Y에게 붙어 있는 경우가 많습니다. 특히 처음 하는 작업은 그룹 친구들도 가르쳐 줄 수 없기 때문에 세세한 부분 등은 보육교사가 하나하나 꼼꼼하게 지도해 주어야 했습니다. 또 아이들에게 맡길 수 있는 부분은 맡겼습니다. 예를 들어, 풀 사용법, 셀로판지나 여러 가지 도구 사용법 등 아이들이 잘 알고 있는 것들에 대해서는 친구들이 아주 친절하게 가르쳐 줍니다. 가끔은 너무 세심하게 가르쳐 줄 때도 있지만, 가위로 물건의 모양을 잘라낼 때는 굵은 매직으로 윤곽을 그려 놓으면 왼쪽 눈에 갖다대고 보면서 천천히 그 모양대로 잘라낼 수 있습니다. 여러 가지 제작을 할 때 Y는 두꺼운 매직이 꼭 필요합니다. 보육교사가 건네주는 것을 깜빡 잊어버릴 때면 Y는 꼭 '매직 빌려주세요'라고 요구합니다.

벚꽃반 시절, 바닷가재를 많이 받았기 때문에 모두 함께 그림을 그리기로 했습니다. 아이들은 책상 위에 꺼내놓고 까르르 웃으며 놀기도 하고 관찰하기도 했습니다. 그리고 아주 사실적인 그림을 그렸습니다. 하지만 Y의 경우, 뭐가 뭔지 잘 보이지 않고, 바스락바스락 움직이고, 가재의 큰 집게발은 만지기도 어려워 '기분 나쁘다'며 그림으로 그릴 엄두를 내지 못했습니다. 보이는 아이에게는 아주 즐거운 그림 재료가 되었지만, Y에게는 그렇지 못했던 것입니다. 고학년이 된 후 감 열매를 많이 받았기 때문에 그림을 그리기로 했습니다. 이때는 손바닥에 얹어보거나 긁어보면서 감의 감촉을 살피며 예쁜 주황색 감 열매를 표현했습니다. 이 두 번의 경험으로 많은 생각을 하게 되었습니다.

마무리

지금 Y는 초등학교 진학 문제를 겪고 있는데, Y에게 어떤 학교에 입학하는 것이 가장 좋은지는 우리가 완벽하게 판단할 수 없습니다. 하지만 이 어린이집에서 다양한 친구들을 만나고 다양한 경험을 해왔고, Y가 가진 힘과 주변 아이들의 힘이 여러 가지를 가능케 했습니다.

장애아라고 해서 가정에 머물러 있었다면 이렇게 많은 친구를 사귀지 못했을 것이고, 삶의 경험과 범위도 이렇게 넓어지지 못했을 것입니다. 우리는 Y와 같은 아이를 비장애인들 속에 받아들여 함께 배우면서 '아~ 역시 Y가 있어서 다행이다'라고 생각했습니다. 만약 Y가 일반 초등학교의 약시반에 들어가지 못하고 맹학교에 가게 되었다면, 그냥 학교와 가정만 오가는 일상을 보내게 되었겠지요. 그보다는 역시 이 지역사회의 정상적인 아이들과 함께 어울릴 수 있는 시설에서 좀 더 풍부한 생활 경험의 장을 만들어 주고 싶습니다. 그렇지 않으면 우리가 해왔던 비장애아동들 속에서의 장애보육은, 의미를 잃고 지속되지 않을 것이기 때문입니다.

우리는 미숙했지만 전 직원과 아이들과 함께 열심히 해왔다고 생각합니다. 설리반 선생님은 헬렌 켈러가 "'사랑'이란, 이 밝은 태양빛과 같은 것인가요?"라고 질문했을 때, "아니야, '사랑'이란 태양빛을 가려서 풀과 꽃에게 편안함을 주는 구름과 같은 것이야"라고 가르쳐 주셨다고 합니다. 이 이야기를 들었을 때 정말 감동적이었습니다. 이런 눈에 띄지 않지만 아주 소중한 사랑이 필요한 아이들이 많이 있습니다.

동물원의 혼잡함 속에서 길을 잃지 않도록 손을 꼭 잡고 화장실로 데려다 주는 친구의 친절함, 피구를 할 때 Y에게 공이 닿지 않도록 무심코 자신의 몸으로 가드하는 친절함, '못 해, 몰라'라는 Y의 말에 '이렇게 하는 거야'라고 가볍게 응대하는 친절함, TV 시청할 때 'Y야, 보이니?'라며 자리를 신경써주는 상냥함… 등등. 지난 2년 동안 여러 차례 이런 아이들의 다정다감한 모습을 보았습니다. '역시, Y가 우리 반에 있어서 다행이었어'라고 다시 한 번 생각하게 됩니다.

아유미 유치원의 경우

들어가며

아유미유치원은 1979년 4월, 세 번째의 전맹아를 맞이하게 됐습니다. 설립 이후 11년 동안 700여 명의 원생들이 둥지를 틀었는데, 그 중 자폐증, 언어장애, 뇌성마비, 난청, 전맹 등의 장애를 가진 아이들이 24명이나 됩니다.

하지만 11년 전 이 유치원이 설립될 때 뚜렷한 의식을 가지고 통합교육을 목표로 개원한 것은 아닙니다. 설립 초기부터 장애아를 수용해왔지만, 그 이후에도 교직원 회의 등에서 통합교육 여부에 대해 논의한 적은 거의 없었다고 해도 과언이 아닙니다. 보통 아동들 속에서 장애아의 교육이라든가, 장애아가 보통 아동에게 미치는 교육적 효과라든가 하는 것은 우리 교사집단의 최대 관심사가 아닙니다. 개개의 인간이 다양한 능력을 가진 타자를 만나면서 자아를 확립해 나가는 장으로서의 유아교육을 지향해 왔습니다.

인간을 묻고, 인간이 되는 교육을 묻고, 인간의 마음을 키우는 교육을 생각하면서 유아교육 현장에 설 때, 장애 여부를 넘어 교감하는 것의 중요성을 뼈저리게 느낍니다.

인간의 교육

인간을 묻다

아유미유치원이 장애아를 수용하는 유치원으로 11년의 역사를 이어온 것은, 그것을 목표로 설립되었기 때문이 아니라 인간을 전인적으로 질문하며 유아교육을 고민해 온 결과라고 할 수 있습니다. 장애아를 포함한 유아교육이 11년째 지속되고 있는 것에 대해 미노 가즈코 교사는 중요한 것은 다음 세 가지 관계가 서로를 이해하고 신뢰관계로 연결되어 있다는 것이 아닐까라고 말합니다.

즉, 하나는 우리 교사 집단, 유아 한 명 한 명을 소중히 여기는 교육, 인간이란 무엇인가에 대해 끊임없이 질문하는 집단. 다른 하나는 보호자 집단, 그런 교육의 장에 깊은 이해를 갖고 협력하는 집단. 그리고 장애아와 함께 생활하며 장애아를 아주 자연스럽게 받아들이는 유연한 마음을 가진 유아들, 이 세 집단의 깊은 신뢰관계 속에서, 비장애아와 장애아가 함께 살아가는 교육의 장으로서 아유미유치원은 그 역사를 새겨가고 있다고 할 수 있겠습니다.

먼저 교사 집단인 우리는 개개인의 내재된 능력을 끌어내는 것이 교육이라는 기본에 서서, 내재된 여러 능력 중 어떤 능력을 끌어내는 것이 '사람이 되는 것'인지를 질문해 왔습니다.

그 속에서 인간다움의 근거를 응답의 책임, 즉 타인의 부름에 응답하는 능력에 있음을 배웠고, 인간은 타인과 관계 맺음으로써 인간다워진다는 것을 이해하게 되었습니다. 장애아동의 입소 희망이 나올 때마다 불안과 어려움을 겪게 되는데, 신체적 장애를 이유로 입소 희망을 거부하면 그 순간부터 거부한 우리 자신은 응답의 정신을 잃은 정신 장애 집단으로 전락하고 맙니다. 대부분의 교사들은 이 유치원에서 일을 시작한 뒤에야 장애아를 만났으며, 비장애아와 동일하게 자연스러운 관심을 주면서, 무엇이 중요한지 '보인다'는 것을 알게 됩니다. 심신에 장애가 있는 유아와 보통 아동들 사이에서 마음의 교감, 즉 양자의 호응 관계에는 아무런 장애가 없음을 알게 되는 것입니다.

마음의 눈이 보이게 된 경험을 마나카 기요코 교사는 이렇게 말합니다. "아유미유치원 이전까지는 장애를 가진 사람을 접해본 적이 없었습니다. 그래서 근무하게 될 유치원에 장애아동이 있다는 말을 들었을 때도, 실제로 두 눈으로 보고 나서야 비로소 힘든 일, 중요한 일을 접하고 있다는 것을 깨달았을 정도였습니다.

아유미 유치원의 경우

처음엔 어떻게 말을 걸어야 할지, 어떻게 손을 내밀어야 할지, 장애아라는 고정관념에 갇혀서 하나부터 열까지 다 손을 내밀어야 한다고 생각했습니다. 하지만 며칠 동안 그 아이들을 접하면서 점차 마음이 열리고, 아이들에게 밝은 표정이 넘치는 것을 보면서 그 아이들의 몸은 장애를 가졌지만 마음은 정신적으로 건강하고 보통 아이들과 다를 바 없다는 생각을 하게 되었습니다"라고 말했습니다. 교사 집단이 인간 교육을 관념적으로 이해하더라도 인간을 구체적으로 이해할 수 있는 장이 없다면, 장애아를 포함한 교육을 가능케 할 수 없을 것 같습니다.

1973년 봄, 전맹아 K가 입학을 희망하며 찾아왔습니다. 이 아동의 방문은 그동안 장애아를 포함한 교육을 막연하게 당연하게 여겨온 교사 집단에게, 장애아와 비장애아가 함께 살아가는 교육을 원점에서 다시 질문해야 한다는 반성의 계기가 되었습니다. 당시를 회상하며 미노 가즈코 교사는 "원장으로부터 전맹인 아이의 입학을 희망한다는 이야기를 들었을 때, 우리는 큰 불안감과 당황스러움에 어떻게 대답해야 할지 몰랐어요. 한편, 원장님은 이를 학부모 임원회에 가져와 엄마들과 상의했습니다. 엄마들은 우리 교사들보다 더 큰 용기와 교사들에 대한 신뢰와 믿음으로, 받아들이는 것에 찬성했습니다. 우리는 오히려 그 태도에 용기를 얻어 처음으로 전맹아를 받아들인 것 같습니다"라고 말했습니다.

사실, K의 입학을 위해 몇 차례에 걸쳐 열린 교직원 회의에서 당시 교직원 11명 전원이 전폭적으로 찬성하지는 않았다고 합니다. 교직원들에게 시각장애아에 대한 지식이 전혀 없다는 사실, 시설이나 교재도 시각장애아를 위한 것이 하나도 준비되어 있지 않다는 사실 앞에서 우리는 멈칫할 수밖에 없었습니다. 그럼에도 불구하고 전맹아 K를 받아들이기로 결정한 것은 '인간이란 무엇인가'를 끊임없이 질문해 온 교사 집단이 유치원으로서의 수용 준비가 부족하다는 사실에 눈을 돌리는 동시에, 지금 눈앞에 비장애아들 속에서 배우고 싶어하고, 그들과 함께 살고 싶어하는 작은 영혼이 있다는 사실에 어떻게 응답할 것인가라는 인간의 책임성에 눈을 돌렸기 때문입니다. 유치원 문 앞에 서 있는 전맹아에게 아유미유치원을 구성하는 유아 집단, 학부모 집단, 교사 집단이 어떻게 관여할 것인가를 고민하고 스스로에게 질문하는 것을 이후 우리의 과제로 삼은 것입니다.

교육을 묻다

아유미유치원의 장애아 수용을 보고, 사람들이 이 유치원을 장애아를 위한 특별한 훈련의 장인 것처럼 생각했던 시기가 있었습니다. 그 점에 대해 우리는 전맹아 K를 받아들였을 때뿐만 아니라, 어떤 장애를 가진 유아가 입학해도 원사를 개축하거나 복도나 출입구 돌계단에 난간을 설치하는 등의 개선을 하지 않았습니다. 이유는 여러 가지가 있지만, 우리가 지향하는 것은 인간이 인간의 마음으로 살아가기 위한 기초 확립에 있다는 것을 확실히 인식하고, 장애아이기 때문에 필요한 특수교육(보행훈련이나 점자 등의 습득 등)에 대해서는 어디까지나 각 전문가에게 맡기고, 우리는 장애아와 비장애아들이 같은 환경 속에서 서로 만나, 정신적·신체적·지적·기능적으로 발달하고 성장하며 인간의 마음을 키우는 것이 유아교육의 기본이라고 생각했습니다. 우리는 대체할 수 없는 개개인의 삶과 인격이 집단에 짓눌리지 않고, 오히려 집단과의 관계에서 더 개성적일 수 있는 상황의 실현을 염두에 두고 있습니다. 개성적이라는 것은 다른 사람과의 차이를 알아차리는 것이며, 그 차이를 서로 인정하고 수용하는 것에 다름아닙니다. 이 '차이를 수용하고 차이를 넘어 함께 살아가는 마음'은 단순히 옷차림이나 소지품의 차이가 아니라 능력이나 신체의 차이, 언어의 차이를 넘어 함께 성장하는 집단으로서 장애아도 수용하려는 마음이 자라났다고 할 수 있습니다.

한편, 일반적으로 개개인의 내재된 제반 능력을 끌어내는 것이 교육의 기본이라고 하는데, 그렇다면 3세부터 5세까지의 유아기에 끌어내야 할 능력이 무엇인지를 묻고, 그 질문에 대한 답을 어떻게 하느냐에 따라 교육의 형태가 달라질 것입니다. 우리는 감성, 반응성, 창의력을 끌어내는 것을 유아기 교육의 과제로 삼고 있습니다. 글을 쓰고 읽기 위해 글자를 익히는 것이지만, 글자를 익히는 것만으로는 글을 쓸 수 없습니다. 아름다운 글을 쓰기 위해서는 글자를 익히는 것과 동시에, 아니 그 이전에 사건의 심정을 느낄 수 있는 감성의 육성이 필수적입니다.

또한 응답성이란 입으로만 대답하는 것이 아니라, 마음으로 응답하는 전인적 응답의 자세를 말합니다. 그것은 오른손과 왼손이 부딪혀서 소리가 나듯이, 또 손의 두드림으로 리듬을 배우듯이, 부르는 자와 듣는 자와의 인격적인 만남의 경험을 중시하는 교육을 지향하는 것입니다. 창의력을 풍부하게 끌어낸다는 것 역시 단순히 물건을 만드는 것뿐만 아니라, 자기 자신을, 그리고 새로운 인간관계를 만들어내는 힘을 포함합니다.

이러한 관점에서 바라본 교육의 장은 교사와 유아, 유아와 유아가 서로 만나서 배우는 상호교육의 장이라고 할 수 있습니다. 그곳에서 장애아동과 건강한 아동이 만나 서로 배우고, 또 교사는 그들이 아주 자연스럽게 서로 돕고, 격려하고, 권유하는 모습에서 많은 것을 배우고 있는 것입니다.

더불어 살아가다

유치원이라는 사회는 교사와 유아, 그리고 유아의 보호자로 구성된 집단이지만, 이 집단에 한 명의 장애아가 합류한다는 것은 주변의 보통 아동에게 여러 가지 영향을 미칠 뿐만 아니라, 교사와 보호자 집단에도 여러 가지 형태로 질문을 던지게 됩니다. 이하, 77년도 사이타마 사립유치원협회 주최 대회에서, 장애아를 포함한 유아교육 현장에서 '인간을 묻다'라는 제목으로 연구 발표한 본원의 보고 자료 중 몇 가지 사례를 인용하면서 이 문제를 생각해 보고자 합니다.

'K와 T의 운동회'

신체에 장애를 가진 사람이나 정신에 장애를 가진 사람이 건강한 아이들과 함께 생활하면서, 서로 돕고 힘을 합칠 수 있는 유아 집단이 되기를 바라며 보육이 이루어지고 있습니다. 설립 초기부터 현재까지 매년 몇 명의 장애아들이 입학하고 졸업했음을 선배들이 알려주었습니다.

1973년 봄, 실명한 여자아이 K가 중도입학을 하게 되었습니다. 일반 유치원에 입학시켜, 건강한 아이들 속에서 많은 경험을 시키고 싶다는 엄마의 간곡한 부탁에 의한 것입니다. 당시 학급에는 45명의 아이들과 3명의 교사가 소속되어 보육을 하고 있었습니다. 전맹 아이를 맞이하는 것은 전혀 처음이라 우리 교사들 스스로도 큰 걱정과 당황스러움이 있었습니다. 하지만 K가 가진 밝은 성격과 적극적인 행동으로 인해 많은 도움을 받았습니다. 어느덧 10월이 되어 유치원의 큰 행사 중 하나인 운동회가 열렸습니다. 실명은 오감의 한 기능을 잃은 것이지 모든 기능을 잃은 것은 아니다, 라는 것을 염두에 두고 평소 보육 측면에서도 처음 경험하는 것, 몸으로 익혀야 하는 것, (예를 들어 체조, 마라톤 등)을 반드시 교직원 중 한 명이 K에게 붙어서 가르쳐왔습니다.

운동회 프로그램 하나하나도 K에게 있어서 가능한 일인지 충분히 검토한 후 결정하고, 또 K 때문에 다른 사람의 가능성을 지우진 않았는지를 고려한 프로그램이었습니다. 리듬감이나 음감이 좋은 K는 체조나 포크댄스도 적극적으로 배우려고 노력하지만, 보는 것이 아니라 감각으로 익히기때문에 단기간에 충분히 익힐 수 없고, 동작이 어려운 부분을 익히기 위해 부모님과 함께 남아서 방과 후 연습을 했습니다. 이때 춤추는 순서나 모습 등을 엄마는 필사적으로 메모를 하거나, 노래를 카세트에 녹음하기도 했습니다. 장애아(특히 전맹)라면 보통 아동보다 몇 배의 노력과 정신력이 필요한 것은 분명합니다. 그럴 때면 주변 아이들도 항상 K를 지켜보며 말을 걸어주지만, 한편으로는 자신도 K처럼 관심을 받고 싶어서 일부러 장난을 치거나 지나치게 행동하는 아이들도 있어, 교사로서 여러 생각이 들곤 했습니다.

달리기 경주의 경우 처음에는 스스로 달리고 있다고 생각하는 모양이었지만, 결국 같은 자리에서 뛰고 있는 상태였기 때문에 선생님과 함께 달려보기도 했습니다. 공기의 바람을 자신의 몸으로 가르며 나아가는 체험을 만들어주기 위해 선생님이 때로는 힘껏 당겨가며 속도를 내어보기도 했습니다.

손 잡는 방법 등을 이해하고 놀이처럼 반복하면서 요령을 익혀, 점점 속도도 빨라졌습니다. 처음에는 탬버린 소리로 유도했지만 손뼉으로도 알아들을 수 있지 않을까 하는 생각에, 운동회 당일에는 한 교사가 손뼉을 치며 앞을 달리게 되었습니다. 그 때 교사들 사이에서는 괜찮을까 하는 걱정도 있었지만, 주변 관중들의 박수와 환호 속에서 자신을 유도하는 교사의 손뼉 소리와 교사의 목소리를 구분할 수 있었고, 우리 교사들은 다시 한 번 시각장애인의 소리에 대한 예민함을 알게 된 것 같았습니다.

고학년이 된 후의 운동회는, 한 번 경험한 적이 있어서 그런지 본인도 순조롭게 잘 해내는 것 같았습니다. 장애물 경기에서는 출발-그물 지나기-평균대 건너기-매트에서 앞구르기-4단 뜀틀 뛰어넘기-달리기-골인! 이 모두를 누구의 도움 없이 선생님의 목소리만 믿고 혼자 힘으로 해냈습니다. 해냈을 때의 표정은 매우 만족스러워 보였습니다. '즐거웠던 운동회' 그림도 즐겁게 추억을 떠올리며 그렸습니다.

* * *

아유미 유치원의 경우

1976년, 역시 비장애 아이들과 함께 집단생활을 하고 싶어하는 남자아이 T가 2년제 보육, 아동 44명, 교사 2명(책임자 1명)의 학급에 입학했습니다. T는 빛의 밝고 어두움은 알 수 있지만 보는 것은 불가능합니다. 입소 초기에는 표정이 밝은 아이였지만, 아직 집단생활에 익숙하지 않은 면이 있어 친구들에게 말을 걸지 않고 소극적인 모습을 보였고, 엄마나 선생님 등 가까운 사람에게는 마음을 열어도 다른 사람에게는 마음을 닫는 모습을 보였습니다.

또 체력적으로도 튼튼하지 못해서 격렬한 운동은 피했지만, 친구가 많아지면서 철봉이나 뜀틀에 도전하게 되면서 체력도 좋아졌습니다. 연중 체육대회에서는 역시나 K의 경우와 마찬가지로 행진할 때나 달리기를 할 때 유도하는 선생님의 박수를 듣고 그 방향으로 행진하거나 박수를 치기도 했습니다. 어두운 공간에서 손을 흔들며 달릴 때를 생각하면 정말 무섭고 불안한 일이었습니다. 교사와 시각장애 아동 사이에 강한 신뢰감이 없다면 분명 마음껏 달릴 수 없을 것 같다는 생각이 들었습니다. 포크댄스나 놀이도 역시 필요에 따라 엄마와 함께 남아서 잘 기억하고 춤을 추게 했습니다.

프로그램도 여러 가지로 논의했지만, 결국 '장애아를 위해 무엇을…?'이 아니라, 최대한 장애아동과 비장애아동이 같은 시설에서 그 안에서 아이들이 할 수 있는 범위의 '자유로움'을 살린 프로그램이었어요.

구슬 넣기나 방울 깨기 등, 구슬을 넣거나 부딪히는 물건이 본인도 모르기 때문에 항상 이것으로 괜찮을까 하는 생각이 들지만, 던지거나 부딪히기 전에 그 물건을 손으로 만져보면서 나름대로 상상하는 것에 대해 즐거워하고 있으니 괜찮겠지? 스스로에게 물어보기도 하고…

T는 올해(고학년반) 운동회에서는 다리가 아파서 마음껏 뛰거나 점프할 수 없었지만, 선생님의 박수와 목소리를 의지해 끝까지 달렸습니다.

'T야, 정말 잘했어'라는 목소리에 '왜냐면 저도 열심히 뛰었거든요'라며 기뻐하는 표정입니다. 장애물 경기에서도 평소의 성과를 발휘해 열심히 뛰었습니다. 이번 운동회를 통해 T 자신이 스스로 혼자서 해냈다는 의식이 생겨서 체력적으로나 정신적으로나 자신감이 생기고 밝아졌다고 합니다. 주체성도 생겨나서 모두가 집에 갈 준비를 하는 것을 알고 혼자서 아무도 없는 모래밭으로 나가기도 하고, 원두막 뒤편에서 애벌레를 찾으러 나가기도 합니다. 친구들에게도 적극적으로 다가가는 마음이 생긴 것 같습니다.

　2년간의 집단생활 속에서 모두의 마음속에, 장애를 가진 T군이나 정서장애를 가진 A의 존재가 자연스럽게 자리잡은 것 같고, 그 아이들을 돕지 않던 아이가 의자를 대신 정리해 주기는 모습도 볼 수 있었습니다. 그들 나름대로 장애가 있어도 열심히 하면 할 수 있다는 자신감과 희망을, 또 비장애아들은 장애아를 통해 끝까지 열심히 하는 것의 소중함을 배울 수 있었던 것 같습니다.

　집단생활 속에서 서로 돕는 상호교육이 어린 시절부터 각자의 마음속에 스며들어 있다면 얼마나 멋진 일일까요.

　전맹으로 유치원을 졸업한 K는 현재 일반 초등학교에 재학 중입니다. 기회가 되어 운동회를 참관할 수 있었는데, 일반 아이들 속에서 열심히 노력하는 모습에 응원의 박수를 보내고 싶었습니다(유치원 때는 유도하는 박수를 쳤지만요).

　올해 유치원 운동회를 견학하러 온 K. '선생님, 어쩐지 유치원의 수도꼭지와 철봉이 너무 작아진 거 같아요', '좀처럼 오르기 힘들었던 통나무 오두막도 이제는 이렇게 쉽게 올라갈 수 있네요.'

장애아와 비장애아

K의 학급을 담당한 교사는 위의 보고와는 별도로 다음과 같이 말했습니다.

　　전맹인 아이를 받아들이는 것은 예상치 못한 일이었습니다. 어른들보다 주변 아이들이 어떻게 받아들일지, K가 친구들 사이에 끼어들지 못해 슬퍼하지 않을까 하는 걱정이 컸습니다. 눈은 뜨고 있지만 손으로 더듬어 가며 걷는 모습을 보고 뒤로 물러서는 아이, '이름이 뭐니?'라며 조심조심 얼굴을 들여다보는 아이, K가 철봉을 하거나 종이접기를 할 수 있다는 것이 신기해서 걸어가는 K의 앞에 일부러 발을 내밀어 전맹인지 아닌지 시험해 보지 않고는 견딜 수 없었던 아이 등 다양한 만남을 경험하면서 아이들은 K를 알게 되었습니다. 운동회도, 상급반 1박2일 보육도, 졸업 전 장기 제작 과제인 마대자루 만들기도 K는 비장애인 아이들보다 몇 배의 노력을 기울여 모두와 함께 경험했습니다.

　　아이들은 함께 생활하면서 서로 돕는다는 것은, 동정이 아니라 진정으로 필요할 때 힘을 빌려주는 것임을 여러 경험을 통해 배웠습니다. 천문관 견학을 갔을 때, 돔에 들어가서 방이 어두워지고 무수한 별들이 빛나기 시작하자 아이들 사이에서 '와~'하는 조용한 환호성이 터져 나왔고, K의 옆에 앉아

있던 Y는 K의 귀에 대고 '하늘이 어두워졌어, 별이 나왔어'라고 속삭였습니다. 나중에 그 추억을 그림으로 그리게 되었을 때, K는 'S야, 별은 어떤 색이었니?'라고 물었습니다. S는 '음, 글쎄. 노란색, 맞다맞다, 귤색이었어. 별사탕 모양도 있고 동그란 것도 있었어'라고 대답하는 등, 아이들은 2년간의 생활을 통해 어느새 K에 대한 마음씀씀이가 몸에 배어 K의 눈이 되어 K가 알 수 있도록 눈높이에 맞춰 설명할 줄 아는 능력을 키웠습니다. K가 뜀틀을 넘을 수 있게 되었을 때, 줄넘기를 할 수 있게 되었을 때 등, K의 기쁨은 학급 전체, 유치원 전체의 기쁨이자 격려였습니다.

장애아동과 보호자

장애아 입소에는 이를 따뜻하게 지켜보는 일반 보호자의 눈과 마음이 필수적입니다. 한 엄마는 다음과 같은 의견을 보내주었습니다.

> 아무 장애가 없는 아이들 사이에 전맹인 아이라니 … 저는 정말 믿을 수 없었습니다. 그런 보육이 과연 가능할까? 의구심과 불안감이 연이어 퍼져 나갔습니다. 예를 들어, 젊은 담임선생님들의 관심과 애정이 전맹아에게 집중되면 나머지 많은 아이들에게 쏟아야 할 사랑은, 안전은 어떻게 되는 걸까? 등등. 솔직히 이런 생각을 한 것은 비단 나 혼자가 아니었을 것입니다.
> 하지만 그런 걱정은 금방 사라졌습니다. 'K짱은 선생님의 얼굴도 알아보는 거야! 왜냐면, 마음의 눈으로 제대로 보고 있다니깐' 딸아이의 기쁜 듯한 말이었습니다. 함께 기도하고, 함께 뛰고, 함께 수영하고, 함께 그림을 그리는 딸의 눈빛은 늘 생동감 있게 빛나고, 목소리는 활기찼습니다. 이런 내 아이를 보면서 한 번이라도 귀찮다고 생각하거나 내 아이만 생각했던 나 … 그런 불쌍한 마음이 부끄럽고 한심해서 가슴이 아팠습니다. 선생님들의 사랑은, 유치원의 사랑은 내가 생각하는 그런 작은 사랑이 아니었습니다. 제대로 보낸 유치원 생활은 어느새 아주 자연스럽게 배려하는 마음, 그리고 서로 돕는 마음을 가르쳐 주었던 것 같습니다.

사프란 유치원의 경우

들어가며

학교법인 마쓰모토학원 사프란 유치원은 1971년 도쿄도 마치다시의 기소 주택단지(5000세대 규모) 내 공공주택 한 켠에 개원했습니다. 원생 대부분은 이 단지의 아이들이었습니다. 개원 초기 추첨을 통해 입학한 아이들 중 정서장애 아동이 두 명 있었습니다. 장애아에 대한 뚜렷한 원칙이나 생각이 없었던 상태에서, 그 아이들의 존재는 여러 가지 문제를 우리에게 제기했습니다. 연구회에 참여하거나 교사들 간의 논의를 거듭하면서, 장애아동과 비장애아동을 함께 수용하는 것이, 양쪽 모두에게 서로 배우고 이해하는 중요한 장이 되지 않을까 하는 생각이 들어 그 방향으로 잡았습니다. 아이들을 입학시키며 교사들끼리 몇 가지 사항을 확인했습니다. 그것은 비장애아든 장애아든 있는 그대로의 모습을 먼저 받아들이는 것입니다. 그 아이 스스로의 힘을 발휘할 수 있도록 배려합니다. 각 반의 격차를 최대한 무시하고 어느 반에 가더라도 전 교사가 따뜻하게 지켜본다는 것입니다.

하지만 장애아동의 경우, 장애의 정도도 다양하고, 아이마다 행동 양식이 다르기 때문에 대응 방법도 다양합니다. 현장의 문제를 논의하고 분석하면서 시행착오를 거듭하는 나날입니다.

현재 4세아 4반과 5세아 4반으로 총 8반에, 2명의 정서장애아동과 1명의 전맹아동이 통학하고 있습니다. 시각장애아 T의 입소부터 오늘에 이르기까지 그간의 경과를 보고하고자 합니다.

입학 및 이후 생활 : T (시력 광각)

T의 오빠가 우리 유치원을 졸업했는데, 1977년 11월에 여동생의 입학을 희망한다는 이야기가 있었습니다. 교사들끼리 의논한 후, 이어서 T와 엄마가 유치원에 와서 전체 교사를 만나 지금까지의 성장과정을 이야기해 주었습니다. 시력 외에는 다른 중복장애가 없는 점 등을 고려해 수용하는 방향으로 논의했습니다.

입학 전 유치원에 33회 방문하여 정원, 교실, 유치원 전체의 모습을 파악했습니다.

우리 유치원에서는 시각장애아를 받아들이는 것은 처음이라 걱정이 많았습니다. 1978년 2월 시각장애아를 수용하고 있던 다케사토 단지의 아유미 유치원에 견학을 갔었는데, 그곳에서 시각을 제외한 모든 감각에 호소하며 비장애아동들과 전혀 다를 바 없이 생활해내던 T의 하루를 관찰하여 큰 도움이 되었습니다.

놀이를 통한 친구 관계

1978년 4월의 4세반은 T를 포함한 32명입니다. 담임교사 1명에 필요에 따라 프리랜서 교사의 지원을 요청합니다.

입학식 후 일주일 동안은 엄마가 동행했습니다. 그 동안 신발장이나 가방걸이 위치를 익히고, 하루 일과를 거의 파악할 수 있었기 때문에 둘째 주부터는 엄마가 유치원까지만 데려다 주기로 했습니다. 아이는 유치원을 즐기며, 엄마가 없어도 잘 지냈습니다.

입학 초기에는 반 아이들이 T를 자연스럽게 이해하는 것이 바람직하다고 생각하여, 볼 수 없다는 것을 말하지 않았습니다. 그리고 아이들에게 만져보고, 듣고, 그리고 관찰하는 것을 설명했습니다.

아이가 가장 먼저 좋아한 것은 소꿉놀이 코너였습니다. 냄비에 공깃돌을 넣고 달각달각 소리를 내며, 친구들과 어울리기보다는 혼자서 소리를 즐기는 경우가 많았습니다. 그래도 선생님이 참여해 함께 놀아주면, 대화를 나누며 친구들과도 함께 즐겁게 놀 수 있었습니다. T는 공깃돌을 혼자서만 가지고 놀고, 다른 아이가 사용하면 빼앗아 가거나 집요하게 탐내기도 했습니다. 다 같이 사용하는 것이라고 이야기해도, 손에 확실히 쥐고 있지 않으면 매우 불안해하는 것 같았습니다.

바닥을 두드리거나, 여기저기 부딪히고, 눈을 비비며 다니는 행동을 보면서, 주변 아이들도 시각장애에 대해 조금씩 이해하게 된 것 같습니다.

입학한 지 일주일째쯤, T가 '오줌이 마렵다'며 자리에서 일어서자, Y가 재빨리 옆으로 가서 'T야, 이쪽이야'라고 말을 건넸습니다. 아직은 손을 내밀어 안내해야 함을 몰라 손가락으로 가리키고만 있었는데, 이것이 아이들 쪽에서 나온 첫 번째 친절한 행동이었습니다. 소꿉놀이 코너에서도 T의 눈앞에서 물건을 건네주려고 하지만, T는 전혀 알아차리지 못합니다. 그래서 아이들 모두에게, 손으로 직접 만져보게 하거나 이야기해야 함을 구체적인 예를 통해 알려주었습니다. 듣고 만지는 것이 보는 것을 대신할 수 있음을 모두가 이해하는 데는 시간이 걸렸습니다.

더군다나 반이 다른 모든 원아들이 T를 알기 위해서는, T의 행동이 다른 반, 정원, 그리고 넓은 홀로 행동 범위가 넓어지고 다양한 장면을 경험해야 합니다. 먼저 T의 행동을 가만히 바라봅니다. 그리고 '안보이나봐'라고 속삭입니다. 일부 고학년 남자아이들은 T를 둘러싸고 조롱하며 놀리는 일이 있었습니다. 그런 문제가 생겼을때 학급 전체가 모여 어떻게 개입하면 좋을지 고민했습니다. 한 학기가 끝날 즈음에는 유치원생 전원이 T의 존재를 알게 되었으며, 특히 심술궂은 행동은 사라졌습니다.

'안보이는 거야'라며 남들이 아무렇지 않게 장난처럼 하는 말을 T는 특히 싫어했습니다. 그럴 때면 T도 굴복하지 않았습니다. "선생님, '쟤 못보나봐'라고 하지 말라고 말해주세요", 보이는 것이 어떤 것인지 모르는 아이에게는 만지고 듣는 것이 보는 것이기 때문에 남들이 자꾸 안 보인다고 말하는 것이 납득이 가지 않는 것입니다.

또 한 번은 고학년 아이에게서 '도깨비'라는 말을 들었습니다. 그때도 너무 화가 났습니다. 저는 T에게 "언니들한테 가서 그렇게 말하지 말라고 하렴"이라고 말했고, T는 반 여자 아이 2명과 함께 고학년 반을 돌며 이야기했습니다.

주변 아이들은 교사가 T를 대하는 방식을 보면서 자연스럽게 익혀나갔습니다. 입학 초기에 교사가 손뼉을 치며 신호를 보낸 적이 있었습니다. 그러자 주변 아이들은 말로 하면 알 수 있는 것까지 손뼉을 치며 신호를 보냈습니다. 밖으로 나갈 때 친구들이 자연스럽게 손을 빌려주게 되고, T 스스로도 밖으로 나가고

사프란 유치원의 경우

싶을 때 '누군가 함께 나가자'고 동의를 구하기도 합니다. 서로 말로 의사를 전달하면서 일이 순조롭게 진행되었고, 특별히 문제될 만한 일은 없었습니다.

바깥 활동도 좋아합니다. 특히 기차(고학년 아이가 상자로 만든)를 타고 밀거나, 미끄럼틀·그네·철봉·수평 사다리 타기 등에도 적극적으로 참여합니다. 술래잡기에서는 선생님·친구들과 손잡고 달리기도 하고, 술래가 되면 주위의 아이들이 손뼉을 치며 신호를 해주며 즐겁게 놉니다.

2학기에 접어들면서 T도 물건에 집착하는 일이 줄어들었습니다. 이와 함께 소꿉놀이 코너에서는 친구들과 함께 역할 놀이를 할 수 있게 되었습니다. '나도 끼워줘', '빌려줘'라는 말과 행동이 동반되면서 좋아하는 장난감도 다른 사람에게 빌려줄 수 있게 되었습니다.

11월의 어느 날, 소꿉놀이방에서 이사가 있었습니다. T가 아침 준비를 하는 동안, 소꿉놀이 도구를 모두 테라스로 옮겨버린 것입니다. 아무래도 T가 소꿉놀이 안에서 자기 생각대로 하려고 하고, 꺼낸 물건의 위치를 금방 찾지 못해 헤매는 것을 보고, T를 놀이에 끼워주고 싶지 않았던 모양입니다. T가 이를 눈치채고 "나도 끼워줘, 공깃돌 빌려줘", "그럼 T야, 공깃돌이랑 신발 줄테니까 저쪽으로 가"라며 돌려보내려 합니다. "아니야, 난 모두와 함께하고 싶어" 결국 친구들도 T를 끼워주지 않을 수 없게 됩니다. "T야, 테이블을 어지럽히면 안 돼. 공깃돌도 밑에 떨어뜨리지 말고." T도 왜 자신이 소외되었는지 알게 된 것 같습니다.

실제로 주변 아이들은 T와 대등하게 지내려면 여러 가지 번거로운 점이 많다는 것을 느끼고 있습니다. 어떤 때는 친절하게 대해주기도 하고, 방해하기도 합니다. 그 충돌의 순간에 말을 걸고, 서로 마음을 주고받습니다. 그것은 장애가 있든 없든 모든 아이들이 마찬가지인 것 같습니다. 거기서 친구를 이해하고, 자신과 타인이 모두 소중하다는 것, 그리고 서로를 배려하는 마음을 배우게 되는 것이 아닐까요. 어른들의 강요가 아닌, 아이들의 다양한 부딪힘 속에서 교사와 아이들이 함께 하는 집단 속에서 확인해야 할 중요한 과제라고 생각합니다.

생활면에서 익힌 것

가. 연락장

매일 노트에 출석 스티커를 붙입니다. 엄마가 날짜가 적힌 곳에 작은 받침종이를 붙여두면, 그것을 만져가며 붙입니다. 매일 날짜가 달라지므로 학년이 올라가면 표식을 붙이는 방법에 대해 새로운 고민이 필요해 보입니다.

나. 원복

우리 유치원에서는 등원 직후에 원복을 벗고 하원할 때 입는 관례가 있습니다. T에게는 단추를 끼우고 푸는 것이 매우 어려웠습니다. 6월에 여름 원복으로 갈아입게 되자, 단추가 조금 커져서인지 단추를 잘 끼울 수 있게 되었습니다. 본인도 주변 아이들도 매우 기뻐했습니다. 2학기에 접어들면서 겨울 원복의 탈착도 원활하게 할 수 있게 되었습니다. 일상 생활 속에서 인내심을 갖고 시간을 투자하면 할 수 있게 되는 것들이 많습니다. 원복 입고 벗는 것도 그 중 하나입니다.

다. 화장실

각 교실에는 화장실이 있습니다. 입학 전에 위치를 알고 있었기 때문에 거의 문제가 없었습니다.

라. 식사

입학 전 센터의 지도가 있었기 때문에 숟가락과 포크를 사용해 잘 먹을 수 있습니다. 엄마도 먹기 편하도록 배려해서 도시락을 만들었기 때문에 거의 흘리지 않습니다. 가방에서 도시락과 컵 꺼내는 것은 잘하는데, 다시 집어 넣기가 너무 어려웠던 모양입니다. 한 학기 동안 도와주며 스스로 할 수 있도록 가르쳤습니다. 두 번째 학기가 되자, 어떻게든 스스로 할 수 있게 되었습니다. 식욕도 있어 거의 남기지 않고 먹습니다.

마. 행동

눈을 지그시 누르거나 바닥을 두드리며 소리를 듣기도 하면서, T 자신은 기본적으로 행동이 활발합니다. 입소 초기부터 손을 먼저 내밀며 다니기보다는, 태연하게 여기저기 부딪혔고, 작은 일로는 울지 않았습니다. 자신이 어디에 있는지 모르면 "선생님 와주세요"라고 큰 소리로 부릅니다. 그럴 때는 여기가 어디인지 확인하면서 행동하도록 지도했습니다. 가방 걸이, 신발장, 수건 걸이를 알기 쉬운 곳에 두었더니 금방 익혔습니다. 또 자신의 반을 기점으로 다른 반, 홀, 부엌, 교무실은 혼자서 갈 수 있습니다. 자신이 하고 싶은 일이 분명하고, 아침 놀이 등 좋아하는 일에 집중합니다. 요즘은 혼자 노는 것보다 친구들과 어울리기를 매우 원합니다.

'A야, 함께 가자', '친구야 오늘 놀러와' 등 적극적으로 말을 건넵니다.

바. 당번 활동

2학기부터는 8명씩 네 그룹으로 나누어 각 그룹에서 한 명씩 매일 교대로 당번 활동을 시작합니다. 작은 새 돌보기, 출석체크, 교재 배부, 도시락 준비(식탁보, 손닦는 수건 제공), 차 따라주기 등의 일이 있습니다.

T도 그룹 아이들의 도움으로 열심히 하고 있습니다. 차나 교재를 나눠줄 때는 T의 손을 잡고 가르칩니다. 출석체크는 이름을 부르며 확인하는 등 작은 배려와 함께 아이 스스로도 즐겁게 하고 있습니다.

과제에 대한 대처

가. 그림

손 힘이 부족하고, 가만히 앉아 있는 것을 싫어하는 T는 그림을 그리기나 가위 사용을 잘 못 합니다. "싫어요", "이제 그만해도 돼요?", "한 번만 더 하면 끝이야"라고 말하며 지속하지 못했습니다. 그래도 2학기가 되자 과제에 대한 의욕이 생겼습니다. "다들 하고 있어?"라고 물으면서 남들이 하는 것은 나도 하고 싶다는 의식이 생겨났습니다.

그리기 활동에서 가장 먼저 한 것은 손 끝의 움직임으로 둥글둥글이나 가로세로 선을 그리는 것이었습니다. 다음으로 도형 색칠하기. ○□△의 틀을 만져보고 알아맞추기 등 아이들과 다른 개별 지도가 이루어졌습니다. 손가락에 힘을 주는 것, 조심스럽게 물건을 만지는 것 등 그림을 그리기 전에 기초를 다질 수 있도록 했습니다. T에게 그림 그리기란 만져보고 구분할 수 없으므로 어려운 활동입니다. 앞으로는 금속망(메쉬망판) 위에 종이를 얹는 등 즐겁게 그림을 그릴 수 있도록 고민해야 합니다.

나. 가위질

가위는 다른 아이들과 같은 것을 사용하고 있습니다. 손끝에 힘이 없어서 마음대로 사용할 수 없었습니다. 가위 끝을 아래나 자기 쪽으로 향하게 해서 자르고 있었습니다. 올바른 가위 잡는 방법을 알려주고 한 번에 자를 수 있는 폭으로 자르게 했습니다. 자른 종이를 만지고는 돈이 생겼다며 기뻐했습니다. 종이접기로 지갑을 접고 (선생님과 함께) 그 안에 돈을 넣고, 좋아하는 소꿉놀이 코너에서 놀았습니다. 아직 잘 사용하진 못하지만, 조금씩 자르는 것에 흥미를 가지기 시작했습니다.

다. 점토

점토는 그림, 가위보다 시각장애 아동이 쉽게 접근할 수 있는 활동입니다. 처음에 T는 유치원 기름점토의 촉감, 냄새를 싫어했습니다. 얼마 지나지 않아 익숙해져 만두, 쿠키, 뱀, 찻잔 등 즐겁게 만들 수 있게 되었습니다. 특히 놀이 코너에서 친구들과 이야기를 나누며 만드는 여러 가지 점토 음식은 그야말로 잔칫상입니다.

라. 경청하고 이해하기

유치원 생활에서는 이야기를 들을 기회가 많습니다. 선생님의 이야기를 다 같이 듣거나 그림책이나 동화를 들을 때가 그렇습니다. T는 1학기 동안 조금 산만했습니다. 선생님의 이야기와 별개로 다른 아이가 이야기하면 T도 그쪽에 끼어들어 말을 하거나, 다른 반에서 들려오는 소음이나 피아노 소리가 들리면 "피아노, 어디서 치는 거야?"라며 선생님의 이야기를 집중해서 듣지 못하는 경우가 있었습니다.

2학기가 되자 집중력이 생겨, T는 이야기를 잘 듣고 이해할 수 있게 되었습니다. 목을 앞으로 숙이고, 눈을 감고, 허리를 구부정하게 숙이면 지그시 듣고 있는 것입니다. '예쁜 얼굴 보여줘'라고 하면 그때는 고개를 들지만, 듣는 것에 집중하면 자세가 다시 나빠집니다.

사프란 유치원의 경우

　이야기 중에 손으로 만져서 알 수 있는 것은 가급적 아이에게 만져보게 합니다. 교사가 실수로 잊어버리면 아이들로부터 "T에게 만져보게 해야죠"라는 항의를 받기도 합니다.

마. 체육 활동

T는 운동하는 것을 매우 좋아합니다. 철봉 앞돌기, 징검다리, 평균대, 매트, 뜀틀, 줄넘기 등 조금만 알려주면 다른 아이들과 똑같이 할 수 있게 되었습니다. 최근에 도전하고 있는 것은 줄넘기입니다. 손을 뒤로 하고 앞쪽에서 들어가기, 그 타이밍을 아직 잘 맞추지 못하지만 시각장애인에게는 그다지 어려운 활동은 아닙니다.

　집에서 방울소리 공을 가져왔습니다. 굴려서 받는 것은 쉽게 할 수 있었지만, 던지기 받기를 교사가 아닌 아이들끼리 할 때, 특히 어린 아이와 할 때는 상대에게 던지는 힘의 강약을 잘 모르거나, 공이 멈추면 방울 소리가 사라져 어디에 공이 있는지 확인이 어려웠습니다. 벽에 공을 던지기도 하면서 팔의 힘을 충분히 발휘할 수 있도록 고민하고 있습니다. 피구도 조금씩 도입하고 있는데, T를 어떻게 참여시키면 좋을지 고민하고 있습니다.

바. 리듬

피아노에 맞춰 노래를 부르거나 리듬을 타는 것을 아주 잘합니다. 피아노에 맞춰 걷거나 달릴 때도 친구들과 손을 잡고 즐겁게 할 수 있습니다. 스킵 뛰기, 갤럽 뛰기의 스텝을 이해하는 데는 시간이 걸렸습니다. 최근에야 갤럽 뛰기[p.198]를 배웠습니다. 포크댄스처럼 정해진 틀이 있는 것은 손동작과 발동작을 가르쳤습니다. 틀을 너무 강하게 고수하면 T가 포크댄스 자체를 싫어할 수 있으므로, 유치원에서는 몸을 움직이는 즐거움을 느끼고 기쁘게 참여할 수 있도록 배려했습니다. 동요를 이용한 집단 놀이도 몇 가지 배웠습니다.

행동 참여

가. 운동회

신입생 환영회를 겸하여 5월에 소운동회를 개최하였습니다. 저학년은 이어달리기와 포크댄스에 참여했습니다. T는 달리기에 참여해 교사의 손뼉을 신호로 열심히 골인 지점까지 달려갔습니다. 포크댄스에도 정형화된 틀에 얽매이지 않고 교사가 옆에서 말벗이 되어주며 즐겁게 참여할 수 있었습니다.

    9월에 열린 가을 운동회에서 T는 달리기, 공넣기, 줄다리기, 포크댄스 등 다양한 종목에 참여하였습니다. 우리 유치원 운동회는 부모나 형제도 참여하지만 부모님께 보여주기보다는, 상급반 아이들이 진행·응급처치·회장준비 요원 등의 역할을 분담하여 아이들 스스로가 직접 만들어나가는 운동회입니다. 운동회 당일, T에게는 지금 어떤 일이 일어나고 있는지를 옆에서 이야기하고 고학년의 장애물경기에 쓸 사다리나 매트 등을 만져보게 하여, 운동회 전반에 대한 이미지가 머릿속에 그려질 수 있도록 노력했습니다. 공 던지기 때는 장대 높이를 만져보게 하고 그곳을 향해 던지는 것을 이해하도록 했습니다. 장대에 방울을 달까도 생각했지만, 많은 소음에 묻힐까봐 교사가 옆에서 방향을 알려 주었습니다. 달리기는 교사의 호루라기 신호에 따라 결승점까지 달렸습니다. 포크댄스는 사전에 몇 번 연습을 했지만 발동작을 익히기가 어려웠습니다. 당일 고학년의 B군의 리드로 즐겁게 참여하였습니다.

나. 기타 행사

매달 생일 파티가 있습니다. 어린 아이들이 홀에 모여서 축하하는 것입니다. 인형극, 그림자극, 슬라이드 상영 놀이 등을 하기도 합니다. 시작하기 전에 만질 수 있는 것은 만져보게 하고, 앞으로 무엇을 할 것인지 설명해 주었습니다. 이야기는 들으면 알아듣기 때문에 거의 문제가 없었습니다. 어느 달 생일잔치에서 '아기돼지 삼형제' 인형극을 했습니다. 늑대 소리를 듣자 T는 재빨리 "무서우니까 그만해!"라고 외쳤습니다.

    가을에 고구마를 캐러 근처 밭으로 갑니다. 흙의 감촉이 싫었던 모양인지 한 번 파보더니 더 이상 파려고 하지 않았습니다. 유치원에서도 모래밭 활동을 좋아하지 않습니다. 앞으로 흙과 모래와도 충분히 친해지도록 하고 싶습니다. 그 고구마로 나중에 군고구마 파티를 했습니다. 집에서 불은 위험하다고 교육을 받았는지 불 냄새를 맡자 방으로 들어가 혼자서 소꿉놀이를 하고 있었지만, 나중에는 구운 고구마를 맛있게 먹었습니다.

    소풍, 여름밤의 피크닉, 플레이데이, 크리스마스 등 큰 문제없이 참여하였습니다.

마무리

4월 입학 후부터 12월까지 T의 유치원 생활에 대한 이야기를 일부 말씀드렸습니다. 아이는 매일 유치원에 가는 것을 무척이나 좋아합니다. 감기로 유치원을 쉬는 날 등에도 가겠다고 해서 엄마를 곤란하게 만들기도 했다고 합니다. 이는 T가 유치원 생활에서 많은 친구들을 만나고, 많은 경험을 하며 하루하루를 알차게 보내고 있기 때문일 것입니다. 놀이를 통해 말이 많이 늘었습니다. 자기중심적인 면이 많았는데, 조금씩 상대를 배려할 줄 알게 되었습니다. 말로 상대에게 전달해야 할 필요성을 알게 되었고, 모르는 것은 물어볼 줄도 알게 되었습니다. 사람과 부딪히거나 자신의 부주의로 상대에게 피해를 주었을 때, 솔직하게 사과하는 태도도 몸에 배었습니다.

매일의 생활 속에서 시간이 걸리더라도 하나하나 해내는 것들 속에서 자신감이 생겼습니다. 과제에 대해서도 남들이 하는 것은 나도 해야 한다는 의지, 해낸 것에 대한 만족감, 그것을 인정해주는 친구들, 그런 집단 속에서 T는 한 걸음 한 걸음 성장해 나갔습니다.

이 유치원은 T의 입학에 맞춰 시설을 개선하지 않았습니다. 또한 아이들에게 특별히 이렇게 하라고 강요하지도 않았습니다. 아주 평범하게 해나가면서 아이들은 스스로 할 수 있는 것, 도움이 필요한 것을 스스로 판단해 나갔고, T 자신도 스스로 할 수 있는 것은 시간이 걸리더라도 해내고 있습니다. 다른 사람이 도와주면 T는 화를 내며 싫어합니다. 장애를 가진 T로서가 아니라 한 반의 친구로서 함께 어울리는 아이들의 모습에 마음이 따뜻해진 적이 여러 번 있었습니다. 가정에 돌아가서도 친구들이 놀러 오거나 친구 집에 놀러 가기도 합니다. 유치원 내에서뿐만 아니라 지역 내에서 친구관계가 지속되는 것은 매우 좋은 일인 것 같습니다. 유치원 시절의 이런 성장과 교우관계가 초등학교 교육에서 단절되어 버리는 것에 대해 의문을 갖게 됩니다.

이제부터 3학기, 고학년이 되면 T에게 새로운 활동들이 많이 펼쳐집니다. 피구, 축구, 사육(토끼·닭·오리 돌보기) 등입니다. 시간이 걸리더라도 그 활동들을 하나하나 해나가게 될 것입니다. 그 시점에서 새로운 문제가 생길 수도 있겠지만, T 스스로의 힘과 주변 아이들의 협력으로 해결해 나갈 수 있을 것이라 믿습니다.

도키와 유치원의 경우

소개

양안 전맹인 S를 맞이하면서 '비장애아동들과 함께 집단생활을 할 수 있을까'라는 불안감이 컸습니다. 하지만 장애아동이 자신의 장애를 극복하기 위해서는 정상 집단 속에서 비장애아들과 함께 활발하게 움직이면서 실명 전의 감각을 되찾고, 눈 대신 손과 귀를 많이 활용할 수 있는 생활을 하는 것이 이 아이의 미래를 위해 필요하다고 생각했습니다. 하지만 그 목적을 달성하기 위해서는 손 놓고 있으면 안 된다고 생각했습니다.

또한 시각장애아동 1명의 재학으로 인해 반의 아이들에게도 여러 가지 도전이 예상되었습니다. 하지만 아이들이 아이답게 장애아를 대하면 지금까지 몰랐던 마음의 교감이 생길 수도 있을 것입니다. 보통 아동과 장애아동이 함께 서로를 키우며 성장하는 생활을 할 수 있기를 바라며, 나 자신도 이 아이들과 함께 배우고 싶다고 생각했습니다.

다른 유아에게 미치는 영향과 배려

입학 이후 매일 유아들의 활동 모습을 관찰하고 기록하여 그 중 보통 아동의 수용, 보통 아동과 장애아동의 마음의 교감, 서로 성장하고 유아의 솔직한 질문과 문제점 등 실천 기록에서 살펴봤습니다.

도키와 유치원의 경우

학급의 실태

1년 보육, 5세아로 남아 18명, 여아 17명, 합계 35명. 입학 전 보육 경험자는 60%(유치원 전체는 70%), 보호자는 회사원·노동자·공무원 등 급여생활자가 97%입니다.

　밝고 솔직한 아이들이지만, 전반적으로 생활 경험이 적어서 그런지 어리고 이해력이 부족한 면이 보입니다. 따라서 하나의 활동 내용을 이해시키기 위해서는 시간을 두고 단계적인 지도가 필요합니다. 또한 활동의 과제가 복잡하고 어려운 것이면 이해하지 못하여 활동에 혼란을 겪을 수 있습니다.

　체격은 다른 조와 큰 차이가 없지만 S는 체력이 매우 부족하여, 입학 초기에는 실내 놀이를 많이 했고 실외에서 놀아도 지속하지 못하고 쉽게 지쳤으나, 2학기 '유원지 놀이'에 참여하면서 체력이 붙고 실외 놀이의 즐거움을 몸소 체험하면서, 추운 날에도 실외에서 활발하게 노는 모습을 볼 수 있게 되었습니다. 또한 학급 편성은 생년월일순으로 의도치 않게 편성되었으나, 학급의 절반 정도는 조금씩 핸디캡을 가진 아이들이었습니다.

- 체력이 없어 자주 결석한다 8명
- 체력이 부족하다(극도의 편식) 5명
- 질병으로 인한 장기결석자(휴원) 2명
- 영유아기에 문제가 있었던 아이 3명
- 전맹아동 1명

실천 기록

S에 대한 관심

입학 초기에는 아직 유치원 생활에 익숙하지 않은 탓에 S의 존재조차 의식하지 않는 아이들도 있었지만, 원 생활에 익숙해지면서 점차 S의 눈에 대해 관심을 보이기 시작했다.

A(남) … 출석부에 (◎)를 받고 자기 자리로 돌아가려는 S의 손을 잡아끌어 자리까지 데려다 주고, S의 옆자리 아이에게 "얘는 말이지, 눈이 좋지 않아"라고 말하고는 자기 자리로 돌아간다.

B(여) … 처음으로 줄서기(2열)를 했다. B는 자신이 S의 뒤라는 걸 알고는 뿌듯해하며 "S야, 여기야…"라고 부르며 위치를 알려주었습니다.

C(남) … 집합 시에 자신의 자리로 의자를 옮겨 S의 앞에 가서는 가만히 얼굴을

들여다보며 '눈이 있어?' 확인하고 다시 자신의 자리로 돌아온다.
D, E(여) …"밖에서 놀자"라고 말하면서 정원으로 나간다. 신발을 갈아 신은 S를 발견하고 다가간다. 아무래도 둘이서 손을 잡고 공원까지 데려다 주려는 모양이다. 잠시 상황을 지켜보니 자신들은 웅덩이와 나뭇가지를 피하고 있지만, S의 손을 잡아당기면서도 '스스로 피할 것'이라고 생각하는지 아무런 배려 없이 웅덩이에 발을 빠뜨리게 하거나 나뭇가지에 부딪힐 뻔 하면서도 어떻게든 공원까지 데리고 간다.
F(남) … 리듬놀이를 할 때 '두 사람씩 짝을 지어요'라고 하면 "내가 S와 짝을 이뤄야만 해"라고 생각하는지, 멀리 떨어진 자리에서 달려와 S의 손을 잡는다. 놀이터에서 놀 때에도 항상 함께 있거나 가까이서 지켜보는 모습이 눈에 띄었습니다.
G(여) … 활동 준비나 정리정돈을 할 때 등 가만히 행동을 지켜본다. S가 힘들어한다고 해서 바로 손을 대지 않고 스스로 할 수 있도록 지켜보는 경우가 많다.
H(여) … 항상 S의 모습을 보고 보고 "화장실에 간대요", "물 마시러 간대요", "스스로 의자를 치웠어요, 대단해요" 등 하루에도 몇 번씩 선생님께 S의 상황을 보고한다.

위와 같이 S의 손을, 때로 한쪽이 아닌 양손을 잡고 실내를 걷기도 하고, 원내를 걷기도 하는 아이들. 무심코 지나치면서도 S의 행동과 모습을 신기하다는 듯이 관찰하는 아이들.

　하지만 어느 쪽이든 앞으로 S짱과 함께 생활하고 접촉하면서 도움을 주는 방법, 관계 맺는 방법 등을 배워나갈 것 같다.

가. 눈이 안보인다(?)는 것

아이들에게 '눈이 안보이는다'는 것은 '눈이 안 좋대', '아무것도 안 보여' 등 말로는 이해한다고 하지만 그 특성을 정확히 인식하지는 못한다. 그런 아이들의 행동 일부이다.

(1) 퍼즐을 맞추고 있는 S 주위에 모여든 4~5명의 아이들이 응원하며 S의 모습을 지켜보고 있다. 손가락으로 찾아보면서 모양을 맞출 곳을 찾아보지만 좀처럼 찾지 못하고 있으니, "저기, 발이 있는 곳…", "아니야, 빨간 부분이 아래야", "거꾸로 되었어…" 등의 말을 건네고 있다.

(2) 남자아이 3명이 '가재'를 가지고 장난을 치고 있다. 옆에서 가만히 앉아 있

던 S를 발견하고 S의 눈앞에 '가재'를 가져와서는 "자, 여기 발이 있잖아", "이게 꼬리야…", "야, 귀엽지 않니…" 등을 눈앞에서 열심히 설명해주고 있다. 다만 손으로 만지도록 하지는 않는다.
(3) "저기… 나야, 이봐, 나라구" 하면서, S 앞에 서서 자신의 얼굴을 보여주려고 한다. S가 곤란한 표정을 지으면 더 가까이 다가가서 "나야, 잘 봐봐"라고 말하면서 얼굴을 가까이 하는데, 가까이 가면 보인다… 라고 생각하고 있는 모양이다. 잠시 후, 포기한 듯 다시 자리로 돌아와서 "잘 모르는 건가…?"라고 중얼거리는 M에게 "M아, 눈 감고 선생님 얼굴 좀 봐…"라고 말하자 "안 보여요"라고 하면서도 "그래도 S는 눈은 뜨고 있잖아요"라고 말한다.

말로 설명하고 이해시킬 수 없는 아이들이라는 것을 다시 한 번 인식하고, 학급 아이들이 '눈이 안보이는다'는 것의 특성을 인식하는 것을 차분히 지켜보기로 한다.

나. 모자 분리

입학 초기에는 엄마의 동반이 필수였는데, 이는 S의 안전 확보뿐만 아니라 입학 초기에 다른 유아들의 지도까지 고려한 것이었다. 하지만 아이의 전체 행동, 발달을 고려했을 때 엄마의 동행은 분명히 마이너스다. 유아기 발달에 가장 중요한 것 중 하나는 '엄마로부터의 독립(모자 분리)'이다. 유아가 엄마와 떨어져서 혼자서 유치원에 다닐 수 있는 것은 이 모자 분리를 촉진하기 위한 매우 큰 수단 중 하나라고 할 수 있다. 이를 통해 아이는 엄마와 떨어져 스스로 가정과 다른 새로운 인간관계의 질서 속으로 들어가는 것을 배우게 되고, 이를 통해 엄마와 떨어져서 혼자서 세상에 적응할 수 있게 될 것으로 보인다. 이는 장애아의 경우 '사회생활'을 하는 데 더욱 필요한 것임은 두말할 나위가 없다.

아이들이 어린이집 생활에 익숙해졌을 무렵부터 점차 엄마와 떨어지려고 노력하자 금세 S 자신은 물론이고 주변 아이들에게도 변화가 생기기 시작했다.
(1) 오늘 처음으로 엄마를 집으로 돌려보냈다. 엄마의 모습이 보이지 않자, S 주위로 모여든 아이들이 S의 철봉을 응원한다. 그동안 멀리서 지켜보기만 했던 아이들도 함께 응원하고 있다.
(2) 집합 시, 평소에는 조용히 자리에 앉아 있던 S의 주변에 오늘은 친구들이 다가와서 수다를 떨고 있다. 지금까지는 엄마가 있었기 때문에 아이들과 직접적인 교류가 없었다는 것을 강하게 느낀다.

다. 장애의 극복

엄마의 동반이 사라진 후, 확실히 S는 친구들과 어울리게 되었지만, 아직은 스스로 적극적으로 친구에게 다가가지 못하고 있다. 또한, S의 감정을 생각하지 않고 '생각한 것', '느낀 것'을 솔직하게 말로 표현하는 아이들도 있다. "눈은 분명 있는데…", "이거 안보이는 거지?… 눈은 뜨고 있는데 말야…" 등 어른들 사이에서는 인권 문제가 될 수 있는 말을 하기도 한다. 그러나 일반아동 집단에서 비장애아와 함께 생활하도록 하는 것은 "장애가 있는 아이든, 없는 아이든 같은 공간에서 서로 배우고, 부딪히고, 성장하면서 함께 발달해 나갈 것"을 확신하고, 자신의 장애를 극복해 나갈 것을 기대했기 때문이다. 그리고 S 스스로가 자신의 장애를 극복하는 것 외에, 앞으로 힘차게 살아갈 수 있는 해결의 길이 없다는 것도 분명하다.

(1) 내과 건강검진 날, S는 스스로 스웨터를 벗으려 하지만 명찰핀에 속옷까지 꿰어지는 바람에, 스웨터와 속옷이 함께 머리까지 끌어올려지자 힘겹게 벗으려 한다. 눈물이 쏟아지기 시작했지만, 누구에게도 말하지 않고 몇 번이고 혼자서 벗으려 한다. 옆에서 옷을 벗고 있던 H가 눈치를 채고 "선생님, S가 울고 있어요"라고 알려준다. "어려운 일이 있으면 누구에게든 좋으니 스스로 '도와줘'라고 말하기로 하자"고 말을 건넨다.

(2) 안대를 벗고 등원했다. 부풀어 오른 S의 눈에 새로운 흥미를 느낀다. 가까이 다가가서 "눈동자가 녹아내린 거야?"라고 묻는 아이. "야, 금붕어눈!"라고 말을 건네는 소년.
아무 말도 하지 않고 그런 친구의 말을 듣고 있는 S. 마음속으로는 나름 견뎌내는 것 같다. 데리러 온 엄마는 오늘 하루의 이야기를 듣고 눈물을 흘린다. 하지만 이것이 현실이고 사실이다. 그리고 아이들은 결코 장난으로 한 말이 아니다. 엄마가 견디지 못하면 아이들도 견디지 못한다. 지금은 눈물을 흘릴 때가 아니다. 먼저 엄마가 강해졌으면 하는 바람이다.

(3) 블록을 가지고 놀고 있으니, T와 E 두 사람이 한 개씩 블록을 S에게 건네주며 돌봐주고 있다. "괜찮아, 내가 할게…" S가 자신의 마음을 말로 표현했다.

(4) 처음으로 '메쉬망판' 위에 그림을 그린다. 친구들이 둘러앉아 신기하다는 듯이 바라보고 있다. S는 약간 모두가 관심을 갖는 것에 으쓱해하는 것 같다.

(5) 급식 당번을 한다. 다른 그룹은 이미 배식이 끝났지만, S는 아직 절반 밖에

나눠주지 못한 채 혼자 자기 그룹의 도시락을 나른다. 마지막으로 자신의 도시락을 들고 자리에 앉았다.
(6) 옆자리의 M이 S에게 조롱하듯 말하면서 "오늘 급식 뭐~게", "햄버그", "아니야", "고로케", "아니야…"
M은 장난삼아 도시락 뚜껑을 열고, S의 눈앞에 가져다 대며 "역시 모르는 건가…?", "왜냐하면 나는 눈이 안보이는 걸." 두 사람의 대화는 즐거워 보였다.

라. 교사의 불안감

장애아를 지도할 때 우리가 가장 범하기 쉬운 오류는 "장애의 특수성을 인식하고 있기 때문에, 그들의 실패를 두려워하는 교사의 불안감이 그들의 행동을 더 소극적으로 만들 수 있다"는 것이다.

말로는 비장애아이들과 동등하게… 라고 하면서도, 인권 침해같은 말을 내뱉는 아이들보다도 S의 인권을 인정하지 않았던 것에 대한 반성이기도 했다.

(1) '다섯 마리 코끼리' 건너뛰기를 하다. 처음이었지만 모두들 즐겁게 참여했다. "이번엔 누가 코끼리 할래?"라고 물으니 몇 명의 아이들과 함께 S도 손을 들었다. 하지만 나는 '혼자서는 못 하는 건 아닐까…?'라는 불안감 때문에 S에게 바로 시키지 못했다.
(2) 전 학급이 함께 유치원 노래 연습을 한다. '혼자서도 노래할 수 있는 아이?'라고 하자, 다들 주변을 보며 '어떻게 해야 할지' 고민한다. S는 선생님의 질문에 솔직하게 손을 들었다. 지명을 받아 모든 아이들 앞에 섰다. 하지만 '혼자서는 안 된다'는 걱정에 S를 포함해 3명의 아이들을 내보냈다. 마이크를 사용해 끝까지 노래를 부를 수 있었다.

마. 마음 씀씀이

(1) 공원의 광장 전부를 써서 줄을 그어 길을 만들고, 그 중간에 임시 놀이터나 장애물을 설치하여 달리거나 건너거나 한다. 이동하는 데 시간이 오래 걸리자 S의 뒤에 친구들이 몰려든다. 하지만 뒤에 선 아이는 떠들지 않고 가만히 순서를 기다리며, 차례차례 S의 뒤에 모여든 아이들도 지켜보듯 가만히 기다리고 있다. '빨리' 하라고 재촉하는 아이는 없다. 쉼터에서 S를 잠시 쉬게 하고 뒤의 아이들을 먼저 보내니 기다렸다는 듯이 달려가기

시작한다. 자기중심적인 시기인 이 아이들에게 '기다림'은 '참는다'기보다는 '배려'라고 생각된다.

(2) S가 퍼즐을 시작하자, 옆에 있던 M과 H 두 사람이 차례로 퍼즐 조각을 건네주고 있다. S는 손가락으로 조각의 둥근 부분과 모서리를 찾아가며 퍼즐을 맞추는 놀이를 한다. 주변에서 지켜보던 친구가 기다리다 못해 재빨리 그 자리에 끼워 넣으면 "S가 하도록 해야 해"라며 M이 말을 건네며 다시 다음 조각을 건넨다. 어른도 기다리기 힘들 정도로 시간이 오래 걸리지만, 가만히 기다려주는 M과 H에게 감탄이 절로 나온다. 단순한 호기심만으로는 할 수 없는 일이다.

바. 변해가는 아이들

전맹인 S에게 별다른 위화감을 느끼지 않는 것은 입학식 때부터 함께했기 때문일까. 학급 아이들은 점차 '눈이 안보인다'는 특성을 인식하게 되었다.

(1) 한 반의 교실로 이동하기 위해, I와 J 두 사람이 S의 손을 잡고 걸어가는데, 테라스는 울퉁불퉁하고 장애물이 많아 좀처럼 모두와 함께 걸을 수 없으니까, J가 "S를 한 가운데 넣고 걷는 것이 좋을 것 같아"라고 말하며 S를 중심으로 걷는다. 이번에는 모두와 함께 걸을 수 있었다.

(2) H가 어린이집 정원에서 도마뱀을 잡았다. '보여줘'라며 모여든 아이들 가운데는 S도 있었다. "만지면 안 돼, 보기만 해야 해" H는 소중하게 잡고 모두에게 보여줬다. S가 있는 곳으로 오자 모두가 "S에게는 만지게 해주자"라고 말하자 한참을 고민하다가 "조금만 만져봐도 돼"라며 S의 손에 도마뱀을 올려놓고 만져보도록 하면서도 "놓치면 안돼"라며 걱정스러운 표정으로 지켜본다.

(3) 유원지 놀이인 '귤 치기' 코너에 오더니, M이 S를 귤 바로 밑으로 데려가 맞은 귤이 앞뒤로 흔들리는 것을 멈출 때까지 기다렸다가 M이 "지금이야"라고 신호를 보낸다. 그와 동시에 들려진 S의 손이 귤을 때리는 것이다. 1학기 아이들의 S에 대한 대응은 '접촉파'가 다수, '관찰파'가 소수였으나, 2학기에는 그 불균형의 방향이 역전된 것 같다. 그냥 데리고 다니는 아이도 줄어들고, '도움의 필요'를 판단하여 도움을 줄 수 있는 조언으로 충분할 때는 더 이상 도움을 주지 않고 지켜보는 등, S와의 관계가 적절하다고 말할 수 있게 된 것 같다. 그리고 '누가'라는 말 없이 반 아이들은 필요에 따라 손을 끌어주거나, S의 안전을 확보해 주게 되었다. 또한 같은

반 아이들뿐만 아니라 다른 반 아이들도 가끔씩 손을 내밀어 주는 모습을 볼 수 있다.

비장애아 집단에서의 문제점

어린이집에서 남녀 2팀으로 나뉘어 '고양이와 쥐' 게임을 할 때의 일이다. Y가 S의 손을 잡고 함께 달리자고 해서 잠시 모습을 지켜보고 있었다. 점점 게임이 재미있어지자 Y가 "내가 잘 못 잡으니 선생님이 손을 잡아줘요"라며 S를 데려왔다. 결국 내가 손을 끌고 달리게 되었는데, S가 그녀 나름대로 최선을 다하려고 해도 당연히 '한계'가 있는 것은 분명했다.

11월의 어느 날, 혼자 멍하니 서 있는 모습이 눈에 띄었다. "요즘 기운이 없어 보이네"라고 말했더니 조용히 고개를 숙이고 있었다. "S가 요즘 가장 고민인 게 뭐야?", "저기, 뭘 하고 있는지 모르겠어요, 다들."

요즘 아이들은 각자 자기들끼리 그룹을 만들어 다양한 놀이를 전개하고 있다. 그것은 교사의 지도가 있는 놀이가 아니라 자발적, 자율적인 놀이이며, 나의 교사로서의 입장도 리더가 아닌 조력자적인 존재가 되어가고 있다.

"'뭐하고 있니?'라고 물어보면?"
"알려주긴 하지만 잘 모르겠어요"
"너도 끼워달라고 하면 알 수 있지 않을까? '나도 끼워줘'하고 말해보면 어때?"
"…"
"다들 '안 돼'라고 말하려나?"
"아니오, 아무도 그렇게 말하지 않아요"
"S도 남들이 하는 것은 무엇이든 다 해봐. 혼자선 다른 애들이 무슨 일을 하고 있는지 모르니까, S가 알 수 있을 때까지 가르쳐 달래거나 함께 해보면 어때?"

그날 급식 시간에는 오랜만에 S의 장난기 어린 목소리가 들렸다.

마무리

불안한 마음으로 입학식을 맞이한 뒤, 다른 아이들과 함께 행동하게 하려고 그때마다 필요한 배려를 하고, 최소한의 조언과 도움을 주었다. 최대한 스스로의 힘으로 활동하게 하려고 노력하다 보니 필요 이상의 조언과 도움을 주기도 하며 정신없이 보낸 한 해였다. 그리고 지금까지 불안과 무지로 인한 편견이 따라다녔지만, 나는 어느새 '눈이 보이지 않아 무엇을 할 수 없다'가 아니라 '눈이 보이지 않아도 어떤 것들은 할 수 있다'고 생각하게 되었다. '그 아이에게 하고자 하는 의욕과 활동력이 있는 한 가능성이 있다'라는 것을 알게 된 것이다.

　물론 시각장애인인 S의 활동에는 한계가 있지만 지난 1년 동안 친구들과 함께 활동할 수 있었던 것은 그녀 나름대로의 노력과 반 아이들의 도움이 있었기 때문이라고 생각한다. 학급 아이들에게 그녀의 존재는 '장애아'가 아니라 학급의 일원이자 친구였다. 그리고 또 그녀와 교감하면서 장애가 있는 S뿐만 아니라 여러 가지 면에서 핸디캡을 가진 다른 친구들에게도 '배려'의 마음을 가지고 대할 수 있게 되었다. 이러한 아이들의 행동은 학부모들에게도 전해져 '장애아동이 있는 학급에서도 일상생활에 지장이 없을 뿐만 아니라 다른 아이들에게도 좋은 영향을 주고 있다'는 학부모들의 학급에 대한 이해로 이어지고 있었다. 또한, 나 역시 교사로서 시각장애아에 대한 배려가 학급 내 아이들 한 명, 한 명에 대한 배려로 이어졌다.

　지금까지는 교사로서 경험도 부족하고 미숙하여, '지도한다'는 말이 아이들의 존재보다 앞서가거나, 연간 지도계획에 포함된 경험이나 활동의 소화라고 생각했다. 그러다보니 유아 한 명, 한 명의 성장이나 발달의 실태 파악을 소홀히 한 채, 경험·활동을 시키는 경우가 많았던 것을 반성하게 되었다. 그리고 '학급 유아의 연령에 맞는 처우'도 중요하지만, '유아 한 명, 한 명의 차이에 따라 각자 적절하게 성장시키는 것'이 가장 중요함을 몸으로 느껴 깨닫게 되었다.

와코유치원의 경우

시각장애아동의 능력을 키우는 체육활동

시각장애인 체육활동의 가능성

멋진 스케이팅

1979년 1월, 5세아의 스케이트 지도도 어느덧 7회차로 마지막 날을 맞았다. 빙판 위에 서 있지도 못하던 아이들이 씩씩하게 미끄러져 나간다. 꽤 많은 아이들이 뒤로 타기나 크로스 연습을 하고 있다. 전맹인 N도 그 속에서 오른쪽 왼쪽으로 체중을 옮기며 스케이트를 타고 있다. 친구들이 다가오면 속도를 다소 늦추지만, 친구들이 전맹인 N을 피해 부딪히지 않도록 코스를 바꿔가며 스케이트를 탄다. N의 스케이팅도 다른 아이들과 별반 다르지 않아 언뜻 보면 시각장애인이라는 것을 알아차리지 못할 정도다.

N은 1977년 4월에 4세아 반으로 입학했지만, 실은 5세 6개월이었기 때문에 한 해 늦다. 처음 일반 아이들과의 생활은 아이들의 큰 노랫소리와 소음 등으로 인해 결코 유쾌하지 않았던 것 같다.

아이들과 만난 첫날, 아이들은 모두 '이사놀이'라는 술래잡기를 하고 있었다. 엄마의 손에 이끌려 합류한 N은 처음 듣는 많은 아이들의 노래소리에 당황하면서도, 흥분된 표정으로 손을 잡아채는 것도 아랑곳하지 않고 뛰어다녔고, N의 행동방식을 모르는 아이들은 평소와 다름없이 큰소리를 지르며 뒤돌아보며 뛰어다녔다. 그런 모습이 한동안 계속되다가 마침내 여자아이와 충돌해, 이마를 부딪힌 둘은 큰 소리로 울었다. 엄마의 행동 통제가 제때에 이뤄지지 못했다.

그 후 한동안은 어른이 도와주는데도 불구하고 넘어져 울고, 부딪혀서 우는 일이 잦았다.

스스로의 힘으로 전력질주 할 수 있는 운동회

N은 비장애아동들과 함께 2년간 생활하는 동안 두 차례의 운동회를 경험했다.

첫 가을 운동회. 4세반의 종목은 모두 4가지로 전교생 줄다리기, 야외 연극, 4세반의 단체 경기인 '꼬리잡기'는 친구들의 도움도 있어 문제없이 진행됐지만 장애물 달리기는 그렇지 못했다. 장애물은 석회로 그려진 외발뛰기의 원이라 문제가 되지 않았지만 커브를 포함한 코스를 달려야 한다. 그래서 달리는 방향을 알기 위해 방울을 사용하기로 했다. 출발하면서부터 "달려라!" "달려!" 라는 소리와 함께 방울을 울리는 것이다. 당일의 소음을 예상해 방울은 N의 발걸음보다 3m 정도 앞서가기로 했는데, N은 몇 번의 연습을 통해 그 페이스를 익혔다.

그리고 당일, 행사장에서는 음악 볼륨을 낮췄고, N이 달리기 시작했다. "달려라!" 함께 달리는 아이들과 별 차이가 없다. "달려!"라는 목소리에 N은 방울을 의지해 달리기 시작했다. 손은 앞으로 뻗고 발놀림도 어색해 다른 아이들과의 격차는 점점 벌어졌다.

그제서야 이를 알게 된 관중들의 박수가 한층 더 커졌다. 그러자 N의 발걸음이 갑자기 오른쪽으로, 다시 왼쪽으로 흔들렸다. 그러다가 결국 뒤쪽을 향해 달리기 시작했다. 맨 앞줄의 부모들은 '저쪽'이라며 가리켰지만 안보이는 N이 알아차릴 리가 없다. 소리를 지르고 방울을 귀 가까이에 울리자, 자세를 바로잡아 골인 지점을 향해 달렸다.

두 번째의 운동회, 계주와 줄넘기 경기는 5세아들의 종목으로 자리잡았다. 줄넘기는 그렇다 쳐도, 계주는 트랙 한 바퀴(약 90m)를 N도 팀의 일원으로서 완주해야 한다. 지난해와 같은 실패는 용납되지 않는다. 이번에는 달리는 코스(트랙)를 스스로 판단하게 하는 것을 과제로 삼고, 그 보조자가 트랙 안쪽을 함께 달리며 도움을 주기로 했다. 배턴 터치는 앞뒤의 아이에게 모두 맡기고, N에게는 터치하기 전에 '이제 곧'이라는 마음의 준비만 시키도록 했다.

그 후 며칠 동안 매일 트랙 한 바퀴 돌기를 몇 번이고 반복하며 코스를 감각적으로 머릿속에 새겨 넣었다. 다른 아이들도 점차 달리기의 즐거움과 릴레이의 재미를 만끽하기 시작했고, N의 기분도 점차 고조된 듯 자신이 다 뛰고 난 뒤에도 "야, 지금 누가 뛰고 있어? 몇 번이야?"라고 물으며 친구들과 함께 큰 소리로 응원을 보내기도 했다.

그리고 당일, 비가 내려 촉촉해진 코스를 미리 한 바퀴 돌며 예행연습을 한 후 열띤 응원 속에서 친구에게 배턴을 넘겨받아 뒤따라오는 다른 팀 선수들을 제치고 달려 나갔다. 지난해 팔을 앞으로 내밀고 달리던 모습과는 사뭇 달랐다. 팔을 휘두르고 다리를 앞으로 쭉쭉 내딛으며 속도를 내는 모습이었다. 견학을 온 다른 유치원 선생님들이 지도 선생님을 보고 "선생님이 왜 같이 뛰고 있나요" 하고 물을 정도로, 시각장애인이라고는 믿기지 않는 달리기였지. N의 팀은 2위를 기록했다.

독자적인 지도 방법을 찾아

줄넘기로 땀을 흘리며

N이 다른 아이들과 관계 맺으며 줄넘기를 할 수 있게 되기까지는 여러 가지 과정을 거쳤다. 줄넘기를 지도하기 시작한 것은 4세부터인데, 대다수의 아이들이 뛰어넘지 못했다. 그 아이들이 모두 뛸 수 있게 되는 것이 목표다. 물론 N도 그중 한 명이다.

N은 처음에 '나도 줄넘기 할 수 있어요'라고 말했다. 하지만 실제로는 손과 발의 움직임이 제각각이라서 잘 뛰지 못했다. 몇 차례의 집중 지도를 통해 많은 아이들이 뛸 수 있게 되었지만, N은 그렇지 못했다. 보통 아이라면 한 눈에 뛸 수 있는 사람과의 차이를 알 수 있지만, N에게는 뛴다는 것을 알려주는 것도 매우 어려운 일이었다.

지도는 그것을 깨닫게 하는 것에서 시작되었다. 말만으로 몸의 움직임을 알고, 그대로 자신의 몸을 움직이게 하는 것이다. 처음에는 줄넘기 가능한 아이가 뛰는 소리를 의식적으로 들려주었는데, N은 "줄의 소리와 발소리가 함께 들린다"며 자신과 다른 점을 발견했다. 하지만 두 발을 나란히 하고 일정한 리듬으로 뛰기는 균형잡기에 서툰 N에게 매우 어려웠고, 의식적으로 몸을 움직인 경험이 적기 때문에, 말로 전해듣고 움직임으로 연결시키는 것도 힘들었다. 줄없이 노래에 맞춰 뛰거나, 둘이서 함께 줄넘기를 하다가 줄에 발이 걸려 양 다리가 너무 벌어지거나, 리듬이 무너지는 것을 스스로 실감해갔다. 하지만 줄넘기 이전에 했던, 높은 곳에서 뛰어내리기, 멀리 뛰기, 발끝으로 뛰기, 외발 뛰기, 닭싸움 등의 활동이 큰 도움이 되었음은 틀림없다. 어려웠던 것은 손과 발의 협응이었다. 손의 위치, 줄을 돌리는 방법, 팔의 움직임 등을 나누어 해나가기 때문에, 이를 모두 동시에 연결해야 할 때 어려움을 겪는다. 그런데 의외로 옆에서 친구들이 함께 뛰면서 협응의 계기를 마련할 수 있었다.

이런 이유로 N은 일반 아이들과 함께 줄넘기 기술을 익혔고, 동시에 자신의 몸을 타인의 도움 없이 능동적으로 움직여 무언가를 할 수 있다는 경험을 하게 되었다. 잘 못하는 것에 괴로워하면서도 열심히 노력하여 극복할 수 있었기 때문에, 노력이 보상받는 기쁨을 맛보고 땀을 흘리면서도 자신의 의지로 몸을 마음껏 움직이는 쾌감을 알게 된 첫 경험이었다.

달리기를 통해 알게 된 몸의 움직임의 변화

이런 활동들이 쌓이자 달리면서 줄넘기도 할 수 있게 되었지만, 두 번째의 운동회가 끝난 후에도 다른 아이들과 달리 90미터 트랙을 한 바퀴 도는 동안 2~3차례 균형을 잃어 넘어지기도 하고, 줄넘기 줄에 걸려 넘어지기도 했다. 또 달리는 것만으로도 어느 정도 속도는 낼 수 있지만, 조금만 오래 달리면 앞쪽으로 쏠려 다리가 엉키고 넘어지는 경우가 많았다. 턱을 내밀고 상체가 수영하듯이 허우적거리게 되고 보폭이 넓어지며 좌우로 벌어진다. 비장애라면 달리기 등을 가르치지 않아도 당연하게도 아주 자연스럽게 달리는데, N의 경우 시각적으로 이해하지 못하는 것이 이렇게까지 다를 수 있을까 싶었다. 그래서 다시 달리기를 지도했다. 하지만 이전에 달릴 때 팔을 흔드는 것을 가르쳤을 때, 팔을 움직이는 방법을 말로 전달하고 팔을 들고 지도한 적이 있었는데, 막상 달릴 때는 팔과 몸 전체의 움직임의 연계가 잘 되지 않아 가볍게 잡은 손을 번갈아 앞으로 내밀며 달리는, 소위 말하는 팔을 앞뒤로 흔들며 달리는 것과는 거리가 먼 형태가 되어버려, 팔을 의식시키는 것은 포기한 적이 있었다.

그래서 이번엔 N의 달리기 방법을 기본으로 삼아 여러 가지 달리기 방법을 반복해 보았다. '천천히 달리기, 빨리 달리기', '보폭을 크게 해서 앞으로 뛰기, 옆으로 뛰기', '앞으로 달리기, 뒤로 달리기', '허벅지를 높이 들고 뛰기', '보폭을 작게 해서 뛰기' 등등 30m 정도 왔다갔다 했다. N은 그 말을 다시 한 번 되풀이하더니 움직이기 시작했다. "좀 더 앞으로 뛰어!", "그렇게 그냥 건너뛰기만 하면 안 돼!", "중간에 멈추지 말고 계속해야 돼!" 등의 말을 진지하게 동작으로 옮겼다. 그러는 동안 처음에는 흔들흔들하던 N의 발걸음이 점차 안정되어 오른발, 왼발로 확실히 땅을 밟고 몸을 지탱할 수 있게 되었다. 이전의 막대잡고 오르기 등은 손으로 막대를 따라가며 불안감 없이 단숨에 위로 올라갔지만, 아무런 단서도 없는 넓은 땅에서의 행동은 정신적 불안감까지 더해져 누군가의

와코유치원의 경우

도움 없이는 움직이기를 주저했다. 하지만 이 이후로는 적극적으로 목소리를 내며 넓은 공간에도 발을 내딛는 일이 늘어났다.

그 후에도 '허벅지를 배에 붙이는 느낌으로 높게'와 같이 N의 몸을 지탱하며 다리를 움직이는 등, 지금까지와는 꽤 다른 움직임을 반복해서 보여주었다. N 스스로도 다양한 달리기를 시도하는 가운데, 자기 몸 움직임의 변화를 자각하게 되어, 이제 말이 그대로 동작으로 나타났다. 그리고 "허벅지를 높이 들고 다리를 빨리 움직여 달려보라"고 말했을 때는, 팔을 많이 흔들지는 않았지만 지금까지의 달리기 방식과는 확연히 달라져, 상체가 앞으로 쏠리지 않고 안정된 자세로 속도도 훨씬 더 빨라졌다. "바로 그거야!" 몇 번을 달리다 보니 N도 웃음을 보이기 시작했고, "이번엔 더 빨리 달릴게요", "이번엔…"이라고 말하며 계속해서 달렸다.

이를 계기로 달리면서 줄넘기 실력도 크게 향상되어 30m를 걸리지 않고 단숨에 뛰어갈 수 있게 되었다. 자신의 몸을 의식적으로 움직인 경험이 팔을 움직이는 데에도 도움이 되고, 팔다리의 협응력에도 도움이 된 것이다. 아이들도 "N, 이제 잘 뛰네", "이젠 굴러넘어지지 않게 되었네", "N, 힘내라"라며 격려했고, N도 기쁜듯이 "정말 편하게 뛰게 되었어"라고 웃으며 대답하며 의기양양하게 모두의 앞을 달렸다.

N이 달리기를 통해 얻은 힘은 단순히 빠르고 예쁜 폼으로 달릴 수 있다는 것이 아니라, 자신의 의지에 따라 자신의 몸의 움직임을 변화시키거나 통제하는 쾌감, 그리고 다른 아이들과 같은 활동을 함께 느끼게 되었다는 것이다. N은 친구들과 함께 줄넘기를 하며 달릴 수 있다는 공통의 경험을, 이런 식으로 땀을 흘리고, 피로를 느끼고, 괴로움을 맛보는 등 인간다운 자연스러움을 더욱 느끼게 되었다.

또한 이러한 활동이 간접적으로 공간 인식력도 길러준 것으로 보인다. 달리기로 변화가 생긴 후의 공 운동에서, 이전에는 공을 쫓아가기만 하던 N이 자기 쪽으로 굴러오는 공을 놓쳤을 때, 공의 소리(방울이 달린 공)를 듣고 먼저 앞으로 가서 공을 받을 수 있게 되었다. 굴러가는 공의 코스를 읽고 먼저 돌아간다는 것은 보통 아이들도 매우 어려운 일이지만, 눈으로 공을 쫓아갈 수 없는 N군이 이러한 행동을 하게 된 배경에는 달리기 등을 통해 공간에 대한 인식이 길러졌기 때문인 것 같다.

인간으로서 풍요롭게 성장하는 것

앞서 말했듯이 N의 체육 활동뿐만 아니라 모든 생활 속 행동 지시는 대부분 말을 통해 이루어지며, 말과 행동의 일치가 생활과 활동을 더욱 확장시키는 역할을 하고 있다.

지금까지는 일상생활에서도 행동 지시는 가능한 한 말로 하도록 하고, 우리가 먼저 도와주거나 앞서서 행동하는 것을 자제하며, 오히려 N이 부르는 소리나 노력에 응답하도록 노력해 왔다. 또한 시각장애인에게 적합하지 않은 활동이라도 가능한 한 경험하게 하는 것을 목표로 해왔다. 그리고 경험하면서 가능한 것과 불가능한 것을, N도 다른 아이들도 분명하게 알게 되었다. 이제는 N 자신도 다른 아이들과 함께 활동하는 것을 전제로 하면서 할 수 있는 것과 할 수 없는 것을 구분하고, 모르는 것이나 할 수 없는 것이 생기면 "나는 어떻게 해야 하나요?"라고 적극적으로 자신의 행동을 묻고 지시를 요구하게 되었다.

이로써 N과 다른 아이들과의 관계도 돌봐주거나 해달라는 식이 아니라, 불가능한 것은 N의 요구를 받아들여 도와주는 등 대등한 관계로 발전하고 있다. N은 다른 아이들과 함께 축구 경기는 할 수 없지만 줄넘기는 함께 할 수 있게 되었고, 계주에서는 팀의 일원으로서 다른 아이들과 똑같이 달렸다. 거기에는 N과 아이들 모두의 진지한 고민과 노력이 있고, 함께 숨을 헐떡이며 땀을 흘리며 힘든 일을 이겨냈다는 공통의 경험이 있다. 그것이 장애의 유무라는 차이는 있더라도, 한 인간으로서 동등한 관계를 맺을 수 있는 기반이 되는 것이다.

이러한 공통의 경험이야말로 아이들의 신체적 능력의 발달을 촉진하는 동시에 감정적 교류를 통해 자신의 감정을 솔직하게 표현하고 다른 사람의 마음을 이해할 수 있게 해주고, 인간으로서 보다 풍부한 인격을 형성할 수 있는 토대가 되지 않을까 생각한다.

후기와 참고문헌

저자 후기

이 책은 안보이는 영유아를 키우는 부모를 위해 1980년에 도쿄도 심신장애인 복지센터(이하 '센터') 직원이 정리한 『육아수첩: 시각장애 영아편, 시각장애 유아편』(이하 '육아수첩')을 바탕으로 현재까지 얻은 지식을 추가하고 대폭 수정하여 재구성한 것입니다.

또한 '육아수첩'의 모태가 된 책자는 1978년 센터에서 발행한 심신장애인의 지도기술서 『시각장애 영유아의 양육지도』였습니다.

그로부터 이미 40여 년이 지난 지금에 와서 대폭 개정하여 발행하게 된 것은, 출산 후 가정에서부터 시작되는 안보이는 자녀의 양육에 대한 구체적인 고려사항에 대해서는 지금도 그 본질에 변함이 없고, 오늘날 유아기부터의 포용적 교육(지역사회에서 당연하게 받는 교육)의 필요성이 지적되고 있지만, 유치원이나 어린이집에 다니는 안보이는 아이들에 대한 지원 등에 대해 기술한 것은 현재도 찾아볼 수 없기 때문입니다.

이 책을 발간하면서 발달과 관련하여 새롭게 밝혀진 연구 결과를 포함하기로 결정했습니다. 또한, 시각장애아 교육 및 보육에 종사하는 교사와 연구자, 학부모님들을 참여시켜 수시로 의견을 수렴했습니다. 이 분들은 시각장애영유아발달연구회 회원이기도 합니다.

이를 통해 육아에 대한 구체적이고 새로운 제안을 추가할 수 있었습니다. 진심으로 감사드립니다. 또한 시대가 달라져 찾아보기 힘든 생활환경이나 구할 수 없는 생활용품, 장난감 등에 대해서는 부분적으로 수정하거나 그 의미를 설명하는 등의 시도를 했습니다. 가정 내 자녀의 성장과 발달, 유치원 등에서의 사회생활에 맞게 활용하시기 바랍니다.

여기서 '육아수첩'이 만들어진 당시의 장애아 교육과 복지를 둘러싼 상황을 되돌아보고자 합니다. 1981년은 '국제 장애의 해'였습니다. 유엔은 국제장애인의 해 슬로건으로 '완전한 참여와 평등'을 내세웠는데, 단순한 이념으로만 그치지 않고 이를 사회적으로 실현하고자 통합교육(인테그레이션)을 지향했습니다.

일본에서는 1979년에 '양호학교 의무제'가 실시되어 아무리 심한 장애를 가진 아이들도 취학할 수 있게 되었고, 장애 유형별 양호학교(지적장애, 지체장애, 병약, 허약)가 맹학교, 농학교와 함께 전국에 설치되었습니다. 그러나 그것은 '전문적 교육'이라는 이름의 분리교육이었으며, 세계가 지향하는 통합과는 거리가 멀었습니다.

센터는 1968년에 '연령에 관계없이 모든 장애에 대한 종합적인 상담·판정·평가 기능을 사회적으로 구현하기 위해, 고도의 전문성을 바탕으로 종합적인 지원 및 연락 조정을 실시하여 장애인이 이용하기 쉽도록 한다'는 취지로, 도쿄도 내에서도 획기적인 재활시설로 발족했습니다. 센터의 소장에는 당시 도호쿠대학 시각장애학 교수였던 하라다 마사미 씨가 취임했습니다. 하라다 소장은 출범 초기부터 장애인의 요구를 해결하기 위해 기존의 시책에 얽매이지 않고 선구적인 노력을 시작했으며, 실천과 함께 연구-개발을 중시했습니다.

그 내용은 매우 다양해서 여기서 모두 언급할 수는 없지만, 시각장애 유아에 국한해서 두 가지 큰 노력이 있었습니다.

첫 번째는, 설립 초기 계획에 없던 시각장애 유아에 대한 상담과 지도를 1970년부터 본격적으로 시작했다는 점입니다. 당시 일본에서는 미숙아 망막증으로 시각장애를 가진 영아들이 많이 태어나, 그 대책이 사회적으로도 시급한 과제였습니다. 그러나 태어난 지 얼마 되지 않은 시각장애아의 육아에 대해 상담과 지도를 해주는 기관이 없어, 전국 각지에서 도쿄의 대학병원이나 공립병원을 찾아 진단과 치료를 받으러 오는 부모들이 많았고, 어떻게 키워야 할지 막막해하는 부모들이 많았습니다.

그 병원에서 센터를 소개하는 경우가 많았기 때문에, 센터는 상담 대상을 도쿄도민에 국한하지 않고 전국 각지로 확대했습니다. 안과 전문의인 하라다 씨는 아이들 한 명, 한 명을 진찰하고 시각장애의 상태를 설명하며 앞으로 어떻게 키울지 센터 직원과 상의할 것을 권유했습니다.

미숙아 망막증에 대해 당시 하라다 씨는 "… 미국에서 1950년경 미숙아 망막증으로 인한 실명아가 많이 발생했는데, 그 원인이 인큐베이터 내 산소치료 과정에서의 산소 과잉에 있는 것으로 밝혀져 그 점에 주목하게 되었고, 1956년 이후 미숙아 망막증은 급격히 감소했다. 일본에서는 이보다 십여 년 늦게 같은 상태가 재현되고 있다…"(1981년)는 견해를 발표한 바 있습니다.

이 견해에서 알 수 있듯이 하라다 씨는 장애인(아동)의 의료 및 교육·복지 수준을 세계가 도달한 수준으로 끌어올려야 한다고 지적하며, "전문적 기술이 수반되지 않은 지도 훈련은, 심신장애아동의 인권을 존중하지 않는 행위라고 해도 과언이 아니다"라고 끊임없이 지적해 왔습니다.

이에 따라 센터에서는 심신장애에 관한 의학, 교육학, 심리학 등 새로운 지식·기술·정보를 습득하는 것을 업무의 하나로 삼고, 직장 내 전문교육, 외국 논문초록회, 각종 학회에서의 연구 발표 등을 활발히 진행하고 있습니다. 또한 센터 자체의 『연구보고집』(연간), 『Bulletin』(연간) 등의 연구지 발행을 통해 각 직원이 배운 지식을 대내외에 공개하고 있습니다. 직원들은 실무와 연구를 양대 축으로 삼아 업무를 수행해 왔습니다. 이런 가운데 시각장애아 담당 직원들은 여러 아이와 부모들을 만나면서 많은 것을 배우고, 그 내용을 데이터로 축적하여 이후 실천과 연구에 활용하고 있습니다.

두 번째는 시각장애 유아를 지역사회에서 키우고 일반 유치원이나 어린이집에 다니게 하는 통합교육·보육을 실천한 것입니다. 당시 센터에서는 시각장애 유아도 일반 아동과 발달이 크게 다르지 않으므로, 시각장애 유아도 일반 아동을 키우는 방법을 기본으로 하여 적절히 배려하는 것이 중요하다고 생각했습니다. 그 실천 사례로 1972년에 3세 시각장애 아동의 유치원 입학을 지원하고, 취학 전까지 1년 동안 정기적인 순회 지도를 하는 체제를 취했습니다.

그 실천 상황(성과)은 각종 학회나 연구지에 발표되기도 했습니다. 그 이듬해에는 센터에 다니던 21명의 4세 아동 중 12명이 지역 내 유치원이나 어린이집에 입학했습니다. 이후 센터의 지도를 받은 시각장애아동이 취학 전, 지역 유치원 등에 입학하는 것은 '당연한 일'이 되었습니다. 입학은 부모가 지역 유치원 등과 협의해 결정했지만, 입학을 거부당한 사례는 거의 찾아볼 수 없었습니다.

출범 초기부터 1980년경까지 10년간 센터에서는 1세아에게 월 1회의 육아상담, 2~3세아에게는 주 1회 시설방문지도를 실시했으며, 시설방문이 어려운 경우 가정방문을 실시하였습니다. 또한, 유치원 등에 다니는 아이들에 대해서는 직원이 직접 찾아가 유치원 생활 적응상태를 평가하고, 부모·교사 등과 상담 및 조언을 하고, 여름이나 봄 방학을 이용해 집중지도 등을 실시하였습니다.

'시각장애 영유아의 양육지도'는 이러한 센터에서의 10년 가까운 실무 경험을 바탕으로 정리한 책입니다.

센터가 걸어온 지난 10년은 도쿄뿐만 아니라 일본의 장애아동 대책에 획기적인 진전을 가져왔지만, 한편으로는 센터의 존재 이유를 변화시키는 과정이기도 했습니다. 지역 중심의 장애아동 시책이 강화되면서 센터는 새로운 이념에 입각한 상담·지도 체제로 전환했습니다. 취학 전 장애아에 대해서는 '전문인력 주도형' 통학지도를 폐지하고, 가정·지역사회 생활에 필요한 욕구를 해결하는 '부모 주도형' 상담지원으로 전환했습니다.

육아의 본질은 아이 스스로 성장하는 힘을 방해하지 않는 것이며, 그 주체는 부모라고 할 수 있습니다. 하라다 씨는 "아이의 성장과 발달을 방해하는 요인은 장애 자체보다, 방황하는 부모, 병원 다니기에만 열중하는 부모, 훈련 외에는 아무것도 생각하지 않는 부모다. 아이다운 생활, 부모-자녀 관계를 중심으로 한 사랑 넘치는 하루하루가 아이의 성장·발달에 중요하다. 바람직한 부모가 될 수 있도록 조언 지도하는 것이 장애아 조기 지도의 전부이다"라고 말했습니다 (1980년).

이러한 사고방식에 따라 시각장애 영유아 지도도 센터에 방문 지도하는 형태를 중단하고, 아이의 발달 상태, 가정이나 유치원 환경, 이웃과의 관계 등에 따라 부모가 필요로 하는 조언과 지원을 하는 방식으로 전환하게 되었습니다. 이 내용은 기존의 '조기발견-조기치료'의 전문가 주도형 육아에서, 정보공개와 납득할 수 있는 부모 주도형 육아로의 전환을 촉구하는 것이었습니다. 이는 이후 1990년 일본 의사협회가 제창한 'IC(informed consent)'에 필적하는 내용이었습니다.

후기와 참고문헌

'육아수첩'이 만들어진 1981년 이후, 정상화(normalization) 이념이 확산되고 있었습니다. 세계의 장애아 교육은 '통합'(integration)에서 '포용적 교육'(inclusive education, 장애아 교육이 지역 일반 교육에서 배제되지 않고, 이를 위해 합리적 배려를 한다)으로 변화해 왔습니다. 센터는 초기부터 그 이념을 도입하고 실천해 왔지만, 일본의 복지와 교육 현실 속에서 좀처럼 진전이 없었습니다.

2007년부터 특수지원교육제도가 시행되어 유치원, 초등학교, 중학교, 고등학교에 재학 중인 장애유아 및 장애학생에 대한 지원이 확대되었습니다. 정부는 2007년 유엔의 '장애인권리협약'에 서명하고, 2014년 비준하여 포용적 교육제도의 이념, 합리적 배려의 제공 등을 인정받았으며, 2016년에는 '장애인차별금지법'이 시행되었습니다. 에 포용적 교육체제를 추진하기 위한 특별위원회가 설치되어 기본방침이 수립되었습니다.

그러나 실제로는 모든 아동이 지역 학교에서 학습할 수 있도록 합리적 배려가 이루어지는 것이 아니라, 다양한 학습의 장으로서 특수학교·특수학급·통학반에 의한 지도, 일반학급에서의 학습 배려·교류·공동학습 등을 마련하는 것이 포용적 교육을 위한 '합리적 배려'라고 생각하게 되었고, 본래의 포용적 교육과는 상당히 거리가 먼 내용이 되어 버렸습니다.

센터가 1980년대에 추진한 내용은 '선구적'이었지만, 이를 계승할 수 있는 체제가 좀처럼 형성되지 않은 채 오늘에 이르렀습니다. 지금 안보이는 아이를 키우는 부모들이 지역 내 유치원 등의 입학에 어려움을 겪고 있는 것도 그런 배경이 있는 것 같습니다.

우리가 할 수 있는 일은 안보이는 아이들이 가정과 지역사회에서 마음껏 발달할 수 있는 환경을 조성하는 것입니다. 그것이 '합리적 배려'이지, 아이가 유치원 등 일상생활을 중단하고 전문기관에 다니게 하는 것이 아닙니다. 합리적 배려는 전문적인 지식을 가진 사람이, 아이가 생활하는 '장소'에 찾아가서 해야 한다고 생각합니다. 그런 의미에서 40여 년 전 센터에서 실천했던 시각장애 유아에 대한 대응은 지금도 충분히 살릴 수 있는 내용이며, 오히려 현재의 지도방식을 재고할 수 있는 내용을 담고 있다고 생각합니다.

마지막으로, 이 책의 발행을 위해 도쿄도 심신장애인복지센터, 시각장애과 및 유아과에서 시각장애 영유아의 발달을 밝히기 위해 공동연구를 진행한 동료들과 조사 등에 협조해 주신 여러 부모님들께 진심으로 감사드립니다. 그 연구 성과가 없었다면 이 책의 근간이 되는 '손을 이용한 놀이'를 기반으로 한 발달단계 설정과 데이터를 제시할 수 없었을 것입니다. 또한, 전국 조사 등에서는 수많은 상담기관에서 시각장애 영유아의 데이터를 제공해 주셨습니다. 감사 드립니다.

본 책 발간을 위해 사진 게재에 동의해 주신 본인과 부모님, 그리고 보육일지 등의 활용에 동의해 주신 부모님들께도 진심으로 감사드립니다.

센터가 발행한 2종의 책에 참여한 사람들의 이름을 기재합니다.

『시각장애 영유아의 양육지도』 저자 등 목록

- 1장: 다나카 마유미
- 2장: 오카다 세쓰코·이시카와 도미코
- 3장: 가가와 스미코
- 4장: 이시카와 도미코
- 일러스트레이션: 마쓰모토 지에·가와시마 순지

『육아수첩: 시각장애 영아편, 시각장애 유아편』 저자 등 목록

- 영아기 : 오카다 세쓰코
- 유아기 : 이시카와 도미코
- 보육원, 유치원 생활과 가정의 역할 : 가가와 스미코
- 일러스트레이션: 마쓰모토 지에·가와시마 순지

한국어판 후기

오카다 세쓰코

저는 1973년부터 22년간 도쿄도 심신장애인복지센터에 근무했습니다. 그 중 전반 12년은 시각장애과, 후반 10년은 유아과에 소속되어 있었습니다. 이후 9년간은 시즈오카현립대학 사회복지학과에서 강의를 했고, 정년퇴직 후 3년간은 한국의 우송대학교 의료복지학과 초빙교수로 근무했습니다. 그 후에는 대구에서 7년 넘게 학대와 방임을 겪은 아이들을 지원하는 '그룹홈'에 제 집을 제공하여 운영에 참여해왔습니다.

제가 처음 도쿄도 직원으로 도쿄도 심신장애인복지센터 시각장애과에서 지도원으로 근무했던 것이 저의 원점이 되었고, 그 경험이 이후 다양한 아동과의 만남, 그리고 교육자로서의 자세에 큰 영향을 미쳤기에, 이 글을 후기에 더하게 되었습니다.

본서의 한국어판 출간에 있어서는, 대구대학교 장애인위원회의 김실장님께서 매우 바쁜 와중에도 이 방대한 책의 번역을 맡아주셨고, 출판까지의 길을 열어주셨습니다. 일본어에 능한 김실장님은 대구대학교 학생뿐만 아니라 일본에서 한국으로 유학 오는 학생들을 많이 돌봐주셨습니다. 유학 초기, 난감해하던 유학생들 중 김실장님께 신세를 진 학생이 많을 것이라 생각합니다. 저 역시 대구에서 아이들 그룹홈을 운영하며 아이들과 함께 많은 도움을 받았습니다.

제가 한국과 인연을 맺은 것은, 도쿄도 심신장애인복지센터 근무 중 근처 와세다대학에 교환교수로 오신 분에게 한국어를 배운 것이 계기였습니다. 이후 직장에 연수생이나 대학 유학생을 돌보았는데, 돌이켜보면 예전 저도 김실장님과 비슷한 활동을 일본에서 했던 셈입니다. (하지만 그들은 금세 일본어가 늘었지만 저는 한국어가 별로 늘지 않은 채 지금에 이르렀습니다.)

이상의 경험을 바탕으로, 본서의 '후기'에 더해 다음 두 가지를 부기합니다.

첫째, 이 책은 40년 전의 '육아서'가 토대가 되었지만, 육아의 본질은 시대가 바뀌어도 변하지 않아 지금도 충분히 활용할 수 있으며, 특히 시각장애 아동의 부모가 일반 아동과 다름없이 지역에서 양육하는 데 오히려 선구적 의미가 있었다는 점입니다. 둘째, 일본의 현재 장애아동 교육은 세계적으로 제창되는 통합교육(인클루시브 교육)을 실현하지 못하고 있는 상황이므로, 그 이유를 밝히고 과거 저희의 실천을 바탕으로 개선 방향을 제시했다는 점입니다.

제가 부임했을 당시 시각장애과는 본서 '서문'을 쓰신 나카노 나오히코 선생님이 주임을 사임하고 군마대학에 부임하신 직후였습니다. 시각장애 유아를 담당하는 직원은 본서 집필의 중심이신 가가와 선생님과 두 분 더 계셨지만, 가가와 선생님은 육아휴직 중이었고, 나카노 선생님의 후임 주임은 시각장애가 전문이 아니었기에, 부임한 지 얼마 안 된 저는 무엇을 해야 할지, 누구에게 지도를 받아야 할지 몰라 매우 난감했습니다. 그래서 나카노 선생님이 쓰신 연구논문, 제작하신 교재, 아이들의 '처우기록'을 여러 번 검토하며 그것들을 나침반 삼아 일을 시작했습니다. 나카노 선생님의 기록에는 철학과 과학, 때로는 유머가 있었습니다. 그리고 무엇보다 아이들에 대한 따뜻함과 사랑이 넘쳤습니다. 전맹 아동이나 중증 장애 아동의 행동에서 많은 과학적 '발견'을 하시고, 이를 논문과 보고서로 정리하셨습니다. 이곳에는 이론에 뒷받침된 실천이 다수 있었습니다. 저는 이에 힘을 얻어 아이들을 대하는 방법을 찾아갔던 것을 지금도 선명히 기억합니다.

본서 '후기'에도 썼듯, 당시 일본에서는 미숙아 망막증이 다발하여, 다른 상담기관이 없었기에 전국에서 맹아동 부모와 아이들이 센터를 찾아왔습니다(그 수는 2 3년간 100명 이상에 달했습니다). 소장은 시각장애 전문의였으며, 미숙아 망막증 다발은 일본 의학계가 해외의 선진 의학정보를 파악하지 못했다는 측면이 있다고 지적했습니다(미국에서는 미숙아 망막증이 인큐베이터 내 산소 과다 공급이 원인임을 1950년대에 발견했고, 수년 전부터 미숙아 망막증이 급감하고 있었습니다). 소장은 도쿄 이외의 지역에서도 찾아오는 아이들의 진단과 육아 상담을 직원들에게 지시했습니다. 또한 "전문적 기술·지식이 없는 단순한 경험에 의한 지도·훈련은 장애인의 인권을 존중하지 않는 행위"라고 지적했습니다. 따라서 직원들은 장애에 관한 의학·교육학·심리학·복지 등 선구적 소견을 세계에서 배우도록 지시받았습니다. 직원들은 열심히 배우며 '세계 최고의 센터'를 목표로 했다고 해도 과언이 아닙니다.

저희는 많은 시각장애 아동과 부모를 만나며 많은 것을 배우고, 그 내용을 데이터로 축적하여 이후 실천과 교육에 활용하고자 했습니다. 일본에서 이후에도 이처럼 많은 맹아동을 접한 기관은 없으며, 아마 세계적으로도 드물 것입니다. 따라서 이 데이터를 이후 시각장애 아동의 교육과 복지에 활용하는 의의는 크다고 생각합니다.

저희는 시각장애 아동이 2세 무렵까지는 '육아상담'으로 월 1회 정도 부모와 면담했고, 2 3세는 주 1회 정도 소집단 그룹지도를 했습니다. 이후에는 부모에게 지역 보육원이나 유치원에 다니는 '통합(인테그레이션)' 교육·보육을 실천하도록 권유해왔습니다. 이미 1972년에는 3세 전맹 아동이 유치원에 입학하여 다른 아이들과 다름없는 유치원 생활을 할 수 있음이 확인되었습니다. 그 실천 사례는 당시로서는 획기적이었기에 각종 학회와 연구지에 발표되었고, 부모들은 이를 전례로 삼아 주저 없이 거주지의 보육원이나 유치원에 입학을 희망했습니다. 이런 부모의 교섭으로 입학을 거절당한 사례는 거의 없었으므로, 당시(1973년 이후) 많은 부모에게 맹아동의 지역 보육원·유치원 입학은 '당연한' 일이었습니다.

육아의 본질은 아이의 성장하는 힘을 존중하는 것이며, '그 주체는 부모'입니다. 부모와 아이의 관계를 중심으로 사랑이 넘치는 매일을 보낼 수 있다면 아이는 자연스럽게 성장한다는 생각에 기반하여, 맹아동도 특별한 훈련이나 지도를 위해 멀리까지 다닐 필요가 없음을 시사해왔습니다.

1981년은 '국제장애인의 해'였으며, 완전참가와 평등, 노멀라이제이션이 UN에 의해 전 세계에 제창되었습니다. 세계의 장애아동 교육은 통합(Integration)에서 인클루시브(포괄적) 교육으로 변화해갔습니다. 저희 도쿄도 심신장애인복지센터에서는 이 UN의 제창 이전에 시각장애 아동의 인클루시브 교육을 실천했다고 자부할 수 있습니다.

하지만 일본의 교육·복지는 UN의 제창에도 불구하고 좀처럼 진전이 없었고, 이후 오히려 후퇴했다고 생각될 정도입니다.

일본은 UN에서 2006년에 채택, 2008년에 발효된 '장애인권리조약'을 2014년에야 비준했습니다. 이 조약에서는 '장애인이 타인과 평등을 기초로 지역사회에서 인클루시브하고 질 높은 무상 초등 및 중등교육에 접근할 수 있음'을 규정하고 있습니다. 따라서 일본의 학교교육을 인클루시브 교육으로 전환할 필요가 있었습니다. 그러나 이후 문부과학성은 일반 지역 학교와는 별도의 '특수학교'를 설치해 장애 아동의 학습장소로 삼았습니다. 그리고 지역 학교를 선택할 수 있다고 했지만, 특수학교 대상 아동·학생은 급증하고 있습니다. 문부과학성 자료에 따르면, 조약 채택 직전인 2007년도의 특수지원학급 재학생은 초등학생 7만9천 명, 중학생 3만5천 명이었으나, 2021년에는 초등학생 23만2천 명, 중학생 9만2천 명이 되었습니다. 인구 감소와 저출산이 진행되고 있음에도 초등학생은 2.9배, 중학생은 2.6배 증가한 것입니다.

참고로, 일본의 시각장애 아동 대상 학교는 유치부 설치교가 58교, 초등부 65교, 중등부 65교, 고등부 일반과 55교로, 이 사이 거의 증감이 없습니다. 이 중 2007년 유치부 재학생 260명, 초등부 656명, 중등부 479명이었으나, 2021년에는 유치부 161명, 초등부 560명, 중등부 412명이었습니다. 의학의 진보와 저출산 영향으로 이 14년간 시각장애 아동은 급감했음에도 맹학교 등 재학생 수는 크게 줄지 않았습니다.

이런 상황에 대해 2022년 9월, UN 장애인권리위원회는 일본의 장애인권리조약 이행 상황에 대해 '분리교육을 중단하라!'고 권고했습니다. 장애 아동, 특히 지적장애, 정신장애, 집중적 지원이 필요한 아동이 일반 환경에서 교육에 접근하지 못하고 있으며, '일반 학교 내 특수지원학급' 및 '준비 부족을 이유로 장애 아동의 일반 학교 수용을 거부하는 것' 등이 문제라고 엄중히 지적했습니다.

이에 대해 문부과학성은 인클루시브 교육에 대한 교원 전문성 향상, 학교 시설·설비 정비 등 지원을 실시하고, '다양한 학습의 장'을 마련함으로써 인클루시브 교육 시스템 구축을 추진하고, 공생사회 형성에 노력하겠다고 했습니다. 그러나 이는 '특수교육' 체제를 정당화하고 분리교육을 지속하는 변명에 불과합니다. 특수교육은 장애 아동의 개별적 니즈에 어떻게 대응할 것인가라는 '합리적 배려' 관점에서 구축되어 있지만, 지역에서 아이들이 집단을 이루고 친구들과 함께 배우는 기회를 빼앗고 있습니다.

이 배경에는 1990년대 중반 이후 경제 격차 확대가 아이들의 생활환경을 악화시키고 있다는 점이 있습니다. 이 무렵부터 초·중학교에서는 왕따 건수, 등교 거부 학생 수, 심지어 자살자까지 급증했습니다. 아동학대 건수도 급증해 2020년 이후 21만 건 이상이 되었습니다. 한편, 2000년 전후부터 아이들의 국제적 학력 저하가 문제시되어 학력 향상 정책이 잇따라 도입되었습니다. 각 지자체가 평균 점수를 경쟁하는 가운데 다양한 학력 향상 정책이 학교에 부과되었습니다. 아이들을 '경쟁 원리'로 둘러싸고, 개성이나 특기는 무시되며 '성적이 좋은 아이

=좋은 아이'라는 분위기가 조장되었습니다. 본래 자유롭고 즐거운 아이다운 생활을 할 수 있어야 할 학교가 변해버렸고, 불리한 상태에 놓인 장애 아동은 일반 학교에서 밀려나 부모도 자녀를 위해 '특수학교'를 선택할 수밖에 없는 상황이 되었습니다. 이런 경쟁 원리를 없애지 않고서는 진정한 의미의 인클루시브 교육은 성립하지 않음이 명백합니다.

최근 시각장애 아동 교육에 있어서도, 예를 들어 도쿄도에서는 전맹 아동의 엄마가 취업 중이라 지역 보육원에 아이를 맡긴 경우, 맹학교 교사는 보육원에 나가서 조언·지도를 하지 않습니다. 엄마가 휴가를 내고 맹학교에 아이를 데려가야만 대응이 된다는 것입니다. 제도상 교육은 '학교라는 장소'에서 이루어지며, '아이의 생활 공간'에 찾아가서 하는 시스템이 아닙니다. 이로써 개별적 니즈에 대한 합리적 배려도 이루어지지 않고 일본의 인클루시브 교육은 아직도 보급과는 거리가 멀다고 할 수밖에 없습니다.

현재, 본서 집필 멤버를 중심으로 '시각장애 영유아 발달연구회'를 구성해 문헌연구와 사례연구를 하고 있습니다. 현재 맹아동 수가 급감해 각 학교에서 담당하는 아동 수도 본서에 소개된 만큼 많지 않습니다. 그래서 멤버들은 자신이 담당하는 아동에게 참고할 만한 사례를 갖지 못하고 있는 실정입니다. 이에 지역·학교를 넘어 사례를 서로 소개하고, 데이터(자료)로 축적·공유하는 체제를 만들 필요가 있다고 생각합니다. 인클루시브 교육을 추진함에 있어서도 각 지역에 '리소스룸'을 만들어 다양한 장애에 대응할 수 있는 자료를 준비하고, 이를 활용해 각 학교에 나가 개별적 니즈가 있는 아이를 지원해야 합니다. 한 학교, 한 교사가 대응하기 어려운 경우 리소스룸을 활용하고, 부모나 아이를 움직이기보다는 그런 시스템을 이용하도록 해야 합니다. 이는 유럽·미국에서는 이미 실천되고 있는 일로, 일본이나 한국에서도 불가능하다고 생각하지 않습니다.

장애아 보육, 교육에 대해 한국은 어떤지 모르지만, 아마 일본과 유사하지 않을까 생각합니다. 일본의 상황을 '반면교사'로 삼아, 한국의 시각장애 아동 보육·교육 발전에 도움이 되길 바랍니다.

2025년 5월

인용 및 참고 문헌

- 『시각장애 영유아의 양육지도』 도쿄도 심신장애인복지센터(1978)
- 『육아노트(1)(2)』 도쿄도 심신장애인복지센터(1980)
- 이가라시 노부타카 『시각장애 유아의 발달과 지도』 코레일사(1993)
- 『장애영유아를 위한 발달상담 매뉴얼 시각장애아편』 도쿄도 심신장애인복지센터(1997)
- 데이비드 워렌 저, 야마모토 도시카즈 감역 『시각장애와 발달』 니헤이샤(1998)
- 가가와 스미코 「시각장애아동의 생활행동에 관한 연구―생활행동 평가기법의 개발」(1999)
- 『통합교육에 대한 도전 1』 시각장애인지원종합센터(2001)
- 『시각장애아동을 위한 지원 '아이우루라'―손과 손가락으로 펼치는 세상―』 시즈오카 비전의 모임(S.V.A)(2003)
- 나카노 나오히코 『장애아 심리학 이야기 I』 아카이시쇼텐(2006)
- 나카노 나오히코 『장애아 심리학 이야기 II』 아카이시쇼텐(2009)
- Sharon Anderson·Susan Boigon·Kristin Davis·Cheri Dewaard : *The Oregon Project for preschool children who are blind or visually impaired skills inventory* sixth edition, Southern Oregon education service district[3] (2007)
- 셀마 프레이버그 저, 우사미 요시히로 역 『시각장애와 인간 발달의 탐구』 분리카쿠(2014)
- Lowenfeld. B., *Our blind children, Growing and Learning with Them* (2nd edition) Springfield: Charles C Thomas[4] (1964)
- 전국맹학교장회 편저 『신정판 시각장애교육입문 Q&A』 지어스쿄이쿠신샤(2018)

---

3) 샤론런 앤더슨 외, 『시각장애나 시각장애를 가진 미취학 아동을 위한 오레곤 프로젝트 인벤토리』 제6판, 남부 오레곤 교육 서비스 지구
4) 로웬필드 B., 『우리 시각장애인 아이들, 그들과 함께 성장하고 배우기』 제2판, 스프링필드: 찰스 C. 토마스

저자 약력

가가와 스미코(香川 すみ子)

시각장애영유아발달연구회 주재. 도쿄교육대학교 교육학부 특설교원양성부 맹인교육부 수료. 일본대학 대학원 이공학연구과 의료복지공학전공 후기과정 수료. 박사(공학). 도쿄교육대학교 교육학부 부설 맹학교 초등부 교사.

1970년부터 도쿄도 심신장애인복지센터 시각장애과, 유아과, 재택지원과에서 29년간 근무. 이 기간 동안 시각장애 영유아의 부모와 관계자의 요구에 따라 통원, 가정방문, 유치원 등 방문을 통해 상담과 발달지원을 실시. 또한 공동연구를 중심으로 시각장애 영유아의 발달 등에 관한 연구를 활발히 진행. 1999년부터 성카타리나 여자대학교 사회복지학부 교수, 2004년부터 우라와대학교 사회복지학부 교수를 역임하고 2015년 퇴직.

주요 저서(편저, 공저 포함)

- 『장애아(자)의 장애와 교육 - 1. 시각장애』후쿠무라슛판, 1977.
- 『육아노트(2)』도쿄도 심신장애인복지센터, 1980.
- 『말·듣기·보기의 장애와 보육』프뢰벨관, 1985.
- 『장애영유아를 위한 발달상담 매뉴얼 - 시각장애아 편』도쿄도 심신장애인복지센터, 1997.
- 『통합교육에 대한 도전, 1』시각장애인지원종합센터, 2001.

오카다 세쓰코(岡田節子)

쓰쿠바대학교 대학원 석사과정 교육연구과(상담전공) 수료. 한국계명대학교 대학원 공중보건학과 수료. 보건학 박사.

1973년부터 22년간 도쿄도 심신장애인복지센터에 근무하면서 전반 12년은 시각장애과에서 시각장애 영유아의 상담 및 지도, 후반 10년은 유아과 및 재택지원과에서 중복장애 영유아의 상담 및 지원을 담당. 1996년부터 시즈오카현립대학 단기대학부 사회복지학과 조교수, 교수를 역임하며 장애아 보육, 소아보건 등을 담당. 2005년부터 3년간은 한국 우송대학교 의료복지학과 초빙교수로 장애인복지론과 사회복지 국제비교론 담당. 이후 2020년까지 주로 한국에서 중증심신장애아동과 학대피해아동 지원 활동.

주요 저서(편저, 공저 포함)

- 『장애영유아를 위한 발달상담 매뉴얼 - 중증중복장애아 편』 도쿄도 심신장애인복지센터, 1997.
- 『새로운 시대의 사회복지시설론』 미네르바사, 2001.
- 『장애아동의 이해와 원조』 코레일사, 2003.
- 『소아간호 시리즈, 발달장애아동 간호』 메디컬프렌드사, 2001, 2005년 개정판.
- 『최신 개호복지 전서 ⑨ 장애인의 심리와 원조』 메디컬프렌드사, 2005.
- 『대학생을 위한 복지교육입문』 나카니시야출판, 2009.

가미오 유지(神尾裕治)

후쿠시마대학 교육학부 초등학교 교사 양성 과정 졸업.

1970년부터 도쿄도립 가쓰시카 맹학교 초등부 교사, 신주쿠구립 신주쿠양호학교 교사, 도쿄도립 오지양호학교 교감, 도쿄도 교육청 지도부 지도주임, 학무부 수석 지도주임. 1997년부터 도쿄도립 가쓰시카 맹학교장, 도쿄도립 구가야마 맹학교장 역임. 2007년부터 나가노대학교 사회복지학부 교수로 재직하다 2016년 퇴직. 시각장애를 가진 중복장애 유아·아동 학생들과 교재 교구를 통해 배움을 이어가고 있음.

'이삼의 모임'(특수지원교육연구회) 주재.

주요 저서(편저, 공저 포함)

- 『교사 한 사람 한 사람의 삶을』 쇼헤이샤, 1976.
- 『중복장애아교육』 산이치쇼보, 1979.
- 『장애아동과 함께 배우다』 나가노대학교 사회복지학부 부클릿 제9호, 2015.
- 『신개정판 시각장애교육입문 Q&A』 지어스쿄이쿠신샤, 2018.
- 『시각장애 영유아의 촉각적 이해력을 키우기 위한 지원』 시각장애 영유아의 조기연구 제23집, 2022.

후기와 참고문헌

미시나 사토코(三科聡子)

도쿄가쿠게이대학 교육학부 특수교육 교원 양성 과정 졸업. 도쿄도립대학 대학원 인문과학연구과 수료. 석사(인문학).

　1993년부터 학교법인 요코하마훈맹학원에서 많은 시각장애아동의 교육에 종사. 특히, 교육상담전담으로 가정방문상담을 실시하여, 시각장애 영유아와 가족지원에 오랫동안 관여. 2018년부터 미야기교육대학교 교육학부 특수지원교육 전공 부교수.

주요 저서(편저, 공저 포함)

- 『맹·농인에 대한 통역·개호 -「빛」과 「소리」를 전달하기 위한 방법과 기술』 전국맹농인협회 편, 도쿠쇼코보, 2008.
- 『맹·농인을 위한 통역 및 도우미 양성 강습회: 지도자를 위한 지침서』 사회복지법인 전국농아인협회, 2016.
- 『특수교육으로의 초대』 교육출판, 2018.
- 『초등학교 교육용어사전』「특수교육, 시각장애교육, 약시」, 미네르바쇼보, 2021.

일러스트 : 야마모토 게이코(山本敬子)

시즈오카대학 교육학부 보육학교 교사 양성 과정 졸업.

　1986년 시즈오카현립 후지에다 양로학교, 1992년부터 시즈오카현립 시즈오카 맹학교(현 시즈오카 시각특별지원학교), 시즈오카현립 누마즈 맹학교(현 누마즈 시각특별지원학교) 교사 역임. 주로 유아부, 초등부 교육상담을 담당. 현재 누마즈 시각특별지원학교 교사.

시각장애영유아발달연구회

본서 제작 협력자

- 가가와 스미코 : 전 우라와대학교 사회복지학부 교수
- 오카다 세쓰코 : 전 한국우송대학 의료복지학과 초빙교수
- 가미오 유지 : 전 나가노대학 사회복지학부 교수
- 미시나 사토코 : 미야기교육대학교 교육학부 특수교육 전공 준교수
- 야마모토 게이코 : 시즈오카현립 누마즈 시각특별지원학교 교사
- 나카하라 유미코 : 전문학교 후지재활대학교 작업치료사
- 나라 리사 : 도쿄대학교 첨단과학기술센터 특별연구원 PD
- 후쿠다 가나코 : 우츠노미야대학 공동교육학부 조교
- 단쇼 시노부 : 효고교육대학교 특수교육(장애과학) 전임강사
- 니와 히로코 : 도쿄도립 가쓰시카 맹학교 주임교사
- 아이바 다이스케 : 아이치교육대학교 특수교육강좌 준교수

기획-편집 협력 시각장애영유아발달연구회

역자 후기

『시각장애 영유아의 발달과 육아: 안보이는 아이의 가족이나 돌보는 이를 위하여』는 일본에서 출간된 『目の見えない乳幼児の発達と育児—家族と支える人のために』를 우리말로 옮긴 책입니다. 이 책은 시각장애를 지닌 영유아에게 필요한 실질적인 발달 지침서이자, 아이들의 삶을 가까이에서 지켜본 이들의 생생한 육아 기록입니다. 번역을 진행하면서 저는 돌보는 이들의 어려움과 마음에 깊이 공감할 수 있었습니다.

전문 번역자도, 연구자도 아니지만 관련 교육기관에 근무중이라는 업무 관련성이 있고, 또 저자와의 인연이 있어 가볍게 다룰 수 없는 이 책의 번역을 덜컥 시작하게 되었습니다. 본업과 병행해 조금씩 번역하다 보니 시간이 오래 걸렸고, 부족한 부분도 적지 않아 부끄러운 마음입니다. 혹시 표현이 어색하거나 읽는 데 불편함을 느끼셨다면, 이 자리를 빌려 먼저 사과드리며 너그러운 이해를 부탁드립니다.

일본에 관한 내용의 경우 중간에 한국화시켜 위화감을 줄이려고 노력했으나, 일부는 일본 지명 등을 그대로 살린 부분도 있어서 읽으시는데 불편한 부분이 있을수 있으니 이 부분도 감안하고 읽어주셨으면 합니다.

그럼에도 이 작업을 망설임 없이 시작할 수 있었던 이유는 단 하나, 이 책이 한국의 누군가에게는 꼭 필요하리라는 확신이 있었기 때문입니다. 그 믿음 하나에 의지해 자원봉사하는 마음으로 임했고, 저자들과 여러 분들의 아낌없는 격려 덕분에 책 출간까지 완주할 수 있었다고 생각합니다.

무엇보다 이 책의 저자이신 가가와 스미코, 오카다 세쓰코, 가미오 유지, 미시나 사토코, 야마모토 게이코 선생님들께 깊은 존경을 표합니다. 선생님들은 안보이는 아이들의 손짓과 몸짓을 오랜 시간 사랑과 인내로 관찰하고 기록해 오셨으며, 아이들이 세상과 연결될 수 있도록 돕는 언어와 구체적인 실천 방법들을 마련해주셨습니다.

특히, 한국어판 출간을 누구보다 따뜻하게 지지하고 응원해 주신 오카다 세쓰코(岡田節子) 선생님께 깊이 감사드립니다. 선생님은 생애 후반을 한국 대구에서 보육시설 운영에 바치셨고, "이 책이 반드시 한국의 부모, 보육자, 특수교육 종사자들에게 전달되기를 바란다"고 말씀하시며 끝까지 변함없는 확신과 응원을 보내주셨습니다. 그 한마디 한마디는 제게 큰 원동력이 되었고, 이 책이 한국 독자와 만날 수 있었던 숨은 힘이기도 했습니다.

또한 일본측 출판사인 영지사(英智社) 대표 가미무라 마사요(上村雅代)님께도 깊은 감사를 드립니다. "꼭 필요한 이에게 닿기를 바란다"는 따뜻한 마음으로, 아무 조건 없이 한국어판 출간을 허락해주셔서, 책 출간의 길을 열 수 있었습니다. 진정한 국제 연대의 아름다운 사례라 하겠습니다. 상업성이 떨어질 수밖에 없는 이 책의 출간이 실현될 수 있었던 것은 빈서재 출판사와 정철 대표님의 독립출판 정신 덕분입니다.

이 책의 추천사를 기꺼이 맡아주신 백상수 전 대구대학교 사범대학 학장님께도 감사드립니다. 늘 부족한 저를 응원해주시며 건넨 짧지만 깊이 있는 추천사는, 이 책의 실천적 가치를 한층 빛내주셨습니다.

또한 저의 일터인 대구대학교와 장애인위원회, 장애학생지원센터, 점자도서관의 선생님들과 관계자 여러분께도 깊은 감사를 전합니다. 이 책은 단지 한 권의 출간에 그치는 것이 아니라, 현장에서 장애학생들과 보호자, 교육자들을 위해 애써온 여러분의 노력이 있었기에 가능했습니다.

아이는 눈으로 보지 못하더라도, 손으로 만지고 몸으로 느끼며, 그리고 마음으로 세상을 배웁니다. 이 책은 그런 아이들의 곁에 있는 이들에게 "같은 방향으로 천천히 손을 잡고 걸어가자"는 조용한 안내이자, 함께하는 연대의 메시지입니다.

『시각장애 영유아의 발달과 육아』가 시각장애 영유아를 돌보는 부모와 가족, 그리고 특수교육, 보육, 복지 현장의 실천자들에게 조금이나마 도움이 되는 참고서가 되기를 바랍니다. 안보이는 아이들의 세계를 함께 걸어가고자 하는 이들에게 조심스럽게 다가서며, "당신은 혼자가 아닙니다"라는 따뜻한 말을 전할 수 있기를 진심으로 소망합니다.

2025년 7월

김형진